Florent Véniel

avec la participation de Tina Anderlini,
Damien Bouet et Jacques Labrot

Le costume médiéval
de 1320 à 1480

La coquetterie
par la mode
vestimentaire

EDITIONS HEIMDAL

Ouvrage conçu et écrit par Florent Véniel avec la participation de Tina Anderlini,
Damien Bouet et Jacques Labrot

Coordination : Damien Bouet

Conception graphique : Harald Mourreau

EDITIONS HEIMDAL

2, rue de la Cartoucherie 14400 Saint-Martin-des-Entrées
Tél. : 02 31 51 68 68 / Fax : 02 31 51 68 60
contact@editions-heimdal.fr
www.editions-heimdal.fr

ISBN : 978-2-84048-572-8

Quelques termes du costume de 1320 à 1480

▌ **Aiguillette** : lacet de cuir ou de textile tressé aux cartes ou aux doigts, qui sert à assembler ou à fermer des pièces de vêtement. Il permet aussi d'assembler des pièces d'armure. Pour faciliter le passage dans l'œillet, l'aiguillette peut être terminée aux deux extrémités par un ferret métallique.

▌ **Atour** : ce qui est lié à la parure. Ce terme finit par désigner les coiffes élaborées et complexes. Les toiles utilisées sont fines et de qualité, les sommes relativement importantes demandées pour la confection et la faible praticité en font un attribut de la femme noble.

▌ **Bandier** : ceinture féminine très large, se fermant sur l'avant, l'arrière ou les côtés.

▌ **Aumusse** : version simple du chaperonm fait d'une bande de tissu pliée en deux et cousue sur l'un des longs côtés.

▌ **Barrette** : coiffure masculine, la barrette apparaît au milieu du XIIIe jusqu'au XVIIe siècle.

▌ **Boulevard (hauts de chausses)** : ressemble à un short à braguette qui se porte au-dessus des chausses disjointes. On trouve le terme dès 1457 et il se répand à partir de 1480.

▌ **Bourrelet** : c'est à la foi un anneau de tissu protégeant la tête des enfants lors de l'apprentissage de la marche et une couronne d'étoffe insérée dans le chaperon, au XVe siècle, pour le mettre en forme et lui donner du volume.

▌ **Braiel** ou **braier** : ceinture des braies.

▌ **Braies** : vêtement de dessous couvrant le corps de la taille aux cuisses, hérité des gaulois. Les braies ne cessent de se rétrécir pour épouser la forme de nos actuels sous vêtements. Fait partie des robes-linges.

▌ **Cale** : petite coiffe de deux pièces de toile de lin ou de chanvre, pouvant être reliées par un travail de diverses formes, épousant parfaitement la forme de la tête et nouée par deux cordons sous le menton. La cale n'est plus guère portée dès la fin du XIVe siècle que par les paysans et souvent en dessous d'une autre coiffure.

▌ **Chaperon** : capuchon enveloppant la tête et les épaules. Une ouverture appelée visagière encadre le visage. Au XIVe siècle, la pointe ou cornette prend des dimensions démesurées. D'abord mixte, on va distinguer le chaperon d'homme et le chaperon à femme, qui comporte un revers et se porte ouvert.

▌ **Chausses** : pièce de vêtement qui couvre les jambes sur leur longueur pour les hommes, au dessus des genoux et serrée par une jarretière pour les femmes. Suivant les époques, elles sont séparées ou assemblées, on parlera alors de chausses à plein fond, et les fixations à la pièce de vêtement du haut se multiplient.

▌ **Chemise** : robe linge portée directement sur la peau.

▌ **Coiffe** : ce terme désigne de manière générale toutes les sortes de coiffures.

▌ **Corset** : désigne d'abord un surcot (XIVe siècle), puis devient synonyme de cotte (XVe siècle)

▌ **Cotte** : première couche de vêtement. La cotte ne se porte pas seule à l'extérieur de la maison chez les personnes d'un certain rang social. La longueur varie selon le sexe et les époques.

▌ **Cote-hardie** : surcot ajusté porté au XIVe siècle. Mixte. La longueur varie selon le sexe et les époques.

▌ **Couvre-chief** : terme générique qui peut désigner la première coiffe portée directement sur les cheveux, pour hommes et femmes. Le couvre-chef, aussi appelé coiffe ou cale selon les sexes, peut être orné d'une partie décorative en son centre.

▌ **Découpures** : festons ornementaux découpés sur la bordure des vêtements, ce peut être aussi des languettes découpées et ajoutées sur ces vêtements.

▌ **Demi ceint** : ceinture portée par certaines femmes au XVe siècle. La partie arrière est faite d'une simple lanière de cuir ou d'étoffe, tandis que la partie visible se compose de deux chaînettes. L'une se termine par un crochet, l'autre plus longue, par un mordant.

▌ **Freppes** : type de découpure.

▌ **Garde-corps** : vraisemblablement un surcot sans manche, porté directement sur la cotte.

▌ **Garnement** : pièce de vêtement constitutive d'une robe, taillé dans le même tissu que le reste.

▌ **Gippon** : synonyme de pourpoint. Le terme, très rare, disparaît vers 1420.

▌ **Gonelle** : vêtement porté par les femmes ou les enfants.

▌ **Haincelin** : houppelande courte.

▌ **Houppelande** : robe ample-, mixte, dont les manches peuvent être volumineuses. Elle est portée longue ou à mi-jambe (dans ce cas, uniquement par les hommes). Le terme apparaît vers 1360. La houppelande féminine est souvent pourvue d'une traîne.

▌ **Huque** : vêtement flottant, sans manche, entièrement ouvert sous les bras.

▌ **Jaque** : vêtement de dessus, sorte de veste ajustée et fermée par devant, s'arrêtant au-dessus des genoux. La jaque est portée sur le pourpoint et surtout par les militaires. Il est alors rembourré ou doublé de mailles.

▌ **Mantel** : cape taillée en demi cercle (début du XIVe siècle) ou en cercle (par la suite) et fermée sur l'avant (début du XIVe siècle) ou à l'épaule. Deviendra un terme générique pour tous les types de manteaux.

▌ **Paletot** : vêtement de dessus flottant, court et muni de manches courtes. C'est un vêtement d'apparat ou une livrée de service.

▌ **Pelisson** : vêtement de peau ou de laine, dont la forme se rapproche de celle d'un gilet. Il est porté par temps froid par les femmes.

▌ **Pièche** : voir Tassel.

▌ **Pourpoint** : vêtement ajusté couvrant les bras, le buste et les hanches. Il est constitué de plusieurs épaisseurs d'étoffes formant un rembourrage et fixées par des piqûres régulières, le pourpointage.

▌ **Rebras** : revers (de chapeaux ou chaperons féminins).

▌ **Robe** : avant 1430, la robe désigne un ensemble de vêtements comprenant plusieurs garnements, taillés dans une même étoffe. Par la suite la robe ne désigne plus que le vêtement de dessus.

▌ **Robes-linges** : les sous-vêtements

▌ **Surcot** : vêtement porté sur la cotte. Peut prendre plusieurs formes et plusieurs noms.

▌ **Tabart** : manteau héraldique court, fendu, porté par les hérauts d'armes.

▌ **Tassel** : morceau de tissu fixé à la cotte et couvrant la poitrine et le ventre, pour apparaître par l'encolure triangulaire de la robe. Aussi appelé pièche. ▌

Sommaire

Avant de construire un vêtement, intéressons-nous tout d'abord aux tissus qui le composent.

Le textile

La fibre textile

La bonne qualité ou non d'un tissu est fortement dépendante de la matière première et le fil utilisé pour le tissage peut donner des résultats très différents en fonction de sa provenance et de la façon dont il aura été travaillé.

Le domaine végétal offre une vaste gamme de fibres exploitables. Le lin, le chanvre ou l'ortie, permettent d'obtenir en général un tissage d'une relative solidité, servant à la production des linges, des voiles, mais aussi des cordes, des liens ou des sangles. Pour le commun, l'usage du chanvre ou du lin dépend du type de sol (sec pour le chanvre, humide pour le lin). Le coton est cultivé dans les régions méditerranéennes, y compris en Italie et en Espagne. Le coton de mauvaise qualité, produit souvent en Europe est utilisé plus au nord comme rembourrage de vêtements pourpointés, par exemple. La part du coton a souvent été sousestimée. Les tenues sont rares, mais existent, surtout en Europe du Sud. En revanche, la bourre est une matière relativement courante, transitant, par exemple, par Marseille.

Les doublures sont faites de soies de différentes qualités, de laines (comme le blanchet), et surtout de fourrure. Les textes font rarement état de doublures en lin, mais quelques pièces archéologiques tardives prouvent une utilisation réelle dans certaines régions.

Les doublures ne sont pas le seul usage des matières animales. Les vêtements de dessus sont essentiellement de laine, plus rarement de soie. On pourrait penser que les lainages sont plus chauds, mais ce n'est pas forcément le cas. Les laines peuvent se porter aussi en été. Certaines qualités de laine peuvent coûter bien plus cher que les soies, d'autres sont bon marché.

Le caractère filandreux de la **tige du lin** la prête naturellement à être transformée en fibre textile. (photo Florent Vesniel. Village de Walraversijde, Belgique.)

Les laines ne sont pas forcément issues du mouton. On peut trouver des laines de chèvres (parfois très chères), de chameaux. Tout poil animal est susceptible d'être filé et transformé en tissu, pour des usages variés, de l'emballage à la couverture, en passant, évidemment, par le vêtement. Il y aura, par souci de qualité, différentes législations contrôlant la qualité et les usages des différents types de poils.

Reste le mouton, roi des animaux pour la laine qu'il fournit. Aucun produit n'a connu une filière de fabrication aussi importante et aussi complète. L'étude des méthodes de production en Angleterre, par exemple, montre une organisation tenant compte des matières premières, moutons ou plantes tinctoriales, et des différentes transformations. Nous sommes dans des méthodes préfigurant le capitalisme.[1]

[1] voir le livre de John S. Lee, The *Medieval Clothier*, Woodbridge, The Boydell press, 2018.

Le mouton est immobilisé pour être tondu. La rivière à proximité a peut-être permis de les laver. *Tonte des moutons*, Chantilly, Condé, *Les très Riches Heures du duc de Berry* (détail), vers 1415. (photo BnF, Ms 65, F.7v.).

La laine

Le commerce du drap de laine fut l'un des moteurs de l'économie médiévale et de son histoire. La documentation à son sujet est riche et, tout comme les descriptions et les comptes, les règlements de fabrication abondent, car le travail de la laine passe par une multitude d'activités différentes qui se succèdent. Il débute lors de l'élevage des ovins pour aboutir à la vente des draps sur toutes les foires d'Europe, grâce à une organisation marchande bien rodée. Nous sommes bien en présence d'une industrie et non plus d'un artisanat segmenté et modeste, même si, parfois, il peut arriver que l'ensemble de cette activité soit assurée par une famille complète.

La qualité de la laine produite diffère considérablement suivant les races de moutons et des sélections d'espèces sont déjà entreprises dès l'Antiquité. Le *Churro*, mouton gascon et ibérique, est ainsi régulièrement employé, mais il n'a pas d'équivalence avec les ovins anglais des *Cotswolds* et des îles Shetland. Leur réputation vient de leurs poils tellement longs et résistants qu'ils produisent une laine de première qualité. L'élevage du mérinos est avérée en Espagne depuis le XIII siècle, grâce aux chausses de l'archevêque **Rodrigo Ximenez de Rada**, mort en 1247).[2]

La tonte des moutons, qui permet de récupérer la laine vierge, se pratique au mois d'avril ou de mai, c'est-à-dire à la fin des grands froids et aux premières chaleurs, avant la mue des moutons. La laine peut être vendue lavée en plongeant les bêtes, quelques jours avant de les tondre, dans une rivière ou un plan d'eau. Cette pratique, fréquente dans les pays comme l'Angleterre, n'est cependant pas constante et la laine se trouvant dans le bassin méditerranéen, n'est ainsi pas lavée sur pied. D'après **Dominique Cardon**, cette fine laine méditerranéenne étant plus chargée en suint et en lanoline, elle, ne peut être efficacement nettoyée qu'à l'eau chaude, et donc après la tonte.

Certaines laines sont aussi prélevées sur des animaux morts de maladies ou récupérées sur des bêtes abattues pour la boucherie. Appelée laine de peaux, c'est une marchandise de seconde qualité qui est utilisée en mélange ou pour de la bourre. En effet, la laine d'un animal malade ne résisterait pas à la traction subie par une toile, et les moutons tués pour la boucherie, trop gras, ont une toison suinteuse et trop peu nerveuse. Les touffes du ventre et des pattes sont également souvent écartées de la filière générale car elles sont souillées et trop emmêlées. Elles servent alors pour la bourre ou la confection de fils très grossiers.

La tonte se pratique un jour *clair et serein* pour que les toisons aient *leur juste poids*[3]. Lorsque le moment est venu, le berger demande parfois le renfort d'un ou de plusieurs plieurs, c'est-à-dire des tondeurs saisonniers embauchés pour l'occasion. Des outils à une seule lame appelé *serpes*, larges et courbes, sont parfois représentés et la laine peut aussi être coupée au couteau. Mais l'outil de privilège reste les forces, constituées de deux lames de fer reliées par un ressort. Il en existe différents modèles destinés à des usages aussi variés que couper du fil en couture… mais les forces destinées aux moutons, attestées depuis l'âge du fer, mesurent une quinzaine de centimètres de longueur environ.

La tonte effectuée, la laine est transportée et éventuellement stockée dans des lieux secs et aérés, car en milieu humide, elle pourrait jaunir et même pourrir. Les contrôleurs qui veillent à sa qualité en vue d'une utilisation industrielle sont en effet intransigeants. Ils la déballent, l'examinent, et jaugent de son humidité pour, le cas échéant, la déclarer bonne pour la vente. Si elle est humide, mouillée au palpé, cela constitue une fraude, car la laine est vendue au poids et les abus sont nombreux : particulièrement hydrophile, elle peut absorber jusque 33 % de son poids sans paraître mouillée. L'escroquerie n'est pas anodine, c'est que le prix de la laine entre dans 30 à 40 % des coûts totaux de production[4].

La laine est donc classée par qualité, « bonne », « moyenne » et « abat », qui conditionne les prix de vente. À cela s'ajoute une différenciation par la couleur. La laine blanche, qui permet des teintures claires et vives, est de ce fait vivement appréciée. La laine de mouton noire est aussi recherchée et, suivant sa qualité, son prix peut avoisiner celui de la blanche. Les toisons brunes ou beiges sont aussi mises de côté et certaines servent pour les draps « naturels » sans teinture,

[2] Tina Anderlini, *Le costume médiéval au XIII siècle*, Heimdal, 2014, p.19

[3] Dominique Cardon, *La draperie au Moyen Âge, essor d'une grande industrie européenne*, CNRS éditions, 1998, p.122.

[4] *Ibid*, p.123.

Femme à la quenouille, XIVe siècle,
Palais des Doges, Venise. (photo Tina Anderlini.)

Lorsqu'elles gardent
les moutons, les bergères
ne se laissent
aucun temps libre.
Livre d'Heures, 1451.
(photo Hessische Landes-
und Hochschulbibliothek,
Darmstadt, Hs. 70.)

Au sein du foyer, entourée de sa famille, la femme file en se chauffant les pieds,
la quenouille sous le bras. Les tissus portés par ces paysans, simples, sont dominés
ici par deux couleurs. *Livre d'Heures de Louis de Savoir*, vers 1445-1460.
(photo BNF, Lat 9473, f.4v.)

Cette enluminure représente différentes étapes du travail de la laine. [De
la droite vers la gauche]: la laine est démêlée, cardée puis filée. Dans la
cohérence de l'image, la femme à l'arrière serait en train d'ourdir le métier
ou de tisser, bien que la représentation manque de précision pour définir
son activité. Boccace, *Le Livre des Femmes nobles et renommées*,
Gaia Cecilia, vers 1440, France, Rouen. (photo The British Library, Londres, Ms
Royal16.G.V f.156.)

La marchande, attendant quelque client, profite de ces instants pour travailler et filer. *Tentation de l'homme* (détail), vers 1455-1460.). (photo Bruxelles, Bibliothèque Royale Albert Ier, Bruxelles, Ms IV. 111, f.38 v.).

au cardage, qui a également pour conséquence de donner à la laine un volume intéressant lorsqu'elle est utilisée dans les matelas. L'opération est effectuée à l'aide de deux outils à petites dents fines et très serrées, entre lesquels est placée une poignée de laine brute. On frotte alors les deux instruments l'un contre l'autre jusqu'à ce que les griffes dispersent les fibres. Cette opération est répétée plusieurs fois sur la même touffe de poils avant qu'elle ne soit parfaitement cardée, c'est-à-dire que toutes les petites fibres soient séparées les unes des autres. La laine est alors retirée de l'outil et ajoutée au long ruban de laine déjà cardée. Les griffes ou crochets, parfois métalliques, sont initialement remplacés par une variété particulière de chardons, le chardon à foulon, dont la fleur est recouverte d'épines recourbées. À côté du cardage manuel se pratique aussi la carde sur chevalet, ou *scardasse*, opération repérée dans la draperie flamande par Dominique Cardon comme portant le nom de *briffauderie*.

Le filage

Les fibres sont prêtes. Le filage va pouvoir débuter. Le principe en est relativement simple, il consiste à transformer les mèches de poils peignées en un long fil solide et régulier. Pour cela, la femme étire la pelote de laine en torsadant les fibres les unes avec les autres et en les enroulant sur un fuseau. Un poids ou *peson*, la fusaïole, leste le fuseau afin de réguler la tension du fil.

Nombreuses sont les miniatures représentant les paysannes à cette activité et l'importance de cette pratique se vérifie par la présence considérablement élevée de fusaïoles, en pierre ou en terre, retrouvées lors de fouilles. Suivant la fibre utilisée, leur poids est en général compris en 8 et 33 gr. Le vocabulaire imagé n'est pas en reste pour illustrer la fréquence du filage au sein du foyer et la quenouille, le bâton de bois sur lequel sont enroulées les mèches de laine, devient le symbole de la paysanne. On dit ainsi, lorsqu'un fief est mal géré, qu'il tombe en quenouille, c'est-à-dire est entre les mains des femmes. Si l'une d'entre elles bat son mari, c'est avec cet instrument que la scène est symbolisée et, lors de représentations de révolte, la femme est souvent dessinée brandissant une quenouille. L'objet, qui devient personnification, est parfois offert en cadeau et l'archéologie nous révèle même des quenouilles finement sculptées.

Ces objets fabriqués en bois sont cependant de peu de valeur et leur mention est rare dans les inventaires. Ils sont pourtant des instruments universels pour filer. En faisant tourner le fuseau sur lequel est fixée une fine mèche de laine, comme une toupie lâchée au bout de son fil, les fibres étirées et amincies entre les doigts depuis la quenouille se torsadent. Le geste doit être rapide et précis, et la torsion suffisante, sous peine de voir les fibres se séparer et le fil se casser sous le poids du fuseau. Si la torsion est trop vive, le

ce sont les laines de couleur « cannelle », dont les teintes peuvent parfois tirer sur le rouge. C'est ce que montrent certains textiles archéologiques, notamment un exemplaire retrouvé dans les docks de Baynard's Castle[5]., en Angleterre, daté du premier quart du XVe siècle.

Ce sont les femmes qui vont prendre en charge une grande partie du traitement de la laine fraîchement tondue, et ce, jusqu'à l'étape du tissage. Ce traitement débute en éliminant les impuretés par un battage vigoureux sur une claie. Les fibres sont ensuite lavées et dessuintées par des bains chauds répétés et le mouvement du bâton dans la cuve permet de détacher les dernières traces de terre et de paille. L'ensemble est suivi d'un ensimage qui protège la fibre, c'est-à-dire un huilage au beurre ou au suif. L'huile d'olive, dans un premier temps interdite pour cet usage, est autorisée à la fin du XIVe siècle dans les régions du sud, même si le beurre présente l'avantage d'un dégraissage facile.

Maintenant qu'ils sont propres, les poils les plus longs sont peignés afin de les écarter les uns des autres et de les aligner. Les peignes, de bois ou d'os, possèdent une forme de râteau et sont utilisés par paires. Leur tête est gainée de corne dès le XIVe siècle et l'augmentation du nombre de rangées de dents ainsi que de leur longueur est aussi une évolution significative.

À partir du XIIIe et XIVe siècle, une nouvelle technique apparaît, non sans la réticence de certaines villes comme Châlons-sur-Marne en 1369. Ainsi, même les poils courts peuvent être traités grâce

[5] Exemple extrait du livre de Dominique Cardon, *ibid*, p.91.

[6] Dominique Cardon, *La draperie au Moyen Âge, essor d'une grande industrie européenne*, CNRS éditions, 1998, p.222.

fil ne peut alors plus être modelé ni aminci correctement. La régularité du fil est pourtant essentielle, car elle permet une normalisation des tissus et garanti une uniformité de l'étoffe. En effet, nous pouvons constater sur les fragments archéologiques que *« le fil est d'une qualité remarquable et semble attester d'habiletés techniques tout à fait exceptionnelles qui ne s'acquièrent qu'avec le temps »*.[6]

Du fuseau, le fil est dévidé sur l'aspe ou aspi. Cette sorte de cadre de bois, qui permet de stocker le fil, permet aussi d'en vérifier la mesure. Ainsi le marchand, laissant une certaine quantité de laine à une fileuse et connaissant le nombre d'écheveau qui doit en résulter, ne craint pas de se faire voler. La fileuse ne peut détourner de la laine pour son usage personnel, elle ne peut pas non plus bâcler son travail en filant trop gros car la longueur sur l'aspe ne serait pas conforme.

Plomb servant à certifier la qualité du tissu. Le tissu est certi entre les deux mâchoires de plomb, ce qui permet de garantir sa provenance et sa fabrication. (photo Florent Véniel, collection particulière.)

Cette enluminure représente les trois filles du roi Minyas, qui refusent de participer au culte de Bacchus et préfèrent rester travailler à la maison en filant. Nous distinguons trois des outils intervenant dans la filature, avec de gauche à droite, la quenouille, l'aspe et le rouet. *Ovide moralisé*, Paris, vers 1380-1395. (photo Bibliothèque Municipale, Lyon, Ms.742, f.54r.)

Le drap est tissé sur un métier horizontal à deux lisses. La navette est tenue de la main droite alors que la main gauche actionne le peigne servant à tasser la trame après chaque passage de la navette. Guillaume Vrelant, *Arachné et Athène*, enluminure de l'épître d'Othéa, XVᵉ siècle. (photo Bibliothèque universitaire, Erlangem, Ms. 2361, f.82v.)

Teinture. **Cunrad Verber**, *teinturier*, livre domestique *Mendeslchen Zwölfbrüderstiftung*, Nuremberg, vers 1425. (photo Stadtbibliothek, Nuremberg, sign. Amb. 317.2., f.37v.)

[7] Boccace, *Décaméron*, Le Livre de poche, 1994, VIIe journée, IIe nouvelle, p.545.

[8] Boccace, *Décaméron*, Le Livre de poche, 1994, VIIIe journée, IIe nouvelle, p.614.

[9] *Le Mesnagier de Paris*, Livre de Poche, Lettres Gothiques, 1994. p.402.

[10] Exemple extrait du livre de Dominique Cardon, *La draperie au Moyen Âge, essor d'une grande industrie européenne*, CNRS éditions, 1998, p.58.

[11] Informations : Museo del tessuto di Prato. Francesco di Marco Datini vécut de 1335 à 1410. Un ouvrage complet sur les archives Datini devrait paraître en 2021.

Ces gestes automatisés sont longs et souvent pénibles. L'invention du rouet fut une innovation majeure accélérant considérablement le travail, mais ce mécanisme, qui permet d'économiser force et temps, n'apparaît pas couramment avant la fin du XIVe siècle. Son origine semble être perse et le commerce italien a permis sa diffusion. Comme pour toutes les grandes inventions, une loi va, une première fois, interdire son utilisation en 1290 par crainte du changement et des conséquences importantes que cela apporterait dans la société. Ce qui nous permet d'attester sans conteste son existence à cette date. Mais ce n'est qu'un siècle plus tard que son usage se répand et la roue à filer, objet important dans le foyer, est scrupuleusement notée dans les inventaires. La paysanne, qui jusqu'alors se déplaçait en permanence d'un endroit à l'autre avec la quenouille sous le bras, reste dorénavant rivée à la maison à cet outil encombrant. Même si certaines reprochent au rouet de produire un fil de moins bonne qualité et préfèrent le fuseau manuel, cette innovation technique, bénéfique quant à la productivité, est donc aussi synonyme d'une perte de liberté pour nombre de ces femmes. Le mot anglais *spinster*, qui signifie fileuse, révèle bien cet état de fait, car il désigne également la vieille fille ; la femme, fileuse, est aussi celle qui reste seule au coin du feu.

Ce fil obtenu à la maison connaît deux destinations. Lorsqu'il s'agit de lin ou de chanvre, le plus souvent, il sert à la confection des toiles domestiques sur des métiers à tisser verticaux étroits, hérités des aïeux et très simples de mise en œuvre. Le petit nombre de lingères professionnelles citées parmi les gens de métier des villes, laisse supposer que les sous-vêtements de toile étaient ainsi fabriqués la plupart du temps à la maison. L'excédent de production peut ensuite être revendu à des tisserands. Néanmoins, la confection et la vente de robes-linges (les ensembles de sous-vêtements), peut aussi être faite par des professionnels, surtout lorsqu'ils s'agit de lins de qualité, comme ceux de Reims, Paris, ou du Pays de Léon, en Bretagne, recherchés et exportés.

Concernant la laine, il n'est pas rare que l'ensemble de la marchandise filée soit à destination de ces professionnels. Le fil est alors placé en écheveau et les enfants des campagnes sont sollicités pour tendre les bras et former la pelote large.

Le prédicateur **Francese Eiximenis** considère, pendant la seconde moitié du XIVe siècle, que le filage est pour la femme un rempart contre l'oisiveté, mère de tous les vices. Filer est pourtant l'un des rares gagne-pains domestiques possibles et la plupart des femmes pratiquent cette activité annexe pour un complément financier au foyer, comme en témoigne l'une d'elles qui reproche à son mari son peu d'empressement à trouver du travail. Elle lui demande : «*tu crois que je vais te laisser gager ma jupe de misère et mes autres habits de quatre sous, alors que mes ongles décollent de la chair à force de filer jour et nuit ?* ». [7]

Certaines femmes exercent aussi le filage à temps plein. Dans le *Décamèron*[8] une femme explique qu'elle doit « *aller samedi à Florence rendre la laine que j'ai filée et faire réparer mon rouet* ». Le bourgeois du *Mesnagier de Paris*[9], au XIVe siècle, nous offre parallèlement le portrait d'une *povre fille* dont il spécifie le métier : elle est *fillerresse de layne au rouet*. Mais la fileuse, même professionnelle à domicile, reste une femme pauvre et misérable, et ses revenus sont pratiquement insignifiants, comme les sommes qu'elle laisse après sa mort. La description de son domicile, dénué de tout, est éloquente ; elle *ne avoit aucune garnison quelzconques*. Une liste est faite des choses de base qu'elle ne possède même pas, *ne de busches* pour se chauffer, *ne de lart* pour manger, *ne de chandelle* pour s'éclairer, *ne de huyle*, ne de charbon. Ses seuls biens résident en *ung lit* et une couverture, et *son thouet*, c'est-à-dire son rouet, ainsi que quelques objets de peu de valeur.

Parallèlement existent des filatures qui tendent à se développer. Nous connaissons l'exemple célèbre de ces fileurs d'Angleterre, qui vendent des balles pouvant atteindre deux cents kilos aux drapiers flamands et, en 1403[10], l'équivalent de 19 tonnes 294 kg de laine mère et 1 tonne 961 kg de laine d'agneau sont déchargés dans le port de Narbon-

ne. Une grande partie de cette cargaison provenant de Provence. La vente de ces balles de laine peut se faire sur de bien plus grandes distances. C'est en effet à ce niveau de la chaîne de production que le commerce avec des ateliers étrangers commence. Si Toulouse, au milieu du XVe siècle, importe des laines de qualité supérieure qui sont dénommées flamandes, les précieuses archives du marchand Datini, de Prato, près de Florence, nous apprennent que du drap peut être commandé en Toscane par des Espagnols. Le plus intéressant étant que la laine pour la réalisation de ce drap est achetée… à Minorque, île non loin de Majorque et célèbre pour la qualité de sa laine. Elle est ensuite tissée à Prato après être passée par Pise, pour ensuite repartir vers la péninsule ibérique où elle sera vendue à Majorque et Valence. La totalité de l'opération prenant deux ans. Les archives Datini sont un outil précieux sur les activités drapières dans le sud de l'Europe.[11]

Le tissage

C'est à ce moment de la chaîne de production que la femme cesse d'intervenir et que le travail masculin commence. La fabrication du tissu, domestique, et paysanne pour les premières phases, se déroule maintenant en milieu urbain.

La première étape du tissage, l'ourdissage, consiste à couper les fils de chaîne à la longueur souhaitée et à les tendre uniformément sur le métier horizontal. Depuis le XIIIe siècle et l'apparition de celui-ci, le tissage n'a pas connu d'évolution marquante. Le principe de base reste simple. Il suffit d'entrelacer un fil de trame perpendiculairement à la chaîne. C'est le mode d'entrecroisement qui détermine l'armure du tissu. Pour assurer le tissage de l'armure la plus simple, la toile, ce fil passe successivement au dessus d'un fil de chaîne puis au dessous du suivant. La façon de tisser détermine donc l'aspect de l'étoffe : le satin est une armure où le fil de trame emjambe plusieurs fils perpendiculaires, de façon décalée à chaque passage, ce qui donne cet aspect brillant spécifique. Le satin

arrive en Europe à la fin du XIIIe siècle. La plus ancienne trace a été trouvée dans la tombe de l'infante **Eleonor de Castille** morte en 1275.

Il existe aussi de nombreuses variantes de tissage qui pemettent d'élaborer des motifs. Ce tissu, qui connaît une grande popularité, est dit façonné plein lorsqu'il est de même couleur, ton sur ton. D'anciens textes le désigne comme *diapré*

Cette exceptionnelle enseigne en chêne sculpté polychromé date de la fin du xve siècle ou du début du xvie. C'est un ensemble de panneaux de bois, découvert en 1888, à Rouen, lors de la destruction d'une maison située au 80 rue du grand pont. Ils étaient disposés en longueur au dessous des fenêtres du premier étage de cette maison. Ils représentent des moutons en train de paître. Ils soulignent que la puissance du drapier provient de sa matière première, le mouton. (photo Musée des Antiquités, Rouen.)

et en font une soierie luxueuse. Dans cette gamme, certains aiment le marbré, produisant l'effet de marbrures. C'est une étoffe riche qui peut aussi servir aux pièces d'ameublement. Lorsque le tissu présente un décor contrasté en couleur, il est dit figuré. Certains draps sont aussi tissés à partir de plusieurs types de fils, avec un mélange de matière, procurant au tissu les qualités associées des différentes fibres. C'est le cas du tiercelin ou encore de la futaine, offrant la solidité du coton et la chaleur de la laine.

Parmi les étoffes les plus appréciées, le velours, d'autant plus s'il est de soie, reste une valeur sûre. La soie, d'ailleurs, devient de plus en plus courante : bien qu'elle reste réservée à une certaine élite et à certains usages. Certaines qualités se font aussi plus abordables. À l'opposé, le tissu appelé triboulé, associé à l'idée de désordre et souvent porté par les fous, n'est pas en vogue dans la bonne société, tout comme les tissus rayés, signe d'infâmie et d'infériorité, d'après les messages que les images essaient de nous faire passer. La réalité, lorsque l'on consulte les comptes est, au moins au XIVe siècle, tout autre.

Les textes de corporation réglementent avec minutie les gestes effectués et le résultat à obtenir.

Les tisserands travaillent au minimum à deux par métier. Assis devant son ouvrage, l'un d'eux fait se lever et s'abaisser les lisses à l'aide d'une pédale. Ces cadres comportent des montants percés de trous à travers lesquels est enfilé un fil de chaîne sur deux. En levant la lisse, l'artisan sépare les fils de chaîne et la navette est lancée dans toute la largeur de la voie ainsi ouverte, entre les fils hauts et les fils bas. Un large peigne vient tasser l'ensemble, puis le jeu de pédales inverse les cadres pour ouvrir un autre passage au retour de la navette. La seconde personne a la lourde responsabilité de la veille : pour éviter des erreurs de passage de la navette, ou des ruptures de fil de chaîne suite au tassage progressif de la partie tissée. Ce sont

Champ de lin.
(photo Florent Véniel, Walraversijde Museum, Ostende.)

parfois des enfants qui assurent cette fonction, car leur petite taille leur facilite l'accès au cœur du métier à tisser pour les réparations.

Le tisserand est un ouvrier qualifié qui connaît parfaitement son métier. En tant que tel, il peut se permettre une certaine arrogance et il n'est pas rare de le voir revendiquer et se révolter. Certains, rarement, sont propriétaires de leur outil et vendent le tissu à la pièce. La plupart cependant sont simplement salariés mais ne sont pourtant payés qu'au terme du travail accompli.

La pièce est donc vendue au métrage, elle mesure[12] entre 24,50 et 32,75 m de long et c'est la largeur du métier utilisé qui détermine celle du tissu produit, compris entre 1,79 et 2,28 m de large. Ces pièces de drap peuvent donc peser de 15,87 à 20,2 kg.

Sur les foires, comme chez les commerçants, la vente des draps de qualité est très surveillée. Un plomb attestant de leur contrôle est indispensable. Il garantit que les laines proviennent de toisons de moutons adultes et certifie la nature et la longueur des fibres, dont dépend la qualité de l'étoffe. La laine d'agneau droite et sans frisure se rompt en effet plus facilement que celle d'une race frisée. De même, celle de bêtes trop âgées, au delà de cinq ans environ, donne une matière feutrée qui perd en finesse et en élasticité et présente de fortes irrégularités. Cette laine est normalement réservée pour les couvertures.

Ce sont les *eswardeurs*, en Flandre, qui vérifient directement sur le site de production si le tissage est fait correctement et sans tricherie aucune sur le type de fil utilisé. Le plomb apposé à la sortie de la manufacture permet de retrouver le fabricant ou la ville drapière de production et de garantir la provenance de la pièce. Nous savons ainsi qu'un « gris de Rouen » est plus apprécié qu'un « noir de Bourges ». En cas de contrefaçon ou de malfaçon découverte, le drap est alors brûlé aux yeux de tous, sur la place publique. Aucun règlement de ville n'est clément avec les fraudeurs, la peine de mort est même appliquée dans les draperies flamandes et allemandes au XIVe et XVe siècles. Mais pour les draps de qualité ordinaire, les règlements autorisent l'emploi de toutes laines ou de tous mélanges pourvu que le sceau de plomb ne soit apposé.

L'apprêt

Lorsqu'il sort de l'atelier du tisserand, le drap est rarement utilisé directement. Il est rêche, sa couleur est plutôt grise et sa surface peut être irrégulière. C'est sans doute celui qui est utilisé par les cisterciens pour leur froc. C'est aussi celui des couvertures de chevaux et c'est la couette, ou *queutes*, que les plus pauvres emploient pour leur couchage.

Dans tous les autres cas, le drap est soumis à trois nouveaux traitements.

Le premier dépend de la qualité que l'on veut atteindre. Il est donc plus ou moins prolongé et

soigné. Le drap est lavé plusieurs fois, passé au charbon pour être feutré et les nœuds sont retirés. C'est la parure de l'étoffe, qui permet de la lisser, d'où le nom de pareur ou lisseur donné à l'artisan qui la pratique. Lors de cette étape, les fibres et bouts de fils arrachés sont récupérés pour servir de bourre, ce qui représente une certaine valeur. Par contre, il est interdit de l'utiliser pour tisser un nouveau drap.

La seconde étape est le foulage où le drap est battu pour lui donner plus de corps. Cette opération, à l'origine, se fait en piétinant l'étoffe dans une cuve. Un peu de sable ou de lie de vin en tapisse le fond pour amortir les chocs sur le tissu. Plusieurs foulages sont nécessaires et ce travail ingrat est faiblement rémunéré. Les foulons sont donc de très modestes personnes, promptes à de nombreuses révoltes. En effet, depuis la fin du XIe siècle, le métier est menacé. Certains drapiers commencent à recourir à des moulins hydrauliques, où la force musculaire de l'homme est remplacée par des maillets montés sur un arbre à cames. Au XIIIe siècle, ce n'est pas moins d'une centaine de ces moulins qui parsèment les campagnes françaises et au moins cent-vingt en Angleterre. Au XIVe et XVe siècle, les fou-lons mécontents organisent de nombreuses expéditions pour détruire ces moulins. La raison invoquée est la brutalité du traitement mécanique qui abîme le drap, mais c'est aussi, bien entendu, la perte de leur gagne-pain qui les motive.

La dernière étape est la teinture du drap. Même si certains écheveaux de laine sont parfois teintés avant le tissage, le plus souvent, cela se fait sur la pièce d'étoffe terminée et peut s'effectuer en même temps que le foulage ou après celui-ci. C'est la phase la plus délicate et elle est aussi assez onéreuse. C'est également une des activités les plus polluantes du Moyen Âge. Elle consiste à tremper le tissu dans des bains contenant un colorant, associé à un mordant, oxyde métallique, destiné à fixer la teinte sur le tissu. Nous trouvons souvent aussi l'alun ou sulfate d'alumine.

Le bleu, couleur la plus répandue, a fini par donner aux teinturiers le surnom d'« ongles bleus ». Il peut, entre autre, provenir de la célèbre guède ou pastel, plante d'eau que l'on trouve par exemple sur les rives de la Somme, de l'Escaut ou de la Garonne, et qui a fait la fortune de la région de Toulouse. Ses feuilles sont broyées, séchées et mises à fermenter ; la poudre obtenue peut ensuite être diluée dans une chaudière pour donner le bain de teinture désiré. Quelques jours sont nécessaires à l'opération. Le pastel possède un pouvoir tinctorial si important qu'il ne rend pas obligatoire l'usage d'un mordant. Il peut même être employé sur le fil ou directement sur la laine en toison. Au XIVe siècle, histoire de mode, nombreuses sont les personnes portant du bleu plus ou moins soutenu. Pour éviter les teintes pâles, l'ajout de lessive de cendre à la teinture, qui assure le rôle de mordant, donne aussi plus d'éclat au bleu.

Les couleurs denses, saturées, sont en effet recherchées par une certaine catégorie de personnes car elles signent une aisance sociale et pécuniaire. Les plus riches goûtent donc à une gamme de nuances plus profondes et de couleurs variées. Nombreuses et variées sont les provenances des matières tinctoriales et chaque couleur peut être réalisée par plusieurs colorants différents, animal ou végétal, donnant une variété importante de nuances. La gaude offre un jaune, tout comme la chélidoine et la pelure d'oignon, et le brou de noix développe un noir léger, alors qu'un noir plus profond peut être réalisé par un double trempage de bleu puis de rouge. Les animaux permettent aussi de teinter, comme la cochenille ou le Kermès pour le rouge, qui peuvent remplacer l'alizarine contenue dans la racine de la garance.

Une variété de motifs

Comme nous l'avons mentionné plus avant, les tissus ne sont pas forcément unis. Les tissus à carreaux, et surtout les rayures, semblent être appréciés. Mais leurs aspects paraissent avoir à des dessins particuliers. Les carreaux, type "tartans" par exemple, ne semblent pas avoir existé. Aux carreaux délimités par de fines rayures on semble préférer des motifs échiquetés, de type damier. Les échiquetés apparaissent dans les comptes pour vêtir les fous des différentes cours ducales ou royales.[13]

La peinture italienne du XIVe siècle nous montre ces tissus échiquetés aussi bien sur des musiciens, des bourgeois ou de jeunes oisifs. Des fragments de tissus rayés nous sont parvenus, à Londres ou Prague, par exemple. La vogue des rayures et des échiquetés est surtout notable au XIVe siècle.

Des qualités de drap inégales

Suivant la qualité désirée, le drap va donc subir ou non toutes ces étapes. Le cheminement va parfois en sauter quelques unes ou au contraire accepter d'autres traitements. Le XIVe et XVe siècle voient ainsi une gamme florissante d'étoffe apparaître. L'engouement pour ces nouvelles matières est renforcé par l'intérêt des toiles de fibres mélangées, qui offrent des résistances thermiques différentes ou une souplesse plus importante. Nous trouvons par exemple la futaine, croisant du coton et du lin et donc moins chère que du pur coton de qualité, ou la saye ou strait qui associe la chaleur de la laine à la solidité du lin. Certains draps rayés, appelés *drap listat*, peuvent avoir des rayures de coton ou de soie.

Le drapier est certes un industriel, mais c'est aussi un homme d'affaire qui peut posséder des troupeaux, des moulins, des bois des champs de plantes tinctoriales, des teintureries et même des navires. Il arrive que certains d'entre eux fassent de la spéculation en achetant même de la laine sur des moutons non tondus. Il est d'ailleurs dit que le pied des moutons « *change le sable en or* ». Ainsi, l'activité drapière modifie les campagnes et toute l'économie d'une région en fonction du marché et c'est ainsi que l'industrie anglaise émerge. Certaines provinces tirent une grande renommée de la qualité de leurs draps. Une manne dont certaines régions profiteront jusqu'à la Révolution industrielle. Les villages qui n'auront su se reconvertir dans le charbon sont ceux qui, aujourd'hui, donnent encore son charme aux campagnes britanniques. C'est dans le *Décamèron*[14], recueil de nouvelles italiennes, que le curé d'une localité proche de Florence achète un manteau de drap bleu de Douai, ville du Nord de la France. La réputation peut autant concerner les lieux de provenance de la laine, que l'endroit où les draps ont été finis et vendus. C'est le cas de Paris, au XVe siècle : les draps teints et parés dans la capitale, ont été tissés en Normandie. Mais la Normandie est aussi célèbre pour ses écarlates et ses draps fins, notamment à Rouen et Montivilliers, appelée *Monstiervilliers* dans les textes. La région de Bourges, la Bretagne et le Languedoc produisent, eux, des draps de qualité moyenne.

Heureusement, le commerce international est florissant et Florence exporte de magnifiques draps de luxe et écarlates, car il est certain que l'homme médiéval n'est pas indifférent à la qualité de ses vêtements et que son jugement est autant influencé par la mode, que par son rang dans la société. C'est en effet en grande partie par la beauté de l'étoffe que s'affiche le statut de la personne. Bien entendu, la densité de la couleur, associée à la grande nuance des teintes existantes, est un moyen pertinent pour reconnaître le niveau d'un vêtement. Mais la qualité du drap est évidemment à prendre en compte également.

[13] Vassilieva-Codognet O., 2015, p.17.

[14] Boccace, *Décaméron*, Le Livre de poche, 1994, VIIIe journée, IIe nouvelle, p.614.

Tissu aux perroquets, vers 1330-1350, abbaye de Klosterneuburg, provenant d'Asie-Centrale ou d'Iran, soie et fil d'or (photo Stift Klosterneuburg.)

Soie espagnole (Grenade), lampas, xvᵉ siècle. Tissu très coloré, aux motifs floraux, provenant des ateliers musulmans de Grenade. (photo Cleveland Museum of Art.)

Brocart et velours turc de la fin du xvᵉ siècle, provenant de Bursa, ancienne capitale de l'empire ottoman. On y trouve le motif des trois points, le cintamani, d'origine orientale, qu'on peut voir sur une multitude de représentations de soieries en Europe. Pourtant, comme ici, ce motif n'est jamais isolé ou de diamètre égal. (photo Cleveland Museum of Art).

Tissu aux grenades, Italie (Florence ?), 1450-1500. Tissu d'une très grande valeur, très certainement un fragment de chasuble. La qualité et la valeur du tissu était indiquée par le type de lisière, que l'on peut toujours voir ici. (photo Cleveland Museum of Art.)

Soieries italiennes du XIVe siècle.
(photo Trésor de la cathédrale de Liège.)

Soieries italiennes du XIVe siècle.
(photo Trésor de la cathédrale de Liège.)

Détail de toile ombrienne mêlant lin en différents tissages et coton, teint en bleu. (photo Tina Anderlini, Galerie Nationale de l'Ombrie, Pérouse.)

Soieries italiennes du XIVe siècle.
(photo Trésor de la cathédrale de Liège.)

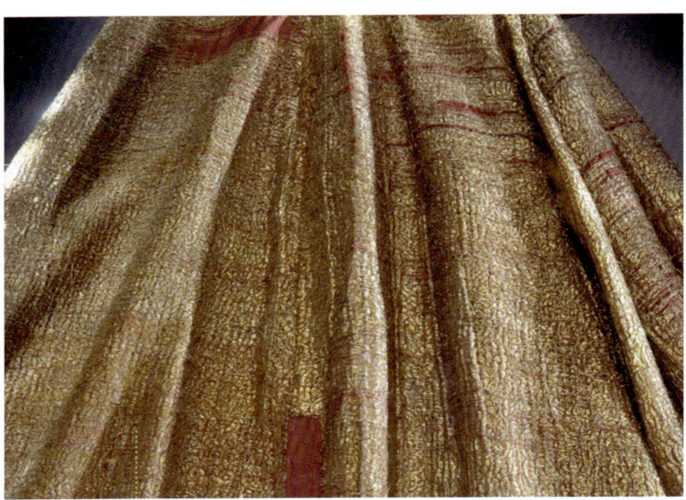

Détail de la robe d'or dite de Margaret, cathédrale d'Uppsala, XVe siècle. Il s'agit de l'un des rares vêtements laïcs en drap d'or qui nous soit parvenu. La robe devait être une robe de mariée pour une princesse dont l'identité n'est pas certaine. (photo Damien Bouet, Domkyrka skatt, Uppsala.)

Le velours, tissu de luxe, n'échappe pas à cette gradation de qualité. Un marchand peut ainsi proposer des velours à plusieurs hauteurs de poils. Les spécialistes reconnaissent une taille de référence et parlent ensuite de demi-poil, double-poil, ou encore trois hauteurs de poils, en comparaison avec le critère prédéfini.

Le drapier est donc un homme qui sait évaluer et tirer parti des défauts et qualités de chaque lot de laine. La totalité de la matière première est employée. Rien n'est perdu, tout est récupéré, jusqu'aux moindres déchets, et recyclé.

Les autres textiles

Ce circuit phénoménal suivit par la laine ne doit pas occulter les autres textiles exploités. Le lin, le chanvre et même l'ortie et peut-être le houblon sont surtout de fabrication domestique. C'est le linge familial, servant aux mille usages quotidiens tels les chemises ou les sacs. Les nappes et les serviettes appelées « touailles » peuvent parfois être décorées de motifs, losanges, fleurs de lys, ou encore être damassées, et c'est dans le tissage que le dessin est inséré. Les tisserands ombriens se sont faits une spécialité de ces tissus bicolores, mêlant lin blanchi et coton teint en bleu. Il s'agit d'étoffes luxueuses à usage essentiellement liturgique. Lorsque la production de lin est mentionnée dans les comptes, il ne s'agit que de petits ateliers, mais quelques régions produisent une qualité de toiles de lin réputées pour leur finesse, c'est le cas de la Hollande, de Reims ou de Paris. Rarement teint parce que les mordants accrochent difficilement la couleur sur le tissu, le lin est parfois mélangé à d'autres fibres textiles. La futaine en est un exemple, résultat d'une association avec le coton comme pour la « bombasine », les voiles de bateau produites à Marseille. Le tissage peut aussi être combiné avec la laine, le chanvre ou la soie.

La soie demeure un gage de haute qualité. Elle se développe au gré des conquêtes et l'Espagne et l'Italie exportent leur production dès le XIIe siècle pour concurrencer la soie provenant de Byzance. La fabrication devient alors de moins en moins luxueuse, baisse de qualité et les motifs se simplifient. Les Italiens vont copier les motifs des soieries chinoises, aux animaux plus vivants, plus animés, que ceux des soieries de Byzance et d'Asie Centrale, et créer, à la suite, leur propre vocabulaire décoratif. L'influence chinoise a donc un impact majeur sur les productions italiennes, comme celles de Lucques. On utilise principalement le bombyx du mûrier. Les déchets de soie comme le doupion ou les soies sauvages, ne sont utilisés qu'à titre exceptionnel, en fil de chaîne, mais on tend à les éviter de manière visible. Le *samit*, sergé de soie, qui domina jusqu'au XIIIe siècle est remplacé par des tissages plus compliqués. Le terme samit disparaît progressivement. On va parler de damas, de lampas... Les rendus sont variés. Les utilisations aussi. La production se fait certes plus nombreuse, mais les soieries restent d'un usage relativement limité. Certains statuts, certains usages. Les velours paraissent être les soies les plus utilisées dans l'habillement. L'utilisation principale des soies dans l'habillement laïc reste la doublure, et on utilise surtout un tissu fin, le *cendal*, qu'on va associer aux soieries et draps de laine.

Au XVe siècle, l'Italie devient incontestablement la productrice de soieries. La grande stabilité de la cité des Doges favorise l'éclosion de la soie. Les étoffes précieuses sont presque exclusivement italiennes.

La démocratisation des soies reste relative. L'usage liturgique domine, surtout pour les soies les plus colorées. Chez les laïcs, on apprécie les tissus monochromes, mais à motifs, permis par les nouvelles méthodes de tissage. Les draps d'or servent pour les mariages royaux, comme la robe dite de Margaret, conservée aujourd'hui dans la cathédrale d'Uppsala. Les velours sont portés par certains riches marchands, comme par les nobles. Les motifs végétaux, comme les grenades, en velours ou en brocarts, sont en vogue dans les cours européennes. Le luxe s'étale de plus en plus après la Peste Noire de 1348. La demande et l'offre sont là.

Lexique

Plutôt que de décrire la qualité d'une étoffe, d'une couleur. Voici un petit lexique des principales définitions d'un tissu.

▌**Beige** : étoffe de laine de piètre qualité et non teintée.

▌**Brunette** : étoffe de laine de couleur sombre, car elle subit deux bains, un de pastel et un autre de garance. La qualité est excellente et vient dans la hiérarchie des teintes juste après l'écarlate.

▌**Bure** : étoffe de laine de qualité grossière non teintée.

▌**Camelin** : étoffe de laine de moyenne qualité tissée à partir des déchets du peignage.

▌**Camelot** : étoffe de laine, tissée à l'origine à partir de poils de chameau ou de duvet de chèvre. Elle sera rapidement fabriquée en Occident avec d'autres laines et possède un tissé très serré avec des filets de moire à la surface. Au XVe siècle elle sera tissée de soie.

▌**Cendal** : soie fine et légère utilisée principalement en doublure.

▌**Damas** : lampas avec une armure satin. Surtout utilisé durant la seconde moitié du XVe siècle.

▌**Doupion** : étoffe de soie, issue de fils de cocons doubles, qu'il faut tisser, conférant un aspect irrégulier au tissu. Parfois utiliser en fil de chaîne, donc, non visible, le doupion n'est pas d'usage pour les vêtements avant le XVIIIe siècle.

▌**Drap de laine** : étoffe de laine de bonne qualité.

▌**Drap de soie** : étoffe de soie de qualité, le plus souvent façonnée, c'est-à-dire à motif.

▌**Drap d'or** : étoffe de soie à motif, comportant une proportion importante de fil d'or.

▌**Ecarlate** : drap de laine de luxe, foulé et teint en utilisant de la graine de *kermès*.

▌**Futaine** : étoffe de coton, de lin ou de laine mélangée, elle fait partie des toiles.

▌**Kermès** : œufs recueillis avant la ponte du *Kermes vermilio*. Cet insecte vit sur le chêne méditerranéen. Il produit une teinture de couleur rouge, l'écarlate. Le prix de cette teinture est considérable, ce qui en fait une étoffe de luxe.

▌**Mellés** : tissu fabriqué à partir de laines teintes de différentes couleurs, leurs teintes donnent des reflets tirant vers la couleur dominante.

▌**Migraines** : tissu de couleur rouge cherchant à imiter l'écarlate. Pour cela il est teint avec une partie de *kermès* et une autre de garance. Ce tissu est interdit de production dans de nombreux centres.

▌**Panne** : pièces de fourrures composées de peaux assemblées.

▌**Roiés** : (rayé) tissus offrant différents effets d'armures, les fils ont des torsions des couleurs ou des matières différentes comme la soie. Ce type de tissu fort décoratif semble être très courant.

▌**Samit** : sergé de soie, uni ou à motif.

▌**Serge** : étoffe de laine ou mélangé. Son tissage offre un aspect de diagonale. C'est un tissu sec.

▌**Taffetas** : nom de l'armure toile (fils croisés, armure la plus simple) pour les soieries. de soie produite par Florence et Bologne. Elle sera à la mode pendant le XVe siècle.

▌**Tiretaine** : étoffe de laine de médiocre qualité. ▌

hic adam expetat terram in sudore vultus sui.
Adam
Eua

Travaux d'Adam et Eve.
(photo BnF, Paris, Ms. Lat. 512, f.4.).

L'activité textile domestique

Un foyer n'est donc correctement équipé s'il n'est pas pourvu des outils nécessaires au travail du textile.

De la fibre aux étoffes

Nous avons vu aussi que les fibres végétales, telles que le chanvre et le lin, peuvent être tissées à la maison. Ces toiles domestiques permettant la réalisation du linge de corps, de dessous, des robes faciles à laver pour les enfants, des coiffes pour les adultes, cales pour les hommes, voiles pour les femmes ou encore des tabliers.

Si filer et tisser peuvent être une source de revenu féminin, il reste encore à écouler la production. Certains lieux géographiques de fabrication de toile sont remarquables de qualité. Nous retrouvons le Nord avec la Flandre, le Cambrésis, la Hollande mais aussi l'Est et l'Ouest avec la Bretagne et l'Allemagne et les toiles de Constance. Les avis sont cependant partagés. C'est le cas de Marion le Bleue, l'une des commères de l'*Évangile des quenouilles*[15], qui critique ainsi la production allemande : *« leurs toiles ne sont jamais blanches, on le voit aux chemises que les hommes apportent de là-bas »*. C'est, dit-elle, lié à la pratique des femmes qui ont coutume de laisser le lin sur leurs quenouilles le samedi, alors que depuis 1321, le dimanche, repos dominical, est chômé dès le samedi après none pour ceux qui le respectent. Le lin risque ainsi d'être sali.

Pour la majorité des femmes, c'est surtout sur le marché local qu'elles vendent leurs toiles. Cela leur octroie une liberté de mouvement et une relative autonomie financière qui effraient certains moralistes, car le contact avec le monde reste perçu comme l'objet de toutes les tentations. Un Anglais anonyme[16] du milieu du XVe siècle recommande ainsi, dans un petit poème de 31 strophes, d'éviter que la femme ne se promène de maison en maison et n'aille vendre ses étoffes

[15] Jacques Lacarrière (traduction), *Les Evangiles des quenouilles*, Albin Michel, 1998, p.64. IIe journée, XIe chapitre.
[16] Alice A. Hensch, *De la littérature didactique du Moyen Âge s'adressant spécialement aux femmes*, Cahors, 1903. *" How the good wiif taughte hir doughtir"*, p.138.

Vierge tissant dans le Temple, *Heures à l'usage de Paris*, XVe siècle. Certaines activités textiles peuvent être réalisées à la maison comme chez des artisans. La Vierge réalise ici du tissage aux cartes. (photo Bibliothèque Mazarine, Paris, Ms 491, f.234v.)

Forgées d'une seule pièce, elles sont pourvues de deux lames reliées entre elles par un ressort en ruban. Une encoche circulaire est visible à la base des deux branches. Ces forces proviennent des fouilles du château de Saint-Vaast-sur-Seulles, au sud de Bayeux, dans le Calvados. Elles sont datées du milieu du XIe siècle et mesurent 14,5 cm de long avec une largeur de lame de 1,4 cm. Elles sont conservées au Musée de Normandie, à Caen. La même exposition présente de petites forces, provenant de Grentheville dans le Calvados, mesurant 9,6 cm de long avec une largeur de lame de 1,3 cm. (photo Musée de Normandie Caen.)

Ce terrier, conservé aux Archives départementales du Nord, a été rédigé à la ville de Cambrai en 1275. Il précise, entre autre, le prix d'une place de drapier sur un marché aux draps et représente ceux ci pliés sur une table. (photo Jean-Luc Thieffry, Archives départementales du Nord, Musée 342, f.1.)

[17] Alice A. Hensch, *De la littérature didactique du Moyen Âge s'adressant spécialement aux femmes*, Cahors, 1903. Giovanni di dio Certosino (attribué à) *Decor Fuellarum*, 1471, p.180.

[18] Mention de Danièle Alexandre Bidon et Marie-Thérèse Lorcin, *Le quotidien au temps de fabliaux*, Picard, 2003, p.208. Matériel conservé au Musée archéologique de Lons-le-Saunier.

[19] Franklin P. Sweetser (édition critique) *Les cent nouvelles nouvelles*, Textes littéraires français, 1966, 27e nouvelle, I.88-90.

[20] Elisabeth Crowfoot, Frances Pritchard, Kay Staniland, *Textiles and clothing 1150-1450*, The Boydell press, 1992.

[21] Brezinová, Helena, David Kohout *et al*, *Stredov ké textilní a barví ské technologie : soubor textilních fragment z odpadních vrstev z Nového M sta pražského = Medieval textile and dyeing technologies: an assemblage of textile fragments from waste layers in Prague's New Town*, Archeologický ústav AV CR, 2016

Ces ciseaux, proches de modèles encore utilisés actuellement, mesurent 10 cm de long pour 0,8 cm de largeur de lame. Un décor en forme de fleur à quatre pétales est découpé à la base des trous aménagés pour le passage des doigts. Ils ont été trouvés lors des fouilles de l'ancien village médiéval de Grentheville, Trainecourt, dans le Calvados, et sont datés d'une période allant du XIIIe au XVe siècles. (photo Musée de Normandie Caen.)

au marché. Il considère en effet que, pour la femme au sortir de sa maison, les tentations sont grandes d'aller s'enivrer dans les tavernes avec l'argent qu'elle aurait gagné. L'auteur précise également que si la dame trouve, en cet endroit, de la bonne bière, il convient qu'elle en boive avec modération car si elle s'enivre souvent, elle sera blâmée et sera surtout marquée d'une mauvaise réputation.

Les travaux de couture

C'est à travers un texte décrivant la journée type de la femme, que nous trouvons trace des ouvrages de couture au sein du foyer. L'auteur[17] signale que la femme, après avoir desservi le dîner, lavé la vaisselle et nettoyé tout ce qui aura été sali, se doit de retourner au travail jusqu'au souper. Le dimanche, ce jour particulier tourné vers le Seigneur, il est permis de travailler uniquement à la confection des vêtements ecclésiastiques.

C'est plus encore l'omniprésence, en fouille, des accessoires de couture qui permet d'affirmer une activité domestique de confection. Le matériel est souvent simple, un dé, une paire de forces ou de ciseaux, et quelques aiguilles qui peuvent être de différentes matières, comme l'os. Les fouilles du château de Pymont, dans le Jura[18], ont révélé une exceptionnelle trousse de couture dans laquelle les aiguilles sont étamées. Étaient également présents une aiguille à filocher, des ciseaux à pivot, des forcettes pour couper le fil, deux dés à coudre, un poinçon en os pour perforer le cuir ou écarter les mailles de tissu et n'oublions pas un lot d'épingles dont les têtes sont enroulées.

Dans certaines familles aisées, ce sont aux dames de compagnie qu'incombe la confection. Tels sont les faits relatés dans une nouvelle où une femme[19], désirant offrir des chemises à son mari, se propose de faire finance de la toile. Elle demande alors : « *et vous, mesdemoiselle qui tant bien procurez pour luy* (le mari), *vous prendrez bien la peine de les coudre.* » Il n'est donc pas question ici, de faire appel à un artisan pour cette réalisation.

Techniques de couture

Le matériel est simple et quelques connaissances transmises de mère à fille, ou l'observation de tailleurs, permettent à toute femme de maison de réaliser les tenues les plus simples.

Les différents points

Les fouilles de Londres[20] ainsi que celles de Prague[21] ont pu révéler un nombre relativement important de fragments de tissus, dont quelques-uns témoignent encore des coutures qui ont fait d'eux des vêtements. Les points que nous pouvons apercevoir ou parfois deviner, répondent, comme de nos jours, à des fonctions d'assemblage de deux pièces de tissus ensemble ou à la nécessité de protéger le bord du tissu, de crainte qu'il ne s'effiloche.

Concernant le montage d'un habit, trois points sont majoritairement employés. Selon la terminologie actuelle, le point avant, simple et rapide, est présent sur la plupart des pièces d'étoffes retrouvées. Le point arrière, plus solide, semble lui, réservé aux zones soumises à une tension plus importante, telles que les emmanchures ou les pièces très ajustées. Le point de surjet, utilisé pour les ourlets, peut aussi servir pour l'assemblage, et se révèle plus visible que les précédents. La taille moyenne de ces points retrouvés oscille entre 2 à 4 millimètres

Le traitement des bordures

La plupart des tissus utilisés, à l'exception de la laine feutrée, ont malheureusement un tissage qui se démonte facilement en bordure de coupe et pour préserver l'assemblage, certaines coutures sont « ouvertes » et le tissu, rabattu sur l'envers de la pièce, est maintenu grâce à un point avant pratiqué de part et d'autre de la couture de fixation.

Cette technique du point avant se pratique également sur les ourlets de laine feutrée, par exemple, lorsqu'un simple pli du tissu suffit à satisfaire à la demande de solidité. Mais c'est parce que les bordures d'un vêtement ne sont pas toutes soumises aux même contraintes, que de nombreux procédés existent pour répondre à la variété d'étoffe, d'usage et de localisation, selon qu'il s'agisse d'un bas de robe ou de la bordure boutonnée d'un pourpoint.

Un pli simple peut donc être pratiqué en guise d'ourlet sur les toiles de laine, alors que les étoffes qui ont tendance à s'effilocher se verront replier deux fois. Les piqûres utilisées, point avant, point glissé, sont parfois combinés pour aplatir l'ourlet. Sur les tissus délicats, tels les fines soieries, le roulotté tel que nous le connaissons est aussi retrouvé.

Une bande de tissu, souvent différent de l'étoffe principale, peut être aussi appliquée en bordure de vêtement. Lorsqu'il s'agit de l'encolure ou des emmanchures, il peut s'agir d'une étroite bande de soie. Le bord du vêtement est alors rabattu vers l'intérieur sur environ 3 mm et la soie qui le recouvre est maintenue en place par deux rangées de points avant très discrets. Un point glissé tout aussi invisible vient plaquer la partie inférieur de la soie au vêtement.

Pour les grandes longueurs droites, comme le long des ouvertures de l'habit, la toile ainsi placée est souvent plus large et plus solide que la soie. Véritable parementure, elle vient renforcer ces zones qui seront percées de boutonnières ou d'œillets, ou qui subiront la tension des boutons.

Simple élément de décoration du XIVe siècle ou contribution au renfort, un galon tissé aux plaquettes peut venir s'insérer en lisière de l'ouverture. Comme lorsqu'il est utilisé dans la confec-

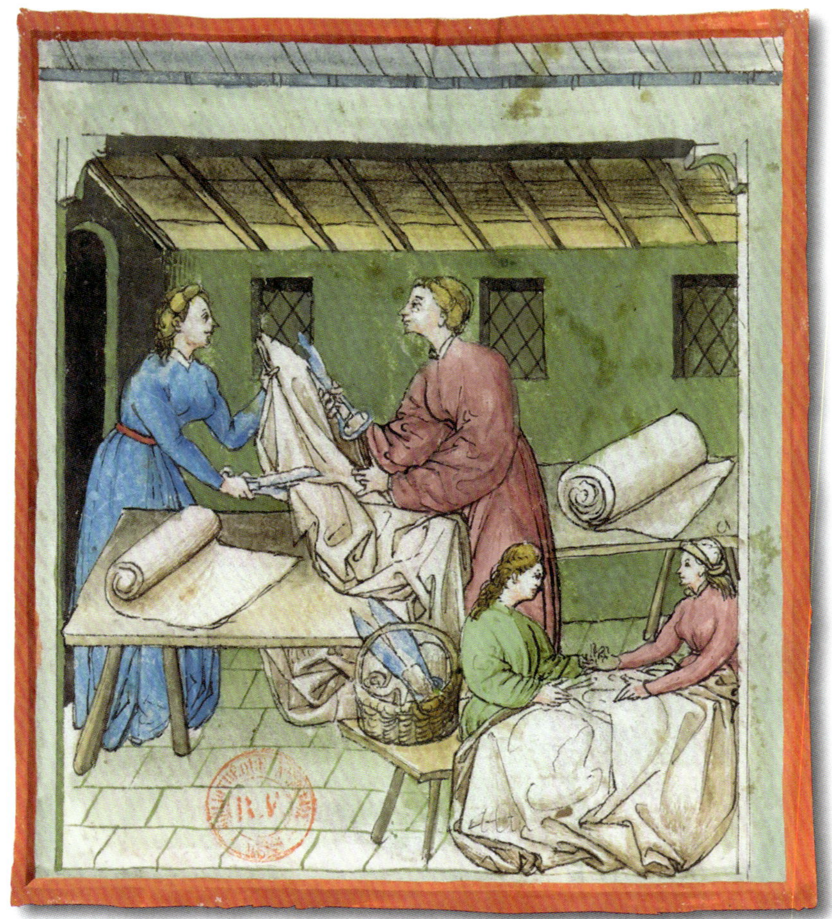

Le travail du lin paraît être accessible aux hommes comme aux femmes. Nous voyons dans cette image des apprenties couturières *Albucasis Tacuinym sanitatis,* Allemagne (Rhénanie), XVe siècle. (photo BnF, Paris, Ms. Lat. 9333, f.103.)

Ce travail est l'œuvre des dames, nous pouvons remarquer le panier de couture à leurs côtés. Couture du lin, *Tacuinym sanitatis,* vers 1390-1407. (photo Osterreichische Nationalbibliothek, Vienne, Cod. s.n 2644, f.105v.)

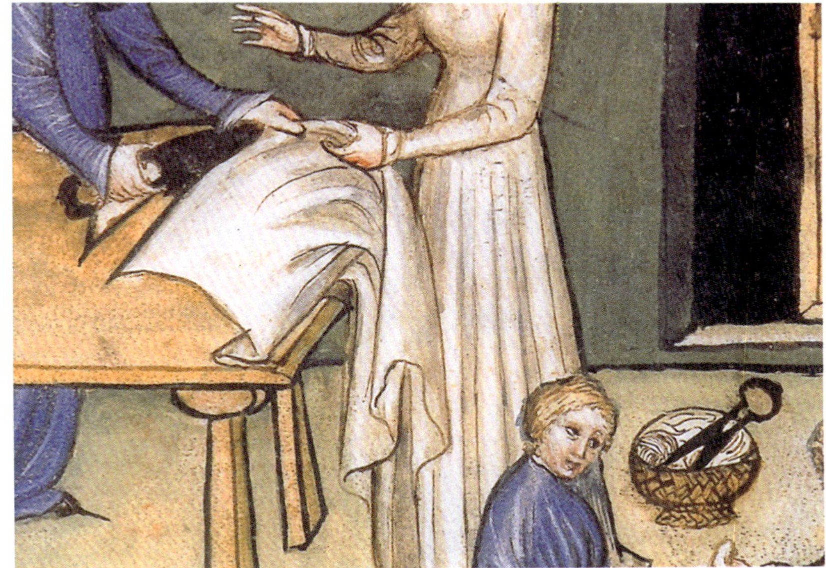

tion des bourses, le galon est fixé pendant son tissage, directement sur le vêtement. A intervalle régulier, le passage de l'aiguille entre les duites ouvertes par les plaquettes, au nombre de deux ou de quatre permet de coudre ce ruban au bord du tissu. C'est le cas de fragments retrouvés dans les fouilles de Londres.

Le passage des attaches

Les boutons, en vogue au XIVᵉ siècle et en nombre florissants sur certains vêtements, tout comme le laçage qui reste omniprésent, nécessitent pour une bonne fermeture des différentes tenues, des boutonnières et des œillets solides, résistants aux passages fréquents et répétés. Le tissu, fendu pour une boutonnière ou percé pour un œillet, est en effet fortement fragilisé. C'est le point de feston qui répond le mieux à ce cahier des charges et qui est retrouvé sur les fragments issus des fouilles comme sur les pièces conservées dans les musées. Un point avant peut parfois être exécuté au préalable sur le pourtour de l'ouverture.

Le fil

Toujours d'après le rapport des fouilles de Londres, le fil de couture le plus courant est de lin. Utilisé naturellement pour coudre des vêtements de lin, nous le retrouvons aussi sur des serviettes, des nappes et également sur des couvertures et sur des matelas. La plupart des matières utilisées semblent en effet assemblées avec du fil de lin. Son épaisseur est variée et la gamme de couleur disponible est relativement importante pour permettre d'employer la teinte la plus proche du tissu. Les coutures n'en sont que plus discrètes. Des essais de contraste ont été tentés avec des fils de couleurs différents, mais ils sont restés fortement marginalisés.

Dé à coudre. (photo Florent Véniel, collection privée.)

[22] Delphine Henry, thèse de doctorat, *Production et consommation textiles à Tours aux XVᵉ et XVIᵉ siècles : approche archéologique*, Université François Rabelais, Tours, 2015, p.156.

D'autres qualités de fil de couture sont aussi employés. Nous trouvons parfois le coton, même si son emploi le plus évident est la mèche de bougie. On a aussi trouvé à Lyon des restes de coutures faites au fil de genêt.[22]

Le fil de soie, plus onéreux, est aussi plus solide. Il sert alors, pour les gens plus aisé, pour les boutonnières, œillets, coutures d'assemblage et même ourlets. Le fil de laine, fragile, se révèle anecdotique. Il se trouve sur quelques fragments de vêtements les plus rustiques et lorsqu'il est plus fréquent, c'est dans le cas de communautés éloignées comme à Herjolfsnes, au Grœnland.

Tricot

La laine filée n'est pas réservée au tissage et à la seule fabrication de drap. Elle peut, comme le coton ou la soie, être tricotée. Deux techniques au moins sont attestées. La première, dont le résultat ressemble aux mailles d'un filet, se pratique à une seule aiguille ou à la main. La seconde utilise deux aiguilles ou plus.

Au XIIIᵉ siècle, le tricot est parfaitement maîtrisé et le fantastique coussin tricoté, retrouvé dans une tombe au monastère de Las Huelgas, près de Burgos, en Espagne, témoigne de cet art. L'iconographie allemande et italienne dévoile aussi plusieurs vierges œuvrant au tricot à quatre aiguilles. Quelques sacs reliquaires retrouvés dans les trésors d'églises allemandes, dont la plupart sont des remplois d'anciennes aumônières, illustrent également la qualité des pièces réalisées.

Les chaussons ou vêtements d'enfants mais aussi les bonnets, coiffes et chausses confectionnés par les petites mains, sont revendus aux merciers qui en font le commerce. Mais très peu de vêtements tricotés nous sont parvenus. Les études à ce sujet sont loin d'être achevées. Les gants et chausses liturgiques en sont les rares exceptions. Il est certain qu'une partie du marché du tricot est à destination de l'église. Si les pièces conservées sont en majorité religieuses, cela peut être imputé au respect qui entoure ces habits, ainsi qu'à l'usage restreint de certaines pièces. Il paraît évident que les vêtements civils tricotés étaient portés jusque l'usure.

C'est à une cinquantaine de mètres au nord de la basilique de Saint-Denis qu'a été retrouvé, dans une cave profonde utilisée comme dépotoir, un bonnet tricoté au point jersey datant du XIVᵉ siècle. Ce milieu humide et privé d'air a favorisé la conservation de ces matières organiques. Les autres objets présents, tels que fourreaux et écuelles, sont de qualité et témoignent d'un niveau de vie aisé. Ce bonnet est en effet en soie marine, appelée aussi *poil de poisson* ou *soie de mer*. C'est du *byssus*, obtenu à partir des fibres sécrétées par un coquillage méditerranéen, le *jambonneau* ou *Pinna nobilis*. ∎

Dés à coudre en bronze, XIII-XVᵉ siècle. Cet ensemble en alliage cuivreux, embouti et poinçonné, présente, pour certains éléments, un décor de triangles et de lignes obliques. (photo Musée de Normandie, Caen.)

Point avant. Le fil a volontairement été contrasté pour parfaitement visualiser ce point d'assemblage. (photo Florent Véniel.)

Point arrière. Cette couture rend l'assemblage plus solide. (photo Florent Véniel.)

Point avant ouvrant chaque côté d'une couture d'assemblage. Cette pratique permet de surfiler le tissu et d'éviter l'effilochage. (photo Florent Véniel.)

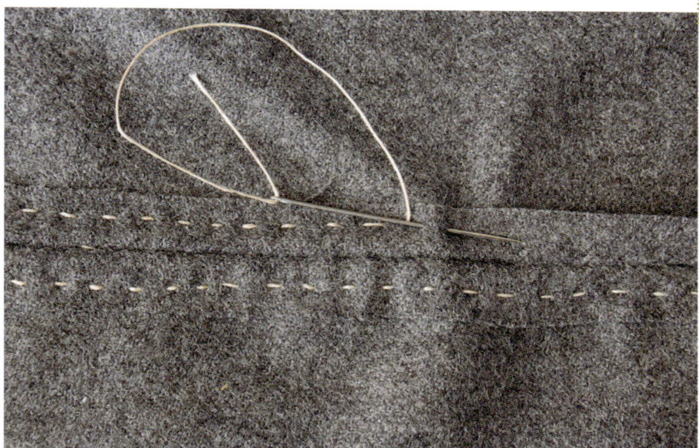

Points d'ourlet. (photos Florent Véniel.)

Bonnet de soie marine, le byssus, datant du XIIIe ou XIVe siècle, trouvé à Saint-Denis, Musée d'art et d'histoire de Saint-Denis. Il est difficile, en l'état actuel des connaissances, de savoir exactement quand la technique du tricot à plusieurs aiguilles est arrivée en Europe occidentale. Ce serait antérieur au XIVe siècle. La question des utilisations se pose également. (photo Tina Anderlini, Musée d'art et d'histoire de Saint-Denis.)

Le circuit de la confection

En étudiant les inventaires, on peut s'apercevoir que les biens personnels résident, pour une grande part, dans les tissus.

L'achat des étoffes

Nous ne connaissons pas vraiment comment les membres des catégories sociales modestes s'approvisionnent en vêtement. Mais lorsque nous étudions les inventaires, nous nous apercevons bien vite que les biens personnels d'un individu résident, pour une grande part, dans les tissus. Nombreuses sont les personnes qui savent apprécier les qualités de la fibre, la régularité du filage, du tissage, le toucher d'une étoffe, sèche et rugueuse ou douce, mais aussi sa couleur et sa profondeur. L'acquisition de vêtements reste l'achat majeur de la période médiévale. On tient compte de la qualité de l'étoffe, de sa teinture. C'est le signe extérieur de richesse par excellence. On parle de robes, un ensemble de vêtements, nommés *garnements*[23], qui sont dans le même tissu. Il n'est pas rare de préférer acheter la quantité de tissu nécessaire à l'habillage, et stocker les étoffes en attendant de les faire tailler.

Ces stocks de tissus, chez les nobles, servent parfois à vêtir leur entourage, du chevalier aux serviteurs. On donne ces vêtements à certaines occasions, généralement Pâques ou Pentecôte, et Noël. Ces tenues sont appelées *livrées*, un terme qui a laissé une trace dans l'habillage des serviteurs des maisons nobles et bourgeoises. Des serviteurs vêtus tous de la même manière, et d'une étoffe de qualité, sont une marque de prestige pour le noble qu'ils servent.

[23] Ce qui a laissé le terme *garment* signifiant *vêtement* dans la langue anglaise.

Tailleur de robe, *Tacuinym Sanitatis*, Italie, Pavie ou Milan, 1390-1400. Le maître s'apprête à couper le tissu, pendant que ses ouvriers cousent, assis en tailleur.
(photo BNF, Nouvelle acquisition latine 1673, fol. 94, .)

Thomas III de Saluces,
Le Chevalier errant,
vers 1400-1405.
(photo BnF, Paris, Ms. Fr.
12559, f.167v.)

L'achat de ces tissus importants pour indiquer le statut est parfois confiés à des hommes de confiance. Certains marchands sont aussi au service des puissants, comme Giovanni Arnolfini, drapier au service du duc de Bourgogne. Même si les tissus sont parfois acquis à l'avance, et peuvent rester sans usage pendant des années, il est d'autres cas où leur destination est définie immédiatement. La dame élabore en effet minutieusement sa tenue avant d'acquérir une nouvelle belle étoffe. Une lettre de Marguerite de Fleschal[24] nous renseigne ainsi sur ses désirs vestimentaires. Elle y explique qu'elle a vu, *cest hyver*, la tenue qui l'intéresse sur une demoiselle. Elle l'aurait bien faite faire dans la toile tissée à la maison, « *Je en eusse fayct faire une de mon drap* », mais elle a *grant envie de en avoir une* autre, *pour une petite robe*. Elle prie donc son mari, parti quelque temps pour affaires, de lui envoyer *deulx aulnes et demye de drap estrangé*, ce drap, étranger à la ville, qu'elle connaît bien, puisque c'est *celuy dont donnastes une robe à Emboueze à ung de voz gens*. Elle commande pour finir *une aulne de veloux à la doubler*, ce qui semble logique s'il s'agit d'une tenue d'hiver.

Les artisans

Le velours est une doublure chaude. Néanmoins, la majorité des doublures de vêtements sont en fourrures. Les quantités vont croissantes à partir du XIIIe siècle. La qualité, le type de peau, sont primordiaux pour refléter le statut du porteur. Il y a une véritable hiérarchie des peaux. On utilise aussi les fourrures en revers, aux cols, aux poignets. Parfois en trichant, les fourrures non visibles étant moins nobles. Par ailleurs, on porte aussi, en hiver,

le pelisson, vêtement de fourrure sans manche, plus ou moins long, se plaçant entre la chemise et la cotte, et donc rarement visible.

Le pelletier, comme le tailleur ou encore le brodeur, peut être au service des princes et des plus riches. C'est ce dont témoignent les illustrations du roi Florimont. Ces hommes sont alors installés confortablement dans des maisons louées à leur attention et peuvent mener un train de vie relativement confortable. Accompagnant les grands dans leurs déplacements, ils perçoivent les tendances nouvelles de pays étrangers, les audaces vestimentaires de la jeunesse et peuvent s'en inspirer pour initier les modes. La noblesse un peu moins riche, la grande bourgeoisie, fait plutôt venir le tailleur à son domicile.

Mais cette minorité aisée ne saurait faire oublier la masse d'artisans travaillant en ville.

Lorsque le client pénètre dans la boutique du tailleur, il peut apercevoir, au centre, la grande table sur laquelle le drap est coupé. Le maître s'y installe parfois assis en « tailleur ». Habituellement revêtu de couleurs vives et portant des vêtements courts et ajustés, il affiche, par cette tenue particulière, son talent et son habileté, et aussi son goût. C'est là que les commandes sont passées et que les essayages se déroulent. Les illustrations présentant ces ateliers nous montrent la diversité des vêtements qu'ils confectionnent : chausses, robes, cottes et aussi chaperons. Des perches de bois accueillent les tenues en cours ou terminées. L'illustration de la Vierge, fabricant la chemise du Christ, est révélatrice de ces premiers mannequins de couture, bien que selon la légende, la Vierge passe pour

[24] André Joubery,
*Étude sur la vie privée
au XVe siècle en Anjou*,
Angers, 1884. p.198.

Marchand de vêtements de soie.
(photo BNF. Nouvelle acquisition latine 1673, fol. 95.)

Tailleur prenant les mesures d'un client.
(photo BNF, Latin, 9333, f. 103r.)

Marchand de vêtements de lin. Iban Butlân, *Tacuinvm sanitatis*, xvᵉ siècle. Les vêtements sont colorés, ce qui est rare pour le lin, mais ce manuscrit fait partie d'une série. Les plus anciens montrent un lin non coloré. Il s'agit d'une fantaisie du peintre.
(photo BnF, Latin 9333, 103v.)

Cette représentation d'un marché aux draps fourmille de détails. Alors qu'un commerçant reprise un chaperon, des vêtements d'occasion, des fripes, sont essayés par de futurs acquéreurs. L'un d'eux porte encore des chausses disjointes qui s'attachent en pointe sur le devant. Nous pouvons noter la présence de portefaix qui ne s'embarassent pas de vêtements contraignants, au point de travailler en braies. Marché au drap de la Porte Ravegnano, Bologne. Miniature extraite du *Registre de la guilde des drapiers de Bologne*. (photo Museo Civico Medievale, Bologne.)

Notons la paire de ciseaux servant à la découpe du tissu. La ligne transversale qui coupe la table de ce tailleur en deux, semble représenter une table pliante. À moins qu'il ne s'agisse d'une fente ménagée dans le bois pour le passage des ciseaux. Les pieds fixes montrent bien son côté utilitaire et permanent. *Hofämterspiel*, jeu de carte, Allemagne, vers 1440-1460. (photo Kunsthistorisches Museum, Vienne.)

[25] Anatole de Montaiglon, *Recueil général et complet des fabliaux du XIIIᵉ et XIVᵉ siècles*, Librairie des bibliophiles, Paris, 1877, p.164.

[26] Bibliothèque nationale, Mss supplément français, n°6603 F 45.

[27] Franklin P. Sweetser (édition critique) *Les cent nouvelles nouvelles*, Textes littéraires français, 1966, 27ᵉ nouvelle, L.88-90.

[28] Alice A. Hensch, *De la littérature didactique du Moyen Âge s'adressant spécialement aux femmes*, Cahors, 1903. Franscesco de Barberino (1264-1348) *Del regimento e costumi di donna*.

avoir confectionné miraculeusement la chemise sans couture. Le mannequin est alors composé de deux perches placées en croix, à la manière des épouvantails.

Le client apporte donc son étoffe pour faire réaliser une tenue. Ainsi, le tailleur ne fournit plus que le fil et sera alors payé « *pour fil et façon* ». Il est aussi noté *que du keudre que du taillier* [25], c'est-à-dire uniquement pour la couture et la taille. Il n'y a donc bien que la confection qui sera prise en compte dans la facturation.

Nous pouvons connaître la durée de celle-ci. La publication des fouilles de Londres, *Textiles and clothing*, nous évoque le temps moyen d'un artisan pour la confection d'un vêtement. Nous sommes au XIVᵉ siècle et la confection d'une paire de chausse prend une demi-journée. Un chaperon, la moitié d'une journée, de même un manteau prend de trois à six jours, une cotte de un à six jours. Bien entendu ces estimations valent suivant la complexité du vêtement.

Les prix sont pourtant toujours considérés comme trop élevés, même pour le chevalier de La Tour Landry qui trouve exorbitant de payer 80 francs pour une robe. Les nombreux livres de compte nous indiquent les prix de différentes confections. En 1498, par exemple, la confection d'une robe à partir [26] des éléments d'une ancienne robe rapporte cinq sous *au peletier qui a fourré ladicte robe. Le cousturier qui a fassonné ladicte robe, pour sa fasson*, aura le même salaire. La confection, appelée la *façon*, donnera d'ailleurs le mot anglais *fashion* qui signifie la mode.

Le salaire peut être aussi baillé en nature [27]. Voici un exemple de transaction : « *Je gageray a vous, s'il vous plaist, pour une demye douzaine de bien fines chemises encontre le satin d'une cotte simple.* » Ainsi par estimation, six chemises confectionnées à la maison équivalent au satin d'une cotte simple.

Dans le choix de la coupe et du vêtement, la femme a un rôle important à jouer. Franscesco de Barberino [28], auteur italien du début du XIVᵉ siècle, explique qu'il faut savoir aider son mari à s'habiller et savoir indiquer au tailleur ce qui lui sied le mieux, en fonction des évolutions de la mode.

Suivant les vogues, certains métiers apparaissent ou prennent alors de l'importance. Ainsi, les pourpointiers naissent avec la popularité de ces vêtements façonnés et piqués que sont les pourpoints. Avec cette même mode débutant dans les années vingt du XIVᵉ siècle, les chaussetiers commencent à prospérer. Les jambes osant se montrer alors que

Nous pouvons distinguer, à gauche de la scène, un mannequin supportant un pourpoint à maheutres. *Delfi donnant les vêtements neufs aux chevaliers*, *Roman de Florimont* par le maître de Wavrin, milieu du XVᵉ siècle. (photo Bnf, ms. Fr.12566, f.92v.)

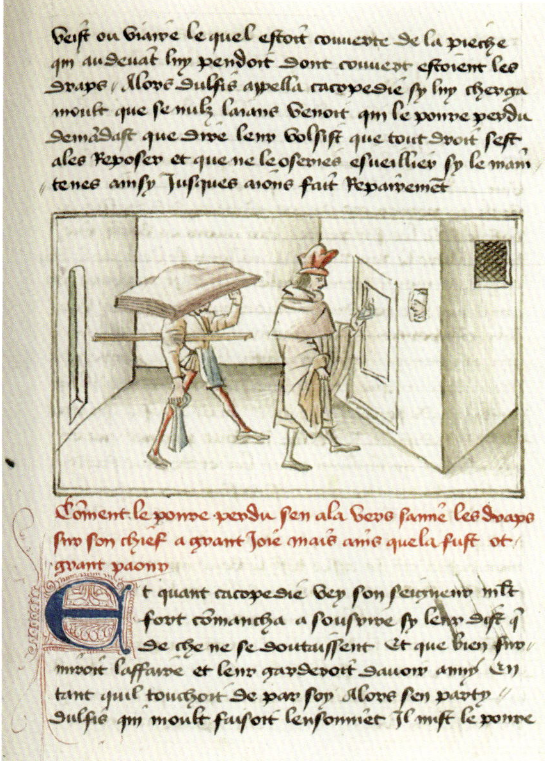

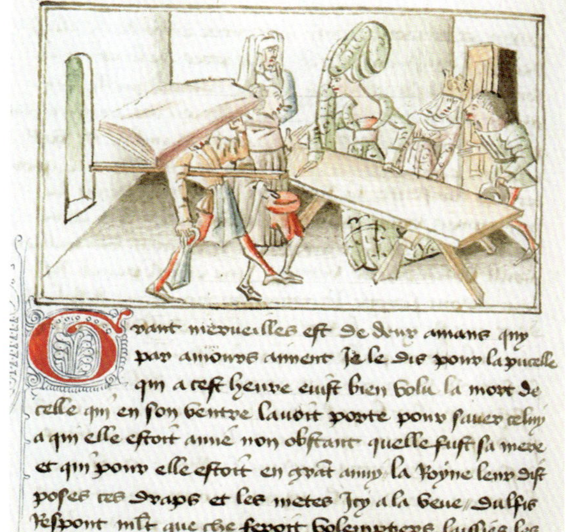

Le tailleur se rend chez son riche client. Un aide porte du tissu sur la tête. Sous son bras, une baguette de mesure, à sa main, une paire de forces. *Delfi conduisant Florimont chez Romadanaple,* *Roman de Florimont* par le **maître de Wavrin**, milieu du XVᵉ siècle. (photo Bnf, Paris, Ms. fr. 12566, f.139.)

La porte est ouverte le tailleur et son aide son chez le client. *Florimont déguisé chez Romadanaple,* *Roman de Florimont* par le **maître de Wavrin**, milieu du XVᵉ siècle. (photo Bnf, Paris, Ms. fr. 12566, f.140v.)

les vêtements se raccourcissent, les chausses les habillent en effet avec valeur.

Tout ces métiers, récents ou anciens, comme les drapiers, couturiers, tailleurs, chapeliers, brodeurs, exercent dans une stricte réglementation visant à maintenir une réelle qualité. Les conditions d'accès à la profession sont elles aussi définies.

Un métier vient en complément et rentre parfois en concurrence avec cet artisanat, ce sont les merciers. Ils tiennent des boutiques qui s'imposent et se multiplient en cette fin de Moyen Âge. Ces « drugstores » vendent tous types d'accessoires de coiffures, coiffes, voiles de toile ou de soie, chapeaux de paille, bonnets. Des boucles, boutons, aiguillettes, lacets, ceintures et demi-ceints sont aussi proposés au chaland. La liste est loin d'être exhaustive et nous y trouvons aussi des bourses en tissu, d'autres de cuir, des couteaux, des gants, des moufles, des armes et des pièces d'armure peuvent aussi garnir les étagères de ces grands magasins.

Ce type de commerce pénètre aussi la campagne, relayé par des marchands ambulants. Ainsi sont retrouvés, lors des fouilles, des produits sensiblement identiques sur des zones géographiques très étendues, et cela même dans des zones rurales. Il serait faux de s'imaginer que les paysans médiévaux ne faisaient pas attention à leur apparence. Le paysan riche est une réalité. Ils tendent à imiter la noblesse et la bourgeoisie. Les marchands itinérants leur permettent d'acquérir des objets à la mode, tout en offrant aux paysans moins fortunés des ersatz imitant ce qui se porte en ville. Le mépris affiché par les populations citadines envers les populations des campagnes fait souvent l'objet de protestations de la part de paysans ayant un certain train de vie. ■

Des tailleurs officient à droite sur des tables. Des perches accueillent leurs réalisations. Une femme, sur la gauche de l'illustration, utilise une perche de bois, peut-être une ébauche d'un mannequin, pour fixer son étoffe. Sa voisine brode une toile, tendue sur un cadre et posée sur deux tréteaux. Les enfants des planètes dans *Les enfants de Vénus,* dessin à la plume et couleurs, Allemagne, vers 1500. (photo Universitätsbibliothek, Tübingen, ms. Md. 2, f.270r.)

Un orfèvre dans son échoppe, Petrus Christus, vers 1449.
Notons les nombreux accessoires présentés en arrière-plan.
(photo Metropolitan Museum, New York.)

Le circuit de la fripe

Le vêtement confectionné par le tailleur possède plusieurs vies, souvent utilisé à de multiple reprises avant de finir son existence en lambeau.

Classiquement, c'est dans le réemploi qu'une tenue trouve une seconde jeunesse et la robe élimée du père est retaillée pour le fils. Pour Charles en 1498, les dépenses effectuées pour la confection de sa tenue d'écolier nous montrent que c'est une de ses propres robes qui est utilisée. Son nouveau manteau ne nécessite donc pas l'achat de beaucoup de fourrure, juste *une demy penne noire pour fournie et adjouster avec d'aultre veille penne, aussi noire, yssoit de une veille robe dudict Charles.*[29] La demi-peau suffit donc pour être cousue avec les autres de la même couleur issues d'une ancienne robe. Il est précisé le besoin d'en acheter *d'aultre blanche pour mette par dedans les manches.*

C'est là aussi une des tâches habituelles dévolues au tailleur. Il retaille, certes, mais réfectionne également, répare, entretient, donne une nouvelle vie. C'est ainsi qu'il peut retourner un col dont le drap est élimé ou remplacer les manches usées d'une robe. On peut aussi faire réparer ses vêtements par des marchands ambulants. Déjà au XIIIe siècle, nous pouvons entendre les cris de ceux-ci qui clament : *qui a mantel ne poliçon, si le m'aport a rafetier.* Ici, ce sont bien les manteaux et pelisses qui sont demandés à raccommoder. Ailleurs, un autre cri demande du travail sur les cotes et surcots.

Alors que neuf, un vêtement peut être un cadeau destiné à un puissant ou à un vassal, comme en témoigne la dame qui offre des vêtements lors du mariage de la demoiselle qui l'a servie, ou comme les « livrées » offertes périodiquement aux serviteurs, le vêtement usagé, qui représente encore un certain prix, peut faire l'objet d'un don. On peut ainsi payer les services d'un ménestrel ou d'un

[29] Bibliothèque nationale, Mss supplément français, n°6603 F 45.

La cotte, qui semble brodée d'or, est laissée au prêteur sur gage en échange d'un nombre important de pièces. *Grandes Heures de Rohan*, Anjou, 1430.
(photo Bnf, Paris, ms. Lat 9471, f.4r.)

Don d'habits
aux familles démunies.
Fresque de l'hospice
des *Buonomini
di San Martino*,
Florence, seconde
moitié du XVe siècle.
(photo Damien Bouet.)

jongleur par des vêtements usagés, ou faire un acte de charité. Donner est en effet un acte normal, légitime, dans cette mentalité médiévale très croyante. Le premier des dons est celui qui est fait à Dieu et donc à ses représentants sur terre : les couvents, les églises et aussi les pauvres. Il convient en effet de couvrir ceux qui sont nus. Les testaments sont révélateurs de cette pratique : certains, lacunaires, mentionnent simplement la formule « *donnés à Dieu* » pour signifier leur don aux malheureux. Pour d'autres, les modalités des largesses textiles sont parfois détaillées, le legs s'exprimant avant tout envers sa parentèle charnelle ou spirituelle. Les plus belles robes, les plus chaudes et les plus jolies, sont naturellement offertes aux descendants et dans les familles les plus aisées, les serviteurs peuvent bénéficier des vêtements ordinaires. Les robes des plus riches sont donc portées à leur tour par les serviteurs, puis par les plus pauvres.

Ainsi les vêtements, même usés, gardent une valeur significative et les démunis n'hésitent pas à les gager. C'est le cas de cette Belcolore[30] qui, dans la nouvelle du *Décaméron*, demande au curé de lui prêter cinq lires pour racheter à l'usurier ses quelques effets.

D'autres préfèrent les vendre et les fripiers sont nombreux à profiter de ce commerce. Certains tiennent boutiques, d'autres sont ambulants. Dans cette même nouvelle du *Décaméron*, le curé laisse à la femme son manteau bleu, fait de drap de Douai, qu'il se vante d'avoir acheté, il y a quinze jours, chez Lotto, le fripier. Il était à sept lires, mais il a négocié un rabais de cinq sous.

C'est que le fripier est un métier de mauvaise réputation. La plupart sont accusés de vendre trop cher des vêtements usagés et, parfois, ils sont suspectés

d'écouler de la marchandise volée. Peut être est-ce pour corriger cette image négative et redorer un blason trop souvent déconsidéré que le métier s'organise. En 1268, *Le Livre des métiers* d'Etienne Boileau, homologue donc, pour la ville de Paris, cette profession à la mauvaise réputation.[31]

Mais lorsqu'un vêtement ne peut plus être porté, que le tissu vraiment trop élimé est refusé par le fripier, il reste le recyclage. Ces objets recyclés, comme ceux trouvés il y a quelques années à Schloss Tirol, Lengberg, en Autriche, sont une mine d'information en ce qui concerne les textiles médiévaux. Les zones de toile encore solides sont parfois découpées en petit carrés pour servir ce que doit dans les latrines de luxe. Tout le reste est laissé à ces milliers de chiffonniers, organisés en réseau, qui vont de maison en maison collecter les vieux tissus pour les porter aux moulins. Sans eux, pas de papier ! Ce papier, dont l'usage se développe de plus en plus au XVe siècle, est en effet fabriqué à partir des vieux chiffons. Le moulin et les différents bâtiments qui s'articulent autour, sont situés à proximité d'une rivière car l'eau entre dans la fabrication. C'est donc la force de l'eau qui actionne les pilons martelant les fibres de tissus pour les réduire en pâte. Toute pièce usagée peut être réutilisée pour la fabrication du papier, mais la préférence va néanmoins au lin, le coton produisant une fibre molle moins indiquée. C'est une chance car le linge de corps notamment, est fait essentiellement de lin. Dans chaque pièce de la papeterie se déroule une étape vers la transformation des chiffons en feuille, plus ou moins grande selon le cadre utilisé. Autour de cette industrie peut s'organiser toute une vie, et il n'est pas rare de trouver des logements d'habitation, voire des commerces s'installer. ■

[30] Boccace,
Décaméron, Le Livre
de poche, 1994,
VIIIe journée,
IIe nouvelle, p.614.
[31] Voir l'article de Marie
de Rasse sur les fripiers
in Tina Anderlini,
2014, p.47-49.

Les accessoires d'un vêtement

De nos jours encore, des accessoires judicieusement choisis peuvent faire toute la différence d'une tenue vestimentaire classique

Et nous pourrions facilement considérer les bourses et autres garnitures comme des éléments indispensables du costume médiéval. Mais un auteur de peu antérieur à notre étude, Garin le Brun, nous amène à pondérer notre élan. Il considère, dans la *Cour d'amour*[32], qu'une dame *doit avoir une belle bourse et une belle ceinture comme dans un tableau*. S'il a cru bon de stipuler ce qui est de bon goût de faire, c'est que cette pratique n'est pas systématique. On devine, déjà, que la faute de goût est une réalité dans la société médiévale, et qu'elle est souvent soulignée dans la littérature. Elle est un moyen de reconnaître ceux qui veulent se faire passer pour ce qu'ils ne sont pas. Par ailleurs, cette remarque est aussi un rappel de la contextualisation nécessaire lorsqu'on utilise les sources iconographiques, qui offrent une vision idéalisée. Un croisement plus strict des sources est donc nécessaire.

Il est à noter, donc, que la bourse et la ceinture sont également des critères de séduction comme le suggère le *Roman de la Rose*[33]. Lorsqu'il fait parler le dieu de l'amour, il recommande l'usage de ces objets de charme et il conseille à l'homme qui sort de chez lui, et où qu'il aille (*de quel part tu en istras*), *de porter des gans, d'ausmoniere de soie et de çainture se cointoie*. Ces trois accessoires, les gants, l'aumônière de soie et la jolie ceinture, sont dites indispensables et si, par malheur, il ne les possède pas par manque d'argent, il doit *estrece*, c'est-à-dire économiser. Nous sommes donc bien en présence d'objets de mode, nécessaires à la vie publique car garants de la séduction. Il convient maintenant de les présenter.

La bouclerie
[par Jacques Labrot]

Pour comprende la bouclerie, nous vous proposons un petit voyage au début du XIIIe siècle. Les boucles de ceintures sont en majorité magnifiquement ouvragées. Cela permet de multiples effets symboliques. C'est la plaque boucle sorte de rectangle de métal découpé dans laquelle s'insère l'extrémité de la lanière qui en sera la dépositaire. Certains de ces objets peuvent figurer un chevalier à l'une des extrémités de la ceinture et de l'autre une dame. Le symbole se comprend lorsque la ceinture est bouclée. La dame représentée se trouve debout à l'endroit où l'extrèmité en cuir sera pénétrée par l'ardillon, marquant ainsi l'attachement de l'amant à sa dame.

[32] Alice A. Hensch, *De la littérature didactique du Moyen Âge s'adressant spécialement aux femmes*, Cahors, 1903. p56.
[33] *Le Roman de la rose*, noté par Pierre Marteau, Paris, 1878, T.1, p.144. vers 2240-2243.

La boucle et son ardillon forment l'extrémité ordinaire des diverses ceintures, lanières et courroies constituant les systèmes d'attaches les plus répandus qui aient été utilisés pour les besoins multiples de l'existence.

Des artisans différents spécialisés dans le travail de chaque métal

L'artisan au Moyen Âge est spécialisé. Les corroyeurs sont chargés de la confection du cuir des ceintures, les *ceinturiers* ou *sainturiers* proposant des ceintures tissées, parfois brodées. Ce sont les merciers qui sont chargés de contrôler et de commercialiser les produits finis, munis des garnitures métalliques parmi lesquelles figuraient en bonne place les boucles qui avaient été réalisées par d'autres corps de métiers.

En 1334, les comptes du connétable d'Eu mentionnent la commande passée « *A Jean Lefrison, mercier, pour une ceinture d'argent sur cuir blanc, ferrée au long… à boucle, mordant, trépas reons touz dorez…* » (Comptes du connétable d'Eu , f° 7.).

Tandis que les orfèvres maîtrisent la fabrique des boucles en métaux précieux, *Le Livre des métiers* d'Etienne Boileau précise que deux corps de métiers exercent principalement la profession de boucliers à Paris en 1260 : les ouvriers du fer, et les ouvriers du cuivre et du laiton.

« *Quiconques est boucliers d'archal à Paris, il puet ouvrer de coivre et d'archal viez et nuef, et fera en boucles et toutes manières de ferreures à corroies…* » (Reg. D'Et. Boileau, 59).

On ne sait pas si les « *Patenotriers, faiseurs de bouclettes, et de noyaux* (boutons) *à robbe…* » (mentionnés dans les métiers de Paris) travaillent le métal. Il est plus probable qu'ils confectionnent de menues boucles de bois ou d'os.

À leurs côtés, les ouvriers d'étain peuvent confectionner des boucles de plomb-étain et des boucles-fermaux, ces objets bon marché imitant les produits destinés aux classes aisées.

« *Quiconques veut estre ovriers d'estain, c'est à savoir fesières de miroirs d'estain, de fremaus d'estain, de sonneites, de anelès d'estain… et de toutes autres menues choseites appartenant à plom et à estain, il le puet estre franchement…* »

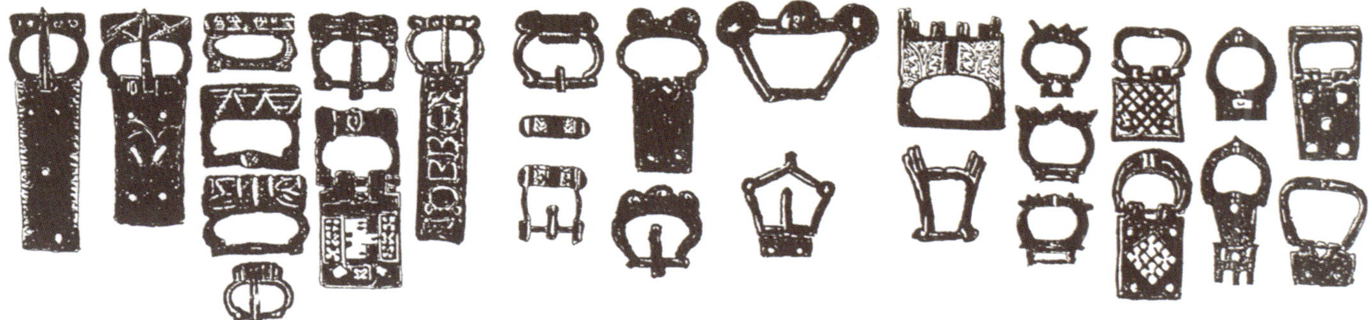

Début XIIIᵉ siècle — Milieu XIIIᵉ siècle — Fin XIIIᵉ et tout début XIVᵉ siècle

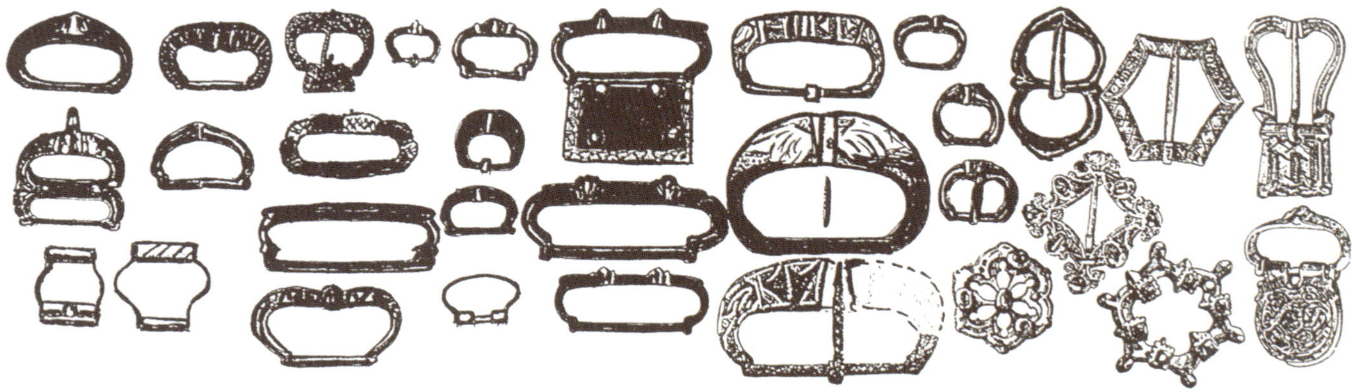

Fin XIIIᵉ et tout début XIVᵉ siècle — Milieu XIVᵉ siècle — Fin XIVᵉ et tout début XVᵉ siècle — XVᵉ siècle

Tendances évolutives chronologiques.
(DAO Heimdal, d'après Jacques Labrot.)

Des objets présents dans toutes les parties du vêtement et de l'équipement

Mis à part le détail des statuts des corporations, la mention de boucles dans les textes est relativement peu fréquente ou peu significative. Les livres de comptes détaillent ici ou là quelques commandes par types de boucles :

Ainsi en 1304 : «...*Por 2 paires de bouglètes d'argent por Robert* (d'Artois), *dou pois de 11 esterlins, valent 9s , pour la façon, 5 s. ...*» (Rôles des comtes d'Artois, f° 13).

Un compte de 1351 précise le type de boucles achetées : « ...*Pour faire et forgier 5 paires de boucles a braier,*

Pesant un marc d'argent, pour déchié et façon, 60 s. ...» (Cpte roy. Det. de la Fontaine, f°7).

En 1352, il s'agit de boucles à souliers : «...*pour faire et forger 6 paires de bouclètes a sollers...*» (D. d'Arcq, cptes de l'argenterie, p 125).

Une boucle de ceinture est mentionnée en 1391 : «...*Portoit à sa ceinture une bougle d'argent, ainsi comme doivent porter nos sergens d'armes...*» (Lettre de rémiss., du Cange, v° Boucleta).

En 1471, «...*une boucle et ung mordant de fer blanc...*» sont mentionnés dans l'Inventaire du roi René à Angers (f°23).

Évolution technique et stylistique des boucles

Les boucles de différentes tailles, accompagnées ou non de chapes, figurent en nombre dans les fouilles archéologiques. Cette grande quantité d'objets décrits depuis plusieurs décennies, jointe à la diversité des formes relevées, très souvent, dans des couches stratigraphiques relativement bien datées, permet maintenant de dégager quelques grandes tendances stylistiques et d'esquisser globalement une évolution des formes principales rencontrées.

Si cette évolution a pu se nuancer sous l'influence des particularismes régionaux, les modes ne se répandant jamais uniformément sur un vaste territoire, les variations des formes recherchées par les artisans créateurs ont nécessairement subi les influences véhiculées, avec plus ou moins de rapidité, par le commerce, territorial d'abord puis international, en fonction de variables telles que la rapidité de pénétration des marchandises étrangères dans les zones les plus reculées. Le hasard ou le choix arbitraire des sites fouillés, ici plutôt que là, introduit une donnée relative supplémentaire parmi les facteurs d'étude abordés. Quoi qu'il en soit, les marchandises étrangères étant sources constantes d'inspiration pour l'artisan local, ce dernier observe attentivement les nouveaux produits qui transitent par le canal des voyageurs de toute sorte, marchands, pèlerins ou visiteurs de marque. Accueillis par des puissances locales servant elles-mêmes de

Boucle à chape du début ou du milieu du XIIIe siècle. (photo Erik Groult, collection Georges Bernage.)

Boucle à rouleau, début XIVe siècle, avec une bordure de chape présentant un décor gothique trilobé. (photo Erik Groult, collection Georges Bernage.)

Boucle début XIVe siècle, région de Sens. (photo Sarrazin.)

Boucle à **décors circulaires** de la fin du XIIIe siècle. (photo Erik Groult, collection Georges Bernage.)

Boucle rectangulaire à **double fenêtre**, XIVe siècle, région de Sens. (photo Sarrazin.)

Les boucles et chapes d'un seul tenant, rigides et non articulées, qui se rencontrent encore dans certaines régions au début, voire jusqu'au milieu du XIIIe siècle comme à Rougiers, cèdent peu à peu la place à une bouclerie articulée, plus mobile. Puis, un système de rouleaux améliore la manipulation des courroies, plus facilement et plus rapidement enfilées dans les boucles. Le gain de temps et la facilité du geste qui en résultent ont pu être appréciés des combattants, peu enclins à perdre des instants précieux dans les lenteurs d'un harnachement. Ces boucles à rouleau sont formées, au minimum, de quatre pièces en tôle de bronze ou en fer, rivées entre elles. La traverse supérieure est formée d'une broche en fer, logée dans un axe en bronze faisant office de rouleau, parfois décoré de stries. L'ardillon constitué d'une mince tige de bronze recourbée pivote autour de la traverse inférieure.

Les chapes conservées sont longues et fines. La mince tôle de bronze repliée est souvent fixée sur une armature interne, formée d'une tige de bronze étroite et épaisse soudée sur trois côtés à la chape afin de raidir l'ensemble tout en fixant le support, cuir ou tissu à l'intérieur de la pièce. Un ou plusieurs rivets à tête plate, selon les dimensions finales de la chape, permettaient de maintenir l'ensemble du montage. La chape pouvant, selon les cas, être ornée de décors incisés géométriques sur le métal uni, ou être travaillée de découpes quadrilobées ou rectangulaires destinées à recevoir ultérieurement des plaquettes intérieures indépendantes en tôle de bronze sertissant des pierres semi précieuses, des pâtes de verre colorées, ou d'autres ornements plus finement travaillés. L'évolution décorative de la boucle repose presque totalement sur la transformation de la traverse supérieure d'abord rectiligne et massive, haute, scandée en son centre par l'encoche de logement de la pointe de l'ardillon. Des stries décoratives ou des cercles incisés venant agrémenter une impression générale dure et austère. Peu à peu, et selon les régions, la surface supérieure de cette traverse se boursoufle et s'orne de protubérances délimitées par des incisions alternées.

Des solutions décoratives parfois frustes

Plusieurs solutions évoluant parallèlement tentent de rompre au cours du XIIIe siècle, cette rigidité devenue archaïque : les protubérances esquissées se muent en boules au nombre de deux ou trois, émergeant toujours plus fortes aux extrémités et au centre de la traverse avec une forme globale de la boucle tendant vers le trapèze, tandis qu'ailleurs, les boules laissent la place à des ergots plus ou moins accentués et tota-

références principales à ces catégories subalternes, cette population gravite en satellite autour de ces potentats locaux, dans l'admiration de leur mode vestimentaire.

Ces classes intermédiaires, socialement aisées, forment la principale clientèle des artisans locaux, cherchant, ainsi que nous l'avons vu, à imiter au moindre coût la production de luxe des orfèvres bien en cour par une pacotille habilement montée. Ciselures, dorures, argentures et pâtes de verre colorées imitent alors avec plus ou moins d'habileté et de bonheur, les véritables joyaux de prix, hors de portée des simples bourses.

Détail de **ceinture recouverte de velours**, XIVe siècle. (photo Tina Anderlini, Musée du Moyen Age, Paris.)

Boucle de ceinture
en argent, avec scène
d'amour courtois,
xvᵉ siècle.(photo Damien
Bouet, Historiskamuseet,
Stockholm.)

Boucle oblongue
à large traverse plate
avec décor gravé
à base d'oiseaux et
de feuillages sur fond
de petits cercles incisés,
2ᵉ moitié du xivᵉ siècle.
(photo Florent Véniel,
collection privée.)

lement agressifs. Conscients de ces tendances parfois excessives situées chronologiquement à la charnière entre la fin du XIIIᵉ siècle et le début du XIVᵉ siècle, période de tâtonnements stylistiques, les artisans cherchent à pallier cette agressivité rigide en courbant les côtés des boucles pour nuancer l'aspect général de l'objet. Les recherches de courbures des boucles amorcées vers le milieu du XIIIᵉ siècle convergent vers diverses solutions en arc de cercle qui débouchent au début du XIVᵉ siècle vers des formes de boucles totalement renouvelées privilégiant majoritairement les courbes et les arrondis plus gracieux, traduisant des conceptions artistiques plus fluides et plus vivantes. La masse plate et arrondie de la traverse supérieure de la boucle (de ceinturon en particulier) est suffisante pour permettre de supporter des décors incisés simples à base de palmettes, feuillages, oiseaux esquissés parfois d'une manière encore étonnamment fruste donnant un rendu rappelant vaguement l'aspect d'un travail mérovingien ou carolingien.

À partir de ce schéma, deux solutions majeures semblent évoluer parallèlement : le maintien d'un ergot central ou de deux ergots relativement discrets se développant sur l'arrondi supérieur, ou deux boursouflures rondes qui se substituent « en boudins » à la forme plane et courbe de la traverse, de part et d'autre du sillon central logeant la pointe de l'ardillon.

La traverse supérieure à ergot achèvera son évolution sophistiquée au XVᵉ siècle, par des courbures du métal compliquant la forme initiale, tandis que l'on assistera à un éclatement des styles de base du siècle précédent en une diversification totale des formes géométriques les plus recherchées traduisant une maîtrise technique des métaux de plus en plus poussée.

Vers le milieu du XVᵉ siècle, les progrès techniques obtenus dans le travail du laiton par les artisans bavarois de Nuremberg, conjugués par eux avec un abaissement des coûts de production des objets fabriqués, facilitent l'introduction en France comme ailleurs d'une mode ornementale « gothique » germanique imposant la présence d'abécédaires ou de caractères de l'alphabet purement décoratifs, se succédant parfois sans signification sur de multiples supports de laiton à l'instar des légendes des jetons.

Cas des boucles

Les boucles et les boucles – fermaux circulaires – constantes au fil des siècles, n'ont pratiquement pas évolué. Il est donc difficile de les dater avec précision, sauf en association stratigraphique avec d'autres types de boucles ou divers autres objets. Ces boucles rondes peuvent parfois se confondre avec des anneaux de mêmes formes, ayant servi d'articulations à de nombreux types de harnachements, d'équipements vestimentaires. Les boucles rondes, purement utilitaires, les plus simples à confectionner et les moins chères comme ne répondant à aucune préoccupation esthétique ou de mode, servaient naturellement à équiper toutes les sangles basiques d'équipement. Quelques exem

Boucle à chape
en laiton décorée
(caractères gothiques ?)
fin xvᵉ siècle.
(photo Damien Bouet,
collection Georges
Bernage.)

Boucle début xvᵉ siècle
décorée d'une légende
en gothique comportant
l'amorce d'un texte
religieux : LOENG(e)…
(photo Erik Groult,
collection Georges
Bernage.)

plaires présentés dans ces pages étaient utilisés afin de sangler par de robustes courroies des linceuls enveloppant des défunts, les membres maintenus en position durant la mise en terre des corps.

De nombreuses boucles – fermaux argentées ou en argent – sont parfois agrémentées de décors pouvant servir de repères, surtout lorsque ces décors sont constitués de textes de légendes laissant transparaître des styles de lettres alphabétiques caractéristiques, gothiques majuscules ou minuscules, ou modernes. Ce type de décor privilégiant des légendes laisse apparaître des catégories de textes centrées soit sur des phrases latines constituant des fragments de prières, d'hymnes, de louanges sacrifiant à des considérations religieuses retenues par des clercs, soit sur des dictons, des proverbes populaires, soit sur des mots d'amour, des phrases galantes traduisant des préoccupations plus joyeuses ou plus légères.

Ceintures et aiguillettes
Ceintures

La ceinture fait partie des accessoires qui ornent le vêtement et le corps. Si les boucles sont magnifiquement ouvragées au début du XIIIe siècle, la ceinture aussi peut alors être un veritable bijou. Dans le *Roman de Flamenca* écrit à la fin du XIIIe siècle, Guillaume, l'amant, possède une grande ceinture neuve décrite comme belle, riche et élégante. Elle est en effet de cuir irlandais et la boucle, ouvrée à la française, pèse dit-on un bon marc d'argent, soit un peu plus de 244 gr à la taille du marc de Paris.

Lorsqu'elle est en cuir, comme dans cet exemple, la ceinture peut être décorée de nombreuses appliques de cuivre doré, de laiton, et même d'étain, le cuir étant parfois teint de couleurs vives. Leur taille peut être imposante et les rares exemplaires parvenus jusqu'à nos jours, montrent des ceintures de plus de deux mètres de long. Cette dimension est calculée pour que l'extrémité tombante atteigne pratiquement l'ourlet du vêtement. Ce sont alors des ceintures féminines, le mordant apparait lorsque la robe est levée pour saisir la bourse ou lors de la marche.

La ceinture peut aussi être faite de tissu, parfois luxueux comme la soie ou le velours. Plus humble, une ou deux cordelettes tressées au doigt peuvent

[34] Boccace, *Décaméron*, Le Livre de poche, 1994, VIIIe journée, IIe nouvelle, p614.
[35] Compte de 1498 pour un écolier. Bibliothèque nationale, Mss supplément français, n°6603 F 45.
[36] Pour plus d'informations sur les ceintures aux XIVe et XVe siècles voir : Tina Anderlini, *"Un témoin des modes et mentalités médiévales, la ceinture (4)"*, p.35-41, in MOYEN ÂGE n°97, mai-juin-juillet 2014, et *"Un témoin des modes et mentalités médiévales, la ceinture (5)"*, p.49-57, in MOYEN ÂGE n°98, août-septembre-octobre 2014.

rendre le même office, tandis que la ceinture portée par les enfants sera, elle, tachetée ou teinte en noir pour les écoliers.

Dans les cadeaux d'un courtisan envers une dame[34], au milieu d'une paire de souliers et d'une guirlande pour les cheveux, c'est surtout une ceinture de laine fine qui retient notre attention. Mais la dame, pauvre, préférerait de l'argent pour récupérer sa ceinture brodée des jours de fête, qui est gagée chez l'usurier, mais qui lui permettrait de se montrer sans honte à l'église. Nombreux sont ainsi les exemples qui mettent en scène des ceintures de toile. C'est dans la comptabilité familiale d'un père de famille[35] que nous trouvons trace de l'achat de tissu noir, nécessaire à la réalisation de la ceinture de son fils, jeune écolier. Ce tissu est appelé ruban et semble avoir été tissé spécifiquement pour cette fonction : *pour une aulne ruban de layne noire à faire seynture 15 d.* Ainsi, une aulne, soit environ soixante-dix centimètres, suffit à la confection.

Le port de la ceinture évolue au cours des deux siècles de la fin du Moyen Âge. Durant le XIVe siècle, on va la porter plus sur les hanches, ceci étant lié aux nouvelles modes vestimentaires. À la fin de ce siècle et durant le suivant, deux types de ceintures vont orner les corps des femmes : le demiceint, toujours sur les hanches, mêlant orfèvrerie et tissu, la partie métallique, fermée par un crochet, étant sur l'avant, et le bandier. Cette ceinture très large se porte sous la poitrine, est faite de tissu et est ornée de luxueuses boucles, pouvant se porter fermées sur l'avant ou l'arrière. Elle est l'ornement des Houppelandes et des robes à tassel.

De riches ceintures orfévrées, empierrées, émaillées, ornent aussi les flancs des hommes et des femmes. La ceinture masculine est souvent surnommée *ceinture de noblesse*. On peut parfois y faire un noeud spécifique afin qu'elle ne dépasse pas de la cotte ou du pourpoint, ce qui peut cependant arriver.[36]

La ceinture n'est donc pas un accessoire anodin. Nous en retrouvons offertes comme objets de prix lors des tournois. Certaines peuvent même, symboliquement, renfermer des cheveux de la dame tressés ou tissés avec le fil, car la ceinture est aussi une pièce de vêtement associée à la puissance protectrice semi-magique de la femme.

Toujours sur le plan symbolique, la ceinture peut aussi évoquer une séparation entre l'être pensant situé au-dessus de la ceinture, et le désir bestial placé au contraire « *au-dessous de la ceinture* ». Cette division du corps humain par la ceinture nous est évoqué par André le Chapelain, dans son *Traité de l'amour*. Il y met en scène la conversation entre un grand seigneur et une dame de sa condition, qui discourent sur les mérites relatifs aux deux parties du corps féminin. Cet entretien, surprenant, voit la femme plaider en faveur de la partie inférieure qu'elle considère comme des fondations et donc comme la partie la plus noble. L'homme, au contraire, soutient que prendre trop de plaisir dans la partie inférieure, abaisse l'homme au rang de l'animal. La ceinture sépare l'animal de la belle femme.

La longueur importante de cette ceinture, plus de 2 m de long, n'est pas liée au tour de taille de la dame. Comme sur la ceinture précédente, l'extrémité basse doit tomber au niveau de l'ourlet du vêtement de la dame. Elle est décorée de 21 minuscules quadrilobes en émail translucide sur argent. La prouesse de l'orfèvre est d'avoir réussi à disposer les motifs de façon toujours verticale lorsque la ceinture est portée. Sur le revers de la ceinture, des hommes semi-bestiaux sont gravés. S'ils sont dissimulés au regard, ils sont au contact direct de la dame et doivent certainement être porteurs d'une valeur hautement symbolique. Ceinture de dame, Italie, fin du XIVe siècle. Émaux translucides de basse taille et dorure sur argent, fils d'argent, boucle en argent doré, fondue et ciselée, 236,5x2,9x6cm. (photo The Cleveland Museum of Art.)

Ceinture française du milieu du XIVe siècle, en argent. Les pièces de métal sont fixées sur deux galons, ce qui assure la solidité de l'ensemble. On remarque aussi des rivets en forme de fleurs. Le mordant est orné d'une figure féminine. (photos Tina Anderlini, Staatliche Museem, Berlin.)

Mordant de ceinture en argent doré et gravé, Allemagne, XVe siècle. (photo Tina Anderlini, Staatliche Museem, Berlin.)

Superbe ceinture de la seconde moitié du XIVe siècle. Les éléments métalliques sont en argent fondu, doré, en partie émaillé. Ils sont montés sur du velours. Cette ceinture mesure 128 cm de long et 2 cm de large. La boucle a une largeur de 3,25 cm.) (photo Musée National du Moyen Âge, Thermes et Hôtel de Cluny, Inv. cl. 127.43.)

Van der Weyden,
Déposition du Christ, détail de
la Madeleine, 1438. Madeleine
porte une ceinture nommée
le demi-ceint, faite d'une partie
métallique sur l'avant. (photo Tina
Anderlini, Prado, Madrid.)

Rogier van der Weyden,
Déposition (détail). Madrid,
Espagne. environ 1435-1440.
La ceinture de corde pourrait
être liée au repentir.
(photo Museo del Prado.)

Détail d'un gisant de dame, du XIIIᵉ siècle,
Normandie. On voit ici différents objets
suspendus par les dames à leur ceinture :
une bourse, un couteau, et un aiguiller,
en forme de losange, contenant des épingles.
(photo Tina Anderlini, The Cloisters, New York.)

Rogier van der Weyden,
Portrait d'une dame (détail),
Washington, vers 1460.
(photo National Gallery of Art.)

Scène de la légende de saint Sebaldus,
tapisserie allemande, 1425. L'absence de poche
fait de la ceinture un accessoire indispensable
pour transporter différents objets. On reconnaît ici
un couteau, une bourse et ce qui semble être
un sac à livre. (photo Tina Anderlini,
Germanisches Museum, Nuremberg.)

Clavendier, permettant de suspendre
des objets à la ceinture, vers 1400.
(photo Cleveland Museum of Art.)

Hugo van der Goes, *Le retable Portinari*
(détail), Florence 1476-77.
(photo Galleria degli Uffizi.)

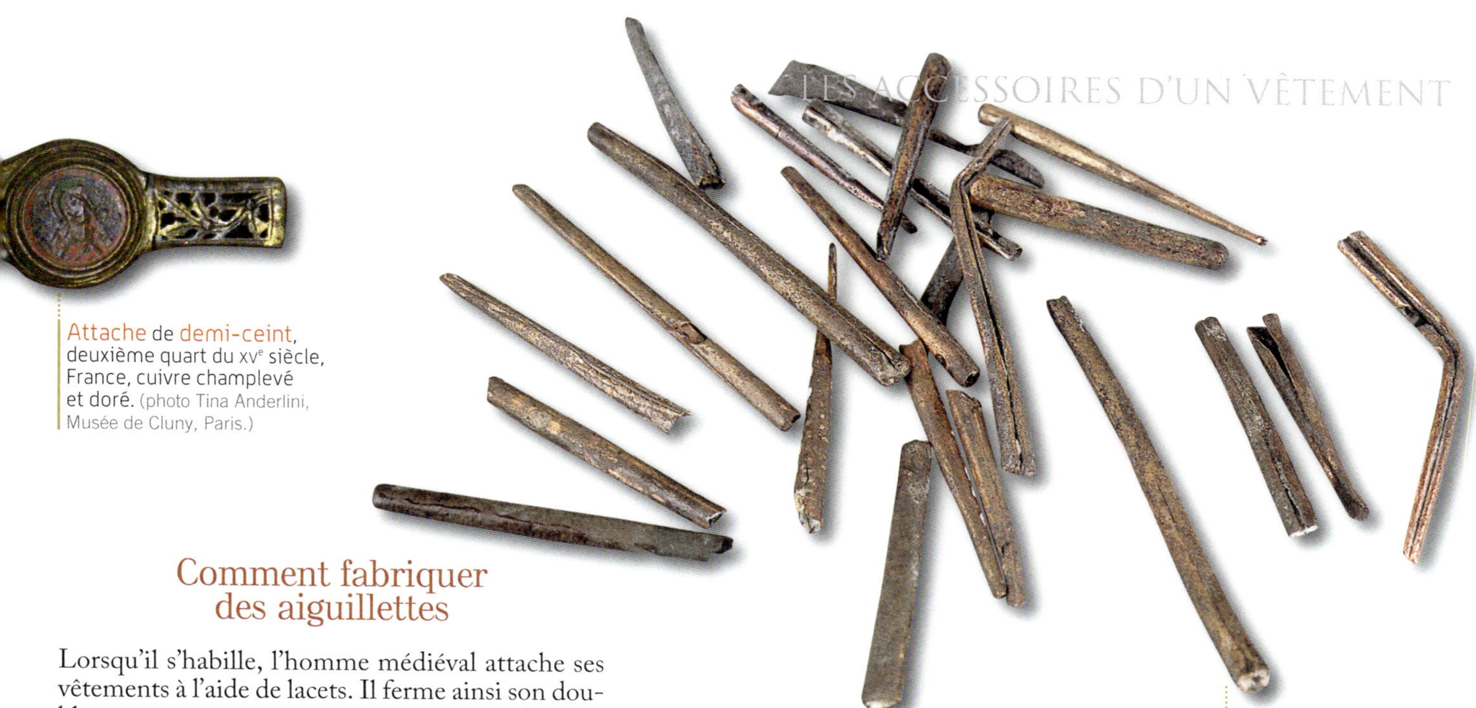

Comment fabriquer des aiguillettes

Lorsqu'il s'habille, l'homme médiéval attache ses vêtements à l'aide de lacets. Il ferme ainsi son doublet et son pourpoint, mais retient aussi ses chausses par ces mêmes liens qu'il noue au vêtement du haut. La cordelette utilisée peut être confectionnée en soie ou en laine. Elle est tressée. Il en faut de cinq à sept pour équiper un petit bourgeois habillé de chausses à plein fond.

Pour passer facilement la lanière à travers les multiples œillets, celle-ci est ferrée à ses extrémités par de petites pointes métalliques. Ce sont les aiguillettes ou ferrets. Leur taille est variable mais leur forme est restée, à de rares exceptions, globalement semblable sur toute la période concernée. Par convention, le terme aiguillette désigne aussi l'ensemble formé par le lacet et les deux ferrets à chaque extrémité. Nous pouvons évaluer la longueur totale de cette aiguillette masculine à un peu plus d'une trentaine de centimètres.

Chez la femme, rares sont les représentations où nous pouvons apercevoir l'extrémité du cordon fermant la robe. C'est la Vierge, peinte par Jean Fouquet, sous les traits d'Agnès Sorel dévoilant son sein pour allaiter le Christ, qui nous présente par la même occasion une fine aiguillette fixée au bout d'un ruban vert.

Le métal utilisé est souvent indéterminé. Il s'agit la plupart du temps d'un alliage cuivreux ou encore du fer. C'est en 1398, selon une ordonnance royale[37], que les chaussetiers commencent à vendre des chausses garnies d'aiguillettes car autrefois on les « attachoit à un nouet par devant ». Effectivement, les chausses devenant montantes enveloppent d'avantage le corps, le nombre d'aiguillettes nécessaires pour une mise correcte augmente. Pour la fabrication d'aiguillettes, une simple plaque de laiton ou un quelconque alliage cuivreux convient parfaitement. Son épaisseur ne doit pas dépasser 1 mm. Nous avons choisi de réaliser des aiguillettes courtes, d'une longueur finie de 3 cm.

Le patronage est simple, la forme tracée correspondant à un quadrilatère dont « la base » mesure 1,6 cm et le sommet, 1 cm. Ces deux extrémités sont légèrement concaves. Les côtés, qui correspondent à la hauteur désirée, sont donc de 3 cm.

Le patron, tracé sur la plaque, peut être découpé facilement à l'aide d'une paire de forces du fait de la faible épaisseur du métal. Pour donner la forme caractéristique du cône tronqué, la plaque peut être enroulée à l'aide de pinces sur un gabarit de bois. À défaut, deux clous, de deux diamètres différents, donneront avec un peu de pratique un résultat tout à fait satisfaisant. Le plus gros clou, d'un diamètre d'environ 0,5 cm, est utilisé en premier. Placé au centre de la forme dans le sens de la longueur, il sert de base pour resserrer la fine plaque à l'aide des pinces et en joindre les bords. En insérant le second clou de diamètre inférieur, environ 0,2 cm, dans ce cône amorcé, la pointe de l'aiguillette peut être affinée. Pour la fixer solidement sur le cordon, la base dans laquelle est enfoncée la laine, est écrasée en plusieurs points sur la fibre.

[37] Ordonnances de rois, T VIII, p.301.

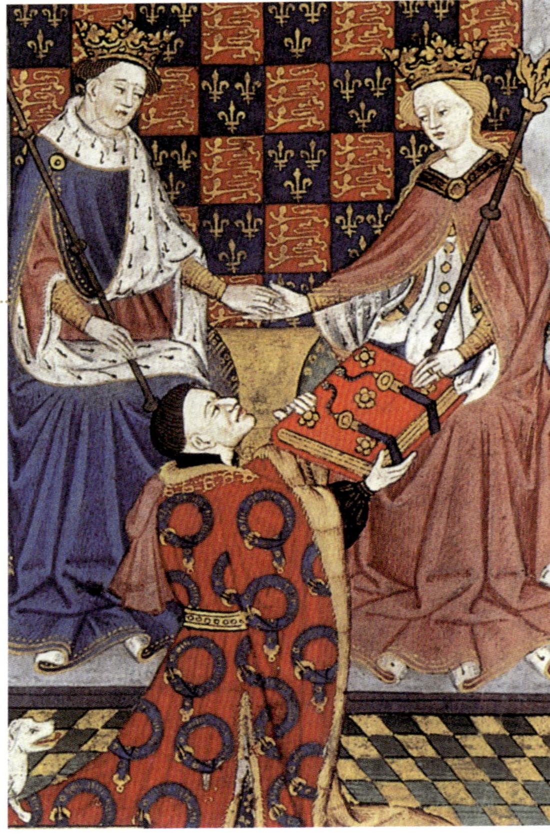

[38] 1300 Trésor
des Chartes d'Artois
A 160 et A 162,
in J.M. Richard,
*Mahaut,
comtesse d'Artois*,
p.164 et p.185.
[39] 1379 – Inv. De Ch.V
ms Mortem, LXXIV F 74.
[40] Bronislaw Geremek,
*Les Marginaux parisiens
au XIVᵉ et XVᵉ siècles*,
Champs-Flammarion,
1976, p.122.
[41] Etienne Boileau,
Le Livre des métiers,
1260, I, LXXII, 1,6.

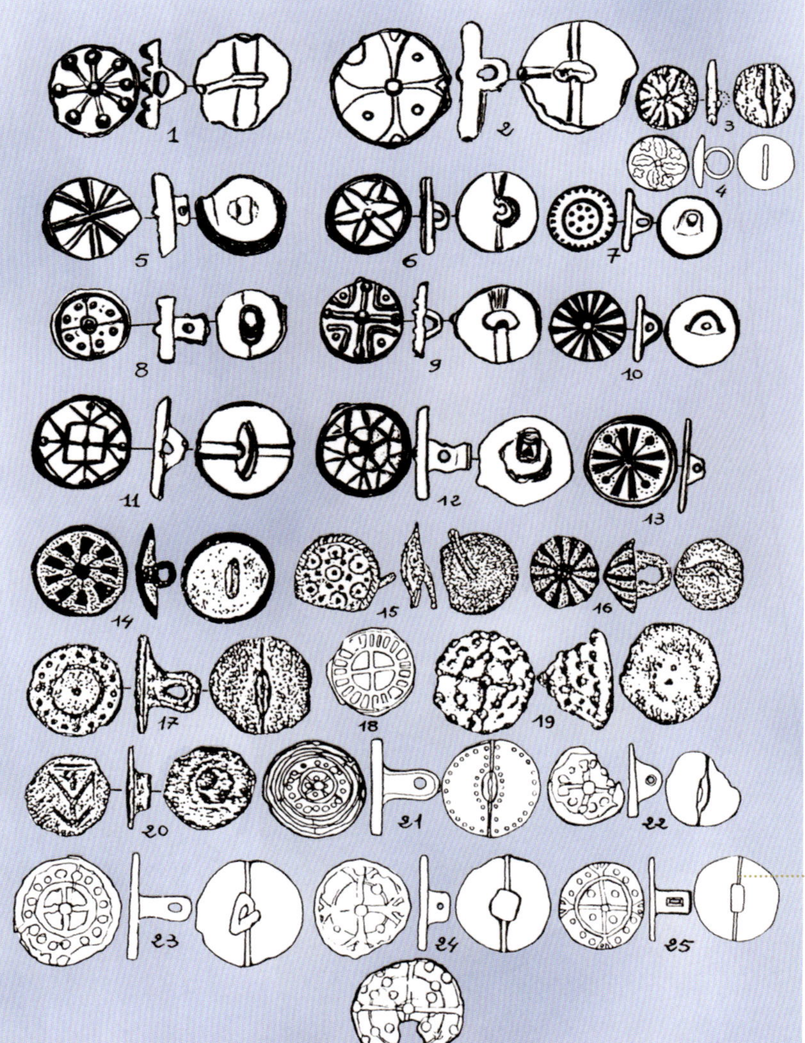

Les boutons

Si les boutons semblent attestés dès l'Antiquité, c'est au Haut Moyen Âge que nous les retrouvons sous le vocable de *noiel, noyel, nuel* ou encore *nuiel*. Ces termes sont à rapprocher des « noyaux de fruits », peut-être par analogie de formes. De même le terme de bouton renvoie par analogie vers les boutons de fleurs conduisant souvent à des jeux de mots à double sens.

Le terme de noyaux se retrouve à travers les documents comptables. Ceux de la comtesse Mahaut d'Artois[38] évoquent «*pour une once de neuiaus d'argent… XVII s.*», et un peu plus loin, «*…pour aseoir les nouiaus aus manches Monseigneur… ailleurs encore… Un peliçon de gris couvert de cindal et orné d'une douzaine de noiaus d'argent blans…*».

Le *noiel*, reflète la condition du propriétaire des vêtements, par sa matière : d'argent ou d'or pour les puissants et les personnages de marque, il devient de laiton voire simplement de plomb pour le petit peuple. Le bouton, est un terme que l'on rencontre déjà à la fin du XIIᵉ et surtout à partir du XIIIᵉ siècle. Il remplace peu à peu le *noiel* dans la langue. Les formes les plus anciennes, *bottones*, laissent peu à peu la place au bouton ou au boutonet tandis que la *boutonneure* est une garniture d'un ensemble de boutons… *onze paires de boutonneures, c'est assavoir neuf paires pour manteaux, et deux paires pour chappe, dont l'une boutonneure pour chappe à 50 boutons, chascun bouton d'un glan d'or et de trois perles…*[39]

Lorsqu'ils sont précieux, les boutons font partie des objets fréquemment volés par les domestiques et les servantes dans les résidences de leurs maîtres et maîtresses : une lettre de rémission[40] décrit l'affaire de Marion de Dioyne, de Bonneuil, qui a été engagée pour un an comme chambrière chez Geoffroy Robin, *en la vielz rue du temple à l'enseigne du croissant*. Deux mois se sont écoulés quand elle quitte son employeur. Juste avant Noël, enlevant de son coffre de nombreux vêtements fourrés parmi lesquels, *un chapperon d'escarlate vermeille a boutons d'argent dorez… deux bourses et un pelleton à boutons d'argent dorez, huit petis boutons et un clou d'argent blanc… une boutonnetière esmaillée à seize boutons…* elle s'enfuit à Bonneuil avec son butin et se cache chez un tailleur qui devait l'épouser. Elle lui présente ce trésor comme sa dot *afin que il feust plus bien enclin à la prandre pour femme*. Un tailleur ne peut qu'apprécier ces vêtements aux nombreux et riches boutons. Malheureusement, Geoffroy Robin la retrouve et elle est incarcérée au Châtelet. La valeur totale de son butin est estimée à 28 livres.

Les tissus permettent d'arborer de nombreux objets décoratifs, pierres, perles, recouverts d'émail ou d'étoffe. Ainsi selon la clientèle, plusieurs catégories d'artisans sont spécialisées dans la fabrication de

Variation typologique des boutons :
1, **2**, **5**, **6**, **9**, **11**, **17**, **18**, **21** à **26** : XIIIᵉ siècle
8, **12** : XIIIᵉ-XIVᵉ siècles **16**, **19**, : XVᵉ siècle.
4 : fin XVᵉ siècle **7**, **10**, : XVIᵉ siècle **13** : XVIIᵉ siècle.
(DAO Heimdal, d'après Jacques Labrot.)

tel ou tel boutons. Nous retrouvons les orfèvres qui confectionnent les boutons d'argent, de perles ou de pierreries. Les matières moins nobles ne sont pas tributaires d'un corps de métiers[41]. *Quiconques veut estre boutonnier d'archal et de laiton, et de coivre neuf et viez et feseres de dez à dames* (dés à coudre) *pour coudre estre, le puet franchement.* Les fabricants de boutons de laiton peuvent aussi confectionner des jetons de compte de mauvaise qualité, en particulier à Tournai et Nuremberg, qui sont les deux grands centres d'artisanat du laiton sous toutes ses formes. Les fabricants de boutons de plomb, destinés aux catégories populaires les plus pauvres sont les potiers d'étain, plombiers ou pintiers, qui coulaient ces objets, et bien d'autres, tous en plomb dans des moules.

Comme tous les objets en or ou en argent, les boutons sont refondus à terme, ceux de perles ou de pierreries sont démontés pour récupérer les pierres et les utiliser à d'autres fins. Les boutons de tissus sont trop fragiles comme ceux émaillés. On retrouve essentiellement en fouille les boutons de cuivre et surtout ceux de plomb utilisés le plus massivement et le plus couramment par une grande partie de la population la plus humble et la plus défavorisée. Ces modestes objets n'en apportent pas moins d'utiles renseignements sur le travail des artisans du cuivre et du plomb, leurs techniques de décoration et de fabrication.

La typologie des boutons de plomb peut se comparer au niveau décoratif à celle des méreaux également circulaires, mais aussi, de manière plus inattendue, aux surfaces circulaires d'objets de bois traditionnels tels que les « marques à pains » ou bien de supports en pierre tels que les stèles discoidales. Il est en effet plus simple pour tous ces artisans de recopier des motifs géométriques, parfois inspirés de certaines monnaies en circulation, pour décorer des supports variés qui ont pour point commun d'être circulaires et par là même limités à leur forme restrictive. La symbolique de base tournant généralement autour de la croix centrale à forte valeur conjuratoire et superstitieuse de protection religieuse contre la malchance et les attaques du mal.

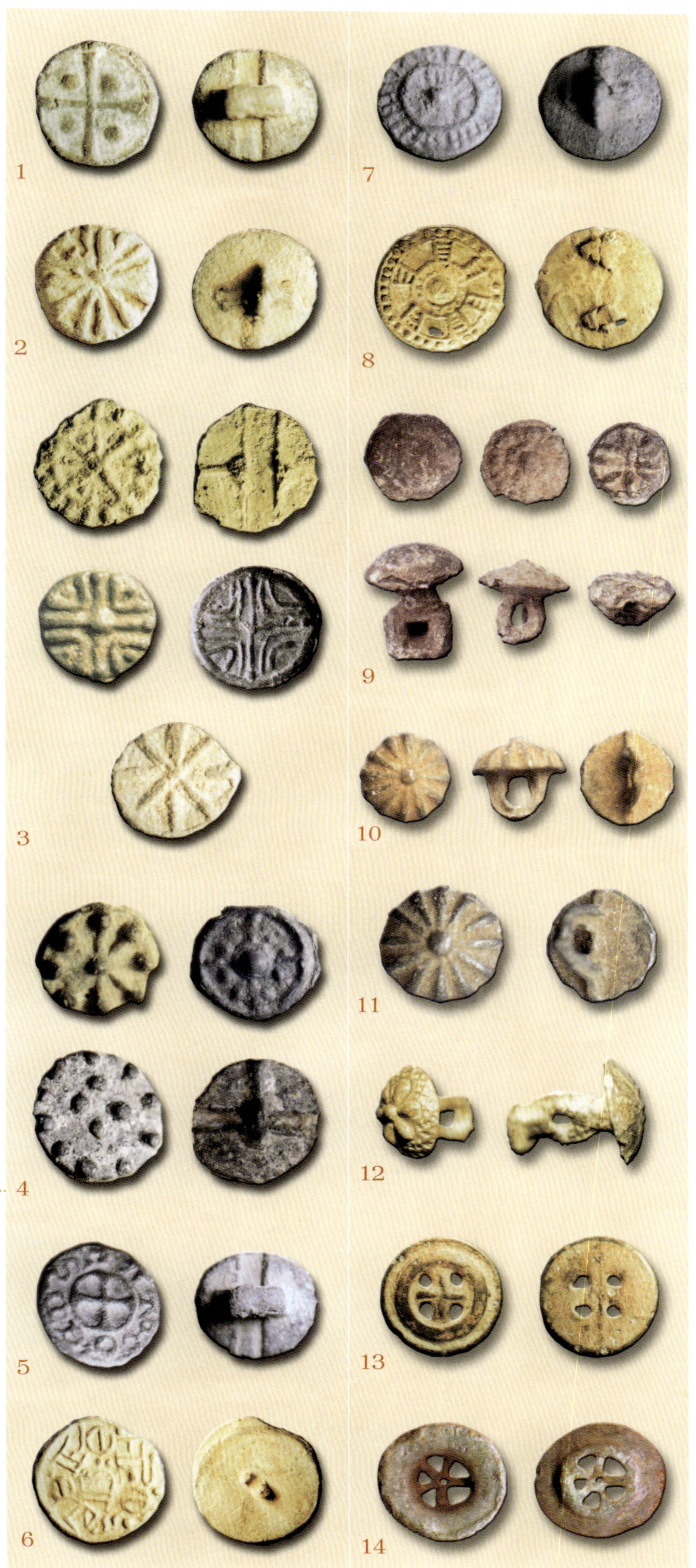

1 et 2. Deux boutons en plomb du XIIIᵉ siècle. (photo Jacques Labrot.) **3**. Les dessins des boutons sont identiques à ceux des méreaux. **3c.** Méreau en plomb, château de Rauzan (Gironde). (photo Jacques Labrot.) **4**. Trois boutons en plomb du XIIIᵉ siècle. (photo Jacques Labrot.) **5**. Bouton en plomb à décor d'inspiration monétaire avec lettres décoratives, XIIIᵉ siècle. (photo Jacques Labrot.) **6**. Bouton en plomb avec des lettres décoratives. Fin XIVᵉ-XVᵉ siècle ? (photo Jacques Labrot.) **7**. Bouton en plomb fin XIIIᵉ siècle. (photo Jacques Labrot.) **8**. Bouton en plomb probablement fin XVᵉ siècle, le décor central évoque curieusement certains décors mérovingiens. (photo Jacques Labrot.) **9**. Trois boutons en étain du XIVᵉ et XVᵉ siècles en allant du plus petit au plus grand. Noé (Sens-est). **10**. Bouton en plomb (Saint-Sauveur des Vignes, Sens-est) fin XVᵉ siècle ? (photo G. Rondel.) **11**. Bouton en étain, fin XVᵉ-XVIᵉ siècle (Saint-Sauveur des Vignes, Sens-est). (photo G. Rondel.) **12**. Boutons à forte attache de revers, fin XVᵉ-XVIᵉ siècle. (photo Jacques Labrot.) **13**. Boutons de cuivre XVᵉ-XVIᵉ siècle. **14**. Boutons de plomb XVᵉ-XVIᵉ siècle.

Clercs étudiants
à l'université de
Bologne. Fin XIVe siècle.
On remarquera
les nombreux boutons,
en particulier au cou et
aux manches. Bas-relief
en marbre, tombe de
G. de Lagano,
professeur de droit
à Bologne.
(photo Florence Scala,
Museo Civico, Bologne.)

Évolution typologique
des boutons de plomb
et de cuivre ou de bronze

Coulés en plomb dans des moules similaires à ceux utilisés pour les méreaux, les boutons plus épais, à l'inverse de ceux-ci, ne sont décorés que sur une face, le revers étant creusé dans son épaisseur d'une gorge destinée à gagner sur l'emplacement de l'attache, simple bout de plomb que l'on soudait ensuite sur les bords du canal pour les relier. Avec l'usure du plomb, la patte disparue et la gorge effacée, il existe un risque pour l'archéologue ou pour le numismate de confondre ces deux objets, d'autant que les mêmes artisans utilisent indifféremment les mêmes décors sur les méreaux et sur les boutons. Un revers lisse est donc une indication imposant la prudence dans les attributions. Nous connaissons un certain nombre de boutons trouvés lors de fouilles archéologiques, dans un contexte parfaitement daté qui permet d'étayer une chronologie des types et de leur évolution. Le site de Montségur

est à cet égard exemplaire. Sur les plus anciens boutons, le relief décoratif, comme l'épaisseur, la grandeur de la patte d'attache du revers, ne sont pas considérables. À la fin du Moyen Âge, les artisans se lancent dans des réalisations plus élaborées, avec des reliefs décoratifs bombés et des pattes d'attaches de plus en plus importantes soudées à chaud. Dans certains cas, cependant, lorsque le décor est sommaire et que ces pattes sont massives, il est possible qu'elles aient fait corps avec le bouton en un seul objet moulé, gravé de profil en profondeur dans un moule épais. On s'aperçoit que les formes se diversifient autant que les types de pattes et d'attaches. Alors que certains types sont épais avec des attaches massives et longues, d'autres demeurent plats et percés de deux ou quatre trous permettant de coudre le disque métallique directement sur les tissus, sans patte intermédiaire. Avec la fin du XVIe siècle, les importations massives de cuivre à bas prix en provenance de l'étranger rendent les boutons de cuivre compétitifs et marquent la fin de l'utilisation des boutons de plomb.

Une technique particulière semble avoir été employée pour fixer les boutons de métal au tissu, utilisant leur forme singulière. Une petite incision dans le textile est pratiquée, pour laisser la patte d'attache du bouton traverser l'épaisseur de tissu. Un ou plusieurs fils épais, solides, passent alors successivement dans la boucle de chacun pour maintenir souplement le bouton au revers. Nous pouvons avancer l'hypothèse que ce type de fixation permet d'inter changer, facilement et rapidement, une série de boutons que l'on sait onéreux, d'un vêtement à l'autre.

À côté de ces boutons métalliques, vitrine merveilleusement conservée par le temps, nous trouvons ceux en tissu, largement présents pendant le XIVe siècle. Beaucoup moins représentés au sein de fouilles, il ne faut cependant pas sous-estimer leur fréquence. La réalisation se fait à partir d'un cercle de tissu enveloppant, la plupart du temps, une bourre d'effilochage du même tissu ou parfois de coton. De fait, leur forme est légèrement bombée malgré les points qui les traversent et essaient de les aplatir. Certains peuvent aussi avoir une base de bois ou de corne. Dans ce cas, l'aspect terminé est plus plat. Ces boutons, qui comportent, de par leur fabrication, une petite patte d'attache tout en tissu, peuvent être cousus à champ, sur le bord d'un habit.

Montage de boutons
métalliques à longue
patte. Ce bas de manche
de pourpoint nous
présente un montage
particulier de boutons
à longue patte.
(photo Florent Véniel.)

Les bourses

La bourse est un accessoire porté autant par les hommes que par les femmes. Suspendue à la ceinture, elle a une fonction essentielle dans la mesure où les vêtements sont dépourvus de poches.

Les bourses, aumônières ou escarcelles, connaissent leur âge d'or dès le XIIᵉ siècle. Une part importante des objets trouvés l'a été en contexte religieux. Il s'agit de bourses à reliques. Si certaines peuvent être considérées comme des remplois d'objets laïcs, d'autres ont pu n'être réservées qu'à un usage sacré. De grandes villes comme Caen en font déjà une spécialité et, à Paris, on dénombre pas moins de 180 « *faiseuses d'aumônières sarrazinoises* », inventoriées dans les statuts des corporations. C'est en effet une des rares corporations dominée par les femmes.

Il n'est pas évident de définir et de déterminer la signification exacte de chaque terme employé pour ces objets. Nous allons tenter, ici, de les évoquer dans leur usage le plus fréquent.

L'aumônière, appelée dans les textes *aumoniere*, *aumoisniere* ou encore *aloiere*, est un sac de tissu de forme rectangulaire, dont les dimensions sont souvent réduites. Elle se ferme grâce à deux liens coulissants ou parfois à l'aide d'un fermoir et se trouve suspendue à la ceinture par un long cordon. Il semble que ce soit le seul type de bourse porté par les femmes. Elles sont en général confectionnées dans de belles étoffes, ce qui nous fait dire que nous sommes loin de l'objet uniquement utilitaire, mais réellement en présence d'une parure qui est choisie ou offerte avec soin.

Certaines sont même brodées à fond dit « couvert », c'est-à-dire sur la totalité de leur surface. D'autres peuvent être réalisées avec des matériaux encore plus ostentatoires, perles, velours, soie, or ou argent, selon les modes, les périodes et les régions. À la fin du XIVᵉ siècle, mode fugace, il est de bon ton d'ajouter de petites clochettes précieuses au bas des aumônières. Un compte[42], daté de 1379, nous présente ainsi une dépense faite au *maistre des orfèvres pour le clochetes que on ni met maintenant*. Comme à l'accoutumé, certains penseurs ont essayé d'enrayer les excès successifs de la mode et comme à l'accoutumé, ce fut en vain. Les brodeuses spécialisées, les faiseuses d'aumônières, sont de véritables artistes se chargeant d'une confection parfaite plaisant au plus grand nombre.

Le luxe résolument affiché par de tels objets, en fait naturellement des gages amoureux. Offertes par l'amant à son aimé(e), certaines d'entre elles ont ainsi fait vaciller la couronne de France. Les brus de Philippe le Bel, épouses respectives de Louis X et Charles IV, en ont été les malheureuses actrices. Elles s'étaient vu offrir, par leur belle-sœur Isabelle de France, des aumônières de grand prix, brodées de perles. Mais, maladroitement, elles les ont données à leurs amants, les frères d'Aunay, qui les ont portées innocemment à leur ceinture, révélant ainsi aux yeux de tous la relation intime qui les unissait aux deux femmes. Le scandale fut d'im-

Codex Manesse, vers 1310-1340. (photo Universitätsbibliothek, Heidelberg, Ms. Pal. Germe. 848, f.64r.)

portance et la famille royale, discréditée. Nous retiendrons cependant de cette histoire que l'aumônière, portée du XIIᵉ au XVᵉ siècle, est commune aux deux sexes. Le cadeau fatal n'était en tout cas pas innocent, car les aumônières sont non seulement souvent des gages d'amour, mais aussi des allusions grivoises. La chose est aussi vraie pour la bourse. La lecture du fabliau peu moral Trubert est assez révélatrice.

L'escarcelle appelée *escharcelle*, *escacel* est faite de cuir. Fermée par des boucles, elle est décorée de garnitures de métal.

Les bourses ou *bourcètes* servent uniquement à contenir de l'argent. Elles sont pendues à la ceinture au moyen de cordons, de pattes et parfois, c'est la bourse elle même qui chevauche le ceinturon. Pour prévenir les vols, la bourse peut aussi être accrochée au braiel, la ceinture qui tient les braies. Elle est ainsi cachée à la vue.

S'il semble que la femme porte surtout des aumônières ou des bourses de formes simples, il semble que les bourses masculines fixées directement à la ceinture, soient d'une grande diversité. Cette différence entre les deux sexes s'explique facilement. Lorsqu'elle sort de la maison, la femme revêt sa robe au dessus de sa cotte simple et la bourse, comme la ceinture et les accessoires, reste située sous le vêtement de dessus. Le cordon auquel est elle suspendue trouve

[42] Archives nationales, Registre du parlement, 1471 F 179 v.

Les bourses sont courantes et nombreux sont les marchands qui les joignent à leur marchandise. **Jean le Tavernier**, enluminure extraite des *Chroniques et conquêtes de Charlemagne* (détail). (photo Bibliothèque royale Albert Ier, Bruxelles, Ms. 9066, f.11.)

Le viol de Dinah dans Shechem, une illumination dans la genèse d'Egerton. *Egerton Genesis Picture Book*, troisième quart du XIVe siècle, Londres. (photo British Library, Londres, ms. Egerton 1884, f.17r.)

alors toute son utilité. Sa longueur permet, en ne retroussant que légèrement le bas de la robe, d'attraper et de manipuler son sac. Pour faciliter la remontée de la robe, certaines femmes portent des *troussoirs*. Il s'agit d'une sorte d'agrafe accrochée à l'extrémité d'une chaînette, mais qui n'apparaissent que dans la seconde moitié du XVe siècle. Un exemple daté de 1482[43] nous en donne une description : *une troussoire d'or faicte de petitz anneletz platz et semée par dessus de petis grains d'esmailles rouges, blan et noir, et au boult a ung bien gros diamant pointu à pluisieurs faces enchassé en ung clou.*

La bourse, de tissu ou de cuir, bien cachée sous la robe, est donc difficilement accessible aux voleurs et le cordon échappe ainsi au tranchant des coupeurs de bourses.

En revanche, le vêtement masculin, se raccourcissant au milieu du XIVe siècle, découvre la bourse et la rend vulnérable. Elle se porte sur le dessus, à la ceinture. Pour éviter les « robeurs » et résister aux intempéries, le cuir est employé, le cordon de textile est remplacé par une attache plus solide et, pendant la seconde moitié du XVe siècle, cette fixation peut même être composée de métal.

La bourse est l'un des symboles les plus chargés de l'art médiéval. Nous la retrouvons pendue au cou des avares en enfer, où elle personnalise le pouvoir de l'argent, mais aussi son poids. Dans une copie

Claus Sluter (vers1365-1406), le *Puits de Moïse*, 1396-1405, Le prophète Isaïe. Dans certaines régions, les aumônières masculines peuvent être de très grande taille. Mais tout les contenants attachés à la ceinture ne sont pas des aumônières. C'est peut-être le cas ici. (photo Tina Anderlini, Chartreuse de Champmol, Dijon.)

du *Digeste de Justinien* rédigée en français, les biens possédés en communauté par les époux sont symbolisés par une grande aumônière analogue. Tout comme dans le *Roman de la rose* : alors que Ami décrit l'âge d'or où l'amour se donnait librement, il déplore la situation actuelle où les femmes se soucient de la richesse de leur amant. Aujourd'hui, dit-il, les femmes ne mettent d'empressement que pour courir aux bourses pleines. La richesse est alors exprimée par une grande bourse bien lourde et toute farcie de besants, où la dame se jetterait à bras ouverts.

L'aumônière, comme la bourse, possède également une symbolique sexuelle forte. Son don peut être perçu comme un préambule à l'amour et les sources littéraires décrivent le plus souvent la femme offrant une aumônière qu'elle a brodée elle-même. Le *Roman de la rose* prétend que « *la femme doit avoir soin de ne pas donner, à celui qu'elle appelle son ami, des présents de grande valeur : elle peut bien donner un oreiller, une touaille, un couvre chef, une aumônière bon marché…* ». De plus, par sa forme, sa fonction et sa position sur le corps, l'aumônière s'apparente aux organes génitaux féminins. Lorsque dans un fabliau grivois, la femme prie pour que son mari soit transformé en porc-épic de phallus, le mari réplique aussitôt son désir de voir sa femme dotée d'autant d'aumônières, c'est-à-dire de vagins.

La bourse masculine, qui pend sous la taille dans les régions animales, inférieures, est chargée des mêmes valeurs symboliques. La forme de la bourse de cuir, à *cul de villain*, ou la *tasse*, rend plus concrète cette association d'idée.

Les broderies

Objets ostentatoires, les aumônières peuvent être brodées. La broderie fut pendant longtemps réservée au clergé ou aux grandes occasions pour les nobles en ce qui concerne les vêtements. Néanmoins, la seconde moitié du XIVe siècle, peut-être en réponse au choc de la Peste Noire, voit les membres de l'élite orner de plus en plus leurs tenues, de manières originales. Une habitude qui va durer au siècle suivant. L'origine de la broderie se perd dans le temps. Elle semble déjà chose courante, au Danemark du moins, dès l'âge de bronze. Au Moyen Âge, une broderie frustre, peu raffinée, existe encore dans certaines zones rurales, mais la plupart du temps, les étoffes brodées sont un signe incontestable de richesse et de puissance et les commanditaires encouragent une production de haute qualité. Pour cet art véritable, de nombreuses techniques plus ou moins élaborées sont mises en œuvre.

[43] Exemple extrait du livre de Michèle Beaulieu et Jeanne Baylé, *Le Costume en Bourgogne*, p.110, Bibliothèque nationale, Ms fr 17909 ; F 88 v.

Aumônière brodée, première moitié du XIVe siècle. Ornée d'armoiries anglaises et française, cette aumônière est brodée de soie et de fils métalliques sur du lin. Elle montre diverses techniques de travail des fils en vigueur à l'époque, comme le *fingerloop* (rond et plat), les nœuds turcs. (photo Tina Anderlini, Germanisches Museum, Nuremberg.)

Proposition de **restitution** d'une **aumônière** féminine. (photo Florent Véniel, Walraversijde Museum, Ostende.)

Aumônière brodée, (envers et endroit), début du XIVe siècle, soie et feuille d'or sur lin. Les aumônières développent souvent des sujets courtois. Leur symbolique amoureuse est très forte. (photo The Cloisters, New York.)

Il s'agit dans tous les cas d'une décoration postérieure au tissage, qui se pratique sur une étoffe déjà préparée, teintée, mais qui intervient avant le montage de l'objet ou de la pièce de vêtement pour les aumônières, les surfaces brodées recouvrent en général la totalité de la face de l'objet.

La méthode la plus simple pour obtenir un effet décoratif consiste à appliquer une forme de tissu, lion, léopard ou autre, sur un fond d'une autre couleur. Difficile à réaliser avec de la soie ou du velours parce que les bords ont tendance à s'effilocher, ce procédé se révèle fréquemment utilisé par les couches populaires, qui créent ainsi des décors à moindre coût en recyclant les petits morceaux d'étoffe. Du fil ou du cordonnet est parfois couché le long de la couture pour protéger la bordure, il sert également d'élément de décoration. Cette méthode, très commune, est appelé *opus consutum*.

La technique la plus courrue pour créer un motif sur une pièce de tissu consiste néanmoins à en dessiner le contour par différents types de points. Le point avant, point double avant, point arrière ou point de tige, en sont les plus fréquents, ce dernier convenant particulièrement aux tracés courbes par ses points chevauchant.

Le point fendu, très proche du point de tige, est préféré pour broder les visages et les mains. Exécuté de façon très fine et très serrée, ce point donne vie au modèle. Il sculpte véritablement les expressions en reproduisant des zones d'ombre et de lumière.

Triptyque de Mérode , par **Robert Campin**, (1428), détail du panneau central. Un exemple de sac, destiné à contenir un livre, dont la forme correspond à celle d'une aumônière. Les techniques employées sont les mêmes, seule la taille change. À noter, aussi, le magnifique galon aux cartes, broché, que porte l'archange Gabriel. (photo Tina Anderlini, The Cloisters, New York.)

Soie sur lin avec ajouts de peinture sur les visages. Ce détail montre des points et motifs typiques de la broderie allemande du XIVᵉ siècle. On va retrouver les mêmes spécificités sur, par exemple, des aumônières. (photo Tina Anderlini, The Cloisters, New York.)

Le remplissage des surfaces est régulièrement effectué grâce au point couché, qui permet de couvrir rapidement de grandes zones. Il est employé depuis longtemps car on le trouve sur un fragment de laine du Iᵉʳ siècle avant J.-C. Des blocs entiers de couleur sont ainsi formés. Facile à maîtriser et très courant, ce point consiste à disposer les fils en lignes parallèles sur le fond. Ces « jetées » de fils, parfois d'une taille importante, sont maintenues en place au point lancé, perpendiculairement, placés à intervalles réguliers. Cette technique fut l'une des principales utilisée pour réaliser la broderie de Bayeux.

Parallèlement se développe la broderie au fil compté, dont subsistent des réalisations dans les couvents, les trésors d'églises et les musées.

Le fil tiré, plus difficile, est aussi très populaire. L'étoffe est préparée en retirant certains fils de trame et de chaîne. Les fils restant sont alors regroupés artistiquement avec certains points, pour former un fond ajouré et des fils supplémentaires peuvent même être ajoutés pour créer un certain effet de dentelle. C'est l'*opus teutonicum*.

Le fil utilisé pour ces broderies surtout religieuses est souvent de laine, ce qui explique que certains écheveaux puissent être teints avant le tissage. Mais des fils de soie ou d'or sont aussi utilisés pour les réalisations plus luxueuses aussi bien sacrées que laïques. La variété des points est grande : points couchés, mais aussi point fendu, point de chaînette, par exemple, permettent de créer des motifs variés et colorés.

Le fil d'or, encore plus onéreux que la soie, met en œuvre la technique la plus économique : coucher le fil sur le fond et le maintenir en place par de petits points de fils de soie. L'utilisation de fils de couleurs, puis la disposition, l'espacement variable de ces points de fixations contribuent à mettre en valeur le motif doré, donnant parfois l'impression d'une véritable peinture. Mais cela nécessite une expérience hors pair pour ne pas déformer la régularité du tracé. Une variante de cette technique, qui ne se pratique plus actuellement, demande une dextérité encore plus grande. Elle est appelée point couché retiré, car la boucle de fil de lin, qui maintient le fil d'or posé sur l'endroit, est ramenée sur l'envers de l'étoffe en emportant une partie infime de fil d'or. Le lin utilisé, restant sur le revers du tissu, est donc caché et passe inaperçu. Parfois, des fibres de coton sont placées sous les fils d'or pour donner du relief à la broderie. Des pierres, des émaux, des paillettes de verre, des ornements d'or ou d'argent et surtout les perles, si populaires, qui coûtent deux livres l'once au XIVᵉ siècle, rehaussent les broderies les plus riches. L'interaction avec les orfèvres est donc parfois étroite et le temps nécessaire à la réalisation de l'objet n'est pas alors le facteur de prix déterminant, les broderies étant recherchées surtout par le coût élevé des matières utilisées.

Pourtant, au XVᵉ siècle, la qualité de certaines broderies ne cesse de baisser et d'autres matières, dont le velours réhaussé d'or, en offrant une qualité visuelle somptueuse et de goût, viennent concurrencer le travail à l'aiguille. Dès 1442, Jean Arnolfini devient, en Bourgogne, l'unique fournisseur de draps de soie, notamment des draps d'or, qui

Chose rare, la Vierge tient à la main son aumônière comme elle le ferait de nos jours avec un sac à main. L'objet bien fermé, ainsi mis en valeur, pourrait être une allusion à la virginité. **Maître de Sainte-Gudule**, *La présentation de la Vierge au temple*. (photo Musées royaux des Beaux-Arts de Belgique.)

Aumônière, Paris, vers 1340. Pièce de lin, brodée de fils de soie sur fonds de fils d'or et de soie rouge, 16x14 cm. **Face :** figurant des amoureux. **Dos :** divertissement avec un capuchon. (photo Museum für Kunst und Gewerbe, Hambourg.)

remplacent la broderie d'orfèvrerie chez les plus riches. Les brodeurs sont donc obligés de simplifier les techniques et de produire en série. Le point couché retiré est abandonné au début du XVe siècle et les fils d'or ne sont donc plus fixés qu'au point couché de surface, plus rapide.

La broderie reste malgré tout le signe de richesse et d'opulence qu'elle a toujours été et les ouvrages brodés ont naturellement une place particulière dans la diplomatie internationale, ou encore dans les objets et les vêtements liturgiques. Les ouvrages les plus réputés viennent au XIVe siècle d'Angleterre, tandis qu'au XVe siècle, l'Italie et la Flandre surpassent cette production. Les créations deviennent de véritables tableaux d'où le nom de peinture à l'aiguille. Les réalisations religieuses, d'un type nouveau, restent ainsi remarquables. Certaines introduisent aussi du relief, par des rembourrages. Un phénomène qu'on avait déjà pu observer, dans une moindre mesure, sur des aumônières.

Si la broderie est une occupation sociale, admise pour les femmes nobles ou rentrées sous les ordres, la grande dextérité que demandent les ouvrages somptueux ne peut provenir que de l'expérience d'un corps de métier. Le long apprentissage peut durer jusque huit ans, sans nul doute lié à l'étendue des techniques à maîtriser, et le nombre d'apprentis est limité afin d'offrir une parfaite formation. Il est intéressant de noter qu'au fur et à mesure que la broderie se professionnalise, pendant le XIIIe siècle, ce sont moins les femmes que les hommes, qui exer-

Aumônière dite de Thibaud IV, conservée dans le trésor de la Cathédrale de Troyes. Cette pièce, ornée de broderies au fil d'argent et de soie, comprend une scène avec deux femmes sciant un cœur placé sur un escabeau et une femme dormant vers laquelle se penche l'Amour vêtu comme un ange un registre commun au XIVe siècle. (photo Damien Bouet.)

cent dans les ateliers. Le métier est donc mixte,
même si la femme garde le monopole de la fabrication des fils de soie et d'or, des tresses de soie et
de lin, des attaches, des ganses et des rubans.

La clientèle, riche, est souvent impatiente et ne
tolère pas les retards de livraison. Les statuts de
1316 autorisent alors le travail de nuit, mais uniquement s'il y a urgence et à condition que l'ouvrage
soit correctement exécuté. Le point devant être
petit et régulier, nous avons peine à imaginer les
conditions de travail à la lueur de la chandelle et
les femmes, bien qu'elles partagent les activités de
broderie et leurs difficultés avec les hommes, ne
reçoivent pas un salaire équivalent à celui de leurs
collègues masculins.

Si certains brodeurs créent leurs propres dessins,
certains n'hésitent pas à avoir recours à des artistes,
surtout les enlumineurs.

Le dessin, ébauché sur une feuille de papier ou une
peau de parchemin, est reporté sur l'étoffe grâce à
la technique du pochoir. Le motif, dont les
contours sont piqués de nombreux petits trous d'aiguille, est placé sur la toile humide. Le brodeur y
fait pénétrer alors délicatement un peu d'encre pure
en poudre ou du charbon et sur les toiles de couleur,
du plâtre de tailleur, de la craie en poudre ou du
blanc de céruse détrempé. Le papier enlevé, une
série de petits points indique les lignes du motif
qui peut alors être repassé à l'encre. Le papier et
le parchemin doit être le plus fin et le plus blanc
possible. Il est enduit d'huile de lin et devient alors
transparent. Nous sommes donc bien en présence
d'un véritable calque. Une autre technique consiste,
sur des étoffes très fines et fragiles, à placer le motif
en dessous de l'ouvrage et à travailler par transparence, en piquant à travers le papier qui sert de
support au tissu trop souple.

Ces cartons offrent le grand intérêt de faciliter la
répétition à l'identique d'un motif. La réalisation
de jarretières, pour l'ordre du même nom, en est
le plus bel exemple. La devise *Hony soit qui mal y
pense* brodée d'or et de soie sur du taffetas bleu, fut
reproduite de nombreuses fois sur les tenues de
cérémonies. Pas loin de 2 000 de ces motifs déco-
rent les 26 robes destinées au roi et à ses chevaliers,
et cela chaque année. Une tâche d'une aussi grande
ampleur est alors parfois divisée en plusieurs ateliers, avec la certitude d'une régularité de la production grâce aux calques. Ceux-ci peuvent même
être revendus à d'autres ateliers, des échanges sont
courants et les motifs se déplacent ainsi au gré des
influences. Broder des devises, des initiales, des
animaux, parfois au fil d'or, devient une pratique
courante dans les riches cours européennes, pour
le plus grand bonheur des artisans. La broderie
participe à la parure de la noblesse en cette fin du
Moyen Âge.

Le reste du matériel appartient au brodeur, il est
simple, peu technique. Nous ne trouvons pas trace
de bobine, mais seulement de bâtons autour des-
quels est enroulé le fil. La toile est naturellement
tendue sur un cadre rectangulaire et la tension est
assurée par une ficelle à intervalle régulier. Toutes
les précautions sont prises pour protéger l'ouvrage
en cours. L'étoffe est couverte entre les travaux, les
fenêtres peuvent être occultées par de la toile en cas
d'intempéries, la poussière est chassée avec attention
et il est parfois fait mention d'un drap de lin pour
s'essuyer les mains et ne pas tacher l'ouvrage, et surtout pour éviter de ternir un fil d'or par le contact
acide de la transpiration des mains. Le transport
de la broderie se fait aussi avec précaution. Un peu
de cire scelle les bords des étoffes brodées pour
éviter que le tissu ne s'effiloche avant qu'il ne soit
appliqué, plus tard, sur un ouvrage. Une toile cirée
entoure ensuite la broderie pour la protéger de l'humidité, et le voyage peut alors se faire dans un sac
en cuir, voire même dans des malles.

Ce dessin nous présente de manière précise une aumônière
de la fin du XVe siècle. (photo Jean-Luc Thieffry, Archives Départementales du Nord, Musée 327, f.61.)

Bourse en soie
provenant de l'abbaye
de Saint-Michel
(Meuse) Cl. 11787,
conservée au Musée
national du Moyen Âge,
Paris, Thermes de Cluny.
(photo Damien Bouet,
Musée national
du Moyen Âge, Paris.)

Retable de la Vierge à l'Enfant, Castille, vers 1460-70. Cet extraordinaire retable totalement brodé est l'unique témoignage de ce type d'objet en provenance d'Espagne. Il est fait de lin, de soie, de velours de soie, de fils métalliques, de perles, de pièces de métal, sur du lin. On note la volonté de concurrencer deux autres formes d'expression artistique : la peinture, par les couleurs et les détails, et la sculpture par le relief. (photo the Art Institute, Chicago.)

Détails du *Retable de la Vierge à l'Enfant*, mettant en valeur le travail de relief. (photo Tina Anderlini, the Art Institute, Chicago

Les enseignes de pèlerins sont des objets bon marché, témoignant des étapes d'un voyage qui est aussi spirituel. Elles ont aussi des fonctions protectrices et prophylactiques et se cousaient sur les vêtements. Elles ont toutes sortes de formes, comme ici, des bourses. Les objets au centre, en haut et en bas, sont de véritables bourses de cuir.

[De gauche à droite et de haut en bas]:

Insigne bourse 1325-1375, étain allié de plomb, H 34 mm.
Découverte à Bruges, Garenmarkt. Bruggemuseum.
(photo collection. H. Van de Pas n°25-14.)

Insigne, bourse 1325-1375, étain allié de plomb, H 38 mn.
Découverte à Ypres. (photo coll. Patrick Van Wanzeele.)

Insigne, bourse 1325-1375, étain allié de plomb, H 35 mm.
Découverte à Bruges. (photo collection Patrick Van Wanzeele.)

Bourse à relique en cuir, xve siècle, provenant du trésor royal danois.
(photo Damien Bouet, Nationalmuseet, Copenhague.)

Insigne, bourse sous la forme d'un M, 1325-1375, étain allié de plomb, H. 21 mm.
Découverte à Ypres. (photo collection Patrick Van Wanzeele.)

Escarcelle en cuir, xve siècle, Stockholm.
(photo Damien Bouet, Medeltidsmuseet, Stockholm.)

Bourse en cuir, xve siècle, Stockholm.
(photo Damien Bouet, Medeltidsmuseet, Stockholm.)

Bourse à suspension.
(photo Jean-Luc Thieffry,
Archives Départementales
du Nord, Musée 327, f.30.)

La bourse de l'homme,
en forme de **poche
à souflet**, est ouverte
et nous laisse apercevoir
le système de fermeture
en train de pendre.
Le livre du jeu d'échecs,
Suisse alémanique,
fin du XIVᵉ siècle.
(photo *Wikimedia
Commons*.)

Support de bourse
en bronze, vers 1450,
Flandres. (photo Damien
Bouet, The British
Museum, Londres.)

Ghirlandaio, *Festin d'Hérode* (détail),
fresque, Santa Maria Novella, Cappella
Tornabuoni, Florence, 1486-1490.
(photo Tina Anderlini, Cappella Tornabuoni.)

Supports de bourse,
Angleterre,
fin du XVᵉ siècle-début
du XVIᵉ siècle (bronze,
1,5x15,2x0,7 cm
et 6x16,5x0,5 cm).
(photo Charlie Nickols,
Yorkshire Museum.)

[A droite]: une bourse
XIVᵉ–XVᵉ siècle en toile
brodée de soie,
12x12 cm, Trésor de la
Cathédrale de Liège.
(photo Cathédrale
Liège, Inv. 479.)

Les points de broderie en soie

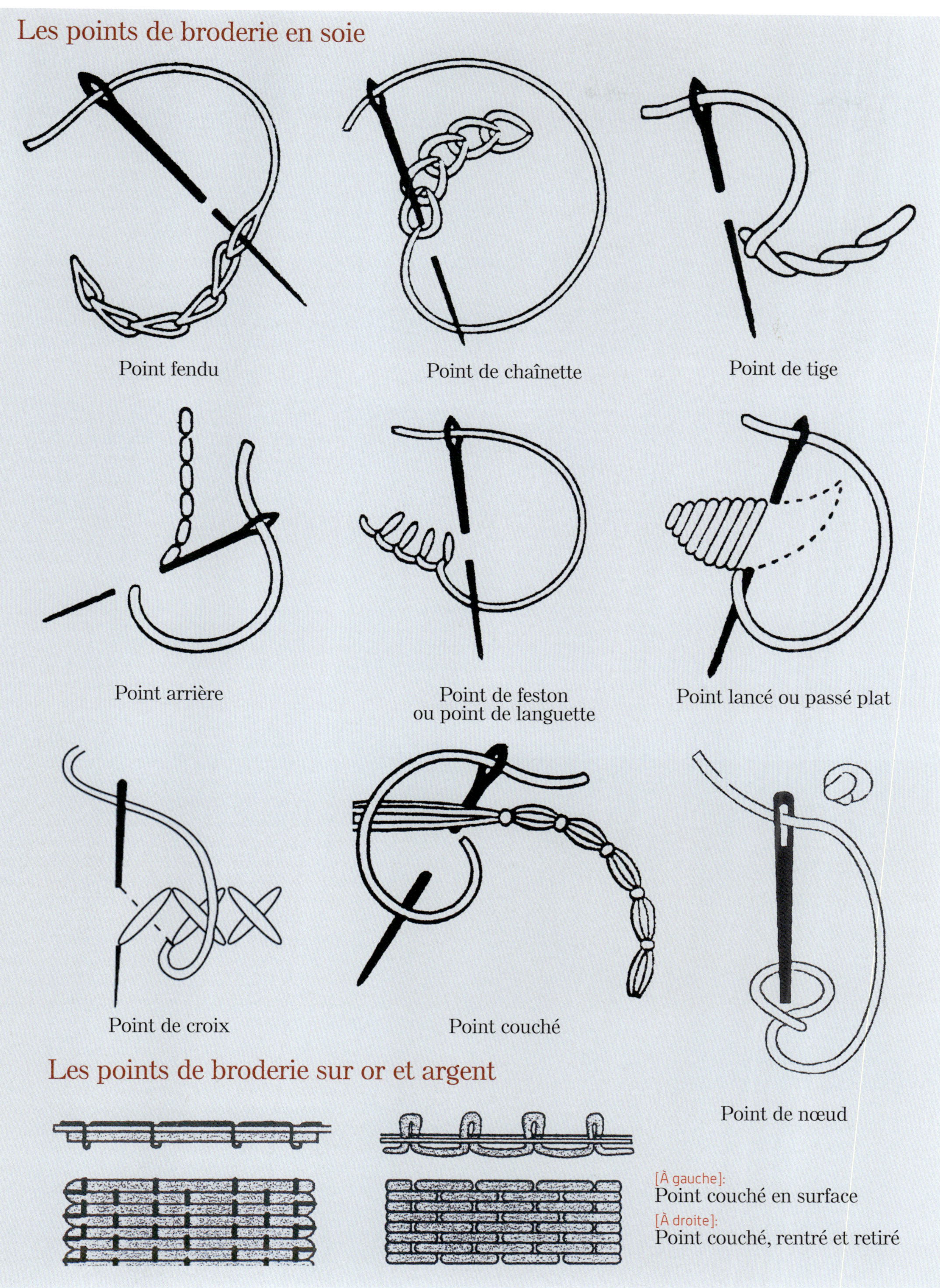

Les points de broderie sur or et argent

[À gauche] :
Point couché en surface
[À droite] :
Point couché, rentré et retiré

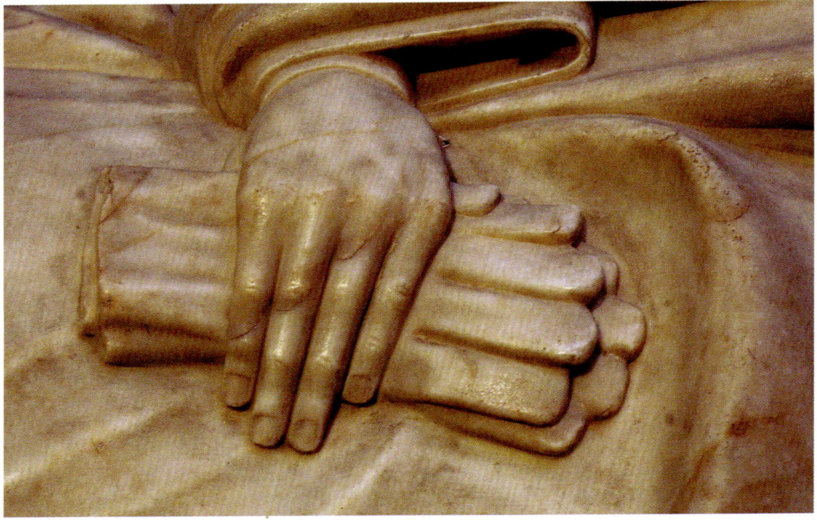

Gisant de Léon V de Lusignan (1310-1341), détail, **basilique de Saint-Denis**. Chaque activité a son type de gants. Le roi d'Arménie porte ici, dans sa main gauche, une paire de gants de ville, au petit poignet. (photo Tina Anderlini.)

[44] Anatole de Montaiglon, *Recueil général et complet des fabliaux du XIIIe et XIVe siècles*, Librairie des bibliophiles, Paris, 1877, p.165.
[45] ADN B 1951, F 177 v.
[46] Anatole de Montaiglon, *Le Livre du Chevalier de la Tour Landry*, Paris, 1854, p.242.

Négociations devant Marchot. Tristan, à droite tient dans sa main un gant fin. Le gant au sol renvoie à certaines fonctions symboliques du gant. (photo BnF, Paris, Ms. Fr. 112, f.66.)

Les gants

Parmi les divers accessoires de la tenue médiévale, les gants, bien que peu mentionnés, sont pourtant régulièrement portés. Toutes les catégories de la société sont concernées. Nous connaissons les gants de soie brodée des ecclésiastiques, mais nous connaissons moins les gants de peau distribués aux maçons sur les plus grands chantiers. Les plus humbles portent aussi des gants, le berger comme le serviteur. C'est l'ultime vêtement de la liste décrite par le valet du fabliau du *valet qui se met a malaise*[44], il mentionne sa seule et unique paire de gant blanc, les *blans vuans*.

À notre connaissance d'ailleurs, les images nous présentent toujours des gants blancs ou beiges. Est ce une convention ou la réalité ? Les matières utilisées sont effectivement variées : les comptes des ducs de Bourgogne[45] font état de gants en cuir de chamois, de chevrotin, de chien, de louveteau et également de drap. En 1442, Charles demande à son tailleur Tassin des gants de poisson fourrés de gris, une variété d'écureuil très prisée, originaire de Russie, dont le pelage est gris plus ou moins foncé et le ventre blanc au jaunâtre. Les gants fourrés, le poil à l'intérieur, sont bien plus chauds.

Les formes sont plurielles. Le Chevalier de La Tour Landry[46] fait ainsi une distinction entre les gans et les *moufles*. Ces dernières, ne sont pas forcément les objets actuels, mais pourraient être de simples mitaines. Toujours est-il qu'elles se prolongent sur l'avant-bras. On trouve cependant des modèles courts, réunissant les doigts, comme la moufle tricotée trouvée à Londres. Au-delà de cette date, elles sont plus rares. Le terme *mitaine* proprement dit ne paraît n'être employé que pour un enfant. Les gants à cinq doigts tels que nous les connaissons, permettent objectivement un maniement plus aisé des outils et des instruments. Mais si certains ne possèdent que deux ou trois doigts, c'est que par grand froid, pour les travaux des champs ou les activités extérieures, les séparer refroidit trop vite les terminaisons.

Le gant de la noblesse est un objet délicat, comme une seconde peau, comme en témoigne l'une des rares paires provenant de la noblesse, celle de Dona Teresa Gil, de la fin du XIIIe. La finesse de l'objet est remarquable. Les gants sont blancs, évoquant la blancheur des mains aristocrates. Les enluminures nous les présentent souvent ainsi, mais il faut se méfier de ces images qui figurent l'objet gant, identifiable, plutôt que le gant avec un usage spécifique. C'est ainsi que les gants rembourrés réservés à l'art de la fauconnerie sont présentés comme des gants délicats, en dépit de toute cohérence. Néanmoins, les ouvrages dédiés à l'art de la fauconnerie, comme le *De Arte venandi cum avibus*, que l'on doit à l'empereur Frédéric II, se montrent plus proches de la réalité, et présentent des gants capables de résister aux serres des rapaces. De même, les fresques du Campo Santo de Pise, du XIVe siècle, figurant une partie de chasse, montrent de nettes différences entre les gants destinés à recevoir les oiseaux et les autres. Il convient donc de ne pas se fier aux images.

Le port des gants obéissait à certaines règles. Ainsi, si on n'est pas membre du clergé, on ne les porte pas à l'église, sauf en de rares occasions. Une interdiction que les rois d'Angleterre remettront en cause. On ne prend pas la main de quelqu'un en portant un gant. Il est aussi élégant de ne porter que le gant gauche, et de tenir le gant droit dans la main gauche. Quant à la perte d'un gant, c'est un mauvais présage.

Offrir son gant est un gage d'amour, le reprendre, un signe de rupture. Le gant peut aussi servir à représenter une personne. Et porter les gants d'un

Codex Manesse, **Wernher von Teufen** et sa dame, Zurich vers 1310-1340. (photo Heidelberg, Universitäts-bibliothek, Ms. Pal. Germ. 848, f.69r.)

Le bain du faucon, détail, vers 1400-1415, Pays-Bas du sud. Les scènes de fauconnerie montrent souvent des gants, mais, généralement, les objets sont bien plus fins et délicats que les véritables gants de fauconnerie. Cela est souvent lié à la nature du support. Une grande tapisserie permet de mieux montrer les détails qu'une petite enluminure.
(photo Tina Anderlini, The Cloisters, New York.)

Saint Martin coupant son manteau, détail, 1380. Les gants pour monter à cheval sont souvent munis d'une pointe sur le poignet. Celui-ci est un peu plus couvrant que celui du gant de ville. À noter que le saint porte une bague sur son gant. Une pratique courante, qui implique des gants d'une grande finesse.
(photo Tina Anderlini, Diözesanmuseum Bamberg.)

Le gant de l'empereur Charles IV, cuir de brebis, coutures de lin, daté vers 1354, fut offert à l'hôtel de ville, **Neustadt an der Waldnaab**. Il semble être l'unique témoignage d'une pratique médiévale : le gant en tant que représentant du pouvoir et de la volonté royale ou impériale. Envoyé à certaines personnes, ou ici à une municipalité, il octroyait certains privilèges tant qu'il restait en leur possession. En ce cas précis, il s'agit de la jouissance d'une forêt. Le gant étant toujours en ville, le privilège est, 650 ans plus tard, toujours reconnu pour la petite cité bavaroise. Le gant mesure, dans la plus grande longueur, 27 cm. Le cuir élastique devait permettre de le passer. On remarque que l'auriculaire était coupé dans une autre pièce et cousu, comme le pouce, au corps du gant.
(photo Stadtarchiv Neustadt/Waldnaab.)

autre permet de lire les pensées du propriétaire. Le gant apparaît comme un objet plein de sens pour les gens du Moyen Âge.

La plupart des représentations de ces gants à cinq doigts, losqu'ils sont représentatifs d'une l'élite, nous montrent une ouverture de forme triangulaire dont la pointe, tombant sous le bras, est parfois prolongée par un grelot. En plus de l'aspect esthétique, cette queue protégerait aussi le poignet et l'avant-bras des rayons du soleil qui risqueraient d'altérer le teint blanchâtre si précieux à conserver. En effet, dans les références de la beauté, les parties visibles telles que le visage, le cou et les mains, ne doivent être halés. Les plus coquettes portent donc des gants. Comme le conseille le *Roman de la rose*, ils peuvent servir aussi à cacher des mains qui ne sont pas belles et nettes, ou souillées par des verrues ou des boutons, ces gants pouvant être parfumés. Il se pourrait que cette forme soit cependant une autre convention destinée aux enluminures. Des œuvres de plus grand format montrent des gants sans pointe, à longueur variable, selon que l'on soit en ville ou à cheval. Mais, même à cheval, les gants ne sont pas d'une grande longueur. Cette mode va progressivement disparaître dès le deuxième quart du XVe siècle. Les commandes de gants de la trésorerie ducale[47] montrent ainsi l'achat de 222 paires entre 1431 et 1435, alors qu'entre 1436 et 1440, l'engouement pour cette mode diminue avec 72 paires achetées et seulement une vingtaine entre 1441 et 1446.

[47] Sophie Jolivet (thèse) *Pour soi vêtir honnêtement à la cour de monseigneur le duc de Bourgogne, costume et dispositif vestimentaire à la cour de Philippe Le Bon de 1430 à 1450*, 2003, tome 1, p.483.

Les bijoux

Chez l'homme, comme chez la femme, le bijou est l'ultime parure qui vient rehausser une tenue vestimentaire. Aux origines et dans certaines croyances, son rôle se superpose à celui d'une amulette, sensée protéger celui qui la porte. Il éloigne les mauvais esprits par le bruit des breloques qui le composent. Les bijoux continuent à véhiculer des messages depuis ces temps anciens. Chargés de codes et de symboles, ils sont de véritables moyens de communication, interfaces entre le visible et l'invisible. En cette fin de Moyen Âge pourtant, quelques-uns deviennent uniquement ornementaux, affichant alors le seul message, ostentatoire, du statut social et de la richesse. Les bijoux sont alors souvent distribués comme cadeaux lors des étrennes ou comme prix de joutes. Certaines pièces, d'ailleurs, ne sont rien d'autre qu'une réserve d'or disponible en cas de nécessité.

Si des métaux vulgaires sont parfois utilisés pour les communs diverses lois somptuaires tentant de réserver l'usage des matières les plus riches à la seule noblesse, les bijoux sont en effet le plus souvent en or, enrichis de pierres précieuses. L'art de la joaillerie et de l'orfèvrerie, au Moyen Âge, est l'expression d'une parfaite maîtrise. L'utilisation désormais courante des pierres précieuses, à partir du XIIIᵉ siècle, participe à donner du sens au bijou par la valeur symbolique qui entoure ces roches. Elles sont, pour la plupart, auréolées de croyances et de superstitions et on attribue à chacune une ou plusieurs fonctions. Le choix de la pierre ne se fait donc pas uniquement en terme esthétique : le langage qu'elle véhicule guidera plus volontiers un ecclésiastique vers un rubis alors que le saphir, assurant la dévotion, est réservé aux évêques. Sans rapport, il guérit aussi les ulcères s'il est appliqué, comme le conseillent les grands savants, sur la partie du corps affectée. En effet, les vertus des pierres sont à la fois physiques et spirituelles.

Le diamant est ainsi signe d'amour et de réconciliation, alors que l'émeraude favorise la chasteté et attire la richesse. Le rubis permet une parfaite résistance à la pourriture mais le grenat reste peu aimé car il est sensé attirer la colère. La topaze quant-à-elle, est réputée lutter contre la luxure. Cette croyance est si forte que Franscesco de Barberino[48]

Suiveur de **Hans Schilling** (actif de 1459 à 1467), *Josaphat discutant avec le marchand Barlaam des pierres précieuses*, Alsace, 1469. Comme les merciers, il semble que les fournisseurs de pierres précieuses pouvaient être itinérants. (photo Paul Getty Museum, Los Angeles, Ms Ludwig XV 9, 43v.)

Petrus Christus, détail de l'*Atelier de l'orfèvre*. Ce détail nous permet de mieux faire connaissance avec les matières et les créations de l'artisan. On reconnaît diverses bagues, des fermaux, des pendants, une boucle de bandier, un patenôtre mais aussi du cristal, du corail, des perles et pierres en vrac. Tout est réuni pour qu'il fasse étalage de son talent. (photo Metropolitan Museum of Art, New York.)

la conseille dans ces écrits au début du XIVe siècle. D'après lui il faut, pour la jeune fille qui a passé douze ans sans s'être mariée, éviter la solitude et l'oisiveté, fuir la lecture des livres qui parlent d'amour, se nourrir sobrement, éviter de boire du vin et surtout, porter un charme contre la luxure, à savoir une topaze.

Ces croyances sont souvent véhiculées et relayées par les femmes qui y trouvent une application pratique dans leur vécu. Mais l'utilité des pierres n'est pas seulement liée à la santé, l'esthétique et la beauté prennent facilement le pas et le rubis, qui porte le nom de balai, est très apprécié. L'émeraude, quant à elle, est rarement usitée. Certaines pierres comme le saphir, souvent employé comme sceau, peuvent être taillées. C'est le cas aussi du diamant, qui fut d'abord utilisé tel quel, « naïf », avant la découverte de cet art. La cristalisation naturelle de la pierre peut en effet lui donner une forme pointue, ou plate. Les tailles sont plutôt en carré, en losange, ou en cercle.

Les pierres précieuses n'ont pas seules la primeur et nous retrouvons, parmi les éléments de joaillerie, l'émail, le corail rouge, l'ambre blanc et jaune, la calcédoine, le cristal de roche… Les perles sont également prisées au XIVe siècle et ne connaîtront une baisse de leur popularité qu'au milieu du XVe siècle. On continuera tout de même à les utiliser sur les pendentifs.

La mode voit aussi une évolution des couleurs. Le blanc, dès la fin du XIVe siècle, connaît un certain succès, même si le rouge et le vert mêlés de blanc lui succèdent. Ces teintes se voient complétées par le bleu, le noir, le gris et le violet, dans les années 1440 à 1460. Le rouge clair et le blanc réapparaitront vers 1470-1480.

Avec le développement de la mode et de l'engouement pour ces parures, l'Eglise essaie, à partir du XVe siècle, d'interdire le port de certains bijoux jugés trop somptuaires et s'entourent de lois. Celles-ci sont souvent renouvelées, preuve de leur effet limité. Les astuces féminines pour y échapper sont alors nombreuses. Boutons et accessoires se multiplient, Christine de Pizan justifie le port des bijoux par un désir légitime de se parer.

De fait, seuls quelques nobles et, étrangement, certains religieux pour marquer leur statut, peuvent arborer ces bijoux ostentatoires. Les ducs de Bourgogne sont d'ailleurs réputés pour le luxe de leur somptueux joyaux. Il n'est que peu étonnant de considérer la ville de Bruges comme la plaque tournante du commerce de la pierre en Europe, dès 1465. Anvers tient aussi, à cette époque, un rôle de choix qui n'aura de cesse de se confirmer jusqu'à aujourd'hui.

Pourtant dès 1442, se perd l'habitude essentiellement bourguignonne, de porter des bijoux trop clinquants. La mode se modifie chez les plus riches, notamment au contact des princes français et en particulier du prince de Bourbon, qui influence le duc de Bourgogne, Philippe.

Portrait d'un orfêvre, Gérard David, 1510. (photo Kunsthistorisches Museum, Vienne.)

Bagues et bracelets

La pratique du port de bijoux, et surtout des bagues, est relativement courante pour les femmes, comme pour les hommes. C'est que le port de la bague tient une place à part. Ce bijou est associé à la main, qui participe à exprimer des sentiments d'amour, de joie, d'amitié, de mépris ou de haine. C'est cette même main, utile, qui tient des objets tels que l'épée, le sceptre, les outils ou la plume.

Tous les doigts sont concernés et hommes comme femmes désirant s'auréoler de prestance, s'affichent parfois avec des bagues de pouce. Ils peuvent également en porter sur les différentes phalanges d'un même doigt. Lorsqu'elles ne sont pas en usage, les bagues sont rangées précieusement dans un « doigtier », conservé dans un étui de cuir.

Elles sont de formes diverses.

Un simple anneau de métal, précieux ou vulgaire, peut être porté. Ce type de bijou s'avère assez répandu, même dans les classes sociales peu aisées. Preuve en est leur nombre important parmi les trouvailles archéologiques. Il est à noter que le port de l'alliance ne sera commun aux hommes qu'à partir du XIXe siècle.

[48] Alice A. Hensch, *De la littérature didactique du Moyen Âge s'adressant spécialement aux femmes*, Cahors, 1903. Franscesco de Barberino (1264-1348) *Del regimento e costumi di donna*.

Rogier Van der Weyden, *Portrait de femme*, détail, 1435-1440. Les bagues sont un véritable phénomène de société. Comme on peut le voir, il était courant d'en porter plusieurs sur un même doigt. On pare aussi toutes les phalanges. (photo Tina Anderlini, Gemäldegalerie, Berlin.)

Appliques de vêtements, Allemagne du Nord, xvᵉ siècle. À partir de 1350 environ, le luxe s'affiche de plus en plus sur les vêtements. Cette tendance va persister tout au long du siècle selon les régions. Trouvés dans un cloître, ces appliques étaient cousues sur différents textiles. (photo Tina Anderlini, Kunstgewerbemuseum, Berlin)

La bague considérée comme la plus prestigieuse est munie d'un chaton de pierrerie. Selon les croyances, comme pour les autres bijoux, la gemme utilisée qui est plus souvent unique, serait investie de certains pouvoirs : signe de richesse, elle est aussi, croit-on, le moyen de s'attirer une protection, d'éloigner les maladies ou les accidents. Ainsi, certaines personnes gardent précieusement ces bijoux aux doigts, comme cet homme qui tient « *beaucoup à cette bague dont il ne se séparait jamais en raison des vertus qu'elle possédait, selon ce qu'on lui avait laissé entendre.* »[49]

Moins décoratives mais plus fonctionnelles, certaines bagues servent à sceller les documents. Ce sont les bagues-cachets, mais elles ne sont pas courantes.

Moule en pierre destiné à couler des appliques de vêtement. (photo Damien Bouet, Historiskamuseet, Stockholm.)

C'est à partir du XIIIᵉ siècle que les bagues à devises se multiplient. Le chancelier de Philippe le Bon, Nicolas Rolin, fait ainsi réaliser une bague, ornée de la devise *Seule*, pour confirmer à sa femme, Guigone de Salin, son unique amour et donc sa fidélité. Les gravures retrouvées expriment en général un sentiment d'amour, d'amitié, et surtout de piété. Mais cet objet, par la devise personnelle qui y est inscrite, confirme surtout le besoin de se distinguer aux yeux de l'être aimé, et parfois de la société.

Les bracelets composés de minéraux se voient attribuer les mêmes vertus par les pierres qu'ils supportent. Les métaux différents dont ils peuvent être fait, tel le cuivre qui guérit les rhumatismes, sont aussi choisis avec attention. Ce sont souvent des objets précieux, recherchés par les plus grands. Le duc de Bourgogne, en 1431, achète ainsi un bracelet d'or garni de six perles[50]. Jehan de Saintré, le héros d'Antoine de la Sale[51], désirant offrir un présent à une dame, va trouver *l'orphebvre du roy* et lui demande de réaliser un bracelet d'or *esmaillé de mes couleurs et a ma devise*. En plus de l'héraldique, Jehan y fait ajouter *VI dyamans, VI rubis et VI perles*. C'est à la demande de cette même dame que notre héros porte, au bras gauche, un autre bracelet d'or en gage de son amour courtois. Il s'est engagé à le garder une année entière si il ne rencontre *chevalier ou escuier de nom et d'armes sans reproche* à qui il pourrait l'offrir.

Fermail, colliers et boucles d'oreille

Le fermail

Le fermail est un accessoire décoratif qui sert à maintenir attaché deux pans de vêtements, il peut être comparé à une broche. Mais Robert de Blois[52], dans le *Chastoiement des dames* à la fin du XIIIᵉ siècle, considère que ces broches, ou fermaux, ont une fonction autre que décorative. Ce qu'il

considère comme une nouvelle invention, empêche *tout homme de poser sa main sur sa chair nue*. Nous pouvons comprendre par la suite que la chair nue n'est autre que la poitrine. Il pense donc que *c'est pour empêcher de pareils attouchement que furent inventées les broches.*

Dès le milieu du XIVe siècle, ce bijou est de grande dimension, en forme d'anneau. Durant la décennie 1380, de grandes plaques, partiellement recouvertes d'émail, enrichies de pierres précieuses ou de perles, envahissent les poitrines, les chaperons et les robes. Le fermail est parfois orné d'anges, de saintes, de femmes et d'enfants assis dans des jardins. Les animaux communs, chien, lévrier, cerf, lapin, écureuil, brebis, faisan, aigle, sont évidemment présents. Mais le bestiaire sauvage, tigre, lion, ours, est également figuré et cotoie aussi les animaux fantastiques comme la licorne ou les sirènes. Il convient cependant de garder à l'esprit que certains de ces objets servent à orner les vêtements liturgiques et ne sont pas utilisés dans la vie quotidienne.

Durant le premier quart du XVe siècle, ces motifs laissent la place aux fleurs et aux fruits. Pensées, marguerites, roses, n'auront que le temps d'éclore

Bague en **alliage cuivreux**.
Cette bague est typiquement une bague populaire.
(photo Florent Véniel, collection privée.)

Hans Memling, *Portrait de jeune femme*, Sibylle Sambetha, détail, 1480, Hôpital Saint-Jean. Le port des bagues devint un tel problème que l'Église finit par en limiter le nombre à 5 par doigt, au maximum. (photo Memling Museum, Bruges.)

Dame à l'écureuil, anneau en or serti d'un saphir, France, XVe siècle. (photo Londres, British Museum, Michael Camille, *L'Art de l'amour au Moyen Âge*, Könemann, 2000.)

Bague imitant une **ceinture** avec sa boucle, bronze, XVe siècle. Diamètre 2,2 cm. (photo Musée National du Moyen Âge, Paris.)

Bague en **forme** de **cœur**, en argent, XVe siècle. Diamètre 2 cm. (photo Musée National du Moyen Âge, Paris.)

Bague XIIIe-XIVe siècles, **alliage cuivreux** et **pâte de verre**. Diamètre 2,1 cm. (photo Unité archéologique de la ville de Saint-Denis, inv. Con. 537.2.).

[49] Boccace, *Décaméron*, Le Livre de poche, 1994, IIIe journée, IIe nouvelle.
[50] ADN B 1942, F 86 v.
[51] Antoine de la Sale, *Jehan de Saintré*, Lettres gothiques, Le Livre de poche, 1995, p.166.
[52] Alice A. Hensch, *De la littérature didactique du Moyen Âge s'adressant spécialement aux femmes*, Cahors, 1903. Robert de Blois, *Le chastoiement des dames*, 2e tiers du XIIIe siècle, p.75.

Broche annulaire, Allemagne, or, spinelle et saphir, vers 1340-49. Petit fermail de 2,2 cm de diamètre. Son dos est orné de granulation. L'objet a été enterré durant la Peste Noire. Celui qui l'a dissimulé n'a pas eu la chance de le récupérer… (photo Metropolitan Museum of Art, New York.)

Dans le dernier quart du XIVe siècle, il est, selon le goût du moment, de grande dimension et repose largement sur les épaules. Pour éviter qu'il ne bouge, un fermail en assure la fixation au vêtement. Ces colliers sont en général constitués d'une large bande de métal, d'une succession d'anneaux ou encore de motifs fleuris et de feuilles. Des pendeloques et des clochettes peuvent y être suspendues.

Ce sont les dames qui vont peu à peu en raccourcir le port. Entre 1400 et 1420, certaines femmes portent encore un collier, le poitrail, très développé sur la poitrine. Mais vers 1420, il remonte, placé au ras de cou, sublimé par la bancheur de la peau. La mode est ensuite faite d'aller et de retour et vers 1460 à 1480, le bijou s'élargit de nouveau et n'enserre plus le cou.

Les formes et les constructions de ces colliers sont très variées et il est difficile d'en établir une classification.

Les plus simples sont faits de perles rondes enfilées les unes après les autres. Des perles naturelles, mais aussi des perles de verre de formes variées sont utilisées. Leur emploi est alors l'occasion de montages savants, associant les courbes et les motifs géométriques à deux ou trois étages. Des perles de corail rouge peuvent être utilisées pour confectionner des colliers destinés à protéger les enfants. On peut y ajouter une branche de corail. La mode italienne apprécie ces rangs de perles agrémentés d'un pendant comportant plusieurs pierres de forme géométrique.

avant de disparaître à leur tour au profit de décors plus abstraits. Dans son ultime forme à la fin du XVe siècle, le fermail apparaît garnie de pierres précieuses, montées les unes à côté des autres. Il est aussi parfois agrémenté de légendes qui sont autant de dictons, de prières, de proverbes ou de devises. Des petites boîtes reliquaires, des clés ou des petits miroirs y sont alors souvent suspendus. D'autres fermaux, aux formes variées, se révèlent être à la fois des bijoux utiles et des reliquaires.

L'affiquet, qui fait partie des fermails, se distingue par sa taille et sa fixation. De dimension plus réduite, plus simple, il est monté sur une épingle et n'a de fonction que décorative. Il est alors porté sur la coiffe ou le chaperon.

Le collier

Le collier est également un bijou fort répandu, porté par les femmes comme par les hommes. De confection plus riche que les simples anneaux de doigts, il reste l'apanage des classes aisées de la société, même si certaines servantes s'évertuent à imiter leurs maîtresses en portant des colliers de moins nobles matières.

Broche, Allemagne, or et perles d'eau, vers 1340-1360. Les fermaux étaient souvent des cadeaux amoureux. Cette broche peut contenir de menus souvenirs, comme des cheveux. Le texte et l'iconographie sont en rapport avec l'Amour. (photo Metropolitan Museum of Art, The Cloisters, New York.)

Fermail reliquaire, Bohème (?), argent découpé à jour, gravé et doré, émail champlevé, pierres diverses, perles, milieu du XIVe siècle. Comme d'autres bijoux, le fermail peut contenir des reliques. Il joue alors un rôle prophylactique. (photo Damien Bouet, Musée National du Moyen Âge, Paris.)

Les perles servent aussi fréquemment à enrichir les autres types de colliers. Au milieu du XVe siècle, un seul fil de métal, parfois entrelacés, supporte des pierres précieuses ou des perles. Il est resserré au bas du cou ou peut être soutenu un petit reliquaire.

Des chaînes d'or et d'argent côtoient aussi ces colliers. Très fréquentes, elles sont constituées pour la plupart d'une double rangée d'anneaux entrelacés, tels de la maille. Une croix ornée de pierres fines ou un pendentif, enrichi de perles, peuvent y être suspendus. Cette mode succède rapidement aux décors émaillés, aux pendeloques, aux clochettes et aux feuilles. Ces mêmes médaillons peuvent être aussi suspendus à un simple ruban de soie assorti à la tenue.

Une variante ornementale du collier peut également être associée à un bijoux, c'est l'écharpe. Ce morceau de tissu ou de cuir traverse la poitrine en biais. Elle est ornée de pierres ou de fines feuilles de métal...

Les boucles d'oreille

Objet stigmatisé par la religion chrétienne car elle modifie l'apparence, la boucle d'oreille disparaît des coffrets à bijoux d'Europe de l'ouest vers la fin du XIe siècle. Elle devient alors la marque des juives, des musulmanes, ou d'autres exclus masculins comme féminins de la norme sociétale. Elle est un moyen visible d'identification. Les œuvres d'art n'hésitent pas à en affliger, parfois à outrance et ce y compris en tant que piercings, des personnages souvent dévalorisés.

On note cependant que les chrétiennes, y compris de la noblesse, d'Italie du sud continuent à en porter, en particulier à Naples. Il s'agit alors d'anneaux, plus ou moins complexes. Il faudra néanmoins attendre la fin du XVe siècle pour que les boucles d'oreille, sous forme de pendants, reprennent leur place.

Le retour est timide. On sait que Bonne de Savoie en possédait une paire, citée dans l'inventaire de la duchesse de Milan. Mais il n'était pas question pour elle de se faire représenter avec cet objet que l'on devine encore scandaleux. Les images qu'elle a laissées à la postérité la montre avec des oreilles non percées.

C'est de Venise que semble venir l'acceptation de ce bijou, grâce à Catherine Cornaro, reine de Chypre, originaire de la cité des Doges. À son retour dans sa terre natale, elle revient avec des pendants de perles, portés aussi par ses dames de compagnie, et toutes arborent fièrement leurs perles aux oreilles. L'objet devient de plus en plus toléré, et va profiter à la Renaissance, de la mode des perles. Il convient cependant de préciser qu'il ne s'agit plus d'anneaux, ceux-ci gardant une connotation péjorative, mais bien de pendants. Il faut toujours pouvoir reconnaître certaines catégories, qui ne pourront pas porter ces nouveaux pendants.

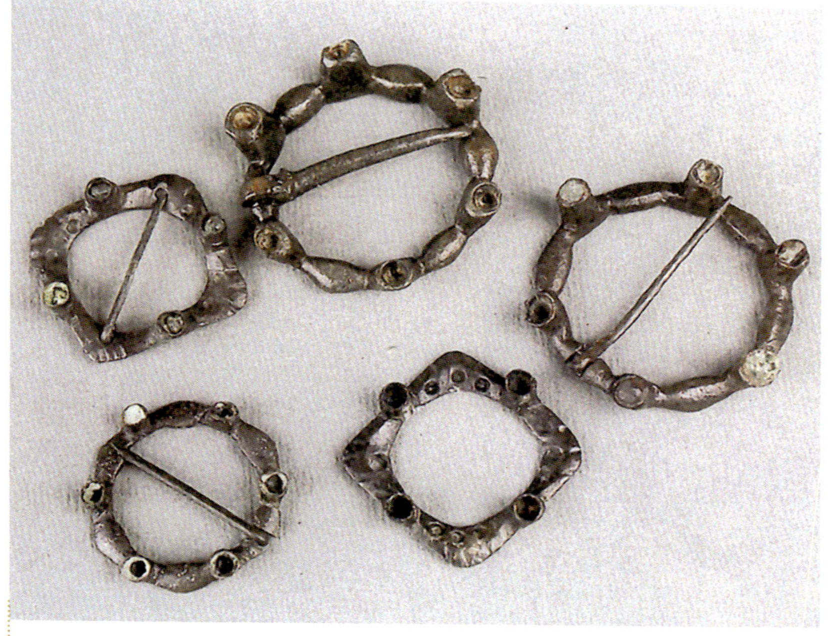

Fermaux, bronze à décor de verroterie du XIIIe au XVe siècle. Ce sont des broches circulaires ou carrées en bronze, dont la surface est ponctuée de chatons dans lesquels étaient enchâssées des verroteries dont il ne subsiste que des fragments de couleur vert clair sur un des exemplaires. Les fermaux carrés sont par ailleurs ornés, entre chaque chaton, de points creux. L'ardillon en bronze a disparu sur une des broches. Leur diamètre s'étage entre 2,3 cm et 3,7 cm. (photo Musée de Normandie.)

Boucle-fermail, comportant des incrustations de pâtes de verre, XIVe siècle. Région de Sens. Diamètre : 25 mm. (photo Sarrazin.)

Boucle-fermail hexagonale, avec incrustations de pâtes de verre, XIVe siècle. (photo collection particulière.)

Sainte Véronique, dans ce détail du *Portement de Croix* de **Jérôme Bosch** (vers 1450-1516), de 1515-1516, porte un pendant d'oreille. À cette date, orner ses oreilles redevient à la mode. Les personnages négatifs du tableau peuvent être affublés d'anneaux et de piercings. (photo Musée des Beaux-Arts, Gand)

Memling, *Portrait d'un jeune homme en prière* (détail),
1475-1480. (photo National Gallery, Londres.)

Memling, *Triptyque Donne* (détail),1475.
(photo National Gallery, Londres.)
Petrus Christus, *Portrait de jeune fille*, vers 1470.
(photo Tina Anderlini, Gemäldegalerie, Berlin.)

Memling, *Triptyque Donne* (détail),1475.
(photo National Gallery, Londres.)

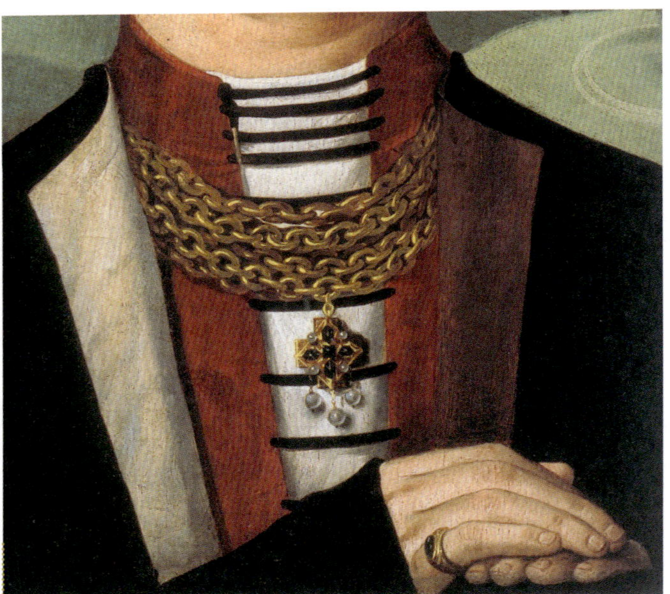

Memling, *Portrait de Jacques de Savoie*
(détail), vers 1470. (photo Kunstmuseum, Bâle.)

Rogier Van der Weyden, *Antoine de Bourgogne*, détail, vers 1461-62.
Le frère de Charles le Téméraire est membre de l'ordre de la Toison d'Or.
Il le montre par ce collier. Le bijou est donc une indication honorifique.
(photo Tina Anderlini, Musées Royaux des Beaux Arts, Bruxelles)

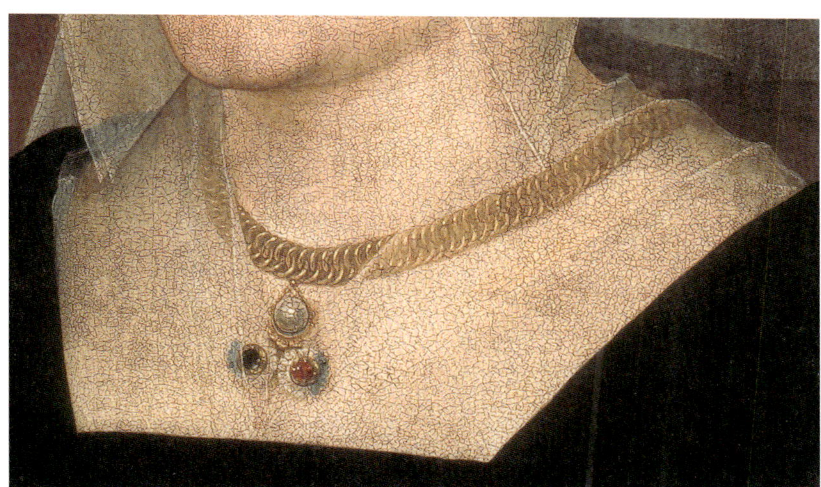

Neroccio de Landi, *Portrait d'une dame*, (détail),
vers 1490. (photo National Gallery of art, Washington.)
Memling, deux volets avec les *portraits de Willem
Moreel et Barbara van Vlaenderberch*, (détail),
vers 1480. (photo Musées royaux des Beaux arts de Belgique,
Bruxelles.)

Memling, *Portrait de Maria Portinari*, (détail), vers 1470.
(photo The metropolitan Museum of Art, New York.)
Retable d'Ortenberg, *Adoration des Mages*, détail,
Rhin moyen, vers 1410. Le roi mage porte un collier
à feuille très à la mode au début du xve siècle.
(photo Tina Anderlini, Hessisches Landesmuseum, Darmstadt.)

Memling, *Portrait d'un homme en prière
devant un paysage*, vers 1480-85. (détail).
(photo Mauritshuis, La Haye.)

Douze médaillons montés en collier,
Paris, or émaillé, pierres et perles
(chaîne moderne) vers 1400.
Un très bel exemple du savoir-faire
et du goût pour la couleur que
l'on devine sur les colliers peints.
(photo Cleveland Museum of Art.)

Memling, *Portrait de jeune femme* (Sibylle Sambetha)
(détail), 1480. (photo Memlingmuseum, Bruges.).

Jan Van Eyck, *Portrait des époux Arnolfini* (détail), 1434.
Ce tableau connu laisse entrevoir le collier de la jeune épousée.
(photo Londres, National Gallery.)

Rogier Van der Weyden,
Le retable des sept sacrements (détail du baptême).
(photo Musée royal des Beaux-Arts, Anvers.)

Maître de la légende de sainte Ursule,
Le tableau épitaphe d'Anne de Blasere.
(photo Metropolitan Museum of Art, New York.)

Petrus Christus, *Une donatrice*
(Isabelle de Portugal) *et saint Elisabeth* (détail).
(photo Groeningemuseum, Bruges.)

Rogier Van der Weyden (?),
Portrait d'Isabelle de Portugal (détail).
(photo Paul Getty Museum, Los Angeles.)

Pomanders et patenôtres

Deux types de bijoux sont apparus tardivement et sont d'abord liés à la religion, il s'agit des patenôtres et des pommes d'ambre, ou pomander.

Le pomander

Il s'agit, à l'origine d'un objet sphérique contenant du parfum à l'état solide, ambre, musc ou civette. Destiné au départ au culte, trouvé dans les abbayes ou dans les chapelles de riches seigneurs religieux comme laïcs, l'objet paraît connaître une certaine vogue à partir de la Peste Noire de 1348. Il convient alors d'afficher son hygiène, de montrer que l'on est sain. On a alors une petite sphère, comportant divers compartiments, dans lesquels ont peut aussi placer des reliques, dont on peut supposer qu'elles ajoutaient une vertu prophylactique à l'objet. Il faut attendre la fin du XIVe siècle pour apprendre, dans les inventaires d'Isabeau de Bavière, que la pomme d'ambre se portait à un cordon de soie. Etait-elle contre la peau, ou accrochée à la ceinture ? On ne peut répondre avec certitude. La pomme d'ambre s'affichera au XVIe siècle, mais avant, nous manquons de données précises. Les matières sont souvent précieuses : or, nielle, argent doré, émail. C'est un petit objet précieux qui embaume et est supposé protéger des épidémies.

Grelots de ceinture portés par un noble, miniature extraite du *Roman de Tristan et Iseut* (détail). (photo Bibliothèque Nationale d'Autriche, Ms 2537.)

[53] Lettres de Rémission. A.P. Du cange, *V doreloteria*.

Grelot de cou, détail d'une miniature du XVe siècle. (photo BNF.)

Quatre grelots du XIIIe au XVe. (photo Musée de Normandie, Bibliothèque Municipale de Caen.)

Le patenôtre

Le patenôtre et le rosaire sont des chapelets destinés à la prière. Ils sortent du domaine religieux vers le milieu du XIIIe siècle et passent dans les mains laïques. On le voit dans les mains de femmes en prière, dans les livres d'heures. La tentation est grande d'afficher sa foi en l'exhibant. Mais le poète allemand Ulrich von Liechtenstein met en garde les femmes ayant l'intention de montrer leur patenôtre. Hors de la prière, ceci relève du blasphème. Le patenôtre apparaît, à l'origine, comme un objet sacré, caché, parfois aussi un gage d'amour, offert et porté sur le bras, mais sous la manche de la personne l'ayant reçu. Les images montrant des chapelets hors du contexte de la prière sont au final rarissimes, et, en ce cas, l'objet est porté par des individus stigmatisés, comme les Juifs, insistant ainsi sur le côté blasphématoire d'une utilisation ostentatoire.

Les chapelets sont faits de perles de toutes matières, métalliques, minérales, ou organiques (os, ambre, corail). On peut les agrémenter de pompons de soie, voire y mêler aussi des pommes d'ambre. Il convient cependant de préciser que l'utilisation du terme *ambre* dans les descriptions reste trop vague pour savoir si l'ambre mentionné est celui destiné à la parfumerie et il s'agirait alors bien d'une pomme – ou la résine jaune importée de la Baltique, ou sa version noire, le jais, ce qui l'apparenterait à une perle.

Les grelots ou sonnettes, une mode courtoise
[par Jacques Labrot et Florent Véniel]

La grande vogue des romans de chevalerie n'est pas étrangère au succès du grelot parmi les accessoires à la mode. Le *Roman de Tristan et Iseult*, avec son histoire du grelot merveilleux, en est un vif exemple. Par amour, une fée avait offert au duc de l'île d'Avalon, un chien coloré et enchanté, portant au cou un grelot magique. Suspendu à une chaine d'or, son tintement était si doux et si gai que le cœur, à l'entendre sonner, oubliait toute peine. Il n'en fallut pas plus pour que Tristan décida d'affronter un terrible géant, afin de gagner le chien et son grelot enchanté pour les offrir à Iseult, son amour lointain. Mais Iseult, triste de l'absence de son ami, comprit le sortilège du grelot dont le seul tintement charmait son cœur et endormait sa peine. Refusant ce baume à sa souffrance, elle prit le grelot magique, le fit tinter une dernière fois avant de le détacher doucement, puis, par la fenêtre ouverte, elle le lança loin dans la mer.

Le grelot, désormais auréolé de noblesse, sera longtemps mis à l'honnneur et trouvera sa place jusque dans l'ornementation héraldique. Dans un contexte où la mode pour une chevalerie idéalisée et courtoise, se trouve à son paroxysme, c'est alors naturellement que les grelots et les sonnettes vont se retrouver suspendus partout, comme sur les aumônières. En 1369 [53] par exemple, une personne *avoit appendu aus boutons, ou fernillère de son jupon ou autre granement une boursete a sonnettes d'argent.*

Cette mode se propage à grand bruits et sur tous les vêtements de la noblesse. La Hire, compagnon de Jeanne d'Arc, porte ainsi un manteau rouge chargé de clochettes d'argent. Déjà en 1389, pour l'entrée de la reine à Paris, le duc de Bourgogne arbore un luxueux pourpoint dit « aux sonnettes », dont voici la description : *le duc de Bourgogne pour paroistre avec honneur à cette entrée se fit faire un pourpoint de veluau vermeil garni de plusieurs pièces d'or ferues en estampes en guise de losanges et quarres. Il y avait au demi-corps de ce pourpoint en haut 40 brebis et 40 cygnes de perles ; chaque brebis avoit une sonnette pendue au col et chaque cygne en tenoit une au bec. Ce pourpoint avait 78 fleurs d'or esmaillées de rouge clair…* Ce ne sont donc pas moins de 80 grelots qui teintaient au moindre mouvement du duc. Ce merveilleux vêtement était, en outre, assorti de trois autres pourpoints, vermeil et vert à peine moins ornés, avec lesquels le duc arborait des éperons d'or « esmaillés à brebis » et une chaîne d'or également « sonnante ». Ces ceintures de grelots pendants semblent enfin très fréquentes sur les représentations et nous avons peine à nous imaginer l'ambiance sonore qu'elles devaient apporter.

Heureusement, de nombreux artisans veillent à approvisionner la demande importante liée à cette mode. Nos objets sont regroupés sous le terme générique de *sonneites*. Les ouvriers qui travaillent l'étain peuvent en confectionner, mais ce sont surtout les facteurs de laiton qui réalisent les sonnettes et grelots car beaucoup d'entre eux sont faits en tôle d'alliage cuivreux. Lorsque l'argent ou les métaux précieux sont préférés, ce sont alors les orfèvres qui excellent. Deux hémisphères métalliques sont assemblées autour d'une bille du même métal, de terre cuite ou encore d'un petit caillou qui permet de faire tinter l'objet. Un anneau de suspension également métallique facilite l'attache au vêtement ou harnais. ∎

Dessins de quatre grelots du XIVe siècle trouvés lors des fouilles du château de Montségur. (dessin Grame.)

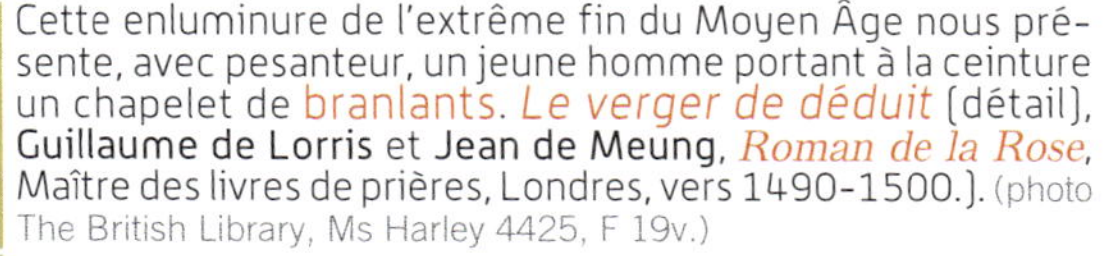

Cinq grelots du XIVe siècle, région de l'Yonne. (photo Buthod-Ruffier, collection privée.)

Cette enluminure de l'extrême fin du Moyen Âge nous présente, avec pesanteur, un jeune homme portant à la ceinture un chapelet de branlants. *Le verger de déduit* (détail), Guillaume de Lorris et Jean de Meung, *Roman de la Rose*, Maître des livres de prières, Londres, vers 1490-1500.). (photo The British Library, Ms Harley 4425, F 19v.)

Petite **pomme d'ambre** en argent doré, début du XVIᵉ siècle. Il était alors courant d'accrocher la pomme grâce à l'anneau et de la laisser pendre le long du vêtement. On pouvait encore l'incorporer aux perles du patenôtre. *(photo Tina Anderlini, Kunstgewerbemuseum, Berlin.)*

Portrait de **Jan Gerritz van Egmond van de Dijenborgh** (détail), par **Jacob Cornelisz Van Ootsanen** (1518). Le bourgmestre d'Alkmaar tient dans sa main un pomander. *(photo Damien Bouet, Rijksmuseum, Amsterdam.)*

Pomander, XVIᵉ siècle, argent doré. C'est à la Renaissance que les pommes d'ambre, avec ou sans reliques, s'afficheront. De bijoux cachés, elles deviennent des bijoux montrés. *(photo Tina Anderlini, Kunstgewerbemuseum, Berlin.)*

Stephan Lochner (1400-1451) *Présentation du Christ*, détail, 1447. Le rosaire est ici associé à Marie, et à la prière. L'objet était particulièrement populaire à Cologne en cette période. Ce détail est directement à rapprocher avec cette pratique. *(photo Tina Anderlini, Hessisches Landesmuseum, Darmstadt.)*

Retable d'Ortenberg, *Adoration des Mages* (détail), Rhin moyen, vers 1410. Cet intéressant retable nous présente un fort élégant roi mage portant des grelots à sa ceinture de noblesse. *(photo Tina Anderlini, Hessisches Landesmuseum, Darmstadt.)*

Pomander (ou pomme d'ambre), milieu du XIVᵉ siècle, argent et nielle. Les première pommes d'ambre paraissent être aussi des reliquaires. Ces bijoux sont avant tout prophylactiques. *(photo Damien Bouet, Musée du Louvre, Paris.)*

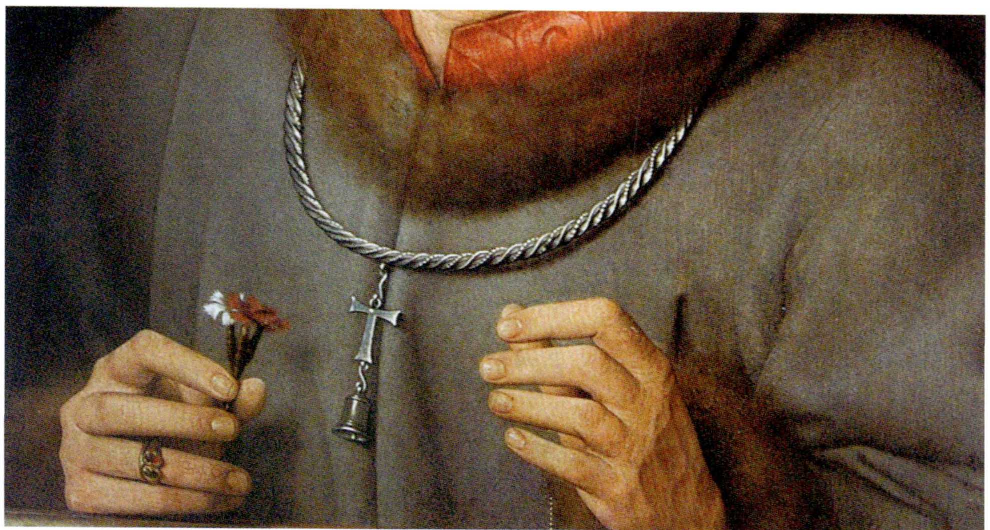

L'Homme à l'œillet, détail, 1435. Ce tableau avait certainement énormément de sens pour son commanditaire, l'œillet étant associé au mariage dans la tradition flamande. Chaque détail a dû être choisi avec soin. La présence de la petite clochette montre la vogue de cet objet au début du xvᵉ siècle. (photo Tina Anderlini, Gemäldegalerie, Berlin.)

Petit autel Friedberger, détail de la *Fuite en Egypte*, Rhin moyen, 1325-50. Parmi les nombreux objets que Joseph porte à sa ceinture, on reconnaît un chapelet. Ceci est un moyen de dénigrer le personnage. (photo Tina Anderlini, Hessisches Landesmuseum, Darmstadt.)

Proposition de reconstitution d'une bourgeoise du xvᵉ siècle. Elle se prépare à la prière et porte son chapelet. (photo et modèle : Emma Fayard.)

Représentation de poulaines à très longue pointe.
Des modèles équivalents, datés de la fin du XIVe siècle,
ont été trouvés à Londres. *Tacuinum sanitatis*,
Récolte des abricots, XVe siècle.
(photo BnF, Paris, Latin 9333, f.6v.)

Se chausser
à la fin du Moyen Âge

Peut-on imaginer une tenue
médiévale sans ses chaussures ?
Evidemment non.
La fin du Moyen Âge nous
a laissé plusieurs informations,
et des types de chaussures
emblématiques de cette époque.

Les métiers

La principale source d'information sur les
chaussures est antérieure à notre période,
puisqu'il s'agit du *Livre des Métiers* d'Etienne
Boileau, datant de 1268. Ce sont trois principaux
corps de métiers qui s'occupent alors de chausser :
les cordouaniers, les savetonniers et les savetiers,
ces derniers étant au bas de l'échelle et se chargeant
des réparations. C'est aux cordouaniers que revient,
à l'origine, le privilège de réaliser les chaussures de
la meilleure qualité. La ville de Cordoue, en
Espagne, était réputée pour la qualité de son cuir,
et est à l'origine du nom de cette profession, toujours
d'actualité. Il s'agit d'un métier qui pouvait s'acheter,
et d'autres métiers pouvaient travailler le cordouan,
comme les selliers, les savetiers ou encore les bour-
reliers, moyennant taxes. La chaussure de luxe est
souvent en chèvre, un cuir souple, alors que c'est
une peau de mouton, la basane, qui est travaillée
par les savetonniers et les savetiers, mais pas par les
cordouaniers, selon les règles du *Livre des Métiers*.
Les socques, ou patins de bois, étaient, elles, confectionnées par les patiniers, mais on peut supposer
que les socques enveloppées de cuir, parfois précieuses, pouvaient avoir bénéficié des bons soins
des cordonniers.

Ambrogio Lorenzetti (1290-1348), *Les Effets du Bon
Gouvernement sur la Ville*, Fresque, 1338-1339, détail des
Cordonniers. (photo Palazzo Pubblico, Sienne.)

Hansel, statue en bronze (détail), vers 1380. Modèle de chaussures basses, fermées sur le côté. (photo Tina Anderlini, Germanischesmuseum, Nuremberg.)

Bottine ouverte sur le devant, avec fermeture à boutons, découverte à Dordrecht (Pays-Bas). (photo Damien Bouet, Dordrecht Museum.)

Les Jeunes époux (détail), Allemagne du Sud, vers 1470. Le jeune époux porte des chaussures assorties à ses chausses dépareillées, ce qui prolonge la jambe. L'impression de grandeur est accentuée par la pointe des chaussures. (photo Tina Anderlini, Cleveland Museum of Art.)

[54] Zwolle, Stichting *Promotie Archeologie*, 2001, réédition 2011.

Chaussure du XVe siècle, poulaine à petite pointe, cuir. La chaussure est montante, et lacée sur le côté, un détail courant. (photo Tina Anderlini, Musée d'art et d'histoire de Saint-Denis.)

Les objets
Chaussures

La variété des chaussures est grande. Pour plus de détails, nous ne pouvons que renvoyer, entre autres, à l'ouvrage d'Olaf Goubitz, *Stepping through Time* [54], qui offre une typologie détaillée. Nous pouvons néanmoins fournir quelques caractéristiques.

Les chaussures sont généralement faites selon la méthode du « cousu retourné ». On coud le dessus et la semelle ensemble, puis on les retourne, ce qui protège dans une certaine mesure les coutures.

On peut distinguer quatre types principaux : chaussures ouvertes, décolletées, c'est-à-dire fermées par une bride et une boucle sur le dessus du pied, chaussures basses, chaussures hautes, ou bottines, là aussi, fermées par lacets (de cuir ou de matières végétales plus fragiles), courroies ou encore des boutons noués, et enfin bottes, dont certaines pièces ont révélé qu'elles se fermaient par des boucles ou des lacets et certaines images qu'elles avaient tendance à tomber sans grâce, pendant que certains jeunes gens les portaient avec le haut retourné, dévoilant une doublure colorée. Si les diverses chaussures peuvent avoir une fermeture frontale ou latérale, l'extrême fin du Moyen Âge préfère les fermetures latérales. Durant les 160 ans qui nous concernent, les deux formes cohabitent encore. Enfin, certaines chaussures montantes se ferment au moyen d'un rabat.

Ce sont tous des objets en cuir, à semelle unique. Il faut néanmoins signaler certains souliers ecclésiastiques ou de cérémonie, faits de tissu sur semelle de liège, par exemple. Mais il s'agit là d'ouvrages particuliers, souvent richement décorés, à usages très spécifiques.

Des chaussons comparables à nos mules ont été découverts. Des semelles de bois ou de liège, voire composées de ces deux matériaux, accompagnent le dessus de cuir. D'autres chaussures, plus fermées, pouvaient également s'enfiler.

Les chaussures de cuir peuvent être de couleur, et même se coordonner aux chausses, donnant l'impression d'une longue jambe, surtout lorsque ladite chaussure se finit en pointe plus ou moins prononcée. Les bouts pointus, la longueur variant selon les modes, paraissent, sur l'ensemble de la période, avoir plus souvent les faveurs des porteurs que les bouts arrondis ou épatés.

Il existe, en outre, une grande variété de décorations, souvent ajours de formes diverses, incisés ou poinçonnés : points, triangles, losanges, organisés sur le dessus afin de former des motifs plus complexes. On trouve aussi des traces de peintures ou de gravures, témoignages de bandes ou de végétaux, de figures géométriques, ces ornements pouvant se trouver aussi sur des bottines. Des points de broderie sont encore parfois visibles. Les ouvertures offrent aussi une grande variété. Si certaines sont simplement arrondies, on peut voir des languettes sur l'avant et l'arrière, parfois très pointues, ou des « cols » ajoutés sur les côtés et l'arrière des chaussures basses, cols pouvant se rabattre.

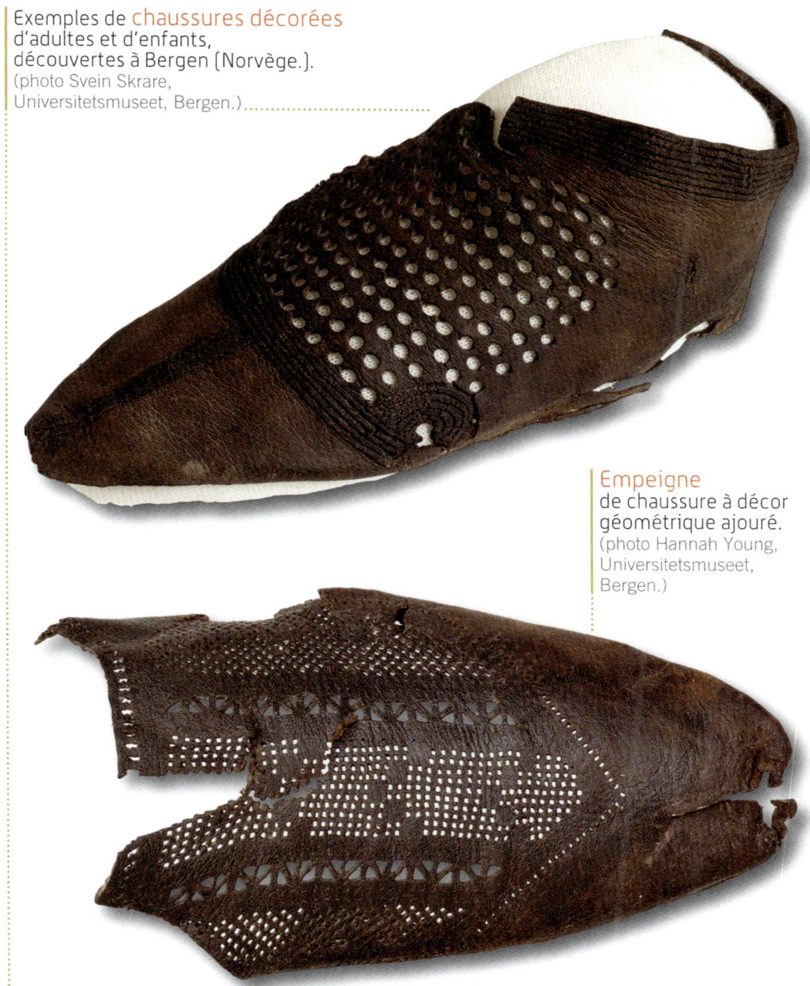

Exemples de chaussures décorées d'adultes et d'enfants, découvertes à Bergen (Norvège). (photo Svein Skrare, Universitetsmuseet, Bergen.)

Empeigne de chaussure à décor géométrique ajouré. (photo Hannah Young, Universitetsmuseet, Bergen.)

Robert Campin,
Triptyque de Mérode
(1428), détail de Joseph.
Joseph porte un patin
fermé par une bride.
Doit on considérer
que l'atelier n'est pas
considéré comme
faisant partie
de l'intérieur ?
(photo Tina Anderlini,
The Cloisters, New York.)

Patins

La présence d'une seule semelle fait que les pieds sont peu à l'abri de l'humidité. En outre, la technique du cousu retourné ne permet pas d'ajouter des talons, et donc de prendre de la hauteur. On peut alors porter des patins de bois ou de liège, en plus des chaussures, en extérieur, et, parfois, en intérieur. Là aussi, la variété est de mise. On peut jouer avec les hauteurs des soubassements, et leurs formes, ainsi qu'avec les brides. Des soubassements ferrés ont existé. Les patins d'enfants montrent des lanières supplémentaires sur l'arrière, afin de bien maintenir le patin à la cheville.

Il serait faux de penser que les patins sont des objets seulement utilitaires et qu'ils ne reflètent pas l'élégance de leur propriétaire. Les patins peuvent épouser les formes à la mode, se montrer d'une grande finesse. Les fragments de brides ornées sont, finalement, relativement courant. Ces mêmes brides peuvent être de délicates lanières. Un rarissime exemple, conservé à Nuremberg, témoigne de la délicatesse des plus beaux patins. L'objet très effilé est recouvert de cuir teint en rouge. Une « semelle » de cuir noir recouvre, en plus, la partie supérieure, les brides sont très fines, et la pointe, très longue, est ornée de pièces métalliques. La forme de l'objet nous renvoie à une chaussure fameuse du Moyen Âge, la poulaine.

Des chaussures pour chaque occasion. Les achats royaux, 1387[55]

Par chance, parmi les rares comptes royaux conservés, ceux de Charles VI nous apportent des informations complètes sur ses emplettes pour l'année 1387. Nous disposons de la liste des achats pour le roi, la reine, le duc de Touraine, Louis Ier d'Orléans, jeune frère du roi, alors âgé de quinze ans, et même les fous du roi et du duc.

On y apprend que les objets s'achètent par douzaines, et que ce ne sont pas moins de onze douzaines et quatre autres paires de bottines hautes que le roi acheta cette année. Soit… 136 paires. Les descriptions nous indiquent qu'il s'agit de bottines pleines, ou découpées, écorchées, et noires. Les souliers, 29 paires, sont blancs (le terme peut signifier non teint) ou rouges, découpés ou écorchés. Nous voyons ainsi diverses sortes de chaussures royales. Plus intéressante est la description suivante, de 27 paires de souliers pour robes longues. On peut donc en déduire qu'en cette fin de XIVe siècle où modes longues et courtes cohabitent, on ne porte pas les mêmes souliers selon la longueur de son vêtement. Les souliers ont le même prix que les précédents (4 sols, contre 6 pour les bottines), mais il n'y a pas ici de précisions quant à d'éventuelles découpes. Une tenue longue dissimulant une grande partie de la chaussure, l'absence de

Socque en bois,
découvert lors
des fouilles de
Stockholm, XVe siècle.
(photo Damien Bouet,
Medeltidsmuseet,
Stockholm.)

Patin, seconde moitié du XVe siècle, cuir, bois ou liège, métal. Un rare exemple de patin luxueux et richement orné. Le cuir est coloré. (photo Tina Anderlini, Germanischesmuseum, Nuremberg.)

décoration peut se comprendre. Autre mention intéressante, 28 paires de houseaux, qui pourraient être des bottes hautes destinées à l'équitation. Le prix bien plus élevé de 32 sols paraît indiquer une plus grande quantité de cuir, et, peut-être d'une qualité différente, plus solide.

Isabeau de Bavière se montre bien moins dépensière que son époux. Ses souliers ne coûtent que 5 sols, et elle n'en acquit que 130 paires. Ils sont écorchés, découpés, fourrés, pleins. Elle a aussi deux paires de hautes bottes, doublées de toile de Reims, valant 16 sols la paire[56]. Ce sont les seuls achats de la reine concernant ses pieds. Et on dit que ce sont les femmes qui dépensent le plus d'argent en chaussures ! La chose n'était en tout cas pas vraie à la cour de France en 1387 !

Le jeune duc de Touraine confirme cette tendance. 16 douzaines de paires de bottines (192 !), hautes, plaines, découpées, écorchées et noires. Moins chères que celles de son frère (5 sols), 74 paires de souliers, blancs, rouges, découpés et écorchés (4 sols). Nous retrouvons les souliers pour robe longue, 26, avec une précision : sans poulaine, mais découpés et écorchés. Cela veut-il dire que les souliers royaux avaient, eux, des poulaines dont la pointe aurait dépassé des robes longues ? Les houseaux du duc sont au nombre de 26 paires, pour 28 sols la paire.

Nous avons moins de détails pour les autres bénéficiaires des achats de chaussures. On remarque que les prix sont moins élevés, les quantités moins importantes. Les houseaux sont toujours bien plus chers que les bottines et les souliers.

On apprend aussi, dans ces comptes, que le cordonnier royal, résidant à Paris, voyait ses frais de déplacements couverts lorsqu'il livrait ses créations.

[55] Louis Douët-D'Arcq, *Nouveau recueil de comptes de l'argenterie des rois de France*, Paris, Renouard, 1874. p.232-236.

[56] On trouve d'autres mentions de doublures de lin pour des bottes féminines. Douët-D'Arcq, p.152-153.

Reconstitution de poulaines et patins, fin du XIVe siècle. (photo Chloé Steinier.)

Représentation variée de chaussures et de patins. *Decameron, Combat de Giannole et de Minghino*, XVᵉ siècle. (photo Bibliothèque de l'Arsenal, Paris, Ms-5070 réserve f.197v.)

Des objets insolites
La chaussure à la mode de Pologne ?

La fine chaussure très pointue connue sous le nom de poulaine est un symbole du costume médiéval. Son nom laisserait supposer qu'il s'agit d'une invention polonaise. En anglais, elle se nomme *Crakow*, référence évidente à la ville de Cracovie. Il se peut cependant que cette origine soit légendaire. Considérée comme un élément du costume typiquement masculin au XIVᵉ siècle, elle est aussi adoptée par les femmes par la suite.

Il s'agit d'une chaussure à longue pointe. Cette pointe, d'après les quelques exemples retrouvés, s'étire une dizaine de centimètres après le gros orteil et n'est pas vide. L'intérieur se compose de mousse ou de poils. Elle apparaîtrait vers les années 1360, en France, et se retrouve très rapidement adoptée par la noblesse anglaise. Mais des chaussures bien pointues faisaient déjà l'objet de critiques au XIIᵉ siècle. La poulaine n'apparait pas, elle réapparait. Est-elle réellement passée par la Pologne ? Cela est difficilement vérifiable. Et il est très courant de rejeter la responsabilité d'un phénomène de mode à un territoire plus ou moins lointain. Les Anglais ont d'ailleurs, faussement, reproché à la reine Anne de Bohème d'avoir amené la poulaine lors de son union avec Richard II en 1382. La poulaine avait pourtant déjà conquis la noblesse anglaise. Extravagante, elle devient donc la cible des censeurs divers. On s'en moque, on tente de l'interdire à certaines parties de la société et de réguler sa longueur (Charles V en France en 1368, Edward IV en Angleterre, en 1465), on l'interdit totalement (Edward IV en 1465). Les enluminures montrent des élégants piétinant la traîne des élégantes. Un moyen de critiquer deux extravagances en un clin d'œil. En outre, elle empêche les hommes de s'agenouiller pour la prière. Elle serait aussi la marque d'une certaine féminisation malvenue des hommes.

La mode étant ce qu'elle est, tout lasse, et la poulaine à la longue pointe fine se voit remplacée par la chaussure à patte d'ours à la fin du XVᵉ siècle.

[57] Douët-D'Arcq, p.233.
[58] Douët-D'Arcq, p.234.

Chroniques de Froissart, *Couronnement d'Isabeau de Bavière dans Paris en 1389*, Bruges, fin XVᵉ siècle. L'entrée officielle eut lieu quelques années après le mariage. Les tenues sont anachroniques et nous renseignent sur la mode de la fin du siècle. On y reconnait des poulaines, à la pointe trop longue, un jeune homme piétinant l'autre. Les poulaines dépassent des robes longues des hommes. La reine porte des socques en plus de ses chaussures. (photo BnF, Paris, Ms. Fr. 2646, f.6.)

Atelier de Wolgemut, *Epitaphe de Jodokus Krell* (détail), sainte, vers 1483. D'abord masculines, les poulaines furent, au XVe siècle, portées aussi par les femmes, même des saintes, si l'on en croit ce tableau. La sainte porte aussi d'élégants patins noirs et rouges. (photo Tina Anderlini, Germanischesmuseum, Nuremberg.)

Hermann von Münster, *Roi mage* (détail), vers 1390, vitrail provenant de l'église Sainte-Ségolène de Metz. Les vitraux des Rois Mages de Metz présentent de beaux détails de chaussures portées avec de longues robes. On peut ainsi supposer à quoi pouvaient ressembler les chaussures quasi contemporaines du roi Charles VI. (photo Musée Lorrain, Nancy.)

Les chausses semelées

De multiples sources iconographiques, principalement du XVe siècle, nous montrent de jeunes gens ne paraissant porter que des chausses. Parfois, il semble que ces objets soient munis de semelles. Les livres de comptes nous confirment que les chausses semelées faisaient bien partie des accessoires masculins, et ce jusque dans les cours royales et bien avant le XVe siècle. Le coquet roi Charles VI en faisant même grande consommation, puisqu'il en acheta « *VII douzaines et VIII paires* » à son « *cordouannier et varlet de chambre* » Jehan de Saumur en 1387[57]. On retrouve cette même formulation pour un achat au « *sommelier de corps* » de Louis d'Orléans, Aubelet de Lestre, de six douzaines et quatre paires[58]. D'un fournisseur à l'autre, pour un roi ou un duc, les prix ne changent pas : 6 sols la paire. Pour les fous de ces nobles personnages, les chausses semelées ne sont plus qu'à 4 sols.

Par ailleurs, si nous revenons aux sources iconographiques, nous pouvons remarquer parfois la présence de sandales ou de patins à très fine semelle portés directement sur les chausses, ces objets étant également attachés sur l'arrière par des lanières fermées sur la cheville. Un détail que l'on trouve aussi bien sur des peintures italiennes que germaniques. ■

Masaccio, *Adoration des Mages* (détail), prédelle du Polyptyque de Pise, 1426. Pour protéger ses chausses, ce jeune cavalier a passé des sandales dont les sangles enserrent sa cheville. (photo Gemäldegalerie, Berlin.)

Sandale en cuir, Bergen (Norvège), XVe siècle. Ce type de sandale correspond à ce qui peut être observé sur certaines sources picturales. (photos Angela Weigand, Universitetsmuseet, Bergen.)

Ce plateau de naissance toscan (détail) illustre une scène de **Boccace** où un chasseur, Ameto, accompagné de nymphes, juge une compétition musicale entre deux bergers. Les riches et colorés vêtements des femmes et du jeune homme contrastent avec ceux, ternes, des bergers. Les houppelandes d'Ameto et de la nymphe au premier plan sont portés dans toute l'Europe occidentale, vers 1410. (photo, Metropolitan Museum of Art, New York.)

Être à la mode, c'est avant tout porter des vêtements considérés comme conformes aux goûts de l'époque, dans une région donnée.

Être à la mode
« Rester dans le coup »

C ette notion dépasse la nécessité ancestrale qu'éprouve l'homme de se vêtir et l'évolution du costume, dans ces conditions, ne répond plus au seul aspect fonctionnel. Des modifications parfois radicales, des changements d'habitudes vestimentaires ne s'expliquent pas toujours par la réponse à des besoins primaires tels que le froid. De grandes manches serrantes ou au contraire ballon, un corps ajusté ou lâche, sont des transformations qui restent imputables à la mode.

L'ancienne description peu glorieuse d'un paysan [59] nous instruit sur la réalité de ce concept et évoque également la fréquence, la rapidité avec laquelle la mode évolue. Commençons par le bas de la tenue. Il est dit qu'il porte des *« botes qui ont bien deux ou trois ans et que celles ci, usées, ont tant de foiz esté reppareillées par le bas qu'elles sont courtes d'un pié et sans faczon »*. Les bottes, souvent réparées, ne présentent donc plus que l'aspect fonctionel de la chaussure. Car en cette charnière de la fin du XIVe siècle et du début XVe, l'usage est davantage à la botte montante, alors que celle de notre paysan, qui souloit (devait) *estre au genouil, est maintenant au milieu de la jambe* du fait de l'usure.

La dégradation d'un vêtement ou d'un accessoire n'est pas la seule marque de l'âge d'un objet. Les *« esperons du temps passé du roy Clothaire »*, que possède, chose peu commune, notre laboureur pourtant aisé, paraissent effectivement anciens, voire quasi « antiques » par le renfort de la mention « au roi Clothaire ». Mais l'auteur prend également la peine de préciser, un peu plus loin dans le texte, qu'il s'agit là d'éperons *« de la vieille fazcon, dont l'un n'a point de molete »*. Des éperons plus récents sont donc aussi reconnaissables à leur façonnage.

Influence et mode nouvelles

Nemrod vient contempler la construction de la tour de Babel. Nous pouvons remarquer la tenue courte et pratique des maçons, en opposition à celle de Nemrod. **Boccace** *De casibus virorum illustrium*, France, XVe siècle. (photo Bibliothèque Mazarine, Paris,, Ms 3878, f.9v.)

[59] Boileau E., *Le livre des métiers*, Evreux, réédition 2005, p.187.

Mois de mars,
Livre d'Heures de
Marguerite d'Orléans,
vers 1430. (photo Bnf,
Paris, ms Lat. 1156B, f.3r.)

Une tenue selon sa condition et son pays

Contrairement au dicton, nombre de personnes craignent que l'habit ne fasse le moine, et il est de bon ton de s'habiller selon sa condition. Voici pour illustration, l'aventure racontée au milieu du XVe siècle, d'un *« gentil* curé[60] *Es* (aux) *marches de Picardie, ou diocese de teroenne »*, c'est-à-dire dans le diocèse de Thérouanne, siège d'un évêché jusqu'à la destruction complète de la ville par Charles Quint, au XVIe siècle. Cet homme d'église, dit-on, *« faisoit du gorgias tout oultre »* : partout, on parlait de lui et de sa tenue. En effet, *« il portaoit la robe courte, chausses tirées, a la fasson de court »*. Sa tenue, qui fait davantage penser aux gens de la cour, ne correspond donc pas à son état de clerc. Les mentions de chausses tirées, c'est à dire ajustées, et de sa robe courte, trahissent les considérations et les remarques de ses contemporains sur la vision du galbe de la jambe et éventuellement de l'aine. Même si elle se répand auprès de la jeune société aristocratique, le port d'une telle tenue paraît encore à certains, en ce milieu du XVe siècle, être le signe du malin, et certaines gens, qui l'*« appellent dyable »*, n'hésitent pas à en informer le promoteur, son supérieur. Le *gentil* curé est donc fait *« citer pour le corriger et luy faire muer ses meurs »*.

Plein de bonne volonté, notre homme fait alors *« hucher* (chercher) *le drapier et le parmentier, si fist tailler une robe qui luy traisnoit plus de trois quartiers. »* La volonté du clerc de porter une robe d'une excessive longueur, traînant sur le sol, est doublée de celle de laisser *« croistre ses cheveulx de sa teste et de sa barbe »*. Cela est trop. En effet, les cheveux longs, en cette décennie, sont l'apanage des hommes jeunes, en réaction à l'ancienne coiffure à l'écuelle. Il se fait donc de nouveau rappeler à l'ordre, pour la *« bonne et honeste conversacion des personnes d'eglise »*. On lui précise alors qu'il doit porter *« robe et cheveulx a demy longs, ne trop ne pou »* (ni plus, ni moins), et donc rester dans la modération qu'impose sa fonction de curé. Rappelons que la tenue ecclésiastique, portée quotidiennement, ne sera imposée qu'au XVIe siècle.

Ces enseignements valent pour tous. Anne de France[61] conseille à sa fille Suzanne, dès son plus jeune âge, de s'habiller avec soin et avec goût, sans aucune extravagance, selon sa condition et, fait notable, selon la coutume du pays. Pour éloigner la tentation du luxe et de la mode, elle lui conseille la prière et la récitation, au matin, de trois *Paternoster* et de trois *Ave Maria*.

Les différences régionales sont nombreuses sans qu'il soit possible de déterminer la prépondérance d'une mode ou d'une autre, ni sa vitesse de diffusion. En Italie, par exemple, les tenues peuvent varier du tout au tout d'une ville à l'autre. Les lois somptuaires s'y succèdent plus que partout ailleurs, rendant les déplacements, en particulier ceux des dames, très compliqués. Des dispenses sont parfois accordées aux intéressées pour qu'elles ne soient pas mises à l'amende pour avoir porter la tenue de leur ville d'origine et non celle de leur ville d'accueil.

Ses vêtements, fort heureusement pour lui, ne remontent pas au temps du roi Clothaire. Il porte pourtant *« une robe que chascun cognoist bien qu'il n'y estoit point quant elle fut taillee, ou au moins elle ne fut pas taillee sur lui, car les coustures de dessus les espaulles en chaient trop bas »*. Il semble donc évident que cette tenue n'est que le réemploi de la robe d'un aïeul, ou d'une pièce achetée chez le fripier. Une mise correcte, une coupe ajustée, est là aussi l'un des critères de la mode. De nos jours encore, la couture de l'emmanchure parfaitement adaptée à l'épaule, est un des signes pour repérer le vêtement d'un bon tailleur. Les textes nous montrent, dès le XIIIe siècle, l'importance donnée à la manche. Elle est déjà là une marque d'élégance.

Notre paysan pourrait se rattraper et présenter correctement en société, car il possède *« une robe de parement qu'i a bien cincq ou six ans »*. Cette jolie robe, il la porte occasionnellement et la garde pour les grandes occasions ou les sorties, *« il ne l'a pas acoustumé porter sinon aux festes ou quant l'en va dehors »*. Mais cette tenue est dite aussi passée de mode par le narrateur, elle est *« de la veille faczon, pour ce que depuis que elle fut faicte il est venu une nouvelle faczon de robes »*. Malheureusement pour le laboureur, cinq ou six ans suffisent donc à l'apparition d'une nouvelle mode.

Il est à noter que, si notre homme est si durement critiqué sur sa garde robe, c'est afin de mieux nous inciter à la compassion, car sa femme, sensible au regard des autres et au fait des récentes tendances, préfère s'acheter des toilettes neuves et ne s'occupe guère de l'habillement de son mari.

Ces remarques se retrouvent dans *Le Livre du Che-valier de La Tour Landry*[62], écrit vers 1370. Une dame, qui habite en Guyenne la région de Bordeaux, revient de Bretagne et commente les tenues de sa cousine, la femme du sire de Beaumanoir. Elle remarque avec pertinence qu'elle n'est pas *atournée* comme elle, que sa robe n'est pas « *estoffée comme les dames de Guienne et de plusieurs autres lieux* ». Ce manque d'étoffe, de volume, vient du fait, dit-elle, que « *les pourfiz de ses courses et de ses chaperrons ne sont pas assez grans, ne de la guise qui queurt à present* », c'est-à-dire qu'il n'y a pas assez de tissu et de décorations sur ses manches et ses coiffes, au regard de la mode actuelle.

L'homme est sensible également aux dictats de la mode, et cette « attaque » envers sa femme, blesse le sire de Beaumanoir : puisque ma femme « *n'est pas arrayée à vostre guise et comme vous, et que ses pourfiz vous semblent petiz et que vous m'en blasmés* », je prends la résolution de la faire « *arrayée de nobles cointises* » (parures) et plus belles que les autres. Il a remarqué que sa cousine de Guyenne n'a que la moitié de ses « *corsès et de ses chapperons rebuffez de vair et d'ermines* », le corset étant une cotte lacée sur le devant. Le vair et l'hermine sont deux types de fourrure, mais cette réflexion ne nous permet malheureusement pas de savoir si la moitié citée concerne une fraction de la robe ou une pièce du vêtement, la partie haute sans doute.

L'homme, vexé, souhaite donc mettre sa femme à la mode, « *arrayée selon les bonnes dames du païx* », voire la vêtir mieux que les autres. Il propose alors de lui faire porter ses habits à l'envers, « *ses corsès et ses chapperons vestir en l'envers, le poil dehors* ».

Le sire de Beaumanoir n'est cependant pas prêt à accepter toutes les extravagances sous prétexte de suivre la mode, comme ces femmes qui ont « *prins l'estat des amies et des meschines aux Angloys et aux gens des compaignes* ». C'est que, en pleine Guerre de Cent ans, la Guyenne est terre anglaise et les dames ont vite fait d'adopter les façons de s'habiller des compagnes et des servantes anglaises.

Ce chauvinisme a le mérite de nous en apprendre un peu plus sur cette mode anglaise, plus ample, aux « *grans pourfilz et des corsés fendus es costez* (sur le côté) *et lés floutans* (laissés flottant, libre) ». L'homme, qui vit en son temps, a vu cette mode arriver, mais si sa femme ne l'a pas suivie, c'est qu'il considère que sages sont celles « *qui derrenièrement prennent telles nouveaultez* ». Il vaut mieux ne pas être la première à se jeter sur la mode récente, car il ajoute que les dames trop pressées de prendre « *nouvel estat* », sont souvent soumises à la moquerie, « *jangler et à rigoler sur elles* ».

Le rejet de la mode et de ses extravagances n'est pas réservé aux hommes. Pour Christine de Pizan, au début du XVe siècle dans *Le Livre des trois vertus*, la femme qui « *veult garder bonne renommée* » doit en effet rester sobre, sans chercher à se vêtir de façon trop voyante : « *que elle soit honeste et sans des-guiseure en son habit* ». Ainsi recommande-t-elle d'écarter les vêtements trop ajustés et évocateurs, « *trop estraintte ou ne grans coles* (sans grand décol-leté) *ne autres façons malhonnestes* ». Elle fustige celles qui portent des « *grant trainesses de choses nou-velles par especial cousteuses et non honestes* », celles dont le vêtement « *traine bien par terre trois quartiers et aux manches a bombardes qui vont jusques aux pies* ».[63] Pour ces vêtements de dessus amples, aux grandes traînes, aller jusqu'aux pieds signifie une usure plus rapide encore et des sommes dépensées plus importantes.

La mode est donc un jeu subtil, qui ne doit être ni trop discret, ni trop extravagant, et qui ne fonctionne que si les dames sont nombreuses à y par-ticiper. Ce dernier point semble gagné d'avance... Notre homme constate ainsi qu'aujourd'hui, « *dès ce que une a ouy* (entendu) *dire que aucune a une nou-veaulté de robe ou de atour* », dès que l'une d'entre elle a vu une nouvelle tenue, elle n'a de cesse d'en vouloir la copie. Elles demandent ainsi à leurs maris : « *telle a telle chose qui trop bien lui avient, et c'est trop belle chose ; je vous prie, mon seigneur, que j'en aye.* » Malgré les arguments de ces messieurs, les femmes par-viennent toujours à leurs fins et l'auteur conclut qu'elles « *trouveront tant de si bonnes raisons à leur dit, qu'il conviendra que elles aient leur part de celle nouveauté et cointise* (parures) ».

Une tenue pour honorer

L'un des principaux arguments de la gent féminine pour porter de belles robes et de luxueux atours, est celui de briller en société et ce, quelle que soit

[60] Alfred Franklin, *Dictionnaire historique des arts, métiers et professions exercé dans Paris depuis le XIIIe siècle*, Paris, réédition 2004, p.203.
[61] Jean Rychner, *Les XV joies de mariage*, Textes littéraires français, 1967, La quarte joye. L.52-72.
[62] Franklin P. Sweetser (édition critique), *Les cent nouvelles nouvelles*, textes littéraires français, 1966, 94e nouvelle.
[63] Alice A. Hensch, *De la littérature didactique du Moyen Âge s'adressant spécialement aux femmes*, Cahors, 1903. *Les enseignements d'Anne de France à sa fille Suzanne*, 1504.

Les illustrations présentent deux mois différents du calendrier, mars et juin. Les tenues sont donc différentes, adaptées au climat. Le gros chaperon et la robe sont remplacés par les braies et la chemise lors du travail au champ. *Mois de juin*, *Livre d'Heures* de Marguerite d'Orléans. (photo Bnf, Paris, Ms. Lat. 1156B, f.6r.)

son argent ou son rang. Dans le *Décaméron* de Boccace[64], une jeune femme peu fortunée souhaite ainsi racheter à l'usurier sa belle robe noire et la ceinture brodée qui l'accompagne, afin de se rendre à l'église et aux autres lieux de bonne compagnie. C'est que la tenue vestimentaire est perçue comme un reflet de l'honorabilité, valeur essentielle à la société médiévale.

Mais pour être respectable, pour ne pas faire honte à son conjoint ou à sa famille, le suivi de certains usages est nécessaire et la sobriété est de rigueur, selon les lieux, les époques, les circonstances et les classes sociales, souvent. Le regard des autres ayant une importance considérable, le bourgeois du *Mesnagier de Paris*[65], au XIVe siècle, prodigue à sa jeune épouse les précieux conseils concernant la tempérance de sa tenue. Il préconise *que vous soiez honnestement vestue sans induire nouvelles devises et sans trop ou peu de beudan.* Il convient donc d'être correctement habillé, sans recherche de nouvelles modes et surtout, au juste ton.

Les règles monastiques ne sont pas moins éloquentes de rigueur, gage d'honorabilité. Il est conseillé aux nonnes.[66] *Que vos habits soient simples, chauds et bien faits ; la couleur en importe peu, car personne ne vous voit et vous ne voyez personne.* Il est seulement recommandé d'avoir *des vêtements en nombre suffisant, pour le jour et pour la nuit.* La mode n'a donc pas de prise sur ces tenues, dont la seule fonction, en dehors de préserver la pudeur, est de garantir du froid.

Pour les laïcs, et pour notre bourgeois[67], la femme doit vérifier sa tenue avant de sortir et de s'exposer au regard de l'autre. C'est même dans l'intimité, dans le domaine privé, *avant que vous partiez de vostre chambre ou hostel,* que la jeune épousée devra s'assurer que tout est en ordre : que le *colet de vostre chemise, de vostre blanchet, ou de vostre coste ou seurcot ne saillent l'un sur l'autre.* En effet, au XIVe siècle, comme au siècle précédent, seule la dernière couche de vêtement se doit d'être visible. Ce n'est qu'à partir de la seconde moitié du XVe siècle que la chemise, portée directement sur la peau, apparaît timidement à l'encolure de la cotte ou de la robe, à la vue de nos puritains et va même finir par devenir ostentatoire, et brodée. La broderie de la chemise était déjà mentionnée par Chaucer dans les *Contes de Canterbury*, mais cela n'était guère à l'honneur de la porteuse du vêtement. Au contraire[68].

Pour parfaire son éducation, notre bourgeois du *Mesnagier de Paris* va jusqu'à enseigner le comportement qui convient à ce type de vêture. Il indique la manière de se déplacer dans la rue, les yeux baissés, portés au sol à quelques pas de distance pour ne pas risquer de croiser le regard d'une autre personne… Robert de Blois, dans *Le Chastoiement des dames*[69], explique avec la même volonté qu'il faut veiller avec soin sur sa conduite, et notamment à l'église où beaucoup de gens vous aperçoivent. Et comme on vous juge à l'église, ainsi vous jugerat-on toujours. Il faut s'agenouiller et prier, *de molt rire, de molt parler se doit on en mostier garder.* Il conseille donc tout naturellement de ne pas rire à l'église, de ne pas y parler hors de propos, lorsqu'il ne faut mot dire, et également d'éviter de tousser lorsque l'on entre dans une pièce où se trouvent d'autres personnes.

Lorsqu'une femme déshonnore son mari en le trompant par exemple, comme il l'est relaté dans une nouvelle[70], c'est alors l'habit qui peut devenir le symbole de ce discrédit. Dans l'histoire, l'homme floué décide de punir son épouse en lui faisant confectionner une robe en secret, *secretement avoit fait faire.* Comme il sait que sa femme se donne entièrement à son amant à l'exception de son derrière, il l'oblige à enfiler une robe *de gros bureau de gris et a l'endroit du derriere fist mectre une piece de bonne escarlate a maniere de tasseau.* La bure, toile grossière et peu confortable, honteuse à porter, entre directement en opposition avec un tissu d'une qualité diamétralement opposée, qui est symboliquement affecté à la partie du corps préservé. L'écarlate, ainsi nommé à cause de sa couleur, est un des tissus les plus onéreux, d'un rouge profond ou de couleur vermeille, violette ou tirant sur le noir. Le prix de cette étoffe est directement lié au coût élevé de sa teinture, le Kermes des teinturiers. Elle est extraite à partir d'un minuscule insecte, dont la « récolte », qui est limitée dans la saison, requiert une grande patience. 30 000 à 35 000 insectes sont nécessaires pour la teinture de 500 gr de laine.

Les femmes ne sont pas les seules concernées par ces critères de bonne tenue et c'est par les conseils d'une dame envers un jeune homme, que nous pouvons mieux les connaître[71]. Elle préconise à l'adolescent, au levé de bon matin, de *s'habillez le plus joyeusement et honnestement que vous porrez et sans grant bruit.* Il convient de s'assurer que son *pourpoint* soit *bien lachiez,* c'est-à-dire bien lacé, et ses chausses *bien nettes et bien tendues.* La description se poursuit et nous constatons les *solers bien nettoiez et bien lassiez* : les chaussures, bien attachées, tiennent donc bien aux pieds. Nous retrouvons à la suite des conseils d'hygiène, pour se peigner, *lors vous pingniez,* pour apprêter les parties visibles, *voz mains et vostre face bien lavez,* et enfin pour entretenir les ongles, *puis nettoiez vos ongles et, se il est besoing, les rongniez.* C'est lorsque la toilette est finie qu'il convient de mettre la ceinture et d'ajuster le vêtement, *et lors vous chaindez et faittes votre robe bien coeullir.*

Mais certains font fi de ces conduites et se négligent au point de dégoûter leur entourage. Nous avons ainsi la description d'un serviteur plutôt repoussant[72], *passant sur son capuchon couvert d'une telle couche de graisse qu'elle aurait suffi à assaisonner la soupe du chaudron d'Altopascio, oubliant son pourpoint déchiré et rapiécé, émaillé de crasse autour du col et sous les aisselles, couvert de taches plus diaprées que les draps tartares et indiens, et négligeant enfin ses chaussures toutes percées et ses bas déchirés…* C'est donc une combinaison de saleté et d'usure, dont l'absence de réparation est condamnable, qui nous offre deux critères majeurs d'un jugement sévèrement négatif. Notons la note d'humour de l'auteur, qui compare les taches du pourpoint à la finesse des motifs offerte par les tissus de luxe orientaux.

[64] Anatole de Montaiglon, *Le Livre du Chevalier de la Tour Landry*, Paris, 1854, p.46.

[65] Exemple cité par Marie Thérèse Lorcin, *"Les échos de la mode"* dans *Pour l'aise du corps…* p.130-131.

[66] Boccace, *Décaméron*, Le Livre de poche, 1994, 8e journée, 2e nouvelle, p 614.

[67] *Le Mesnagier de Paris*, Lettres gothique, Le Livre de Poche, 1994, p.43.

[68] Geoffrey Chaucer, *The Canterbury Tales*, après 1397. Edition utilisée : Traduction en vers en anglais moderne par David Wright, Oxford University Press, Oxford, 1985, réédition de 1990. p.82. *The Miller's Tale* (Le conte du Meunier).

[69] Alice A. Hensch, *Ibid. The ancren riwle*, auteur inconnu, vers 1250, p.57.

[70] *Le Mesnagier de Paris, Ibid.*, p.3.

[71] Alice A. Hensch, *Ibid.*, Cahors, 1903. Robert de Blois, *Le chastoiement des dames*, p.75, 2e tiers du XIIIe siècle.

[72] Franklin P. Sweetser *Ibid.*, 49e nouvelle.

À côté de ces comportements codifiés, les extravagances sont courantes et même si certains s'en offusquent, la mode et ses conséquences jouent un rôle notable dans cette société. L'habit fait donc bien le moine et le regard de l'autre, omniprésent, est d'importance.

Des vêtements de saison

Nos ancêtres du Moyen Âge portaient-ils le même vêtement pour toutes les saisons ? Quelles étaient les techniques pour se protéger efficacement du froid ? Se contentaient-ils, de manière efficace, de superposer des couches ?

Pour répondre en partie à ces questions, Aldebrandin de Sienne[73] nous enseigne *comment on doit le cors garder en cascune saison*. Pour comprendre son discours, il faut avant tout prendre en compte que le cycle des saisons n'est pas perçu, au Moyen Âge, de la même façon que nous l'appréhendons aujourd'hui. Cette perception est, à l'époque, pour le commun, davantage liée au climat et à ses changements, qu'à une rigueur toute mathématique de date et de position astrale. Ainsi, pour la France septentrionale, le printemps dure les deux mois de mars et d'avril, relayé par l'été qui couvre les mois de mai, juin et juillet. L'automne et ses moissons commencent dès le mois d'août et se termine fin septembre, il peut aussi parfois se prolonger jusqu'à la Toussaint. L'hiver arrive enfin de novembre à février pour boucler l'année.

C'est donc sans surprise qu'avec Aldebrandin, au printemps, *doit on estre viestu de reubes ki ne soient trop caudes ne trop froides*. Les qualités de drap indiquées citent la *tiretainne et les dras de coton fourrés d'aignaus*. Originaire d'Italie, Aldebrandin évoque une matière qui pouvait être utilisée dans la péninsule, mais qu'on va difficilement trouver plus au nord. L'été et les chaleurs qui l'accompagnent pousse notre homme à conseiller de se *vestir de reubes froides*. Ici aussi sont indiquées les matières à employer pour la saison : nous retrouvons les *dras de lin*, avantageux sur tous les autres *vestimens* car ils *sont plus froit*. Même s'il est difficile à teinter, il semble donc que le lin soit bien utilisé pour la confection de robe car il est impensable d'imaginer une dame se promener en chemise, fusse-t-il par grande chaleur. Aldebrandin ne précise d'ailleurs pas si le lin est teinté ou non. Une tenue blanche est d'ailleurs plus appréciable en cas de chaleur. Par ailleurs, si elles existent, les mentions de couches supérieures en lin, coloré ou non, sont anecdotiques. Il semble que l'on ait joué davantage sur certains types de lainages. Bien entendu, le luxe peut aussi s'étaler sous la façon de *dras de soie, si com de cendal, de samit, d'estamines…* L'automne et particulièrement le mois de septembre, est l'occasion de se vêtir *à le maniere du printans*. Néanmoins ne manque-t-il pas de préciser : *mais ke li drap soient i pau* (un peu) *plus caut*, bien qu'il ne donne malheureusement aucune indication sur la matière de ces draps « plus chauds ». Enfin, en hiver, il recommande *de se vestier de reube de lainne bien espesse et velue à boinne penne de houpins*. La laine, bien épaisse, et donc doublée par de la fourrure de

Houppins, c'est-à-dire de goupil[74], donc de renard car, pense-t-il, *c'est li plus caude penne c'on puist trover*. Mais si par malheur, celle-ci fait défaut, reste le *counins* (lapins), ou le lièvre, qui ne valent néanmoins pas plus qu'une autre. La valeur calorifique d'une peau tient en effet davantage, dit-il, à la longueur de ses poils et son épaisseur : *quant, eles sont escaufees*, (réchauffée), *cele ki a grand poil et plus espès si tient plus le caleur*. Nous sommes ici loin de toute considération de mode, mais notre homme reste un pragmatique médecin, gardien de la santé de ses patients.

Il paraît donc évident qu'une garde-robe correctement garnie est équipée de vêtements spécifiques à la saison. Tel est le cas dans cet exemple extrait des *Cent nouvelles nouvelles* [75]. Lorsqu'une jeune femme se met à jeûner, il est indiqué *qu'elle n'avoit pas jeuné huit jours que sa chaleur naturelle commença fort a refroidir*. Sa famille, qui cherche à la réchauffer, *luy fut de changer habillemens, car les mieulx fourrés et empannées, qui ne servoient qu'en yver*. Ils lui firent donc enfiler les vêtements fourrés, réservés à l'hiver. Il est précisé aussi que ces vêtement remplacent les *sangles et tendres qu'elle portoit avant l'abstinence entreprinse*, c'est-à-dire les vêtements légers et d'une seule épaisseur qu'elle portait avant le jeûne.

Certaines personnes, néanmoins, sont trop pauvres pour être correctement protégées des morsures du froid. Ainsi, une dame[76] possédant un fort honorable trousseau de *dix paires de robes*, aussi bien *longues que courtes, que costes hardies, avait selon certains, trop de plus de moitié*. Avec le prix d'une seule de ses robes, *les pauvres gens en fuissent revestuz de plusieurs bonnes cottes de burel* (bure).

Pourtant, au devant de l'hiver, les critères esthétiques liés à la mode forcent certains à faire des choix. Le *Chevalier de La Tour Landry* [77] nous instruit de l'histoire de deux sœurs. Malgré un *grant froit et fort vent de bise et avoir fort gelé*, l'aînée, attendant son prétendant, enfile une toilette légère et l'ajuste au plus près pour paraître plus mince, *avoir plus beau corps et plus gresle*. Elle ne porte ainsi, en ces années 1370, qu'une *cotte hardie, deffourée* (non doublée de fourrure), *bien estroite et bien jointe*. Le résultat ne manque pas et la jeune fille se retrouve *noire de froit*. Ce qui doit arriver arrive… le chevalier remarque plus volontiers la cadette chaudement vêtue. C'est pourquoi dans un autre de ses enseignements, le chevalier[78] indique aux coquettes qu'il leur faut suivre l'exemple des servantes, *femmes de chambres, clavières et aultres de mendre estat*. Ces femmes, par grands froids, *fourrent leurs doz et leurs talons*, comprenons le bas de leurs jambes, de *penne*, c'est-à-dire de fourrure et de drap. Notons que la fourrure, indépendante du vêtement, est ici ajoutée en seconde intention lorsque le froid se fait plus important. L'auteur se moque cependant d'elles en leur composant une image bien peu flatteuse. Il signale que l'on voit *leurs pennes derrière que ilz ont crottées de boue à leurs talons*, et que ces fourrures, salies en bas des jambes, évoquent *le treu* (l'arrière train) *d'une brebis soilliée derrière*.

Cent cinquante ans plus tard en cette extrême fin du Moyen Âge, Anne de France recommande avec la même sagesse à sa fille Suzanne[79], de ne pas

[73] Antoine de la Sale, *Jehan de Saintré*, Le Livre de poche, Lettres gothiques, 1995. p.102.

[74] Boccace, *Ibid.*, 6e journée, 10e nouvelle, p 522.

[75] Aldebrandin de Sienne, *Le Régime du corps*, Honoré Champion, Paris, 1911, p.62-65.

[76] Frédéric Godefroy, *Dictionnaire de l'ancienne langue française et de tous ses dialectes du IXe au XVe siècle*, Librairie des sciences et des arts, Paris, 1938.

[77] Franklin P. Sweetser *Ibid.*, 99e nouvelle.

[78] Anatole de Montaiglon, *Ibid.*, p.106.

[79] Anatole de Montaiglon, *Ibid.*, p.237.

chercher, en hiver, à se vêtir trop légèrement dans la volonté de paraître mince.

La coquetterie n'est pas seulement une affaire de femme et le jeune sire Fouques de Laval[80], *moult beaux chevalier et si savoit moult sa maniere et son maintieng*, c'est-à-dire qu'il était au fait des comportement inhérent à son statut, en a fait la triste aventure en voulant séduire une jolie demoiselle. Malgré le froid, notre homme s'est vêtu de manière élégante. Il porte une *coste d'escarlate* bien brodée, il a ceint, sur la tête, *un chapperon tout sanglé sans penne*, d'une seule épaisseur de tissus et non fourré, mais rehaussé de perles. Il a omis aussi de porter manteau et gants. Si bien qu'arrivé à destination, *il est tout noir et tout palle et tout entoussé*. Un autre prétendant n'a aucun mal à plaire à la dame et ce n'est qu'alors que notre homme réalise qu'il *est grant folie de soy cointir* (se parer) *pour faire le bel corps et pour estre gresle tant que l'en en perde sa couleur*. Son souci de paraître plus joli et plus mince est en effet bien puni.

Le dictat de la mode et la volonté de suivre les autres, parfois de façon illogique, peut donc amener à de nombreux excès. Le plus frappant et le plus tragique reste le cas de Galois et de Galoises, raconté par le Chevalier de La Tour Landry[81]. Ces *juennes gens du poitou et és* (des) *autres pays*, en ce milieu du XIVe siècle, décident entre eux de faire ordonnance : *moult sauvaige et desguisée contre la nature du temps*. Ce règlement, établi au sein de leur groupe, se traduit concrètement par des comportements contraires à ce que dicterait la météo. Nous retrouvons donc ces *chevaliers, escuier, dames et damoiselles*, en été, *vêtus caudement à bons manteaulx et chapperons doublés et auroient du feu en leurs cheminées*. Bien entendu et peut-être plus difficilement, en hiver, ils sont vêtus *a minima*, d'une simple cotte, *sans penne, ne sans etre lingé*. La chemise linge est alors délaissée au même titre que les fourrures.

Ces quatre mots, *ne sans etre lingé*, nous laissent entre-apercevoir que la chemise linge ne serait donc pas portée de façon obligatoire, systématique, pendant la saison chaude. La cotte pourrait alors être la seule épaisseur de vêtement. Il est vrai qu'elle garanti plus d'honorabilité qu'une simple chemise, indécente, portée seule. La chemise seule est portée par les paysans lors de leur travaux. On se rhabille alors les travaux finis. Par ailleurs, la chemise est aussi le vêtement des condamnés. Apparaître en chemise hors le contexte du travail, est une indécence grave. Porter la cote sans chemise paraît, d'autre part, peu hygiénique et illogique. En cas de grosse chaleur, c'est la chemise qui va absorber toute la transpiration, le corps restant relativement frais. Notre groupe de jeunes gens excentriques, dénoncé par le chevalier, se promène donc en vertu du bon sens, et ne paraît pas être à imiter. Comme le prouve la suite du récit de notre chevalier.

Ces personnes ne portent également en hiver ni manteaux, *ne mantel, ne housse, ne chapperon doublé, fors sanglé*. Seule exception, une cornette longue et gresle, de simple épaisseur, qui ne réchauffe pas beaucoup la dame qui la revêt. La construction de ce type de vêtement est donc, elle aussi, variable

en fonction de l'usage saisonnier que l'on veut en faire. Bien entendu, ces personnes ne portent ni gants ni moufles malgré la *gelée ou vent que il en feist* et ils développent leur idée farfelue jusqu'à la cheminée qui n'est, en hiver, *houssée de fraillon* (garnie de petit bois) *ou de aucune chose verte*, leur lit n'étant aussi, en cette saison froide, que garni que d'une *sarge litière*. Mais cela ne dure qu'un temps et les plus extrémistes ou les moins résistants d'entre eux, furent retrouvés *mors et peris de froit*. Les victimes de la mode remontent à loin...

Couleur par rapport à l'âge

Nos connaissances actuelles sur les couleurs sont très développées. Qu'il s'agisse des couleurs primaires du spectre de la lumière, rouge, vert, bleu, ou des couleurs fondamentales lorsque nous parlons des couleurs pigments, cyan, magenta et jaune, nous apprenons dès le plus jeune âge, que leur mélange nous offre une palette importante de nuances secondaires.

Au Moyen Âge, la perception en est toute autre.

Selon le schéma antique et jusqu'au XIIe siècle, trois couleurs dominent : le blanc, et à l'opposé ses deux contraires, le noir et le rouge. Le rouge est en effet parfois assimilé au noir et nous le retrouvons sur les anciens échiquiers où s'affrontent les pièces blanches contre les rouges. Considérée comme la reine des couleurs, l'utilisation de la pourpre, un pigment d'une grande profondeur mais très coûteux à obtenir à partir d'un coquillage, participe au fait qu'elle représente le divin.

Cette vision bipolaire des couleurs accompagne des concepts tels que clair/sombre, vide/plein, pâle/coloré ou encore triste/gai. Les autres couleurs n'occupent alors pas vraiment de place. Elles ne sont que des dérivées des principales, qui viennent se placer entre les deux pôles. Le jaune est ainsi défini comme un mauvais blanc, le bleu et le vert ne sont que des dérives particulières de noir.

À partir du XIe siècle, ce schéma a tendance à s'estomper et les autres couleurs commencent à attirer l'attention. Avec l'amélioration des techniques tinctoriales notamment, les couleurs subissent peu à peu l'influence de la mode et c'est entre le XIIe et le XIVe siècle que la palette des goûts évolue. Le bleu se démarque alors nettement et, pour la première fois, rivalise avec les couleurs de l'ancien schéma tertiaire. Peu utilisé au départ, il ne cesse de s'affirmer pour devenir une des couleurs la plus appréciée dès le XIIIe siècle. On lui attribue des valeurs de loyauté, de fidélité et de courage, qui l'amènent enfin à être la couleur de la vierge et du roi. C'est encore, de nos jours, une couleur extrêmement portée. Le bleu a d'ailleurs remplacé le rouge en tant que couleur respectable associée au pouvoir. On voit rarement nos hommes politiques actuels vêtus de costumes rouges, alors que le bleu est acceptable.

L'émergence grandissante de ces nouvelles couleurs n'a pas radicalement modifié la structure bipolaire plaçant le blanc d'un côté et, de l'autre, le noir. Le

[80] Anatole de Montaiglon, *Ibid.*, p.239.
[81] *Ibid.*, p.241.

classement, achromatique, s'organise alors autour du critère de clarté et cette notion vaudra jusqu'à la renaissance. Nous retrouvons, du plus clair au plus foncé le blanc, le jaune, l'orangé, le rouge, le vert, le bleu, le violet et enfin le noir. Ainsi, lorsqu'un drap est dit écarlate, cramoisi ou pourpre, l'homme médiéval définit des teintes allant du rouge au violacé.

Même si, au Moyen Âge, le prisme optique n'a pas encore diffracté la lumière, la couleur n'en est pas moins indissociable à un autre niveau de perception. L'art du vitrail qui se développe en est un vif exemple. Il s'épanouit comme un diapason de couleurs où même le noir prend de multiples nuances et s'organise du foncé vers l'obscur. Un ciel couvert, d'automne,

L'arbre de parenté est censé enseigner le principe de consanguinité et ses risques. Mais c'est aussi un merveilleux tableau des différents habits et couleurs qu'il est d'usage porter aux différents âges. La tenue de l'homme, comme celle de la femme, s'assagit et devient plus luxueuse et confortable. Les coiffes suivent évidemment le même chemin. Jean Boutillier, *Somme rurale*, XVe siècle. (photo BnF, Paris, Ms. Fr. 202, f.15v.)

ne montre que des couleurs ternes qu'éclaire et révèle le moindre rayon de soleil. Léon Battista Alberti, en 1435, en discourant d'autre chose, nous en explique la raison : « *on comprend l'importance au fait que, si la lumière meurt, les couleurs meurent également* », il énonce alors par réciprocité que *lorsque la lumière revient, les couleurs se rétablissent en même temps que la force des lumières*. La dimension hautement symbolique qui découle de cette constatation participe à influencer les choix de ceux qui peuvent se le permettre, des plus riches : la recherche de couleur est un synonyme de lumière et de sécurité.

Si la qualité de l'étoffe détermine la richesse et le statut social de celui qui la porte, la couleur et sa profondeur en sont donc des signes tout aussi certains. Il n'est donc pas étonnant que Michel Pastoureau remarque que la moitié des termes du blason sont des termes du vocabulaire des tissus.

Mais les teintures mordent mal et tiennent difficilement sur les toiles. La plupart des vêtements sont peu, ou mal teints et restent dans des tons gris, brun ou écru. Pour les autres, le temps et les lavages ne laissent au mieux que de pâles couleurs. Les teintes qui accrochent bien et les bains multiples nécessaires à l'obtention d'une couleur profonde ne sont pas à la portée de toutes les bourses et le riche, au contraire des pauvres gens, s'accorde de façon ostentatoire les vêtements flamboyants aux couleurs vives, tels certains rouges. Seul le bleu fait exception, grâce au pastel, qui n'a pas besoin de mordant, mais d'un peu de cendre pour tenir au tissu. Heureusement, parmi les multiples plantes utilisées, une sélection se met en place et, à la fin du Moyen Âge, les teintures mordent davantage.

Alors que l'industrie tinctoriale progresse, lorsque l'on en a les moyens, le jeu des couleurs vestimentaires n'est donc pas une simple affaire de goût. L'âge se révèle aussi, dans l'absolu, être facteur de choix pour être dans le ton et éviter d'être complètement dépassé, ou au contraire trop osé.

Le rouge est destiné au nourisson afin d'attirer la bonne santé. C'est le vert, couleur de la jeunesse qui, dans l'idéal, devrait être porté par l'enfant, alors que la jeune femme porte encore volontiers des tenues vives, vertes, rouges ou bleues, signifiant la plénitude de la vie. Avec l'avancée en âge viendra rapidement le renoncement à ces couleurs et le temps des vêtements sombres.

Jacques d'Amiens[82] recommande cependant aux dames de faire un choix rigoureux des coloris en fonction de leur teint et, implicitement, en fonction de leur âge. « *Il faut choisir les étoffes et les couleurs qui vous vont le mieux. Le noir fait paraître pâle, le rouge le contraire* ». Bien évidemment, dans l'attachement à un paraître toujours impeccable, signe d'hygiène et de respect de soi, il ajoute que *biele guimpe* et *bielle cemises aies toujours*. La coiffe, le voilage, et la chemise impeccable, font en effet partie d'une mise correcte.

Si le vert est idéalement la couleur de la jeunesse, la réalité place cependant l'enfant dans une tout autre situation, où les vêtements sont, le plus souvent, retaillés dans les vieux habits des parents. Les exemples abondent de commandes aux tailleurs, pour un travail de réemploi sur des tissus. Cette pratique, très courante, n'est pas forcement vécue comme négative et une phrase nous permet ainsi d'appréhender l'amour des aînés pour leurs enfants et le souhait de leur transmettre leurs biens : *Combien ay je aujourd'huy regardé et perceu de peres estans aux jeux de leurs enfans qui se diroient treseureux, et*

jugeroient tresbien avoir employé leurs ans si après leur décès leur povoient laisser une partie des grans biens… (combien ai-je aujourd'hui regardé et aperçu de pères occupés aux jeux de leurs enfants, se disant très heureux et jurant avoir bien employé leurs années, si bien qu'après leur décès ils pourraient leur léguer une partie de leurs grands biens).

Symbolique des couleurs…

Le choix d'un homme pour sa couleur vestimentaire n'est donc pas anodin. Indicateur social comme nous l'avons vu, les coloris sont aussi chargés de nombreux symboles, parfois contradictoires, qui définissent la personne ou, du moins, la perception qu'elle souhaite transmettre aux autres. Certains de ces codes se sont d'ailleurs perpétués jusqu'à nos jours.

Ainsi Dante nous indique que le blanc est la pureté, le vert l'espoir, le gris la pénitence et le rouge la tempérance. Ailleurs nous savons que le bleu représente la fidélité et la loyauté. Cette symbolique des couleurs intrigue en effet, depuis longtemps, nombres d'auteurs. Ils nous permettent d'en dresser une liste non exhaustive.

Le blanc est considéré comme la non couleur, qui peut montrer l'absence. Il est associé à la pureté, à l'humilité, à la vertu et au divin. Par association lui sont attribués également la chasteté, l'espérance, l'éternité et la justice. À l'opposé, cette couleur porte aussi la perception de la mort, du désespoir et de l'ambiguïté. Si elle est employée majoritairement pour des pièces d'habillement secondaires comme les vêtements de dessous, les tabliers ou la doublure, elle est de plus en plus soumise, à partir du XIVe siècle, à d'autres utilisations et peut être portée en vêtement de dessus.

Le rouge, première des couleurs pour toutes les couches sociales, se développe largement au XVe siècle : lors de l'arrestation du célèbre marchand-truand Jacques Cœur, en 1451, l'inventaire de ses stocks révèle de grandes quantités de tissus rouges. C'est aussi la couleur la plus usitée lors des mariages. Plus d'une quinzaine de nuances sont déclinées, parmi les vermeils en graine, la sanguine, le cramoisi…

Cette couleur est synonyme de charité, de courage, de largesse, de force ou de victoire. La science, la connaissance et le pouvoir l'associent également. Elle possède une valeur protectrice et, dans les milieux les plus aisés, les langes des jeunes enfants sont complétés, à leur extrémité, d'une bande de couleur rouge censée éloigner les maladies et, surtout, la rougeole et les hémorragies.

Dans la littérature arthurienne, pourtant, le rouge est porté par ceux possédant de mauvaises intentions et selon la chromatique antique, rapellons que le rouge s'oppose au blanc, symbole de la pureté. Il peut donc signifier aussi la puissance et l'orgueil, ainsi que la cruauté et la colère. C'est aussi parfois la couleur que doivent afficher les chrétiens se livrant à des activités déshonorantes, tels les prostituées et les bourreaux. Mais, bien souvent, ces perceptions dépendent des villes, des époques.

[82] Alice A. Hesnch, *Ibid.*, Jacques d'Amiens, *L'art d'amors*, p.68.

Le Moyen Âge adore nous rappeler que les cas particuliers, dans une société pourtant très hiérarchisée où chacun doit être identifiable, sont très courants.

Toujours à l'opposé du blanc, nous trouvons le noir. Sur un versant positif, c'est le symbole de la modestie, de l'humilité, de la patience, de la tempérance et peut-être même de la pénitence. Si elle rivalise avec le rouge, cette couleur aura les pleines faveurs dès la fin du XIVe siècle et son port s'accroît pendant tout le XVe siècle, jusqu'à supplanter toutes les autres couleurs, grâce à l'influence de Philippe le Bon, Duc de Bourgogne, qui décide d'en faire sa couleur de prédilection suite au décès de son épouse. Car c'est aussi la couleur du désespoir, du deuil et de la mort. Mais l'étude des comptes du duc montrent qu'il appréciait cette couleur avant ce triste épisode. De même, on sait que déjà Saint Louis portait, parfois, du noir.

Si comme nous l'avons vu, le bleu est une couleur considérée comme agréable, l'étude des armoiries permet de juger de sa notoriété. L'analyse de Michel Pastoureau permet de s'apercevoir que le bleu, nommé azur, est présent dés 1200 dans 5 % des armoiries, il passe à 20 % dés 1300 et 25 % en 1350. Déprécié à l'Antiquité, le bleu devient la couleur des rois, celle des Capétiens et surtout de Saint Louis. Il est à noter que, parallèlement aux armoiries, le bleu se diffuse progressivement dans le costume d'apparat dés le XIIIe siècle avec l'utilisation des feuilles de la guède qui produit un colorant efficace.

La couleur porte de nombreuses qualités : la loyauté, la justice, la sagesse, la science, la fermeté et l'amour fidèle. À l'opposé, elle peut signifier la sottise et la bâtardise.

Le vert aussi est une couleur chargée de sens. Dans la littérature arthurienne, il est associé à des personnes jeunes, au comportement fougueux. C'est donc évidemment la couleur de la jeunesse, de la beauté, de la vigueur et de la liberté. Mais en conséquence, cette couleur amène le désordre, la folie, l'amour infidèle et même l'avarice. L'un des chevaliers du roi Arthur, Tristan de Lyonnesse, en est l'incarnation. Des villes, comme celle de Marseille, obligent alors les prostituées à se vêtir de vert. Malgré cette symbolique pouvant amener la perturbation de l'ordre établi, cette couleur connaît une grande faveur au XIVe siècle.

Le jaune, en revanche, ne cesse d'être déprécié dès le XIIe siècle et sera de moins en moins porté, mais sans disparaître des diverses garde-robes. La teinture est instable et se fixe mal sur les tissus et peut-être est-ce là une des raisons de son impopularité. La couleur vire rapidement au brun ou au vert ou se délave. Si certains princes du XVe siècle n'hésitent pas à le porter pour oser des contrastes audacieux, c'est que la couleur leur évoque alors l'or, la richesse, la noblesse et la foi. Tout semble être une question de nuances de jaune et de saturation. Mais pour les gens de plus faible condition, c'est souvent une couleur associée à l'hostilité. La fausseté, la félonie, l'avarice, l'envie, la trahison et la paresse lui sont aussi attribuées. C'est aussi la couleur de Judas et

elle est assimilée aux non chrétiens, juifs, musulmans et hérétiques, depuis que le concile d'Arles, en 1254, leur a obligé le port d'une pièce d'étoffe ronde, distinctive par sa couleur jaune, la rouelle. Par extension, certaines villes imposent le port de cette teinte aux prostituées. Ce n'est qu'à la fin du XVe siècle qu'elle connaîtra de nouveau un regain.

Le roux, perçu comme un dérivé du jaune, tirant vers le rouge, est d'autant plus une couleur négative, dont on qualifie d'ailleurs les Anglais dans un contexte de Guerre de Cent ans.

Le pourpre, lui, couleur profonde légèrement violacée, incarne les vertus de prudence et de tempérance. Il tient aussi à la tristesse, à la gourmandise et à l'ambiguïté.

Les couleurs dites douces, comme le rose ou le gris, prennent de l'importance dès la fin du XIVe siècle. Elles seront même largement apréciées des élites durant le XVe siècle, mais ne semblent pas vraiment usitées dans les classes inférieures, alors que le brun, comme les teintes sombres, reste la couleur des humbles. Mais là encore il nous faut nuancer, puisque l'on trouve des références régulières à des vêtements bruns parmi les riches et les puissants. La qualité de la teinture, la saturation de la couleur, le tissu, devaient être pris en compte.

L'association sur un même vêtement de différentes couleurs, est particulièrement osée. Ils seront portés au XIVe siècle, siècle de toutes les audaces et en Italie. Par la suite, la perception symbolique de ces mélanges, déjà présente au XIIe siècle, va devenir plus forte, sauf, peut-être, dans les milieux modestes. Cela n'empêchera pas des ensembles à deux ou trois couleurs, dans les faits. Et ce malgré des interdictions ponctuelles. Ainsi le rayé était interdit aux clercs selon les comptes de Mahaut d'Artois en 1328. Mais des écuyers ou des nobles pouvaient en porter. Ce qui est valable pour l'un ne l'est pas pour l'autre, selon les contextes.

L'association de vert et de jaune sera associé à la folie jusqu'au XVIe siècle. Les fous de cour et quelques jongleurs peuvent en certaines occasions s'en revêtir. L'association de ces couleurs avec le costumes de fou provient peut-être du safran aussi appelé crocus. Cette plante, pensait-on, contient une substance qui provoque le rire et peut provoquer des accès de folie.

Nous restons là dans des appréciations symboliques. S'il convient de rester prudent en ce qui concerne certaines associations, la consultation des documents écrits reste la meilleure approche de l'utilisation des couleurs au Moyen Âge, et contredit souvent les perceptions symboliques et les idées reçues. Le Moyen Âge était une époque bien plus colorée qu'on se l'imagine !

La fin du Moyen Age se révèle
être une époque charnière dans
l'évolution du costume masculin.
De jeunes élégants vont
se distinguer de leurs ainés
en faisant preuve de
beaucoup d'audace.

L'homme

Quels sont ses vêtements ?

Comme nous l'avons vu précédemment, le vêtement est un objet complexe, issu d'une véritable chaîne de petits métiers et produit d'une mûre réflexion. En cela, par la valeur véritablement élevée du tissu, il est aussi un objet de prix. Comme le dit le proverbe[83], *«chacun se doit porter selon son estat»*, il faut naturellement vivre selon sa condition et le vêtement en est un signe visible, il est donc difficile de paraître riche pour le plus pauvre. Le vêtement n'est pas ainsi une marchandise anodine. Il est successivement *« conçu, confectionné, vendu, acheté, délivré, porté, prêté, dégradé, réparé, délaissé, transmis »*[84]. Porté chaque jour, il touche au cœur de la vie. C'est par le costume que nous ressentons les permanences et les évolutions du quotidien : il est pensé et repensé chaque jour, lors de chaque rencontre, au contact de l'autre, car il existe une différence entre se vêtir, qui consiste simplement à enfiler un vêtement tel qu'il est, et s'habiller, qui inclut les actions plus complètes de se préparer, de se parer, et de prendre soin de son apparence. Nous ne traiterons cependant que de l'habillement et laissons volontairement de côté le paraître et la plupart des codes vestimentaires, pour dresser un inventaire.

Nous gardons ici les limites temporelles allant du XIVe siècle, qui constitue une fracture dans l'évolution du costume, à la fin du XVe siècle. En effet, les années 1320 voient une nouvelle mode arriver des pays du sud. La cotte longue est remplacée progressivement par une tenue ajustée et les deux parties du corps, le buste et les jambes, osent se montrer. Les survivants de la première grande Peste Noire vont adopter cette mode qui s'affirme et devient, par son ampleur, la plus grande révolution du costume jamais connue.

[83] Joseph Morawski, *Proverbes Français antérieurs au XVe siècle*, Edouard Champion, Paris, 1925. p.13.

[84] Sophie Jolivet, *Pour soi vêtir honnêtement à la cour de monseigneur le duc de bourgogne*, t.1, Thèse, 2003, p.2.

Retable de Wernigerode, détail, scène de martyre, Basse Saxe, vers 1420. Les changements de mode sont courants durant ces 160 ans… (photo Tina Anderlini, Hessisches Landesmuseum, Darmstadt.)

Valve de miroir, ivoire, Paris, vers 1325-1350. Petit objet propice aux représentations courtoises, cette valve de miroir nous présente une mode ample et mixte, dans la lignée du siècle précédent. (photo Cleveland Museum of Art.)

Pour une bonne lecture des patrons et la réalisation correcte des vêtements

Il est très difficile, voire impossible, de réaliser des patrons universels. Chaque personne est différente et la morphologie générale de la population actuelle est bien éloignée de celle du Moyen Âge. Certains modèles, comme la chemise, doivent pouvoir être utilisés directement pour la plupart des personnes, mais les formes varient selon les époques, et différentes solutions sont possibles. Mais d'autres tenues nécessitent un ajustage beaucoup plus précis sous peine de ne pas parvenir à reproduire la silhouette de l'époque : les chausses, par exemple doivent se coudre à l'arrière de la jambe selon une ligne parfaitement verticale, qu'il est beaucoup plus facile de placer directement sur le volume de la jambe. Il est donc impératif d'adapter ces patrons directement à vos mesures en les reproduisant d'abord sur papier à taille réelle, pour ensuite, réaliser le futur vêtement dans un tissu de moindre qualité et l'ajuster parfaitement. C'est ce modèle, démonté, qui vous servira de patron personnel. Certains, au Moyen âge, procédaient déjà de la sorte : à Namur, Cornille du Cellier achète *« un certain drap noir… pour faire l'essay d'un chapperon d'estrange façon »*[86], ou encore, en 1440 et 1441, Colin Claissonne achète du drap noir pour réaliser les patrons des paletots des archers[87]. La toile ainsi utilisée n'est pas perdue puisqu'elle peut être recyclée en guise de triplure ou de doublure. ∎

[85] Sophie Jolivet, *Pour soi vêtir honnêtement à la cour de monseigneur le duc de bourgogne*, t.1, Thèse, 2003, p.743.

[86] Archives Départementales du Nord, B 1966, F 234 v.

[87] Archives Départementales du Nord, B 1966, v, et B 1969, F 332 v.

Plus tard, les années 1430 voient l'achèvement d'une ancienne habitude dans le choix des matières. Le drap de laine noire prend la place de la brunette et l'orfèvrerie cousue, appliquée sur l'étoffe, disparaît[85]. La houppelande quant à elle, est belle et bien oubliée et la huque est remplacée par le paletot.

Nous présentons donc différentes pièces de costume afin de balayer, de manière non exaustive, les tenues masculines offrant une bonne mise en cette société de la fin du Moyen Âge.

Une mode changeante

Il est difficile d'aborder cette période de 160 ans si importante pour les changements des habitudes vestimentaires. Nous sommes passés d'une mode unisexe, à tendance féminine, ample et longue, à une mode extrêmement sexuée. L'aspect unisexe de la mode ne revenant qu'au XXe siècle, en suivant un modèle masculin. C'est au cours de cette fin du Moyen Âge que tout va se jouer.

Une jeune élite va militariser le costume masculin, créer de nouveaux modèles, de nouveaux patrons. La diversité est de mise. On va s'habiller différemment selon les régions, selon les classes sociales.

La jeunesse va affirmer son originalité. Les bourgeois vont avoir souci de respectabilité. Comme les rois et autres puissants. Les événements historiques dramatiques, la Peste Noire, des famines, la Guerre de Cent Ans, vont avoir un impact psychologique fort, les nantis paraissant vouloir trouver refuge dans le luxe et la démesure. La nécessité de séduire, dans un continent qu'il faut repeupler, influe aussi sur le paraître.

Les raisons qui expliquent l'extraordinaire agitation du costume pendant ces 160 ans sont multiples. Et nous avons ainsi une multitude de types de vêtements.

Nous allons tenter ici, modestement, de rendre compte de cette richesse vestimentaire en pointant les tendances principales, spécifiques à chaque grand phénomène. Les garde-robes sont nombreuses, variées, colorées.

Nous allons développer certains éléments de ces garde-robes, mais aussi celles plus simples des communs et habiller nos hommes avec les principaux vêtements portés pendant ces presque deux cents ans. Nous commencerons donc par les vêtements de dessous, puis examinerons l'apparence, le visible pour terminer par la tête coiffée. ∎

Les différents vêtements de dessous

le vêtement porté en dessous peut être d'une pratique extrême ou, au contraire, répondre à des critères de mode moins fonctionnels.

Ainsi pour se vêtir, l'homme revêt une succession de couches. Cette succession constitue la meilleure garantie contre le froid et permet aussi de rationaliser l'entretien. Simple toile portée directement sur le corps ou tenue plus structurée se dévoilant légèrement et modelant ce corps, le vêtement porté en dessous peut être d'une pratique extrême ou au contraire, répondre à des critères de mode moins fonctionnels.

Qui porte la culotte ?

Le caleçon est un vêtement porté à la taille et couvrant les cuisses. Dans les textes, nous le trouvons sous la mention de *petit draps*, ou en Bourgogne de *drappeaux*, de «*drap linge, drap à homme, drap linge à homme*» ou encore *drap vestours*. Le terme de *braies*, régulièrement employé de nos jours, est pourtant rarement mentionné dans les écrits, le *braiel*, ou *braier* (dans son sens du XIIIe siècle).

Les caleçons ne sont pas systématiquement portés par nos hommes. Ils sont faits de toiles domestiques, comme pour la chemise, c'est-à-dire le plus souvent en lin ou en chanvre. À partir de la seconde moitié du XIVe siècle, les tissus se diversifient et nous pouvons aussi trouver le cendal ou le satin. Plus anecdotique, nous avons trouvé la citation d'une braie en peau de cerf [88].

Ce médaillon nous présente une scène d'été dans laquelle un paysan, dénudé, bat les blés. C'est en effet dans les scènes champêtres que nous percevons le mieux les dessous masculins. Ici, le bas de ses braies est légèrement remonté par une ficelle fixée à la taille. Calendrier : août, *Martyrologium*, avant 1295. (photo BnF, Ms. lat. 12834, f.64v.)

Arbitrairement, nous poserons quelques dates qui seront autant de repères jalonnant l'évolution. Cette évolution se fait naturellement inégalement selon les zones géographiques, mais les écarts importants sont aussi liés à l'activité. Pour saisir les transformations, il nous faut remonter un ou deux siècles auparavant.

[88] Texte de 1352, « *ledit Macé* (le boursier, gantier du roi), *pour deux braies de cerf, ouvrez, livrés en terme de*

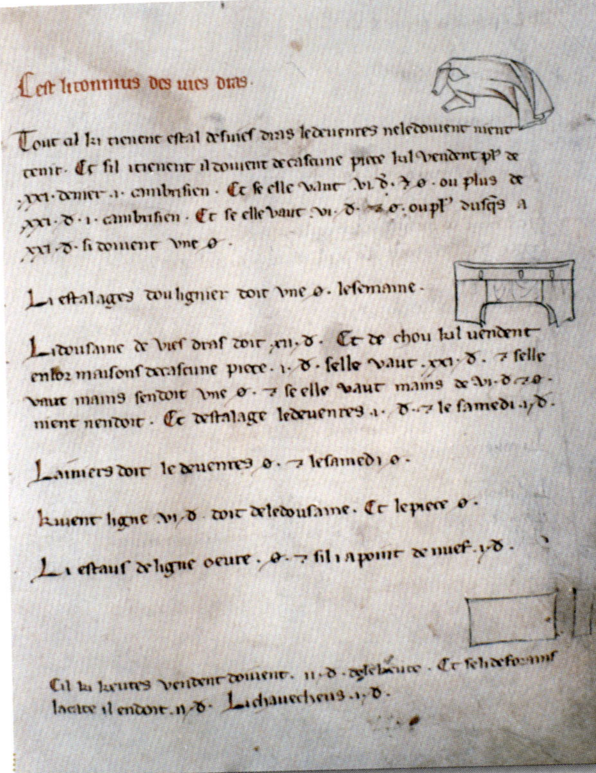

Ce folio nous présente des vêtements dessinés avec précision pour illustrer le terrier. La braie que nous découvrons induit un patronage totalement différent du grand rectangle faisant de multiples plis à l'entre jambe. Nous distinguons nettement les coutures, les pans volants au niveau des cuisses et des œillets au niveau de la ceinture permettant l'attache des chausses. Ce caleçon est une forme de transition qui nous amène progressivement vers les braies plus courtes, puis ajustées, du xvᵉ siècle. (photo Jean-Luc Thieffry, Archives départementales du Nord, Musée 342, f. 45v.)

Tristan porte la robe-linge, composée de la chemise et des braies. *Roman de Tristan*, Paris, 1320-1340 *Tristan rencontre des bergers dans la forêt de Morois.* (photo J. Paul Getty Museum, Los Angeles, Ms. Ludwig XV 5 (83.MR.175), f. 224.)

Au milieu du XIIIᵉ siècle, la cordelette des braies, qui coulisse dans le tissu autour de la taille, permet d'attacher les chausses disjointes.

Le patron de ces braies est simple. Il s'agit d'un tube de tissu fendu en son centre. L'ouverture ainsi pratiquée est ourlée pour y insérer une ficelle qui fronce la taille et chaque extrémité laisse passer les jambes. De fait, les braies sont amples et larges et génèrent beaucoup de tissu à l'entrejambe. Cette sorte de caleçon est très long et couvre les jambes jusqu'en dessous du genou. Lors des travaux, la partie basse, parfois fendue sur le côté ou l'arrière, est nouée et remontée par un cordon à la ceinture.

Comme pour l'ensemble des vêtements, le milieu du XIVᵉ est le tournant d'une évolution notable, voire même d'une révolution. Cette période, mal connue pour les dessous masculins, est néanmoins limpide à la lumière de deux documents. Pour une fois, c'est n'est pas l'iconographie qui nous éclaire, mais un terrier. Ce document comptable, celui de la ville de Cambrai, est conservé aux archives départementales du Nord. Sa particularité tient au fait que les pièces citées par l'auteur, ont été illustrées dans la marge. Le second document est une enseigne datant du milieu du XIVᵉ siècle. Il est à noter la proximité géographique relative de ces deux documents, situés dans le nord de la France/Belgique.

La braie « en tube » laisse progressivement la place à une forme plus élaborée. L'entrejambe, constitué d'une bande de tissu, est assemblée aux pièces de jambes. Les nombreux plis à l'aine sont donc réduits et le confort est augmenté. La bande de ceinture laisse toujours la possibilité, grâce à deux œillets, d'accrocher les chausses. Le serrage se fait toujours par un nœud sur le devant. Les jambes sont libres de mouvement car le tissu, fendu à l'intérieur des cuisses, peut être aussi relevé lors des travaux. La nouvelle mode courte influe sur la longueur et la forme des braies. L'effet couche-culotte serait, il faut bien l'avouer, esthétiquement désastreux. On continue à trouver le modèle à jambes et entrejambe, mais il faut faire ses sous-vêtements différemment. Et utiliser moins de tissu. À robes courtes et moulantes, draps-linges plus courts et plus près du corps. Cela est logique. Les braies vont donc arriver au dessus du genou, puis à micuisse, puis tout en haut des jambes... Pour enfin ne plus pouvoir être qualifiées de « *braies* ».

Les livres de comptes viennent confirmer l'impact de la mode courte et moulante sur les sous-vêtements. Ainsi, en 1310, les livres de la cour de Savoie nous apprennent qu'il fallait 2 aunes de tissu pour confectionner des braies. En 1400, il n'en faut plus qu'une demi-aune, soit quatre fois moins.

Des braies au slip.
Régionalismes ?

Le raccourcissement amène, dans les premières années du XVe siècle, l'apparition de braies extrêmement courtes, qui ont perdu leurs jambes… Ou en conservent très peu. Deux types sont particulièrement notables : un type qu'on trouve surtout représenté en Italie, un autre dans les pays germaniques. Les principales sources sont les représentations de saints, qui troquent souvent leur drapé à l'antique pour des tenues plus modernes.

Le type italien : "boxer"

Il s'agit du type le plus ancien, visible déjà vers 1415-1420 dans la fresque de la Fontaine de Jouvence du Castello della Manta dans le Piémont. Mais c'est le peintre Antonello della Messina, avec son Saint Sébastien, qui est l'auteur de la plus célèbre représentation de ce sous-vêtement. Nous avons là une tenue courte, avec un début de jambes, qui remonte légèrement sur l'abdomen. Il est fermé sur les hanches par un lacet, placé dans une goulière munie d'oeillets espacés au niveau de l'ourlet. L'espace entre les oeillets permet, une fois les deux extrémités du cordon nouées, de créer une poche. Un détail paraît très intéressant sur le tableau : une couture descendant de l'endroit du nœud vers l'entrejambe. S'agit-il d'une partie pouvant s'ouvrir ? Ou d'une simple couture de construction ? Nous sommes en tout cas en présence d'un modèle très moderne, qui semble tenir compte de l'ergonomie. Une forme pratiquement semblable se remarque sur certaines oeuvres flamandes de la fin du siècle (Saint Sébastien du *Triptyque de la Résurrection* de Memling, par exemple), avec cette fois une disparition totale des jambes. Ce modèle est aussi visible sur des oeuvres françaises durant tout le siècle.

Masaccio, *Saint Pierre baptisant*, détail, 1425-1427, chapelle Brancacci, Santa Maria del Carmine, Florence. Au début du XVe siècle, les changements sont radicaux. Les braies longues deviennent anecdotiques. (photo Tina Anderlini.)

Carlo Crivelli, *Saint Roch*. Le modèle se généralise dans l'Italie de la seconde moitié du XVe siècle. (photo Tina Anderlini, Gallerie dell'Accademia.)

Le montage de cette paire de braies est assez perceptible. Notons la similitude avec le document conservé aux ADN musée 342. Insigne, deux femmes montrent un phallus dans un caleçon, 1400-1450, étain allié au plomb, h 63 mn, découverte à Bruges. (photo extraite du catalogue de l'exposition *Foi et bonne fortune*.)

Antonello da Messina, *Saint Sébastien*, huile sur panneau transférée sur toile, 1478. Braies italiennes de type boxer. Cet exemple est le plus célèbre. (photo Gemäldegalerie, Dresde.)

Proposition de reconstitution
de braies « transitoires ».
(photo et réalisation Florent Véniel.)

Proposition de reconstitution
de braies « courtes ».
(photo et réalisation Florent Véniel.)

Braies de Lengberg, fin du xvᵉ siècle.
Ces braies de lin sont un témoignage exceptionnel.
Le modèle correspond avec ce que l'on peut voir
dans les œuvres germaniques autour de 1500.
(photo Institut für Archäologie, Universität Innsbruck.)

Le type germanique : "slip".

L'intérêt des « *braies* » (peut-on encore appeler ainsi
ce sous-vêtement?) de type germanique est qu'on
en a récemment trouvé une trace archéologique, au
château de Lengberg en Autriche. La datation en
est large : 1440-1485. l'objet consiste en une pièce
de lin, d'une forme proche de celle d'un sablier, et

[89] Beatrix Nutz,
*Des Braies et soutiens-
gorge au xvᵉ siècle.*

de fines lanières se nouant sur la hanche droite,
alors que le côté gauche n'est fait que d'une lanière.
Nous avons là une forme extrêmement simple. Le
slip montre des réparations, effectuées en superpo-
sant des pièces de lin. Lors de la découverte du slip,
il a été envisagé qu'il puisse s'agir d'un vêtement
féminin. Mais les analyses n'ont donné aucune information[89]. En revanche, la comparaison avec les
sources iconographiques est éloquente : ce modèle
se voit sur un nombre important d'œuvres, principalement germaniques, du XVᵉ jusqu'au début du
XVIᵉ siècle. Albrecht Dürer, en particulier, les figure
régulièrement. On les voit sur des saints, mais aussi
sur le peintre lui même, dans un dessin envoyé à
son médecin pour montrer l'endroit qui le fait souf-
frir. La similitude entre les slips portés par les mar-
tyrs, celui porté par Dürer et la pièce archéologique
met en avant la fiabilité de la source peinte. Et on
remarque aussi, sur les oeuvres de Dürer comme
dans d'autres exemples contemporains d'autres
artistes, que le slip se noue souvent sur le côté droit,
alors que le côté gauche ne contient qu'une seule
lanière. Ce que l'on voit à Lengberg… La peinture
nous permettrait-elle de comprendre mieux la pièce
archéologique ?

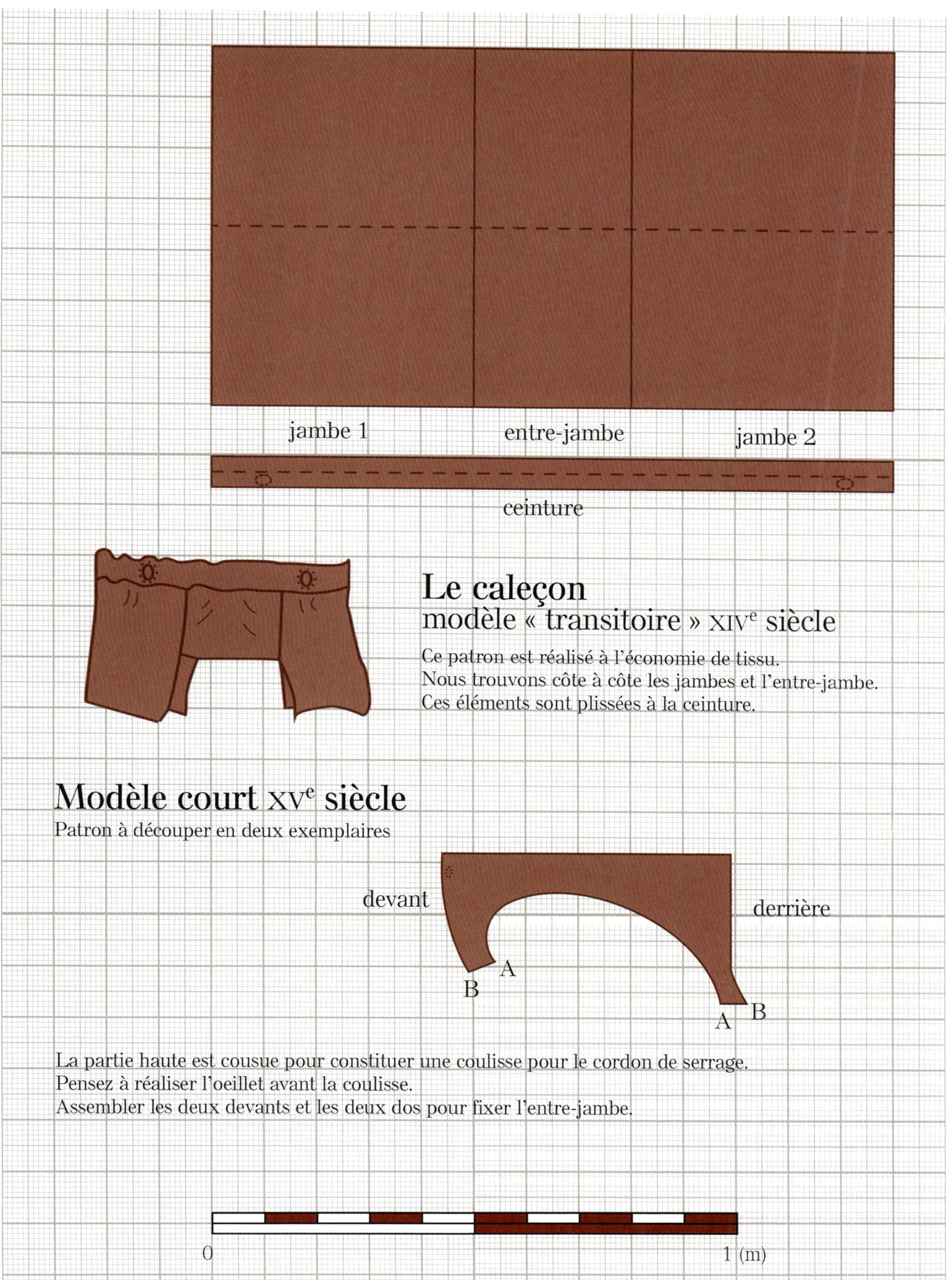

Le caleçon
modèle « transitoire » XIVe siècle

Ce patron est réalisé à l'économie de tissu.
Nous trouvons côte à côte les jambes et l'entre-jambe.
Ces éléments sont plissées à la ceinture.

Modèle court XVe siècle

Patron à découper en deux exemplaires

La partie haute est cousue pour constituer une coulisse pour le cordon de serrage.
Pensez à réaliser l'oeillet avant la coulisse.
Assembler les deux devants et les deux dos pour fixer l'entre-jambe.

Grandes heures de Rohan, vers 1430. Le moissonneur au premier plan a mis sa chemise dans ses braies, tandis que le second la laisse pendre. (photo Bnf, Paris, Ms. Lat. 9471, f.10r.)

Très riches heures du Duc de Berry (détail), vers 1415. (photo Musée Condé, Chantilly, Ms. 65, f.7v.)

La chemise

Les chemises masculines et féminines sont construites de la même façon, seule la longueur diffère. C'est là une nuance suffisante pour que soit signifiée dans les textes la mention de chemise *à homme*. Concernant le haut du corps, la chemise est la première des couches de vêtements, portée systématiquement sous toute tenue. En revanche, elle n'est jamais portée la nuit, c'est dans le plus simple appareil que l'homme se glisse dans son lit. Elle connaît une certaine évolution durant la période. Arrivant au dessus des genoux au début du XIVe siècle, elle raccourcit au fur et à mesure que le vêtement de dessus diminue lui aussi. Globalement, la chemise arrive le plus souvent au milieu de la cuisse, bien que certaines tombent jusqu'aux genoux et finira par arriver au bas-ventre.

Le textile utilisé pour la fabrication diffère suivant le niveau social du porteur. Le chanvre et le lin restent les matières dominantes. La noblesse préfère des lins blanchis et adoucis. En témoigne l'histoire de trois nobles gens[90] prenant halte dans une auberge, qui confient leur linge à nettoyer. Le lendemain, c'est-à-dire le dimanche, pour leur permettre d'assister à l'office alors que leur linge n'est pas prêt, leur hôte prête à chacun une de ses chemises. « *Par ma foy, dist l'oste, je n'y sçay aultre remede, que je vous preste chacun une chemise des miennes, telles qu'elles sont.* » L'homme précise que ses che-

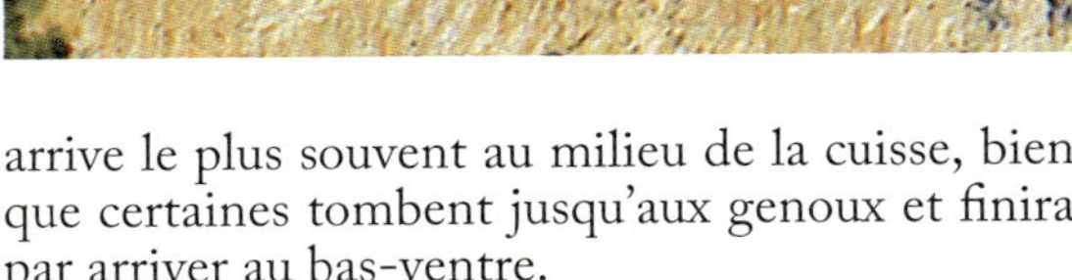

Ce manuscrit de 1410 nous présente quatre prisonniers portant chacun une chemise et des braies. Relevons l'encolure en V de l'homme de droite. Ce type de chemise sera porté au plus tard jusque 1450. (photo Bnf, Paris, Ms. Fr. 1023, f.43.)

Chemise courte avec fentes latérales, vers 1396. (photo Bnf, Paris, Ms. Fr. 313, f.117v.)

Chemise d'homme (détail) **Dieric Bouts**, *Triptyque du martyre de Saint Erasme*, Louvain, Eglise Saint-Pierre, Vers 1450-1460. La fente antérieure descend jusque sous le plexus. (photo Florent Véniel.)

Dieric Bouts (1415-1475), *La Justice de l'empereur Othon*, l'exécution du comte, détail, 1473-75. Les condamnés sont exécutés en chemise. Le comte garde cependant un signe de son rang avec cette chemise longue. Il sera innocenté après son exécution. (photo Tina Anderlini, Musées Royaux des Beaux Arts, Bruxelles.)

mises *« ne sont pas pareilles aux vostres, mais elles sont blanches, et si ne povez mieulx faire. »* Nos jeunes nobles *« furent content de prendre ces chemises de l'oste, qui estoient courtes et estroictes, et de dure et aspre toille ».* Si la couleur semble correspondre à un idéal de blancheur, dont nous pouvons déduire qu'elles sont de qualité supérieure à certaines du commun, de couleur plus naturelles, la précision apportée sur la qualité de la toile, rugueuse, témoigne d'une habitude différente de cette noblesse.

Il est intéressant de noter aussi au passage que le nombre de chemises de l'aubergiste est au moins égal, voire supérieur à quatre.

Si ce sont les femmes qui, communément, ont la charge de la confection des chemises, certains couturiers peuvent aussi s'occuper de la production. Elles sont alors regroupées dans l'administration ducale, avec d'autres fournitures de base, sous l'appellation de « nécessités ». En 1350[91], *« les cous-turiers qui feront les robbes-linges prendront et auront de la façon d'une robbe-linge à homme, d'œuvre commune huit deniers et de la chemise a femme quatre deniers et non plus ».* Le prix diffère pour le travail de la chemise d'homme, peut-être parce qu'y sont ajoutées des bandes de renfort aux épaules qui garantissent des déchirures.

La chemise, d'un patronage géométrique, est évasée sur le bas par un jeu de goussets. De temps en temps, deux fentes sur les côtés permettent aussi de donner de l'ampleur. Il est très rare de constater des fentes à l'avant et à l'arrière sur les chemises. L'encolure est portée assez fermée, proche du cou. Pour permettre le passage de la tête, elle est communément ouverte sur l'avant au moyen d'une fente, *l'amigot*. Jusque dans les premières décennies du XVe siècle, il est préférable que le col ne soit pas visible. Mais dès 1455, la chemise est visible par l'ouverture laissée par le pourpoint. Les manches, fixées simplement au corps, sans fronces, sont soit amples soit ajustées aux poignets.

[90] Franklin P. Sweetser (édition critique) *Les cent nouvelles nouvelles*, Textes littéraires français, 1966, 63e nouvelle, L91-93.

[91] Adrien Harmand, *Jeanne d'Arc ses costumes, son armure*, Ernest Leroux, 1929, p.73.

Reconstitution
d'une chemise
du milieu du XVe siècle.
(photo Noëlle Delebarre.)

Paysan en chemin
lors du battage.
On apperçoit ici
parfaitement
les triangles d'aisance.
*Missel à l'usage
de Tours*, début du
XVe siècle. (photo
Bibliothèque municipale,
Tours, Ms. 185, f.04v.)

Reconstitution
d'une chemise
du milieu du XVe siècle,
détail du gousset et
des triangles latéraux.
Les coutures sont dites
enchassées offrant une
meilleure résistance
aux tensions.
(photo Noëlle Delebarre.)

Chemise de base (début XIVe)

Coudre les épaules légèrement sur l'arrière

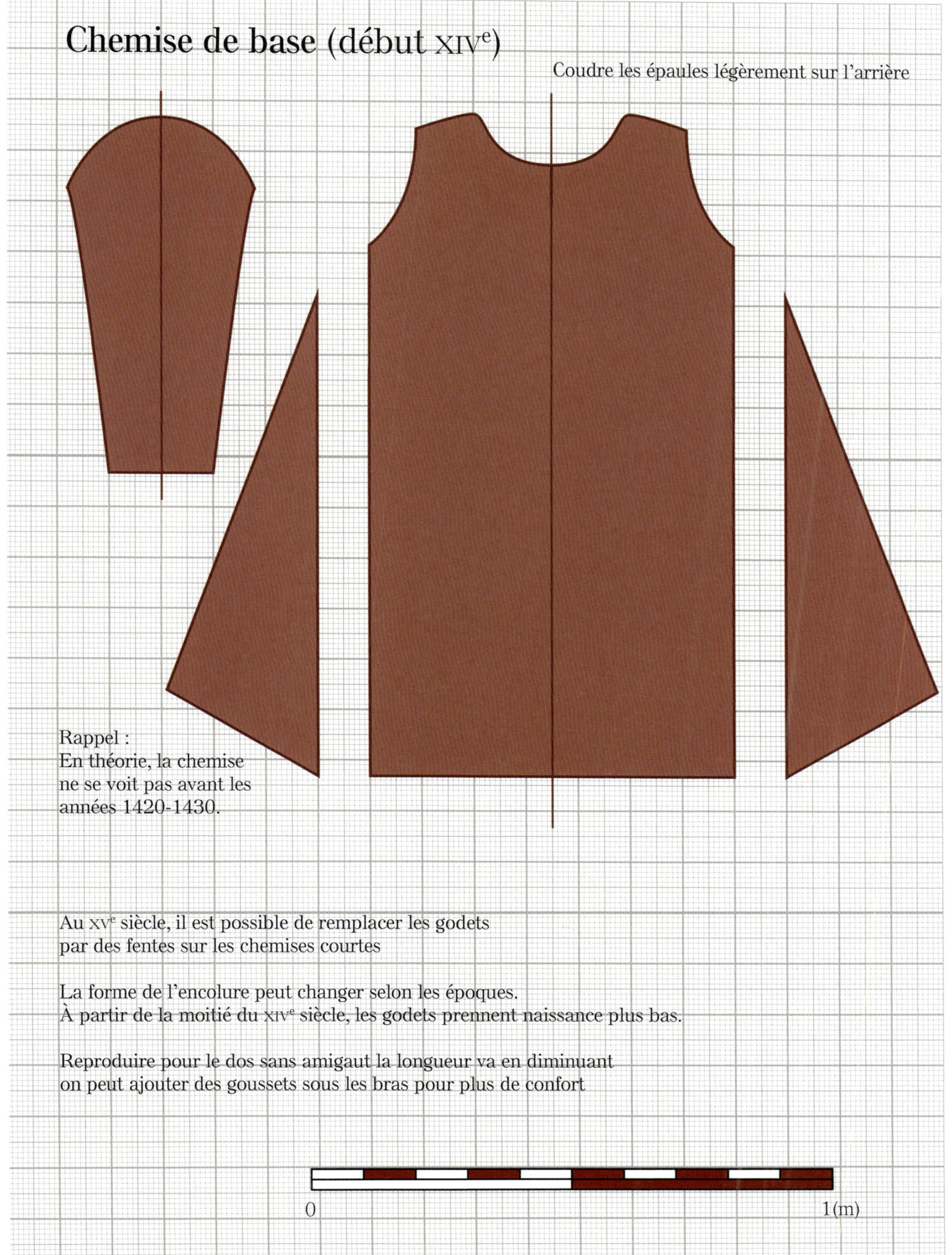

Rappel :
En théorie, la chemise
ne se voit pas avant les
années 1420-1430.

Au XVe siècle, il est possible de remplacer les godets
par des fentes sur les chemises courtes

La forme de l'encolure peut changer selon les époques.
À partir de la moitié du XIVe siècle, les godets prennent naissance plus bas.

Reproduire pour le dos sans amigaut la longueur va en diminuant
on peut ajouter des goussets sous les bras pour plus de confort

0   1(m)

Dieric Bouts, *La Justice de l'empereur Othon*, l'exécution du comte, détail, 1473-75. Les chausses sont attachées au pourpoint par de nombreuses attaches. (photo Tina Anderlini, Musées Royaux des Beaux Arts, Bruxelles.)

[92] Michèle Beaulieu et Jeanne Baylé, *Le costume en Bourgogne de Philippe le Hardi à la mort d e Charles le Téméraire (1364-1477)*, PUF, 1956. p.50.

[93] Adrien Harmand, *Jeanne d'Arc ses costumes, son armure*, Ernest Leroux, 1929, p.123.

[94] ADN B 2004, F 343 V.

[95] Boccace, *Décaméron*, Le Livre de poche, 1994, 7e journée, 8e nouvelle, p.585.

Une dispute éclate à la sortie d'une ville. Deux des protagonistes ont des chausses élimées qui se déchirent aux endroits d'usure, notamment aux genoux et nous pouvons apercevoir le port de chausses disjointes sous la robe. Le soulier perdu nous dévoile aussi le bas de la chausse, à étrier, qui est l'attache la plus fréquente. Notons également le magnifique chapeau de paille qui gît au pied de l'agresseur et la huque que porte l'homme de droite (vers 1448). (photo Österreichische National-bibliothek, Vienne, cod. 2549, f° 74 v°.)

Les chausses

Demande : Velu dehors, velu dedans ;
Haulce ta jambe, et fier tout ens.
Response : C'est quant on vœult chauser unes
chausses.

Bruno Roy, *Devinettes Françaises du Moyen Age, Cahiers d'études Médiévales* n°3, Bellarmin, 1977 (p.81 n°135).

La chausse est la pièce de vêtement qui habille la jambe. Elle s'allonge progressivement pour couvrir la cuisse et parvenir à la taille à la fin du Moyen Âge. En effet, la révolution de la mode dans la première moitié du XIVe siècle, offre aux hommes des vêtements de plus en plus courts et ajustés. La jambe qui se dévoile doit alors parallèlement se draper des chausses.

Elles sont souvent de laine, plus rarement de toile et certaines pourraient avoir aussi été tricotées. Les chausses de toile semblent être portées par les voyageurs comme les pèlerins ou les bergers, et Michèle Beaulieu[92] nous informe, en 1422, que certaines peuvent être fourrées de *70 dos de gris*, même si cela semble rare. Une chausse de toile a été conservée, du XIIIe siècle. Elle appartenait à saint François d'Assise.

Selon Adrien Harmand[93] on distingue deux catégories : les *chausses vides dedans jambes* et les *chausses plaines dedans jambes*. Les premières peuvent donc être considérées comme séparées à l'entre jambe, tandis que les secondes sont dites pleines, c'est-à-dire se rejoignant au moyen d'une pièce de tissu. Il situe la première jonction des deux jambes au début du XVe siècle, un peu avant 1404. Ainsi, à partir de cette date et pendant plus d'un siècle, les deux catégories sont portées. Mais il se pourrait que nous soyons devant une mauvaise interprétation des textes, puisqu'aucune autre source ne vient corroborer cette hypothèse. Il semble que l'on doive encore envisager la seule existence de chausses séparées en ce début du XVe siècle.

Cet historien du début du vingtième siècle a aussi relevé plusieurs appellations les désignant. Les *chausses rondes*, qui enveloppent davantage la cuisse, sont maintenues sur le devant et les côtés, alors que les *chausses à queues*, fixées tout autour du corps, couvrent également la fesse sans pour autant être jointives. Les *chausses à étriers*, *chausses à coins*, *chausses à pieds rapportés*, désignent des spécificités de la partie basse de la jambe.

Il est à noter aussi la mention de *chausson*, ou *chausses naines*[94] vers 1449 ou 1450. Elles sont également faites de drap de laine ou de toile. Si elles sont similaires aux chausses, elles sont aussi plus courtes, mais nous sommes malheureusement sans autre indication.

Selon sa condition

En fonction de son statut social, de son activité, tout le monde ne porte pas la même tenue, et la chausse n'échappe pas à la règle. Les chausses jointes, à pieds ou à étriers sont faites pour être relativement ajustées et tendues sur la jambe. Une certaine élasticité du tissu est alors nécessaire. Elle est obtenue en taillant les pièces dans le biais, c'est-à-dire en diagonale par rapport à la lisière. On peut vérifier cette élasticité, variable d'une étoffe à l'autre, en prenant le morceau de tissu dans chaque main et en exerçant une traction douce mais soutenue dans un sens oblique par rapport au tissage. Lors de la coupe, les chutes sont alors nombreuses et la consommation de tissus est donc plus importante. De plus, la confection de telles chausses ajustées nécessite des talents certains en patronage et en couture, elles sont dites *faitisses* lorsqu'elles sont faites sur mesure, et malgré une extensibilité relative, elles ne permettent pas une mobilité compatible avec une activité soutenue. Les chausses jointes sont donc, pour longtemps, l'apanage des gens les plus aisés, sédentaires dans leur activité.

En opposition, les chausses disjointes sont nettement plus confortables. Laissant une totale liberté de mouvement parce que plus larges et ouvertes à l'entre jambe, elles sont préférées des travailleurs et surtout des paysans. Le *Décaméron* [95] donne une image peu sympathique de ces ruraux. L'un d'entre eux est décrit ainsi : « *l'un de ces paysans venus tout droit de leur campagne et sortis de ces troupeaux de gredins vêtus de bure, les chausses tire-bouchonnantes et la plume au cul* ». Tire-bouchonnante est ici un qualificatif spécifique pour la toile, molle, tombant le long de la jambe en plis disgracieux. L'image médiévale use de ce motif des chausses tombantes pour désigner les personnages vulgaires et stigmatisés. C'est l'un

des signes manifestes des chausses séparées qui, lorsqu'elles ne sont pas fixées à la taille à la ceinture des braies, peuvent aussi être avalées, c'est-à-dire enroulées sur elles-mêmes. Pour éviter qu'elles ne tombent sur les pieds, certains travailleurs placent alors une jarretière pour stabiliser la chausse au-dessous du genou. La chausse dite à queue avalée dérive de la précédente et se distingue, sur les images, par l'émergence de la pointe haute de la chausse au niveau du bourrelet.

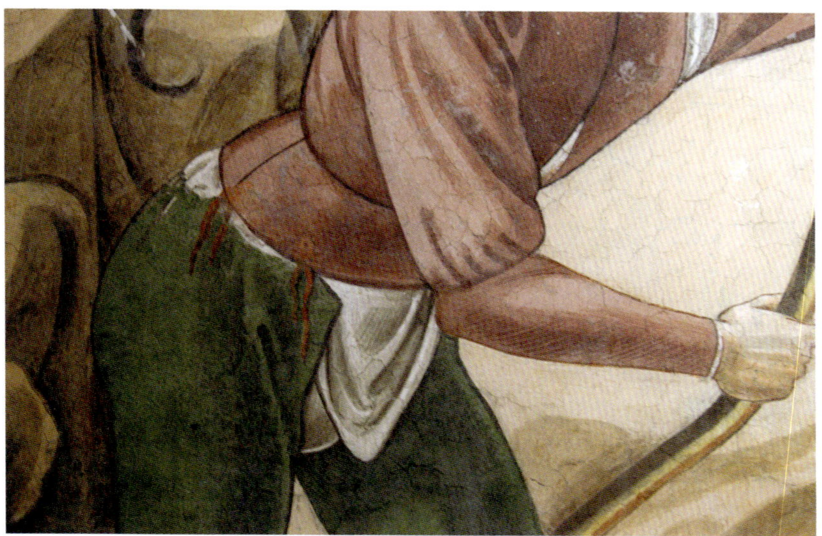

Pour les travaux laborieux, les chausses à queue sont déliées à l'arrière afin de faciliter les mouvements et la chemise baille négligemment. Nous pouvons aussi remarquer la présence de la braguette, visiblement composée de deux parties. Fin du XVᵉ siècle. (photo Bibliothèque de l'Ermitage, cote 42.5.3, f.140.)

Melozzo da Forli, *Histoire de saint Michel*, détails, fin du XVᵉ siècle, Basilique des Saints douze apôtres, Rome. Ces fresques, récemment découvertes, présentent de jeunes archers courts vêtus. Les chausses séparées laissent voir la chemise et les braies. Les inconvénients de la mode. (photos Tina Anderlini.)

Hans Memling, *Le martyre de saint Sébastien* (détail). Ce tableau est très surprenant. Il semblerait que les chausses soient solidaires du pourpoint, formant une sorte de combinaison unique. Remarquons la doublure blanche de cet ensemble. Nous pouvons noter aussi la chemise et la robe de brocart entièrement doublée de fourrure au pied du saint. (photo Musées royaux des Beaux-Arts de Belgique, Bruxelles.)

Des attaches

La façon dont sont attachées les chausses subit une évolution chronologique perceptible, directement en lien avec les modifications de forme. Au XIIIᵉ siècle, la chausse, disjointe, se termine en pointe au niveau de la cuisse. Elle est alors maintenue par un cordon noué sur le braiel et un noyau faisant office de bouton, placé dans le tissu, ou un œillet permet d'ajuster la longueur de la lanière.

La grande modification apparaît lorsque la chausse couvre davantage la cuisse. L'attache se fait alors sur le devant mais aussi sur les côtés et la chausse, percée d'œillets, ne se fixe alors plus au caleçon mais à un vêtement court, le gippon, grâce à des cordons. Avec la recherche d'épouser le plus possible le corps et d'éviter tout plis disgracieux, la chausse à queue qui couvre une partie des fesses, doit, elle, être maintenue aussi correctement sur l'arrière et les fixations se multiplient.

Dans un premier temps, ces cordons portent le nom d'*estaches* dans les textes, que nous pouvons comprendre comme attache mais les termes de *las*, *laz*, ou *aiguillettes* sont les plus courants. Ils sont cousus à l'intérieur du pourpoint, traversent les œillets des chausses et se nouent par l'extérieur. À la fin du XIVᵉ siècle, le pourpoint est à son tour muni d'œillets et les cordons cousus sont remplacés par des aiguillettes indépendantes. Ce type de fixation, lorsqu'elles se multiplient pour les chausses à queues ou pour les chausses pleines, n'offre que peu de possibilités de mouvements et la position assise est aventureuse. Ainsi un chevalier[96], lors d'une assemblée, ne souhaite pas s'asseoir sur un coussin au sol car « *se je me seoie bas, je pourroye rompre mes estaches* ».

Comme sont portées conjointement les différentes formes de chausses, les multiples façons de les fixer cohabitent également. Adrien Harmand[97] repère aussi, dans un manuscrit de Genève des années 1460, un système d'attache moins représenté : les cordons, cousus aux chausses, s'attachent à une simple ceinture fixée à la taille. À notre tour, nous n'avons pu trouver d'autres miniatures attestant d'une utilisation fréquente de cette attache. Tout aussi exceptionnel, l'auteur, à la même page de son étude, fait mention d'une image allemande datée de 1449 où les chausses possèdent, en haut de la cuisse, trois boutons, alors que le pourpoint est muni de trois boutonnières.

Doublées et décorées

Certaines chausses peuvent être doublées et nous les trouvons parfois sous le nom de bottes. Ce sont naturellement les chausses pleines, apanage d'une classe plus aisée, qui ont cette particularité. La doublure, totale ou incomplète, a le mérite de donner de la tenue au vêtement et de rendre la chausse plus

Très riches heures de Jean de Berry, le mois de janvier (détail), vers 1415-1416. Un très bel exemple de chausses décorées portées par un jeune élégant. (photo Musée Condé, Chantilly, Ms. 84, f.1v.)

Retable Wernigerode, Basse Saxe, vers 1420, détail, le **Comte Dietrich de Wernigerode**. Le comte, assassiné, en l'honneur duquel le retable a été peint porte des chausses rouges et blanches, comme son vêtement. Ce sont aussi les couleurs du blason de sa famille. Les couleurs indiquent son appartenance à cette famille. La pratique semble avoir été relativement répandue. (photo Tina Anderlini, Hessisches Landesmuseum, Darmstadt.)

confortable, mais elle permet également de renforcer la toile face à la tension des attaches. Une bande de renfort, appelée *liure*, peut compléter le dispositif pour la partie haute de la chausse et offrir une solidité presque à toute épreuve.

La doublure est souvent faite de blanchet ou de toile. Parfois elle est ton sur ton comme pour les chausses noires du duc de Bourgogne, Philippe le Bon. Sa doublure est décrite[98] comme en vue de « *garnir autour de la cuisse ou encore depuis le genou jusqu'en haut* ». Elle ne semble donc pas couvrir tout le long de la jambe.

Pour d'autres, le blanchet descend bien en dessous du genou : dans la miniature d'une scène autour d'une fontaine de jouvence, nous distinguons une doublure s'arrêtant en dent de scie au niveau du bas du mollet. Ces dents sont, semble-t-il, au nombre de cinq et sont d'une hauteur de six ou sept centimètres. Adrien Harmand émet l'hypothèse que cette disposition en dent supprime le relief d'une « *doublure taillée et cousue horizontalement en ligne droite* ». Il signale, dans une autre hypothèse, que cette couture peut aussi être prétexte à une décoration, par un galon extérieur recouvrant la trace laissée visible par le relief de la doublure.

Ainsi, certaines chausses sont décorées. Lorsque dans le roman d'Antoine de la Sale[99], le jeune Jehan de Saintré se fait confectionner une paire de chausses, belle cousine lui recommande de les faire broder sur toute leur longueur et *par dehors des coulleurs et devise* assortie à une bourse qu'elle lui donne. Le chiffre, la devise qu'il décide de faire broder, est un code galant dans cette société du milieu du XVe siècle, qui représente l'attachement d'un homme à une dame. Et en cette cour, les femmes aiment connaître les devises qui y sont notées : « *Voullons nous veoir quelz devises en ses chausses porte ce petit Saintré* ». C'est que l'adolescent de treize ans semble bien jeune pour arborer de telles choses car elles précisent : « *quant telz gens vuellent ja* (déjà) *porter devises !* »

Les chausses brodées existent, mais sont loin d'être courantes parmi la noblesse, même si nous les trouvons représentées à la cour de Jean de Berry comme en Allemagne.

La mode pousse parfois à d'autres extravagances. Ainsi, de la fin du XIVe siècle jusqu'au milieu du XVe, voyons-nous fleurir presque couramment en Flandres, l'envie de porter des pièces de couleurs différentes en séparant les paires de chausses disjointes : la jambe gauche d'une couleur se voit associer une jambe droite d'une autre teinte. Il semblerait même qu'à Venise, les couleurs des chausses sont des marques d'appartenance à telle ou telle bande de jeunes gens. La mode des chausses dépareillées et multicolores semble durer dans la cité des Doges. Par ailleurs, Jean sans Peur, duc de Bourgogne, portait des chausses blanches et vertes, correspondant à ses couleurs. Ceci pourrait confirmer que cette pratique n'est pas une fantaisie mais bien une affirmation d'appartenance.

C'est le pied

Comment se termine la chausse au niveau du pied ?

Les plus pauvres, comme ceux représentés dans le registre de la gilde des drapiers de Bologne, en Italie, laissent apercevoir des bas de chausses déchirés et peu ajustés. Pour eux, rien ne maintient la chausse au bas de la jambe.

À côté de ces exemples, nous retrouvons les chausses à étrier, dont le bas est équipé d'une bande de tissu passant transversalement sous le pied. Elle permet le maintien et la tension de la chausse. De nombreuses images nous dévoilent de tels bas de chausses chez des paysans qui, au cœur de l'hiver, prennent un peu de réconfort en se faisant chauffer les pieds devant le foyer. Ces chausses, pour plus

Dieric Bouts, *Le triptyque du Martyre de saint Hippolyte* (détail), Bruges, cathédrale saint Sauveur. Milieu du XVe siècle. (photo Florent Véniel.)

Le paysan se chauffe les pieds. Il porte des chausses à étrier. *Missel de l'abbaye de Montierneuf*, dernier quart du XVe siècle. (photo BnF, ms. Lat. 873, f.2v.).

[96] Anatole de Montaiglon, *Le Livre du Chevalier de la Tour Landry*, Paris, 1854, p.52.

[97] Adrien Harmand, *Jeanne d'Arc ses costumes, son armure*, Ernest Leroux, 1929, p.140.

[98] Adrien Harmand, *Jeanne d'Arc ses costumes, son armure*, Ernest Leroux, 1929, p.135.

[99] Antoine de la Sale, *Jehan de Saintré*, Le Livre de poche, Lettres gothiques, 1995. p.112 et 120.

Les chausses

La forme de cette chausse est galbée
épouse les contours de la jambe,
contrairement aux chausses
du XIIIᵉ siècle.

Cette chausse n'a qu'un seul
point de fixation
au sommet de la pointe.

Prévoir de larges coutures
au niveau de la cheville.
Ce sont les essayages
qui permettront de l'ajuster
sans trop la serrer pour laisser libre
le passer du pied.

Variante : forme carrée
du coup de pied, provenant
des fouilles de Londres.

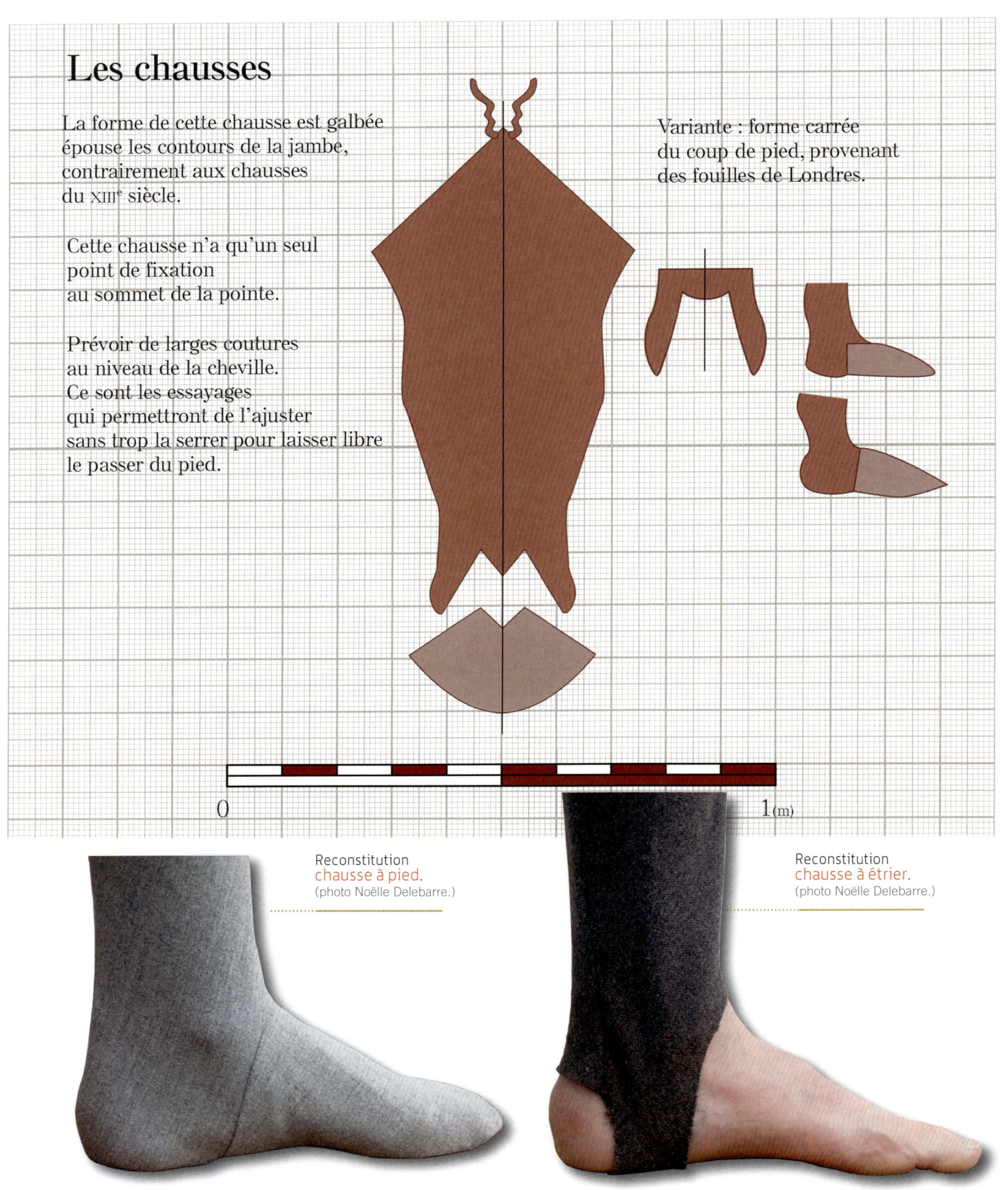

Reconstitution
chausse à pied.
(photo Noëlle Delebarre.)

Reconstitution
chausse à étrier.
(photo Noëlle Delebarre.)

Les chausses (2)

Ce patron correspond à celui des chausses à queue

Les œillets sont à placer
en correspondance avec ceux
du pourpoint.

Ce modèle est à placer dans le biais
du tissu pour obtenir l'élasticité
nécessaire aux mouvements
malgré un ajustage serré

Cette chausse est à étrier.
C'est le modèle le plus courant.
 Les deux bandes de tissu du bas du patron
se rejoignent sous le pied.

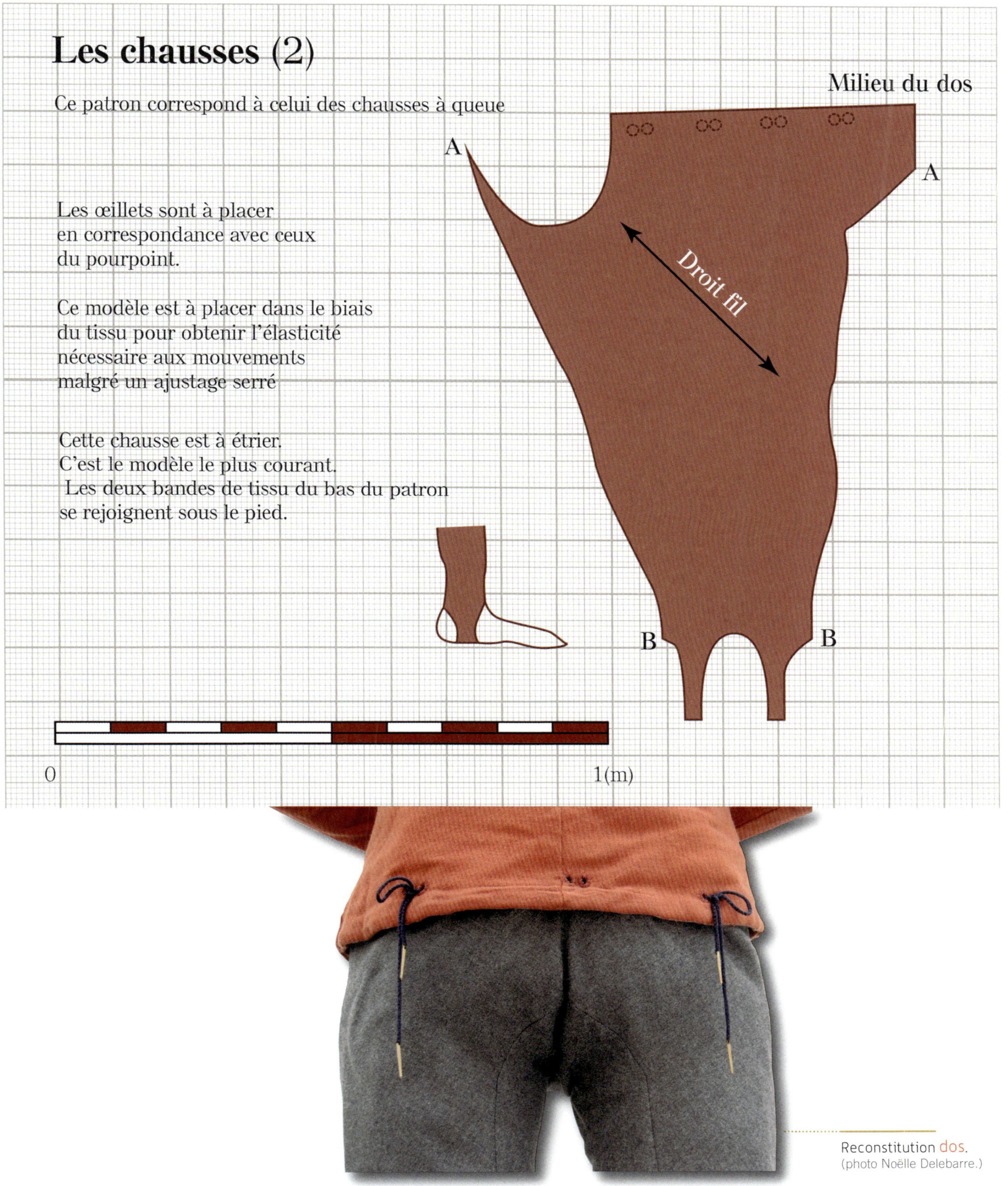

Reconstitution dos.
(photo Noëlle Delebarre.)

Un autre paysan se chauffe les pieds au coin du feu. Il porte lui aussi des chausses à étrier. Notons, la présence de la cotte et du chaperon. La persistance du motif ne doit pas nous étonner. Les calendriers médiévaux reprennent des types séculaires, les adaptant plus ou moins à la période de réalisation. Ces images sont pleines d'informations, mais doivent toujours être abordées avec prudence. Il n'est pas rare, dans les Livres d'Heures, de voir des pauvres vêtus selon leur rang, et, en même temps, de porter des éléments riches. Ceci renvoie à l'origine allégorique de ces images. *Maître des heures de Troyes*, *Horae ad usum Trecensem*, dites *Heures de Michel et Catherine Berthier*, vers 1400. (photo BnF, ms. Lat 924, f.2r.)

[100] Elisabeth Crowfoot, Frances Pritchard, Kay Staniland, *Textiles and clothing 1150-1450*, The Boydell Press, 1992. p.188-189.

[101] Adrien Harmand, *Jeanne d'Arc, ses costumes, son armure*, Ernest Leroux, 1929, p.134.

[102] Anatole de Montaiglon, *Le Livre du Chevalier de la Tour Landry*, Paris, 1854, p.98-99.

[103] Adrien Harmand, *Jeanne d'Arc ses costumes, son armure*, Ernest Leroux, 1929, p.128.

Chausse à pied, la figuration montre clairement les coutures permettant l'assemblage du pied, avec une pièce pour le talon et une pièce pour l'avant pied. Il est à noter les manches brodées de la robe. *Hofämterspiel*, jeu de carte, Allemagne, vers 1440-1460. (photo Kunsthistorisches Museum.)

de confort, nécessitent des souliers fermés, et les plis qui se dessinent le long de la jambe nous laissent soupçonner qu'elles ne sont pas taillées dans le biais ou, du moins, qu'elles ne sont fixées que par une seule attache. Les chausses à étrier peuvent avoir deux origines : une simplification du patron, permettant d'économiser la matière, mais aussi l'usure... Le temps a fait son usage, et le pied est tellement usé qu'il faut faire avec les moyens du bord...

Lorsque le pied est entièrement recouvert de tissu, nous trouvons le terme de chausses à moufle. Il en existe deux types de construction différents. Selon la nomenclature d'Adrien Harmand, il s'agit des chausses à coins et des chausses à pieds rapportés. Ces dernières, de conception très ancienne, perdurent jusqu'à la fin du XVe siècle et ce n'est qu'à cette période qu'apparaissent les chausses à coins, dont la méthode de couture permet un ajustage plus fin.

Ce sont les fouilles de Londres[100] qui nous apprennent le plus sur le montage de ces chausses. Contrairement au modèle plus ancien, le devant de la chausse à coin se prolonge en une seule pièce sur le dessus du pied et un triangle d'aisance, placé sur la cheville de part et d'autre du pied, fait la jonction avec le talon. Ce modèle supplantera le précédent dès le début du XVIe siècle.

Revenons au Moyen Âge. Les chausses à moufle peuvent être semelées de cuir souple pour les protéger lorsqu'elles sont portées sans chaussures. Adrien Harmand[101] nous en fournit deux exemples. Nous trouvons Martin de Coussi, cordonnier de son état, à qui le drapier Jehan Perceval fournit « *2 aunes d'escarlatte paonnasse de Broixelles et 2 aunes et demie d'un marbré lonc de Broixelles, tirant sur le caignet* ». Notre cordonnier taille lui-même et semelle, en 1352, plusieurs paires de chausses pour le roi Jean et son frère, le duc Philippe d'Orléans. De même en 1387, Jehan des Molins, tailleur, assure la commande de vingt-quatre paires de chausses avant de les donner à semeler à un cordonnier.

Les travaux d'Adrien Harmand nous apprennent également une technique particulière, qui semble n'être qu'une exception, seulement perceptible sur une statue funéraire de la cathédrale de Badajoz. Pour permettre un ajustage parfait et éviter des plis d'aisance au niveau du coup de pied, une fente y est pratiquée pour faciliter le passage du pied, elle est fermée au moyen de boutons. Nous n'avons pu malheureusement vérifier cette information.

Essai de typologie

Les chausses les plus anciennes sont donc les *chausses vides dedans jambes*.

Séparées, indépendantes l'une de l'autre, elles s'affirment comme un modèle fonctionnel et pratique, un peu à l'écart de la mode, et perdureront de nombreux siècles. Elles sont donc portées par tous ceux qui ont besoin de mobilités, les travailleurs sur les chantiers de construction, ou encore les paysans. Ces chausses se distinguent en deux grandes familles, les chausses rondes et les chausses à queue.

Les chausses rondes remontent au milieu de la cuisse. Elles se fixent sur l'avant où se situe un œillet et l'arrière, laissé libre, tombe sous le pli fessier. Elles peuvent également posséder un autre œillet pour être attachées sur le côté, mais l'arrière reste toujours dégagé, dévoilant le caleçon si la tenue est trop courte. Ainsi le Chevalier de la Tour Landry[102] explique-t-il qu'un évêque, prêchant contre les extravagances de la mode, dénonce les jeunes hom-

mes « *cours vestus qui monstroient leur culzs et leurs brayes* ».

Dès les années 1360, elles sont remplacées, chez les plus riches du moins, par la chausse à queue, qui, mieux fixée, entoure la jambe du pli de l'aine jusqu'à la fesse. La queue désigne la partie arrière, qui s'allonge pour permettre de couvrir entièrement la fesse. La chausse droite et la chausse gauche sont donc presque jointives et sont réunies par une même aiguillette. Adrien Harmand compte encore sept paires d'attache, mais précise que ce nombre passe à cinq dès lors que ces chausses sont utilisées par les artisans et paysans. C'est-à-dire deux paires d'œillets par devant et sur le côté et un œillet à l'arrière de la chausse, en symétrie avec la chausse controlatérale. Les mouvements de flexion restent malgré tout difficiles mais il est rare que les aiguillettes arrières soient nouées au gippon lors du travail. Les deux queues tombent alors sur la cuisse, évoquant un poisson.

Adrien Harmand[103] nous signale aussi une catégorie intermédiaire qui semble propre à l'Italie. Au milieu du XVe siècle, cette chausse remonte autour des hanches comme la chausse à queue mais sans la présence de celle-ci. Elle découvre donc d'avantage le fond du caleçon.

À partir de 1420, nous trouvons, cœxistantes aux chausses séparées, les premières chausses cousues. La chausse droite et la chausse gauche se trouvent alors reliées par une couture entre jambes. La coupe en est forcement personnalisée car la couture postérieure de la chausse, ajustée parfaitement, doit partager la jambe exactement en son milieu. Au bas des fesses, elle s'oblique pour rejoindre la couture centrale de jonction des chausses. Ce patronage vaut pour les trois quart du XVe siècle lorsque les chausses s'arrêtent au niveau des hanches. Par la suite, alors que le haut de chausse remonte jusqu'à la taille, cette couture arrière se prolonge verticalement jusqu'à la ceinture, permettant d'ajuster le tour de taille, toujours inférieur au tour de hanche.

Avec les chausses jointives, les fesses se trouvent maintenant couvertes, mais l'avant reste à la vue de tous. Pour couvrir le sexe, une bande de tissu apparaît sans tarder. Cette pièce triangulaire, taillée d'une seule partie dans un premier temps, est rapidement confectionnée en deux morceaux car la couture centrale, courbe, permet de donner à la forme le bombé nécessaire à l'anatomie. Cette adjonction se nomme la *braye*, qui sera appelée plus tard braguette. Fixe dans un premier temps car cousue aux chausses, elle devient mobile par la suite. Ainsi à la fin du XVe siècle, si la partie inférieure est cousue à l'entre jambe, des œillets situés en haut de chaque côté du triangle permettent d'attacher celui-ci en haut des chausses. Le pont devient « *pont-levis* » car libéré, il s'abaisse. Dès les années 1480-90, les œillets de fixation de la chausse sont situés plus bas que le niveau de la ceinture. Vers 1500, cette braguette augmente de volume jusqu'à prendre une taille démesurée dans une recherche de virilité.

Cette enluminure témoigne de la cohabitation des différents modèles. Nous pouvons distinguer des chausses à queue portées par l'un des ouvriers en bas, des chausses en pointe fixées au caleçon de l'homme en train de tomber, et des chausses tire-bouchonnantes à gauche de la tour. De la même façon, la cotte est représentée en même temps que le doublet, ici de couleur verte. *La construction de la tour de Babel*, *Heures de Bedford*, vers 1423-1430. (photo British Library, Additional, Ms. 18850, f.17v.)

Le boulevard

Sans détrôner le système à braguette, un nouveau principe est utilisé à l'extrême fin du XVe siècle, où une sorte de culotte vient recouvrir les chausses disjointes. Ainsi dès le milieu du XVe siècle et surtout les années 1470-80, apparaît ce vêtement couvrant le bassin et le haut des cuisses de manière indépendante des chausses. Dès 1490, il est porté de manière plus courante car il est en effet plus simple de réaliser une paire de chausses disjointes et de recouvrir les fesses et le bas ventre par un haut de chausse, facile à réaliser et moins sujets aux déchirures.

Ce haut de chausse, encore appelé *boulevard*, est donc enfilé par dessus les chausses. Il peut être fait de laine, de velours ou même fourré. Si Michèle Beaulieu[104] mentionne un «*bollevart de veloux fourré de gris*» en 1464, la première mention de 1457 correspond, toujours d'après le même auteur, à un vêtement militaire : «*pour une paire de hauts bollvereque noir à armer*».

Avec l'apparition du boulevard, la silhouette vestimentaire de la jambe se trouve scindée en deux. En opposition au haut de chausse, nous trouvons donc le bas de chausse. Sous l'Ancien Régime, le haut de chausse prendra le nom de *culotte*. Culotte qui, prenant de la longueur, deviendra nos actuels pantalons. Le bas de chausse devenant le bas, puis le mi-bas et la chaussette (petite chausse).

La cotte

La cotte est la pièce de base de la robe, cet ensemble de vêtements apparu à la fin du XIIe siècle, se composant de garnements. La cotte est un vêtement visible, portée aussi bien par les hommes que par les femmes. Sa longueur et son ampleur sont des marques de statut. Plus c'est long, plus on est riche. La cotte masculine, au début de notre période, peut atteindre la cheville pour les plus riches, et les genoux pour les plus humbles. Son patron est relativement simple, mais il ne faut pas oublier d'ajuster les emmanchures afin d'être élégant. Elle se ferme au niveau du cou par l'amigaut, ou amigot, muni d'un fermail, ou par des boutons, ces derniers étant très à la mode à partir de la fin du XIIIe siècle. Au début de notre période, la coupe est trapézoïdale.

Le vêtement, d'apparence simple, va évoluer au cours du siècle. Du moins, au début, chez les jeunes nantis. Vers 1350 on voit régulièrement les effets des transformations des décennies précédentes. La coupe s'ajuste au torse, l'encolure s'élargit, le vêtement se raccourcit, pouvant arriver aux genoux, chose difficilement concevable chez des jeunes gens de bonne famille. Et pourtant… La jeunesse dorée ose montrer ses mollets et un peu de son torse.

Ce vêtement va se voir concurrencer par les habits issus du costume militaire, comme le pourpoint. La cotte, même longue, restera en vigueur chez les nobles plus âgés et les bourgeois soucieux de respectabilité, et chez les paysans. Les changements arriveront aussi, mais plus lentement..

Pendant longtemps, donc, la cotte continue à être portée car c'est une tenue pratique et fonctionnelle, de confection relativement simple et accessible à tous, qui suit la mode, de loin, connaissant malgré tout, comme on l'a vu, quelques modifications. Un homme simple[105], ramassant des objets, utilise avec intelligence sa cotte et relève «*les pans de sa tunique, qui n'était pas coupée à la mode du Hainaut, et les fixant solidement à sa ceinture il en forma une vaste poche qui fut bientôt comble*». D'après Boccace, ce sont les pourpoints ajustés, venus d'Italie en ce milieu du XIVe siècle, qui sont considérés comme coupés à la mode du Hainaut, région de la Bourgogne actuellement à cheval sur la France et la Belgique. Ainsi, petit à petit, ce changement de conception du vêtement masculin bascule très lentement vers les milieux les moins aisés et il faudra plus d'un siècle pour que les paysans adoptent le costume court et ajusté.

Le gippon et le pourpoint

Il est vrai que le Moyen Âge ne semble pas avoir été précis sur les termes du vêtement et il est difficile d'établir une nomenclature stable et définitive. Le terme *gippon* comme celui de *pourpoint* semble pourtant désigner le même vêtement et seul le vocable de l'un disparaîtra au profit de l'autre, peut-être à l'issue d'améliorations techniques.

La cotte

Ce patron est très proche de celui
de la chemise. La disposition
des pièces est également très
économique, adaptée aux
largeurs de tissus actuelles.
Toute comme pour la chemise,
il est possible de tailler
les manches et triangles
d'aisance dans le prolongement
du corps pour correspondre
à une lé de 60 à 70 cm de large.
L'encolure, donnée à titre
indicatif, est à modifier
en fonction de la mode
et de l'époque.
La cotte peut aussi être ouverte
sur l'avant sur toute sa hauteur
et fermée par une série
de boutons.
Adaptez la longueur
de la cotte qui doit arriver
un peu en dessous de mi-cuisse,
légèrement plus bas
que la chemise.

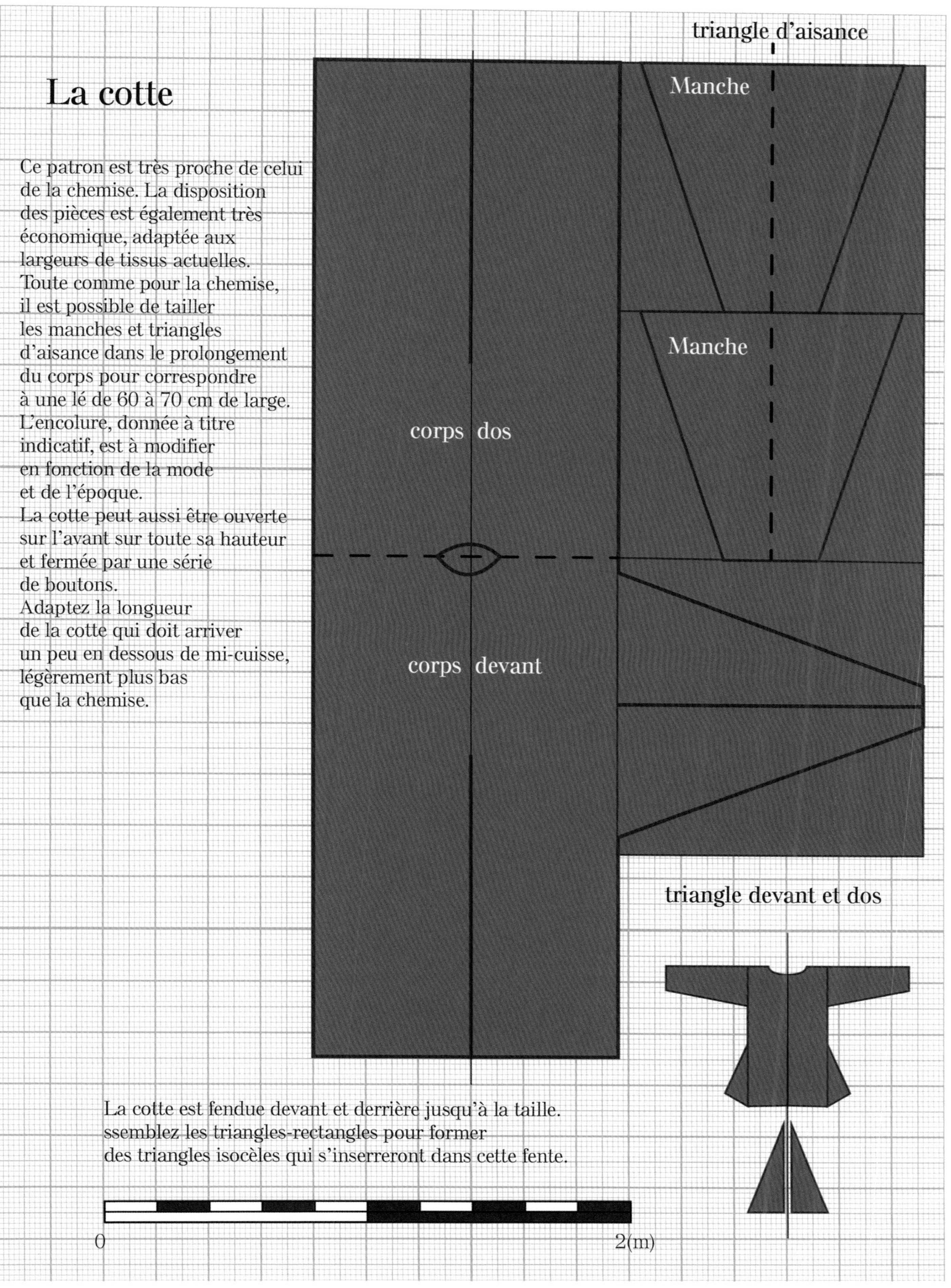

La cotte est fendue devant et derrière jusqu'à la taille.
ssemblez les triangles-rectangles pour former
des triangles isocèles qui s'inserreront dans cette fente.

0   2(m)

Francescuccio Ghissi, *Saint Jean l'Evangéliste*, avec Acteus et Eugène, vers 1370. Ces tenues sont typiques de la mode de la seconde moitié du XIVe siècle. Les cottes descendent aux genoux, sont ajustées sur le torse et les bras. Une ceinture cache la couture entre la jupe et le corsage. À noter les découpes en bas de certains vêtements. (photo Metropolitan Museum, New York.).

Sur une même enluminure, datant de la fin du XVe siècle, cohabitent encore la cotte et le pourpoint, fin du XVe siècle. (photo Bibliothèque de l'Ermitage, cote 42.5.3, F 140.)

L'acrobate, XVe siècle. Le pourpoint vêtement ajusté, demande d'être fermé sur toute sa longueur. Ici, il est lacé. (photo Tina Anderlini, Musée Saint-Loup, Troyes.)

[106] O. Renaudeau, "Gippons, doublets, pourpoints…" dans *Au temps des compagnies de Philippe le Bel à Charles VIII*, volume 1, décembre 2003.

[107] Collectif, *Le vêtement : histoire, archéologie et symbolique vestimentaires au Moyen Age*, Paris, Léopard d'Or, 1989, p.230.

[108] K. Turska, *Ubior dworski w Polsce*, Wroclaw, 1987, p.187.

[109] Sophie Jolivet (thèse) *Pour soi vêtir honnêtement à la cour de monseigneur le duc de Bourgogne, costume et dispositif vestimentaire à la cour de Philippe le bon de 1430 à 1450*, 2003, t 1. p.86.

[110] Michèle Beaulieu et Jeanne Baylé, *Le costume en Bourgogne de Philippe le Hardi à la mort de Charles le Téméraire (1364-1477)*, PUF, 1956. p.45.

Néanmoins, leur fonction reste la même, couvrir le haut du corps tout en maintenant les chausses. Ce vêtement, qui est un des premiers à s'ouvrir sur toute sa hauteur pour être enfilé comme une veste actuelle, fut le siège de nombreuses modifications qui sont autant d'effets de mode, fugaces ou plus pérennes : hauteur du col, emploi de postiches aux épaules, capitonnage sur la poitrine ou encore au niveau des manches, taille des basques, type de fermeture… Nous nous proposons donc de vous présenter une brève description, non exhaustive, de cet étrange habit.

Le gippon semble apparaître avant les années 1340 et remplace, pour certains hommes de la noblesse et pour les plus aisés, la cotte. Il s'agit d'une véritable révolution dans le costume masculin. Les coupes larges et plus ou moins longues, héritées de l'Antiquité et en vigueur jusqu'au XIe siècle, laissent donc la place à une nouvelle mode, cette fois-ci courte et ajustée, dont les répercussions sont encore largement visibles de nos jours. Ce style fut adopté très rapidement par les jeunes aristocrates, puis par tous les jeunes urbains en moins d'une ou deux décennies, alors que les classes d'âge supérieur mettront plus de temps. Seuls les ecclésisastiques, astreints à la modération et surtout à la décence, rejetteront le port de ces vêtements « *cours vestus qui monstroient leur culzs* ». La royauté, après quelques décénies d'hésitation, l'adoptera aussi. Ainsi, Charles V, quand il était dauphin, suivait cette nouvelle façon de se vêtir, qu'il abandonna dès qu'il monta sur le trône. C'est son fils, le jeune roi Charles VI, qui, le premier, n'hésita pas à conserver cette mode symbole de jeunesse une fois arrivé au pouvoir. De son côté, le monde rural paysan conserva longtemps la cotte, pour les raisons économiques et pratiques que nous avons vues.

D'après O. Renaudeau[106], les termes *jupon* ou *gippon* proviennent sûrement du terme *al gubbah* ou *aljuba* qui désigne un vêtement aristocratique mauresque. Celui-ci présente une coupe étroite aux épaules et cherche à couvrir la poitrine. Il se voit affecter une nouvelle couture séparant le dos en deux parties, qui permet au vêtement de suivre au plus près les courbures dorsales et la morphologie de celui qui le porte. Contrairement à la cotte dont le dos est taillé en une pièce, nous retrouvons cette même couture dans le gippon et dans la coupe des vêtements qui suivront, jusque dans nos costumes actuels.

De même pour creuser la taille cette nouvelle tenue sera taillée en partie. Les basques apparaissent alors. Enfin un rembourrage peut être observé sur certaines images visant à modifier la silhouette, *« comparable à un buste de femme »* chose dont ne manque pas de se moquer un chroniqueur de Bohême[107].

Néanmoins, cette nouvelle façon de tailler les vêtements est à croiser avec l'usage militaire et ses nécessités. L'évolution des techniques de combat n'est plus compatible avec les cottes larges que recouvrait la maille, et les premières plaques d'armures demandent un ajustage parfait pour permettre toute la mobilité des combattants. Nous trouvons, dès au moins le XIIIᵉ siècle, l'emploi du gambison, vêtement rembouré, court, destiné à être porté aisément sous les cottes de mailles, puis sous premières plaques. Celui-ci devient rapidement luxueux pour les plus aisés. Il est alors fait de cendal, une soie légère.

Un important fragment de devant gauche d'un pourpoint de cuir est ainsi retrouvé sur un site castral en Pologne et possède une coupe similaire à son homologue de tissu[108].

Nous pouvons remarquer que l'artiste a surligné l'enmanchure à grande assiette au dos de cet habit *Livre de chasse de Gaston Phébus*, vers 1405-1410. (photo BnF, Paris, Ms. fr. 616, f.40v.)

Le gippon, lui, est porté directement sur la chemise. Il est le plus souvent constitué de laine ou encore de toile[109] et même de peaux de chamois. C'est entre autre pour travailler cette matière qu'Estienne Bièvre, brodeur, reçoit 200 frs : parmi les différents pourpoints qui lui sont confiés pour être décorés, l'un est de peaux de chamois[110]. Car depuis ces années 1340, la grande nouveauté consiste en effet, dans le monde civil, à porter seul, à la vue de tous, une tenue qui pouvait être considérée auparavant comme un vêtement de dessous. S'il est visible, il devient un signe ostentoire de richesse et l'on veille à ce qu'il soit réalisé d'étoffes majestueuses. Les

Notons la qualité des costumes et la variété des pourpoints ici représentés. *Noblesse de la création de l'âme humaine*, par **Willem Vrelant** (1410?-1481). (photo Bibliothèque municipale, Valencienne, Ms. 240 f. 031v.)

[Ci-dessus à gauche]: ce boureau porte un pourpoint à maheutre dont la manche très ajustée est montée en deux parties : un souflet froncé est inséré au niveau du coude et donne un peu de mobilité. Notons le col d'une autre couleur et les chausses qui, bien que de deux couleurs, sont pleines et maintenues par des aiguillettes rouges. *La justice de l'Empereur Othon* (détail), Thierry Bouts, 1468. (photo Musées Royaux des Beaux-Arts de Belgique, Bruxelles.).

[Ci-dessus]: la bande centrale rouge fait penser aux mêmes bandes que celles du pourpoint porté par l'ouvrier. Ses chausses de couleurs différentes sont tirebouchonnées sur les jambes. *Le retable de Saint Jean-Baptiste* (panneau droit détail), Rogier Van der Weyden. (photo Berlin, Staatliche Museen.)

Les charpentiers sont nombreux. Remarquons celui du centre maniant une hache. Sur ses chausses disjointes, il porte un pourpoint qu'il a peut-être retourné et sur lequel nous apercevons des bandes de couleur rouge. Sur le bas de la jupe, nous voyons également des traces pouvant correspondre à des œillets, à côté de ces bandes. *Nöe dirige les travaux de construction de l'arche*, vers 1423. (photo The British Library, Londres, Ms Add. 18850, f.15v.)

Détail de l'homme au pourpoint retourné. (photo The British Library, Londres, Ms Add. 18850, f.15v.)

(À gauche):
Manche (détail) volet gauche. **Hans Memling,** *Le retable des deux saints Jean, Bruges,* Sint-Jans Hospitaal, 1474-1479. (photo Memlingmuseum, Bruges.)

Bas de gippon (détail). Ce pourpoint est encore bicolore. Nous distinguons nettement les aiguillettes et le nœud de fixation utilisé. **Rogier Van der Weyden,** *Descente de croix,* vers 1430-1435. (photo Museo del Prado, Madrid.)

soieries correspondent bien à une volonté d'afficher une mise habillée de la part de la jeune élite.

Vers 1420, le terme de *gippon*, déjà rarissime depuis 1400, disparaît totalement. Seul reste le nom de *pourpoint*. Ce terme dérive du *pourpointage*, ces piqûres multiples destinées à fixer et à maintenir entre elles les différentes épaisseurs de laine, de coton ou encore de soie, ou le rembourrage de crin, qui viennent s'ajouter dans la structure pour modifier la silhouette de l'habit.

Progressivement, le pourpoint trouvera une autre utilité. Il va servir à fixer les chausses. Dans un premier temps, des cordons sont cousus solidement au bas de l'habit, à l'intérieur de la doublure, et viennent accrocher les chausses. Par la suite, ce sont des œillets qui équipent les pourpoints et permettent le passage d'aiguillettes, ces lacets indépendants dont l'extrémité est en général ferrée.

Les œillets sont soit apparents, soit masqués à l'intérieur des basques. Leur nombre varie, mais il semble néanmoins avoir été le plus souvent de neuf paires, en correspondance à ceux des chausses : soit deux paires devant, trois paires réparties autour du corps de chaque côté et une paire à l'arrière, au bas de la couture de dos. Les pourpoints des plus pauvres peuvent être privés de cette dernière paire d'œillets située dans le dos, car leur activité nécessitant de la mobilité, ne leur permet pas une attache si contraignante.

Après avoir été mis en valeur, à sa création et pendant le reste du XIVe siècle, comme vêtement de dessus, le gippon redevient vêtement de dessous dès la fin de ce même siècle. En 1415, seuls quelques rares personnes le portent encore sans rien au-dessus.

Dès la révolution apportée par cette nouvelle mode, deux principaux types de gippons, ou pourpoints, cohabitent.

Le premier prend le nom de pourpoint à grandes assiettes. C'est l'aspect caractéristique de l'emmanchure, qui s'étale pratiquement jusqu'au milieu du dos et dessine de grandes assiettes, qui lui ont donné son nom. Très ajustée, cette emmanchure épouse

le galbe des épaules et suit parfaitement les lignes de l'aisselle en ne formant aucun pli. Bien que compliquée à patronner et nécessitant un ajustage parfait, le succès de cette coupe fut notable dans la seconde partie du XIVe siècle. Les pièces conservées nous montrent un boutonnage de type particulier, fait de boutons sphériques dans la partie supérieure et de boutons plats sur la partie inférieure du vêtement. Cette astuce a pour effet de donner un aspect plus bombé au torse, tout en affinant la taille. Cette coupe est cependant abandonnée un peu avant le milieu du XVe siècle, excepté dans les pays du Nord et de l'Est, notamment en Allemagne.

Manche (détail), Un rembourrage pouvait donner cet aspect. **Gerard David,** *Diptyque du jugement de Cambyse,* 1498. (photo Groeningemuseum,

Le second type est appelé à quatre quartiers, car il est simplement taillé en quatre parties, deux devant, deux dans le dos réunis par une couture qui paraît verticale. Cette forme, de conception moins technique, perdurera lontemps et nous la retrouvons encore dans nos patrons actuels comme celui des vestes droites. Chacun de ces quartiers sera, au quinzième siècle, scindé en deux parties à la taille, où la couture permet d'ajuster le galbe. Le vêtement est alors dit *à deux fois*.

Ces deux façons de tailler le vêtement ne sont pas opposées. Elles vont cohabiter de nombreuses années et nous retrouvons les mêmes caractéristiques au niveau de l'habillement féminin. Dans les textes, nous trouvons également les mentions de pourpoint «*à grans feulailles*»[111] ou de «*à la façon de Lombardye*»[112] sans autres précisions sur la particularité de leur coupe.

Rapidement, la partie avant du pourpoint se voit garnie d'épaisseurs de toiles supplémentaires pour marquer le galbe de la poitrine et lui donner du volume. Le pourpoint est donc doublé de toile fine, blanchet ou de drap de laine et des morceaux de grosse toile ou de coton sont placés entre les deux et fixés par des piqures régulières, le pourpointage. La forme particulière de ces ajouts est tout à fait adaptée pour simuler une musculature pectorale et abdominale de qualité. De forme identique mais de tailles différentes, ils sont placés les uns sur les autres, du plus grand au plus petit, pour reproduire le bombé naturellement viril d'un torse d'homme.

Au début du XVe siècle, le nombre d'épaisseurs varie en fonction de l'aisance pécuniaire, mais il correspond aussi rapidement à une mode. Progressivement, ce nombre ne constitue plus un critère de distinction sociale. Adrien Harmand repére, en 1416, que trois fines toiles constituent la doublure du pourpoint de futaine et de satin du comte de Charolais. En 1432, la doublure est de trois, cinq ou six toiles, un cuir peut même la renforcer et, en 1442, le pourpoint devient très gonflant avec des manches plus larges.

L'auteur ajoute que la toile qui se trouve en contact avec l'étoffe extérieure s'appelle contre-endroit et que celle de l'intérieur est appelée contre envers. Mais à force de porter son pourpoint, il peut arriver que le rembourrage se tasse et perde de son volume. Il est alors fréquent de faire appel aux talents des couturiers pour remettre en état la garniture.

À l'intérieur du vêtement, nous pouvons parfois apercevoir des bandes de tissu qui, fixées aux points névralgiques, permettent d'épargner le pourpoint des déchirures.

La partie basse du pourpoint, en dessous de la couture de taille, n'est doublée au maximum que de deux toiles. Ces basques semblent plutôt longues dans un premier temps, mais elles diminuent très rapidement de hauteur dès 1445. Cette tendance ralentit par la suite mais aboutit tout de même à leur disparition au milieu des années 1480.

L'ouverture antérieure subit, elle aussi, quelques variations liées à la mode. Pendant longtemps, le pourpoint est fermé bord à bord et se lace, se boutonne ou s'agrafe sur le devant. Si les boutons sont à la mode au XIVe siècle, au XVe, c'est le laçage qui prévaut. Parfois est utilisé un simple ruban ou un las de soie dont les extrémités sont ferrées d'argent. À partir de 1465-70, l'encolure s'ouvre largement pour former un V majestueux qui peut descendre pratiquement jusqu'à la taille. La chemise peut alors être apparente au travers du laçage.

Quelque soit le type d'encolure, le gippon se voit doté d'un col. Les trop rares exceptions antérieures nous laissent à penser que c'est avec l'invention du gippon que le col s'établit. Auparavant, l'usage quasiment constant pour tous du chaperon ne rend pas nécessaire cet ajout de tissu autour du cou lors de température plus fraîche. Mais si le col s'installe sur certains vêtements de dessus et sur quelques rares pourpoints dès 1370, ce n'est qu'à partir de 1415-1420 qu'il s'affirme fermement sur celui-ci alors que, bien entendu, la pénétration de cette mode au sein des catégories sociales les moins élevées ne se fait qu'en douceur. Seul les pays de l'Est comme l'Allemagne, ou du Sud comme l'Italie, continuent à porter des pourpoints dépourvus de cols. La différence entre ces pays et la France et l'Angleterre est flagrante : la taille du col de 1415 est tellement

Le bourreau a retourné son pourpoint. Ici nulle bande de renfort. *Retable de Saint Jean-Baptiste* (détail), Juan de Flandres, 1496-1499. (photo Museum of art, Cleveland.)

démesurée qu'il peut venir au contact des mâchoires, c'est le collet assis. Toujours doublé, un jeu de piqûres peut heureusement rigidifier l'édifice. Ces piqûres longilignes sont parfois visibles à la manière d'un léger matelassage.

La hauteur n'est pas la seule variation que va subir le col. Apparent au même titre que le pourpoint ou dépassant des vêtements qui le recouvrent, il est donc sujet aux changements rapides de la mode, laisse ou non apparaître la chemise, reste entrebâillé ou se ferme à l'aide de boutons ou de lacets. Jusque le milieu de la décennie 1450 dominent les coins angulaires alors que, par la suite, ils s'arrondissent progressivement jusqu'à se confondre même, avec la naissance du pourpoint. Cette mode perdurera jusqu'aux années 1475.

L'arrière aussi subit quelques modifications. Le col est toujours taillé en deux pièces : une partie gauche et une partie droite. La couture de jonction s'aligne parfaitement avec celle du dos, les deux pièces réunies formant un large triangle s'adaptant à l'échancrure en V du pourpoint. Mais durant la décennie 1470, cette découpe s'arrondit massivement.

La position spécifique du col au niveau du pourpoint en fait donc l'élément qui reste visible en toute circonstance. Toujours dans un souci d'apparence, il devient alors très courant de le réaliser dans un tissu ou dans une couleur plus luxueuse que le reste du pourpoint : velours, teints rouge ou noire. L'année 1447 voit ainsi paraître cette nouvelle mode où il est de bon ton de porter le collet et les poignets de manches dans un autre tissu que celui du corps.

En effet, le bas des manches possède cette même particularité que le col, à savoir dépasser légèrement des vêtements de dessus, et laisse souvent apparaître également une étoffe plus riche.

À l'exception de certains pourpoints, à la fin du XIVe siècle, garnis de larges manches extravagantes à l'image de celles des houppelandes, globalement les manches des pourpoints sont relativement ajustées. Au XIVe siècle, très près du corps, certaines sont encore cousues directement sur la personne à chaque habillage, comme ce pouvait être le cas au XIIIe siècle : dans le *Roman de la rose* [113], il est recommandé au milieu de conseils d'hygiène, de coudre ses manches et peigner ses cheveux, « *cous tes manches, tes cheveux pigne* ».

D'autres manches doivent être boutonnées sur une grande longueur, souvent même jusqu'au dessus du coude. Par la suite, tout en restant serrés sur l'avant-bras, la manche prend un peu d'ampleur sur la partie haute, au niveau du bras pour, dans les années 1420, laisser suffisamment d'aisance et n'être fermée aux poignets que par quelques boutons ou encore par un lacet. Vers 1430 réapparaît pour quelques années la mode des manches très étroites sur toute leur longueur.

Ces manches très serrées entravent relativement la mobilité en ne permettant pas facilement le glissement du tissu nécessaire lors du mouvement. De

plus, lors de la flexion du bras, l'excédent d'étoffe dans le pli du coude vient rapidement comprimer de façon désagréable les muscles en action. Sans doute pour compenser ces problèmes, plusieurs exemples de manches retrouvées présentent quelques artifices de patronage. La manche coudée, comme celle du pourpoint de Charles de Blois, est une possibilité. La couture horizontale au niveau du coude permet de remonter le tissu sur l'avant et de donner la courbure désirée. Certaines iconographies montrent également l'adjonction, à l'arrière du coude, d'une pièce d'aisance le plus souvent froncée, taillée dans la même étoffe que l'habit.

Les manches vont aussi subir d'autres mouvements de la mode que l'on peut trouver étonnants. Dans la décennie 1440, c'est au niveau des épaules que va croître un rembourrage développant jusqu'à l'exagération le galbe et augmentant ainsi la carrure en conséquence. Ce sont les *maheutres* ou *mahoîtres*. Il s'agit peut-être d'une mode provenant des tenues militaires car les maheutres semblent être une version civile des capitons de confort des épaulières d'armures. La seule mention de bourre nous informe qu'elle est composée de coton non filé, mais il est possible qu'aient été employées aussi d'autres matières comme la filasse de lin ou de laine. L'usage des maheutres disparaît vers 1485.

Sur un plan plus général, les autres décorations telles que les découpes de bordures ou les plissés réguliers, de même que les fourrures, ne sont jamais associées au pourpoint, elles sont plutôt l'apanage des couches supérieures.

Le temps ne nous a épargné que quelques rares habits médiévaux. Parmi eux, un pourpoint à grandes assiettes a ainsi été préservé, il s'agit de celui dénommé pourpoint de Charles de Blois. Nous développerons également le jaque de Charles VI conservé à Chartres.

[111] ADN B1957 F 349 v.

[112] ADN B 1969 F 314 r.

[113] Pierre Marteau (annoté par), Guillaume de Lorris

Sur cet extrait d'un manuscrit daté d'environ 1372, nous voyons **Jean de Vaudetar** vêtu d'un pourpoint à la mode, très ajusté avec une large ceinture sur les hanches. (photo Musée Meermanno, La Haye, Ms. 10 B 23, fol. 2).

Le pourpoint
de Charles de Blois

Conservé au Musée des tissus à Lyon, il s'agit d'un pourpoint à grandes assiettes daté vraisemblablement des années 1360 et connu comme étant celui de Charles de Blois.

Charles de Blois est neveu du roi de France par alliance. À la mort du Duc de Bretagne Jean III, il est couronné à sa place au grand déplaisir de Jean de Montfort, demi-frère cadet du précédent duc. La guerre fratricide de 23 ans qui s'ensuit prend fin à la bataille d'Auray, le 29 septembre 1364, où Jean de Montfort, vainqueur, voit la mort de Charles de Blois.

Son pourpoint nous est parvenu car il a été préservé comme une relique. Charles de Blois fait l'objet d'un culte dès 1368 suite à un miracle. En 1371, bien que non reconnu par l'Eglise, il est proclamé saint et son pourpoint devient relique.

Le tissu en est somptueux. Il s'agit d'un lampas lancé, tissu façonné dont le décor est constitué par des effets de trame. Lancé signifie que la trame forme de grands ponts et que le motif apparaît, à l'envers du tissu, en négatif du dessin formé à l'endroit. Ici, il s'agit d'un décor de filé de baudruche doré se détachant sur un fond blanc, qui présente une composition alternée d'aigles et de lions.

Le dos ne possède pas de couture centrale, la découpe de la ligne de taille suffit pour accompagner la courbure dorsale. Le bas, probablement à cause d'une largeur insuffisante de l'étoffe, est complété de chaque côté d'un triangle, mais la couture latérale s'arrête au niveau du « X » sur le patron, laissant ainsi une ouverture libérant le mouvement des jambes.

Le patron de la manche est, lui, constitué de dix pièces : trois pour l'avant-bras et sept pour le bras. La pièce *ABC*, en forme de quart de cercle, vient s'intercaler dans la fente de la pièce principale pour en augmenter l'ampleur. De part et d'autre sont réparties les cinq autres pièces placées dans l'ordre d'assemblage. Lorsque les trois pièces d'avant-bras sont cousues entre elles, la jonction de la partie brachiale et anté-brachiale permet de donner une certaine flexion à la manche, par la courbure importante de la ligne *GIG*. Il suffit alors de refermer cette manche en la pliant sur sa verticale. La couture s'arrête un peu au dessus du coude de manière à laisser l'ouverture pour vingt boutons. La grande assiette se raccorde ensuite au corps du pourpoint suivant la ligne *DABD*, formant une circonférence de 103 centimètres. Plusieurs aspects du pourpoint sont à signaler : tout d'abord, nous avons une utilisation complète du tissu, qui fait fi des raccords, une pratique courante. Ensuite, le pourpoint est particulièrement étroit. La question de savoir si Charles de Blois a pu le porter se pose réellement. Nous avons cependant quelques sources iconographiques montrant la difficulté à revêtir ce type de vêtement.

Quant aux boutons situés sur le corps du vêtement, cousus sur le côté droit, ils sont au nombre de trente-deux, alors que les boutonnières, disposées à gauche, sont au nombre de trente-quatre. En effet, les deux boutonnières du bas sont dépourvues de boutons. Il est possible que leur absence soit volontaire, pour faciliter la marche. Mais la particularité, c'est la présence de deux formes de boutons différentes. Alors que tous les boutons des manches sont sphériques, bombés, ceux situés sur le devant sont associés à des boutons plats. Leur répartition ne semble pas faite au hasard car la cotte pourpointée de Chartres présente une disposition de boutons très semblable : le premier bouton est plat, puis les quinze suivants sont sphériques et enfin les seize derniers sont à nouveau plats. Dans les deux cas, les boutonnières sont identiques pour les deux sortes de boutons. Adrien Harmand pense que des boutons sphériques, plus élégants mais plus proéminents, sont gênants dans de nombreuses situations : comme pour descendre de cheval par exemple, ou pour la présence de la large ceinture d'orfèvrerie portée à l'époque. De même qu'à l'encolure, un bouton volumineux serait gênant pour porter un chaperon mis en gorge, ce qui explique la présence des boutons sphériques, plus esthétiques, uniquement sur la poitrine et sur les manches. Mais, comme nous l'avons mentionné plus haut, ces boutons différents ont aussi comme effet de reconstruire la silhouette, en mettant en valeur certaines parties du corps. On peut les considérer comme une sorte de « triche » à visée esthétique.

Le nombre important de boutons n'est pas étonnant au regard de la mode de cette seconde moitié du XIVe siècle et représentent un élément important du décor vestimentaire. Au point que certains boutons ne sont que factices, placés parfois sur des zones qui ne s'ouvrent pas, comme sur la face d'un vêtement qui s'enfile par la tête ou dans le prolongement d'un poignet de manche.

Détail des boutons permettant de fermer le pourpoint.
(photo Pierre Verrier, Musée des tissus, Lyon.)

En ce qui concerne le rembourrage, le pourpoint est garni uniformément d'une seule épaisseur de bourre de soie. Le pourpointage, contrairement à la cotte de Charles V, est horizontal mais au niveau des emmanchures, il suit le dessin des grandes assiettes. Trente-cinq millimètres séparent chaque piqûre.

Détail du décor d'aigles et de lions de la manche.
(photo Pierre Verrier, Musée des tissus, Lyon.)

Pourpoint de Chrales de Blois. Vue de face du pourpoint à grandes assiettes de Charles de Blois. Nous pouvons remarquer la différence de formes des nombreux boutons et l'abscence de deux boutons sur les dernières boutonnières du bas. Le tissu, un lampas lancé à fond satin, est piqué horizontalement tous les 3,5 cm. La trame de décor est un filé de baudruche dorée se détachant sur un fond blanc. (photo Pierre Verrier, Musée des tissus, Lyon.)

Dos du pourpoint de Charles de Blois. On remarque l'ampleur des enmanchures qui font 1,03 m de circonférence. Ce pourpoint est muni dans sa partie basse, de sept paires de cordons solidement cousus à l'intérieur, tout autour, et destinés à attacher les chausses. (photo Pierre Verrier, Musée des tissus, Lyon.)

Pourpoint à grandes assiettes

Le devant et la manche sont à couper en double.
Le dos est simple.
Les boutonnières sont situées sur le côté gauche.

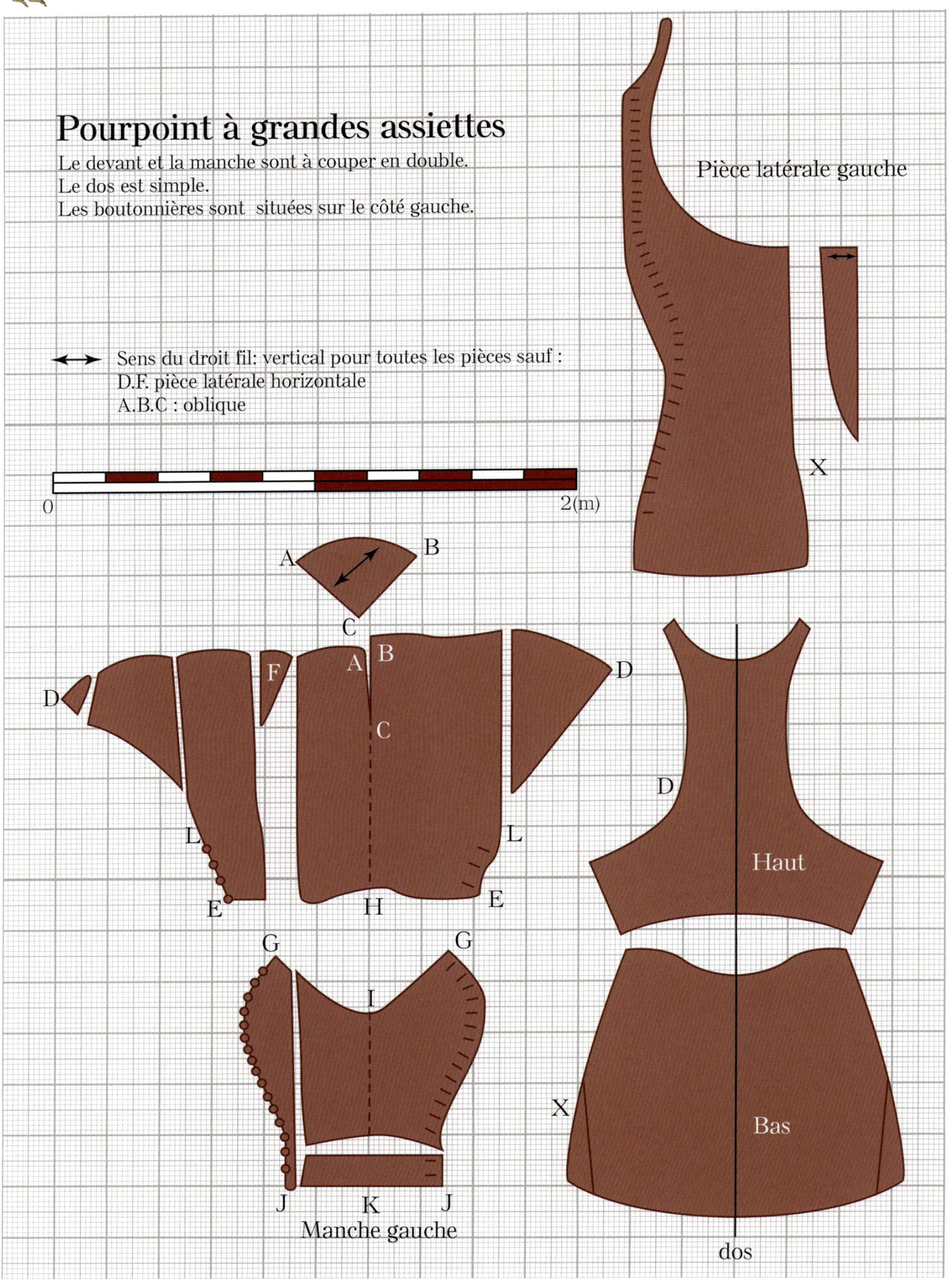

Pourpoint à quatre quartiers

Ce patron est coupé en double

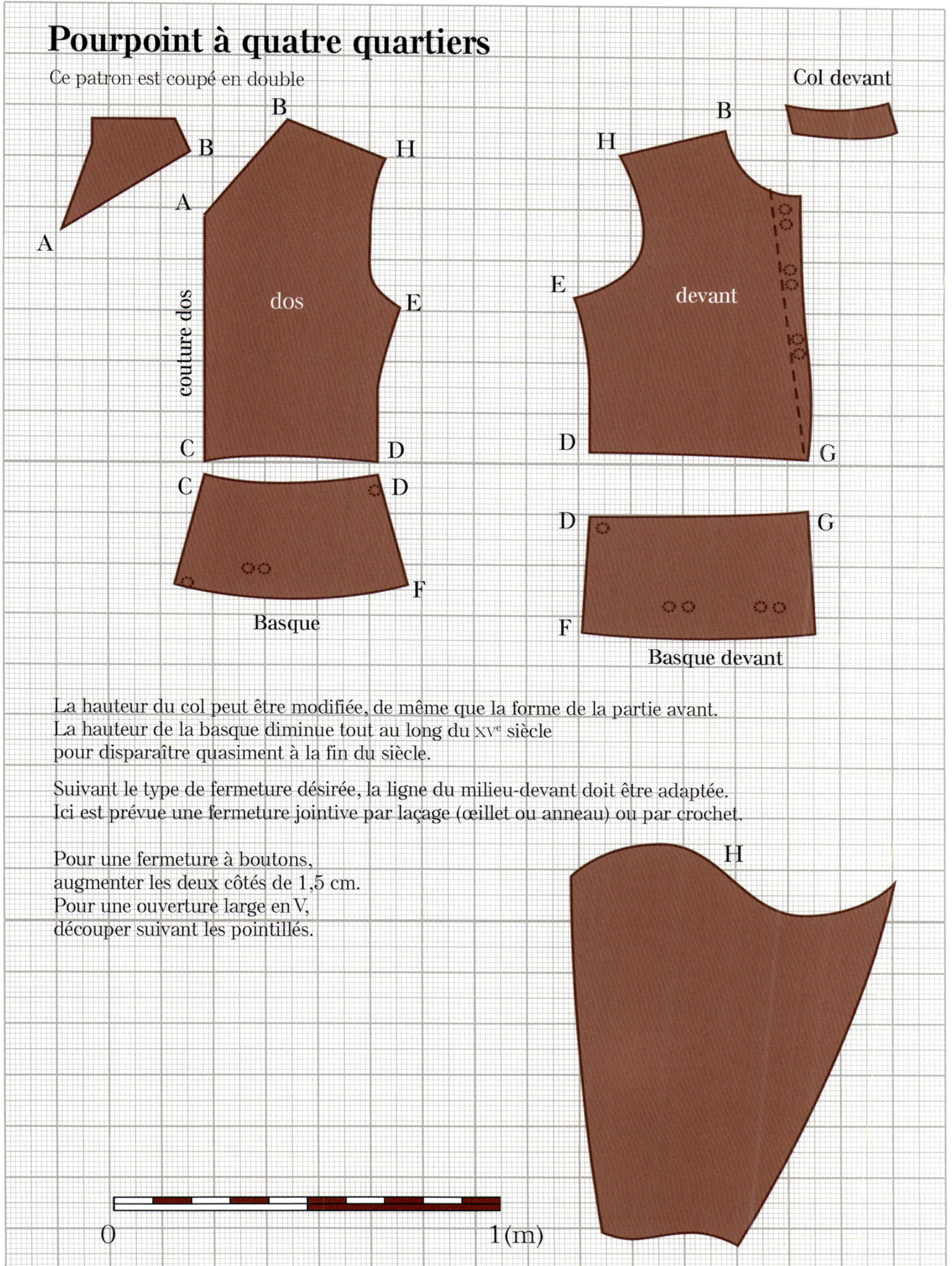

La hauteur du col peut être modifiée, de même que la forme de la partie avant.
La hauteur de la basque diminue tout au long du XVᵉ siècle
pour disparaître quasiment à la fin du siècle.

Suivant le type de fermeture désirée, la ligne du milieu-devant doit être adaptée.
Ici est prévue une fermeture jointive par laçage (œillet ou anneau) ou par crochet.

Pour une fermeture à boutons,
augmenter les deux côtés de 1,5 cm.
Pour une ouverture large en V,
découper suivant les pointillés.

Détail du boutonnage du pourpoint. Les boutons sont cousus à champ.
(photo Musée des Beaux-Arts de Chartres.)

Jaque de Charles VI, lampas italien, avant 1380, Chartres.
Vêtement d'enfant, il a été déposé à la cathédrale de Chartres par le jeune roi.
(photo Musée des Beaux-Arts de Chartres.)

[114] Mais, comme nous l'avons mentionné plus haut, ces boutons différents ont aussi comme effet de reconstruire la silhouette, en mettant en valeur certaines parties du corps. On peut les considérer comme une sorte de « triche » à visée

Le pourpoint ou jaque de Charles VI [114]

Ce pourpoint est potentiellement un *jaque*. A la différence des pourpoints, le jacque est un vêtement défensif fait de vingt-cinq à trente toiles renforcées de cuir. Celui-ci possède 12 épaisseurs de tissu. Destiné à usage militaire ou plus certainement de parade, il est conservé à Chartres et fait partie du trésor de la cathédrale. Il a été restauré en 2000.

C'est un pourpoint qui semble destiné à un enfant par ses dimensions réduites : il mesure 70 cm de hauteur pour une largeur aux épaules de 34 cm. Mais son appartenance à Charles VI n'est pas établie avec certitude. Il aurait été donné par Charles à la cathédrale de Chartres lors d'un pèlerinage en 1383. Il avait alors quinze ans. Une hypothèse contredite par les dimensions de l'objet. Mais on pourrait envisager le don d'un ancien vêtement.

L'étoffe utilisée est un lampas lancé, de soie italienne, vraisemblablement tissé pendant la seconde partie du XIVe siècle, mais la confection du vêtement pourrait se situer vers 1378-79, si le vêtement est bien de Charles.. La soie est vermillon, avec une chaîne teinte au kermès et nous pouvons apercevoir les restes d'un motif de larges fleurs.

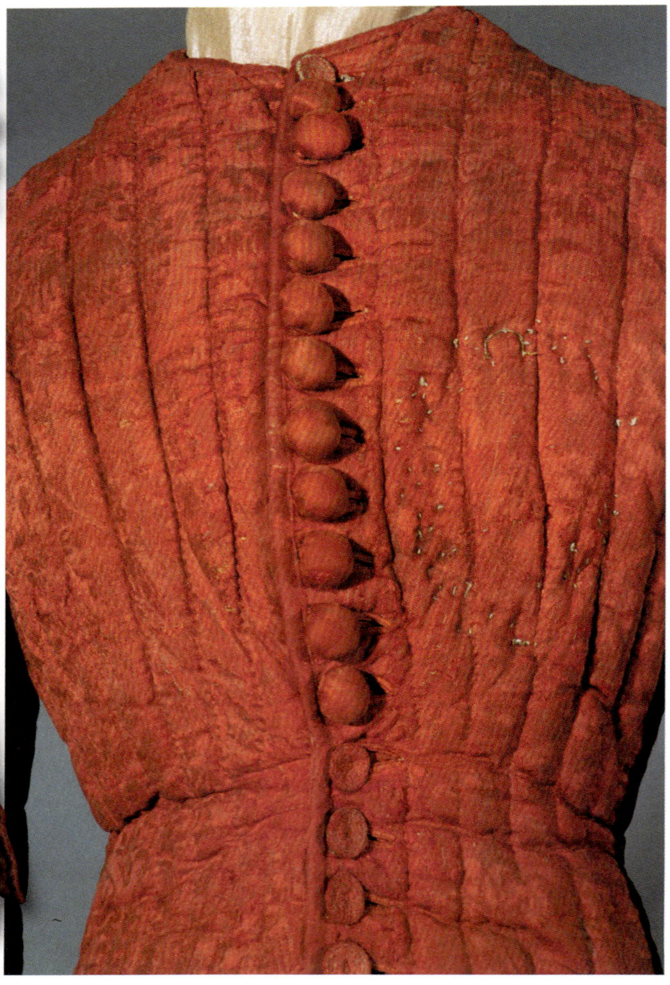

Les coutures apparentes sur la poitrine, côté gauche, laissent supposer la présence d'une fixation permettant l'attache d'une dague ou d'une épée par une chaînette, comme en est l'usage courant au XIVe siècle, et semblent confirmer la provenance militaire de cet habit.

Le capitonnage est présent sur la totalité du pourpoint, même dans les manches. Le capitonnage des manches apparaît plus esthétique, dans la partie inférieure, que sur le pourpoint de Charles de Blois. En effet, il suit le tissu et non la courbe du bras. À cette époque, le fait qu'un vêtement soit capitonné n'induit aucunement son usage militaire, car nombre de vêtements civils à la mode sont ainsi rembourrés. La piqûre, verticale, est visible sur l'endroit comme sur l'envers. La largeur du capitonnage varie. L'analyse de Tasha Kelly a montré qu'elle était, en moyenne, de 4,4 cm en haut et en bas, mais de 2,5 cm à la taille. On note donc une autre influence sur la silhouette, par la piqûre. Elle maintient une bourre de coton et de toiles de lin, dont la répartition judicieuse donne l'impression d'un torse gonflé et d'une taille très marquée. De fait, la poitrine se trouve nettement plus rembourrée que le reste de l'habit. Le rembourrage a été fait pièce par pièce, avant montage, réalisé avec différents points, au fil de lin à l'intérieur, au fil de soie rouge à l'extérieur.

Vingt-sept boutons fermaient le vêtement sur le devant, l'un étant perdu, dans la partie inférieure. Ils sont disposés comme suit : un bouton plat à l'encolure, puis onze sphériques, d'un diamètre de 1,8 ou 1,9 cm, et quinze plats vers le bas, de 1,8 cm de diamètre. La répartition ressemble donc à celle du pourpoint de Charles de Blois. Des coutures concentriques visibles sur les boutons plats avaient certainement pour fonction de maintenir leur forme spécifique. Comme pour de nombreuses pièces trouvées lors des fouilles de Londres, ces boutons sont cousus à champ et les boutonnières sont réalisées très près du bord.

Reconstitution du jaque de Charles VI.
On peut ainsi voir l'intérieur et son aspect « bras écartés ».
(photo et réalisation Tasha Kelly.)

Pourpoint
de Charles VI.
Vue de dos.
(photos et réalisation
Tasha Kelly.)

Le gilet

Il est difficile d'attribuer un nom actuel à un vêtement médiéval. Sous le terme de *gilet*, nous décidons d'évoquer le pourpoint sans manche et sans col que nous distinguons sur certaines images. Ce pourpoint peut être porté seul, directement sur la chemise et servir à attacher les chausses, ou porté au-dessus d'un pourpoint traditionnel. Il est construit d'une seule épaisseur de tissu, renforcée aux œillets, ou doublée d'une seconde toile. Sa coupe est similaire à celle des pourpoints : à quatre quartiers ou encore à grande assiette. Mais ce patronage semble être, comme pour les pourpoints, une particularité conservée par les pays de l'Est comme l'Allemagne. Nous retrouvons d'ailleurs ces gilets dans certaines images de ces pays. En France et en pays bourguignon, le gilet à quatre quartiers semble dominer.

Parfois cependant, il arrive qu'un col vienne compléter le gilet à la manière des pourpoints.

Ce sont des vêtements de peu de prix. Adrien Harmand en trouve deux mentions, la première dans un titre de la chambre des comptes datant de 1448, où il est noté : «*Ainsi sera seur ledit Jacques et aisé moiennant qu'il (le franc archer) ait un pourpoint sans manches ne colet, de deux toiles seullement, qui naura que quatre doys de large sur l'espaulle auquel pourpoint il attachera ses chausses*». L'auteur signale aussi un document conservé aux archives de Côte-d'Or, datant de 1390 : «*en 12 petiz jupons de fustenne à attachier*». ▪

L'homme porte un gilet de couleur rouge dont les basques, presque inexistantes, soutiennent les chausses à plein fond, fin du xvᵉ siècle. (photo Bibliothèque de l'Ermitage, cote 42.5.3, f.95v.)

Les emmanchures de ce gilet sont ouvertes de façon à suivre les grandes assiettes du pourpoint. Carte à jouer, *Hofämterspiel*, Tyrol, années 1456. (photo Kunsthistorisches Museum.)

Reconstitution devant et dos du gilet. (photo Noëlle Delebarre.)

Dagobert visitant le chantier de la construction de Saint-Denis (détail), *Les Grandes Chroniques de France*, par Robinet Testard, Poitiers, XVe siècle. Le tailleur de pierre porte un gilet. Les lacets arrières de ses chausses sont détachés. (photo BnF, Paris, Ms. Fr. 2609, f.60v.)

Hans Talhoffer, *Alte Armatur und Ringkunst*, 1459. Les deux lutteurs portent des gilets. (photo Kongelige Bibliotek, Copenhague, Thott 290 2°, f.49r.)

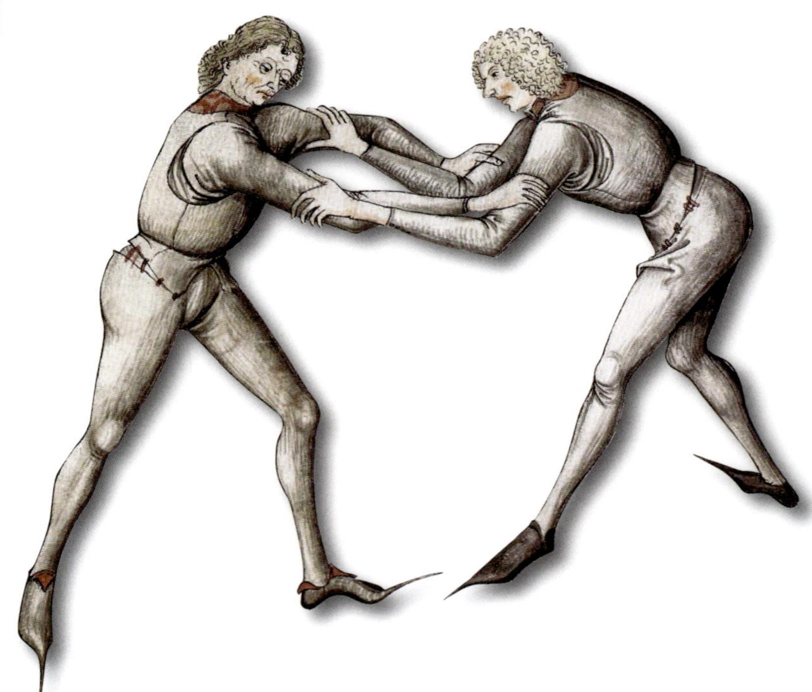

On distingue ici parfaitement la fixation des chausses sur le bas du gilet. (photo British Library, Londres.)

Le gilet sans col à quatre quartiers

Patron à couper en deux exemplaires

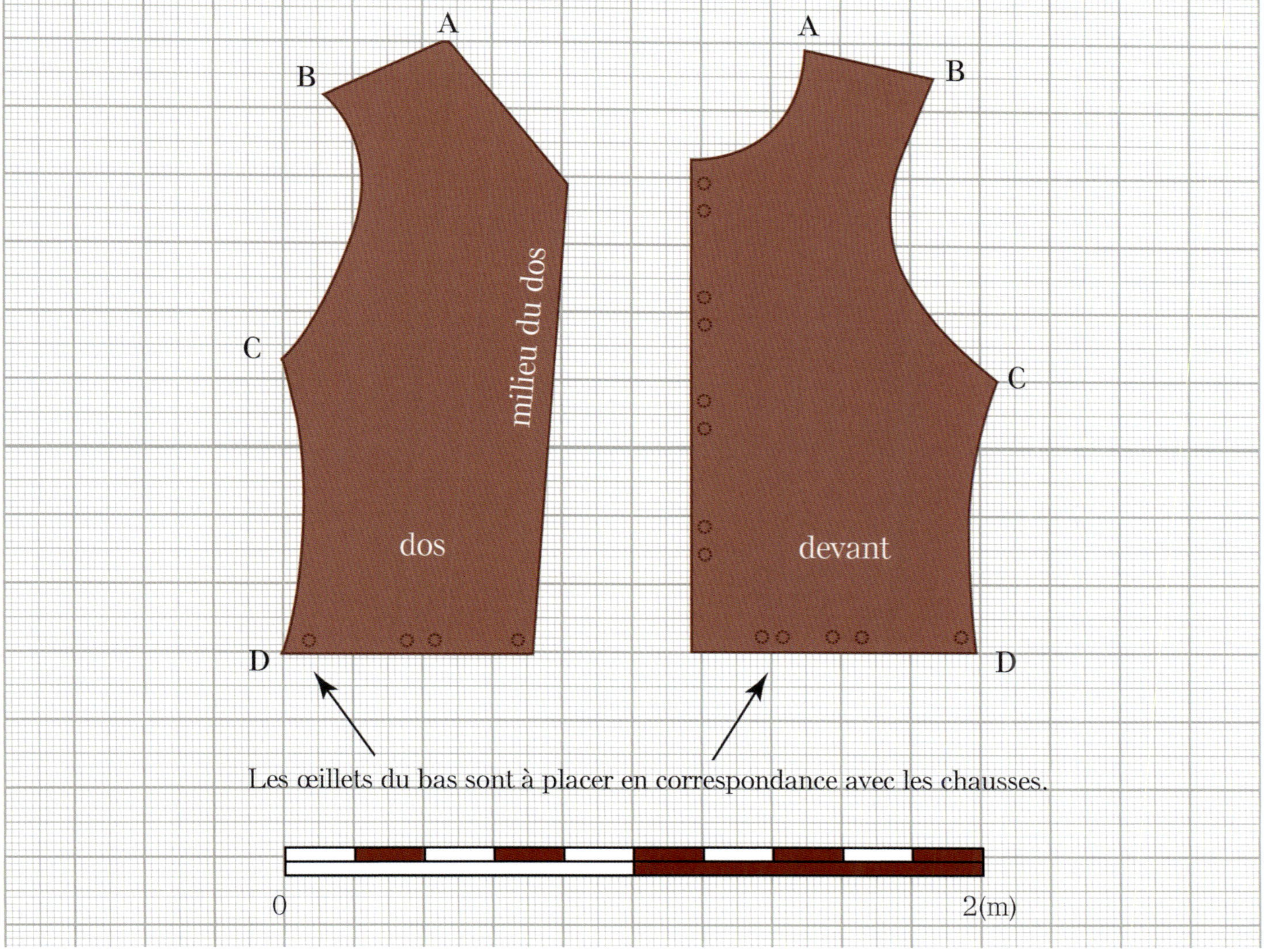

Les œillets du bas sont à placer en correspondance avec les chausses.

Des vêtements de dessus

Valve de miroir, avec scène courtoise, ivoire, Paris, vers 1350. Le jeune homme est vêtu d'une cote-hardie courte, conformément aux goûts de la jeunesse dorée de l'époque. (photo Metropolitan Museum, New York.)

La robe est le principal vêtement de dessus et, de fait, subit plus que tout autre vêtement les caprices de la mode.

Si la robe est, à l'origine, un terme qui désigne un ensemble de vêtements composé de deux à six garnements taillés dans la même étoffe, ne se portant pas nécessairement tous ensemble, progressivement, l'usage n'attribue plus à ce mot que le vêtement. Ainsi une robe à trois garnements peut comporter une cotte simple ou une petite cotte, un surcot clos, et un manteau nommé *house* ou *cloche*[115] ou encore un *mantel*, ce vêtement marque de statut que l'on nomme maintenant la *cape*. Une robe à quatre garnements peut comporter en plus un surcot ouvert[116]. Enfin une robe à cinq garnements possède en plus un manteau appelé *garnache*. D'autres vêtements peuvent en remplacer certains, et il est possible aussi d'ajouter un chaperon. On peut, enfin, panacher ces robes, en prenant la cotte de l'une et le surcot de l'autre. Néanmoins, il ne faut pas en abuser, et le plus chic, pourrait-on dire, est de porter un ensemble d'une même étoffe, marque de richesse. Seuls les princes ou les rois paraissent posséder une robe à six garnements avec un *mantel à parer*.

En 1364, le 19 mai, lors du sacre de Charles V, le duc de Bourgogne porte une « *longue robe d'écarlate vermeille de cinq garnements* »[117]. Il peut sembler étonnant que, pour un mois de mai, le duc revête cinq épaisseurs. Néanmoins, le contexte, un couronnement, et le statut du porteur, jouant un rôle lors de la cérémonie, explique la nécessité de porter une tenue complète, même s'il fait chaud. On peut résumer ceci par noblesse oblige..

Progressivement, le terme *robe* va désigner le principal vêtement de dessus qui, de fait, subit plus que tout autre vêtement les caprices de la mode.

On remarque que vers 1340, certains jeunes gens vont porter la cotte avec un chaperon, ou un surcot, devenus plus courts, ce qu'on pourrait considérer comme une tenue décontractée. Durant cette partie du XIVᵉ siècle, seuls les clercs, les gens de loi ou encore les princes conservent la robe longue.

Les couturiers, voyant la mode de la robe à garnements décliner, vont alors fabriquer eux aussi des pourpoints et ainsi entrer en conflit direct avec les doubletiers. En effet, les statuts des métiers sont rigoureux et ne permettent pas à n'importe qui de fabriquer et de vendre n'importe quoi. Les doubletiers vont alors intenter avec succès un procès aux couturiers. Mais en 1358 pourtant, une ordonnance royale donne raison aux seconds, en justifiant cette décision par la simple raison que les « *cousturiers se cognoient miex en cousture et en taille que ne font les doubletiers* ».

Mais lorsque l'usage de se promener court vêtu se perd, la robe, rapidement, est à nouveau portée.

Un autre nouveau vêtement emblématique va entrer en jeu, autour de 1400, existant en version courte et longue, satisfaisant ainsi tous les âges : la *houppelande*. Un nouvel avatar du surcot, cette fois-ci

[115] Cités en 1318, 1358, 1357, 1389 dans *Nouv. Cptes de l'argent*, Droët d'Arcq ou, pour la dernière date, *Inventaire des ducs de Bourgogne*, Prost.

[116] Cité en 1342 et en 1386-1387, voir *Nouv. Cptes de l'Argent*, Douët d'Arcq et en 1389, dans *Inventaire des Ducs de Bourgogne*, Prost.

[117] B. Prost, *Invent. des Ducs de Bourgogne*, t.1, n°408.

Claus Sluter (vers1365-1406), *Puits de Moïse*, 1396-1405. Le roi David, Chartreuse de Champmol, Dijon. La tenue de David est, à cette date archaïque. On remarque, là aussi, les fichets. (photo Tina Anderlini.)

Reconstitution de houppelande courte, pour homme, et de houppelande longue pour femme. On note l'ajout d'appliques dorées sur les manches. (photo et costumes, Corentin et Amélie.)

d'une grande ampleur. De fait, le terme de *robe à garnements* va disparaître du langage quotidien au début du XVe siècle pour être remplacé couramment, dès 1425, par le terme de *robe*. Il n'est plus utilisé qu'une seule fois dans les comptes ducaux en 1430[118]. C'est alors le nom pour un vêtement de longueur variable porté par dessus le doublet.

La robe au XVe siècle, entre 1425 et 1450, ne désigne donc plus que le vêtement que l'on revêt au dessus de tous les autres, à l'exception bien entendu du manteau, et cela pour les deux sexes.

Elle est de longueur variable, comme en témoigne les quantités variables de drap nécessaire à sa réalisation : de deux aunes et demie à quatre aunes, et reste, puisque portée au dessus, l'expression visible de la mode. La plus courante est la robe appelée « *robe de la commune et ancienne guise* (mode) ». À son côté, nous trouvons des robes élégantes com-me la robe déguisée dont la houppelande est une des premières expressions. Il est à noter aussi l'existence de quelques robes particulières, pratiques, dans ces vêtements de dessus. Ainsi, la « *robe à relever de nuit* » est toujours fort longue, chaudement fourrée et ouverte sur le devant de haut en bas. Si la robe est conçue pour être portée de nuit « *en temps d'été* », elle est alors sans fourrure et doublée de tiercelin. Certaines sont dites plates, c'est-à-dire dépourvues de plis. C'est ce modèle de robe d'intérieur que se fait réaliser le duc de Bourgogne Philippe le Bon, en 1444 et 1446-47[119], presque une robe de chambre.

Autre modèle particulier, la robe pour chevaucher sera, elle, fendue sur le devant et l'arrière pour donner toute l'aisance nécessaire au cavalier. Conçue pour l'équitation mais aussi pour la chasse, elle est taillée dans un tissu souvent plus rustique, mais surtout plus résistant, drap de laine ou de bougran.

Au fil des ans, les robes se modifient, se transforment pour suivre les canons de la mode, sans chasser complètement le modèle précédent. La nouveauté provient de l'ajout d'un élément ou au contraire de l'arrêt d'une pratique, mais aucune mode ne se substitue à une autre.

La cote-hardie

La cote-hardie est un vêtement apparaissant vers 1335 et dont le nom subsiste jusqu'au milieu du XVe siècle. Il s'agit, en quelque sorte, d'une évolution du surcot, et elle se porte sur la cotte masculine comme féminine. Mise au goût du jour, elle devient un vêtement ajusté sur le torse, prenant de l'ampleur à partir de la taille, ou plutôt de la naissance des hanches, continuant ainsi la courbe naturelle.

Pour les hommes, c'est un vêtement arrivant aux genoux. La cote-hardie est boutonnée de bas en haut. Elle peut se composer d'une jupe et d'un buste. On trouve des versions à manches courtes, agrémentées de longues bandes de tissus à l'ouverture, les coudières.

La couture centrale peut se cacher par la ceinture. Il s'agit plutôt, on s'en doute, d'un vêtement de jeune homme.

La houppelande
et le haincelain

Le nom *houppelande* est empreint de mystère mais plusieurs hypothèses coexistent à propos de son origine. La première possibilité émane de la province suédoise, l'Upland, où ce vêtement est couramment porté. Il est possible aussi que le Sud ait laissé son empreinte par la déformation, par le vocable *lou peland*, du nom du vêtement italien le *Pelando*. Enfin, c'est en Angleterre que se situe une possible troisième provenance où le mot *pardessus*, le *hop-pâda*, peut également avoir donné le mot *hopelande*. Le terme se trouverait déjà au XIIIᵉ siècle, mais, comme souvent avec les mots du costume médiéval, il est fort peu probable qu'il s'agisse du même vêtement.

Les houppelandes apparaissent vers 1360 et leur vogue se maintient jusque 1420, avec un pic perceptible entre 1390 et 1410. Bien que certains traits subsistent dans les robes, le terme de houppelande disparaît totalement à cette date lorsque le terme de robe désigne le vêtement unique de dessus.

Les tissus utilisés sont variés, nous trouvons entre autre la laine, le *damas* et autres soieries, Ou encore le velours. Les houppelandes peuvent être aussi ornées de broderies ou d'orfévreries… Mais c'est surtout par le contraste des couleurs que l'on cherche à se démarquer, une houppelande de soie verte est doublée de vermeil, une autre de vermeil est doublée de bleu. Ces jeux de contrastes avec les doublures rappellent ceux déjà en vigueur au XIIIᵉ siècle. Il faut cependant préciser que la doublure de la houppelande est faite surtout de fourrure et non de tissu.

Les houppelandes sont indifféremment fermées ou ouvertes sur le devant sur toute leur hauteur en fonction des modèles et des époques. Elles sont de différentes longueurs, oscillant de très courtes à longues jusqu'au talon, en passant par une hauteur à la mi-jambes. Ce sont des robes dont la carrure correspond à la largeur des épaules et l'ampleur importante qui caractérise le bas est donnée à partir des aisselles. La houppelande se caractérise avant tout par son ampleur, et la ceinture qui la serre à la taille. Ses manches sont également ample, mais peuvent soit avoir une large ouverture, soit se resserrer brusquement sur le poignet, formant un effet ballon.

La grande particularité de la houppelande, alors qu'elle est au sommet de la mode, c'est son col qui devient rapidement exubérant et atteint des hauteurs excessives : maintenu serré à la base du cou par des boutons ou un lacet puis s'évasant vers le haut à la manière d'un goulot de carafe, il peut monter jusqu'au menton, atteindre les oreilles sur les côtés et s'épanouir encore davantage à l'arrière. Ces cols sont dits à carcaille.

Très court car s'arrêtant au niveau du pli fessier et resserré à la taille, le *haicelain*, ou *haincelain*, peut être considéré une variété de houppelande. Son nom provient de Haincelin Coq, fou de Charles VI, qui aurait le premier eu l'idée de porter ce type de vêtement et lui aurait laissé son patronyme. Ce vêtement était très à la mode à la cour de Bourgogne.

Masolino da Panicale (1483-1447), *Résurrection de Tabitha*, 1427-1432, détail, chapelle Brancacci, Santa Maria del Carmine, Florence. Courte ou longue, la houppelande est la tenue à la mode autour de 1400 en Europe. Chaucer décrit le jeune noble des *Contes de Canterbury* vêtu d'une houppelande à large manches. (photo Tina Anderlini.)

[118] Sophie Jolivet (thèse) *Pour soi vêtir honnêtement à la cour de Monseigneur le duc de Bourgogne, costume et dispositif vestimentaire à la cour de Philippe le Bon de 1430 à 1450*, 2003, t1., p.88.

[119] Sophie Jolivet (thèse) *Pour soi vêtir honnêtement à la cour de Monseigneur le duc de Bourgogne, costume et dispositif vestimentaire à la cour de Philippe le Bon de 1430 à 1450*, 2003, t.1., p.89.

Cette représentation, copie du XVIᵉ siècle d'un original perdu, fourmille de détails. Elle nous présente une « fête déguisée » où tout le monde se vêt de blanc. Plusieurs robes et chaperons sont à la façon d'Allemagne. *Chasse au vol à la cour de Philippe le Bon*, vers 1445. (photo Musée de Versailles.)

Filippino Lippi
(1457-1504),
Résurrection du fils de Théophile,
1484-85, détail, chapelle Brancacci, Santa Maria del Carmine, Florence. Les robes jouent sur les plis pour asseoir la personnalité. On remarque en outre l'importance donnée aux fourrures sur certains vêtements.
(photo Tina Anderlini.)

[120] L. De Laborde, *Les Ducs de Bourgogne*, t.1, n°1282.

[121] Sophie Jolivet (thèse) *Pour soi vêtir honnêtement à la cour de Monseigneur le duc de Bourgogne, costume et dispositif vestimentaire à la cour de Philippe le Bon de 1430 à 1450*, 2003, t.1., p.90.

[122] *Ibid.* Les robes sont déléquetées aussi au fer sans autre précision sur l'outil.

[123] L. de Laborde, *Les Ducs de Bourgogne*, t.1, n°1692, 1693.

La houppelande comme le haincelain peuvent se porter sur le pourpoint. Certains pourpoints se composant d'un tissu confortable et de manches d'un tissu plus précieux, il n'était pas rare de n'apercevoir que les manches de la tenue de dessous. Une astuce permettant de se mettre en valeur à moindre frais. Les inventaires, que ce soit en Italie ou en Bourgogne, font régulièrement état de manches en tissus précieux.

Les robes déguisées

Alors que la mode passe et que l'on ne parle plus de houppelande, les grandes robes, souvent particulières, sont encore portées. C'est la robe déguisée, arborée lors des festivités et dans les occasions particulières, mais aussi souvent pour afficher une certaine idée de la mode. Les grands, comme le duc de Bourgogne, n'hésitent pas non plus à en offrir à leurs domestiques, *« varlès de pied, pallefreniers et varlés d'estable »*[120].

C'est d'Allemagne que nous arrive l'extravagance. Ces robes sont en effet attestées dès le XIVᵉ siècle outre Rhin, mais ne se répandent en France qu'à partir de 1430. La comptabilité ducale dès 1430 est éloquente. Ainsi en 1431, nous trouvons, *« A Jehan Aubezonne, marchand drapier, pour dix aunes de drap, dont monseigneur a fait faire pour lui une robe doublée de même, à la façon d'Allemagne, 19 l. 14 s… »* Elles sont alors au sommet de la mode durant cette décennie et déclinent progressivement au cours des années 1450.

Elles se caractérisent par des découpes de formes variées en bordure de l'habit, sur le bas de la robe ou sur les larges pans de manches. Les *lambeaux feuillus* ou encore la *loqueture*[121], peuvent aussi se retrouver sur le bas des chaperons. Ainsi, dès 1435, nous trouvons les mentions de robe *déchiquetées*, ou *loquetées*, avec à leur côté des robes *trouetées* au fer[122].

Les appellations sont tout aussi variées que le sont les formes de découpes qu'elles désignent : saillies, créneaux, pointes plus ou moins arrondies ou dentelures en formes de feuilles simples, polylobées ou en feuilles de chêne. Les *déchiquetures* peuvent être aussi d'une couleur différente de celle du vêtement. Sur une robe vermeille taillée pour Philippe le Bon, nous trouvons des loquetures faites de draps de couleur noire, rouge et bleue.

Pour donner une tenue correcte à ces découpes, la doublure est une technique efficace. Si toutes les robes n'étaient doublées, la comptabilité du 22 février 1451 au 12 septembre 1452[123], nous apprend qu'il faut *« trois aulnes et demie de drap de layne dont a esté faicte une robe pour MdS, à la façon d'Almaigne, au pris de XLVIII s. l'aulne, valent VIII l. VIII s. Pour deux aulnes et demie et d'autre drap de layne pour doubler ladicte robe par bas, audit pris de XIII s. l'aulne, XXXXV s. »*

Comme la houppelande, ces robes sont indifféremment fermées ou ouvertes sur le devant sur toute leur hauteur. Ce sont alors des agrafes qui en assurent la fermeture. La taille est souvent très basse et une ceinture est couramment portée sur les multiples plis répartis autour du corps, similaires à ceux de la robe commune et d'ancienne guise.

À la façon d'Allemagne le nombre de ces plis peut être porté à vingt-quatre.

Filippino Lippi (1457-1504). Si le court est à la mode parmi la jeunesse, la robe longue, arrivant aux chevilles, reste une valeur sûre chez les personnes cherchant la respectabilité.
(photo Tina Anderlini.)

La robe dite *à la façon de Hollande* est, elle, à cinq plis. L'ornementation se situe surtout au bas de la robe, par des découpes verticales imposantes : un quartier et demi de haut. Cette mention de robe de Hollande apparaît en 1425, mais n'est diffusée qu'en 1431 et en 1432 , le duc de Bourgogne commande une « *robe de brunette fourrée d'aigneaulx à V plois ffaictes pour MdS à la façon de Hollande, XX s.* » Un autre texte nous apprend qu'« *une robe à la façon de Hollande faicte ondit pue de Lelle à V plois, fourrée de martres, XX s.* » Une année plus tard, en 1433, le même duc Philippe le Bon ramène sept robes de Hollande[124] du dit pays. Cette mode, assez fugace, sévit jusqu'en 1437 où elle est, par la suite, vite délaissée.

À la façon de Brabant, la robe est à huit quartiers et possède alors douze plis. Mais en 1442, cette mode de Brabant aux multiples plis disparaît au profit de la mode bourbonnaise. La cour de Bourgogne, lors d'une rencontre avec la cour de Bourbon, est alors séduite par les coupes de ces robes.

La façon bourbonnaise consiste en des robes de quatre plis par quartier, doublés deux fois[125]. L'ensemble des gardes-robes du palais ducal est donc refaite pour satisfaire les caprices de la mode. Les plis sont spécifiquement « gonflés », c'est-à-dire rembourrés de drap pour leur donner plus de volume : ils sont appelés *farcis* et *embridés*. La poitrine prend alors une certaine ampleur et, de fait, cette mode transforme de manière importante la silhouette.

Les formes des manches sont variées et peu différentes des robes de l'ancienne guise. Elles peuvent cependant être couvertes d'orfèvrerie, mais cette habitude disparaît, en 1436, de ces tenues d'apparat. Certaines aussi sont fendues, en 1432 elles peuvent être froncées et, en 1433 et 1434, leur longueur exagérée leur fait dépasser la main[126].

La robe de la commune et ancienne guise

La robe, vêtement de dessus, n'est pas uniquement une tenue d'apparat, prisonnière des diktats de la mode et apanage des grands de ce monde. Elle peut être aussi simplement pratique et changeant moins vite que les désirs de la cour.

Des plis savamment répartis, des doublures et fourrures ostentatoires

La robe commune présente une certaine ampleur. Plus étroite sur la partie haute, elle présente ces nombreux plis dont nous avons déjà parlé, que nous retrouvons sous le terme de *gérons*. Ces plis sont doublés de blanchet, pour leur donner davantage de tenue et l'impression recherchée d'arrondis réguliers. À partir de 1439, les robes ducales sont doublées dans un tissu de couleur et, en 1443[127], les tailleurs osent, pour la première fois, doubler une robe de laine avec de la soie *par dedans*. Cette tendance perdurera quelques années.

La robe commune est à quatre quartiers de taille égale, soit deux devant et deux derrière. Les plis sont répartis de manière régulière tout autour du corps, nous pouvons en trouver huit, seize et même vingt plis soit, cinq plis par quartier sur une robe de Philippe le Bon[128] datant de 1435. Alors qu'ils sont jusque-là stabilisés par la ceinture ; car la robe s'enfile par la tête, entre 1420 et 1440, ils sont fixés à demeure, solidement maintenus par des points de coutures disposés régulièrement. Il est alors donné la mention de plis *embridés*. À cette date, la robe s'ouvre complètement et s'enfile par devant. Elle est maintenue fermée à l'aide d'agrafes, ce sont

[124] Sophie Jolivet (thèse) *Pour soi vêtir honnêtement à la cour de Monseigneur le duc de Bourgogne, costume et dispositif vestimentaire à la cour de Philippe le Bon de 1430 à 1450*, 2003, t.1., p.91.

[125] ADN B 1975, F 165 v.

[126] Sophie Jolivet (thèse) *Pour soi vêtir honnêtement à la cour de Monseigneur le duc de Bourgogne, costume et dispositif vestimentaire à la cour de Philippe le Bon de 1430 à 1450*, 2003, t.1., p.92.

[127] ADN B 1982, F 229 v.

[128] ADN B 1957, F 348 r.

Nous sommes en 1446, **Jacques de Guise** offre son ouvrage au duc de Bourgogne, **Philippe le Bon**. Le duc est revêtu d'une robe courte, de couleur noire qui est sa couleur préférée avec le gris. Si la longueur des robes est variée, les manches sont toutes suffisamment larges pour être froncées aux épaules. Notons également la généralisation des coiffures à l'écuelle et la présence importante de socques, ces patins de bois, pour protéger les chausses. *Chronique de Hainaut*, **Rogier van der Weyden**, vers 1446. (photo Bibliothèque Royale, Bruxelles, 9242, f.1.)

Reconstitution, devant et dos d'une robe des années 1460 où les plis sont fixés. (photo Noëlle Delebarre.)

Reconstitution. Le bras est sorti par le pertuis. Détail de la manche. (photo Noelle Delebarre.)

des crochets d'argent ou de fer nommés *agrapins* dans les sources.

Plus de la moitié des robes ducales sont fourrées soit en totalité, soit en partie. Lorsqu'elle est incomplète, nous retrouvons la fourrure le col, les poignets et la bordure inférieure. La quantité de bêtes nécessaires au fourrage est importante car 25 agneaux entrent dans la confection d'une robe courte en 1446 et, en 1441, pas loin de 164 renards sont nécessaires pour fourrer une robe longue. Une manche peut exiger à elle seule de seize à vingt agneaux, une bordure nécessite entre une et trois peaux[129]. La robe simplement bordée de fourrure permet un signe ostentatoire de richesse alors qu'elle est portée pendant la saison chaude, tandis que la saison froide retient de préférence la robe entièrement fourrée.

La robe

L'encolure est arrondie devant
et légèrement en V dans le dos.
Elle est doublée de fourrure,
celle-ci apparaissant
aux bordures afin de décorer
l'ensemble.
Les plis sont à former
au niveau de la taille.
Ils sont fixés par l'intérieur
sur une bande de solide toile.
Une série d'agrafes
ferme l'ouverture frontale
jusque légèrement sous la taille.

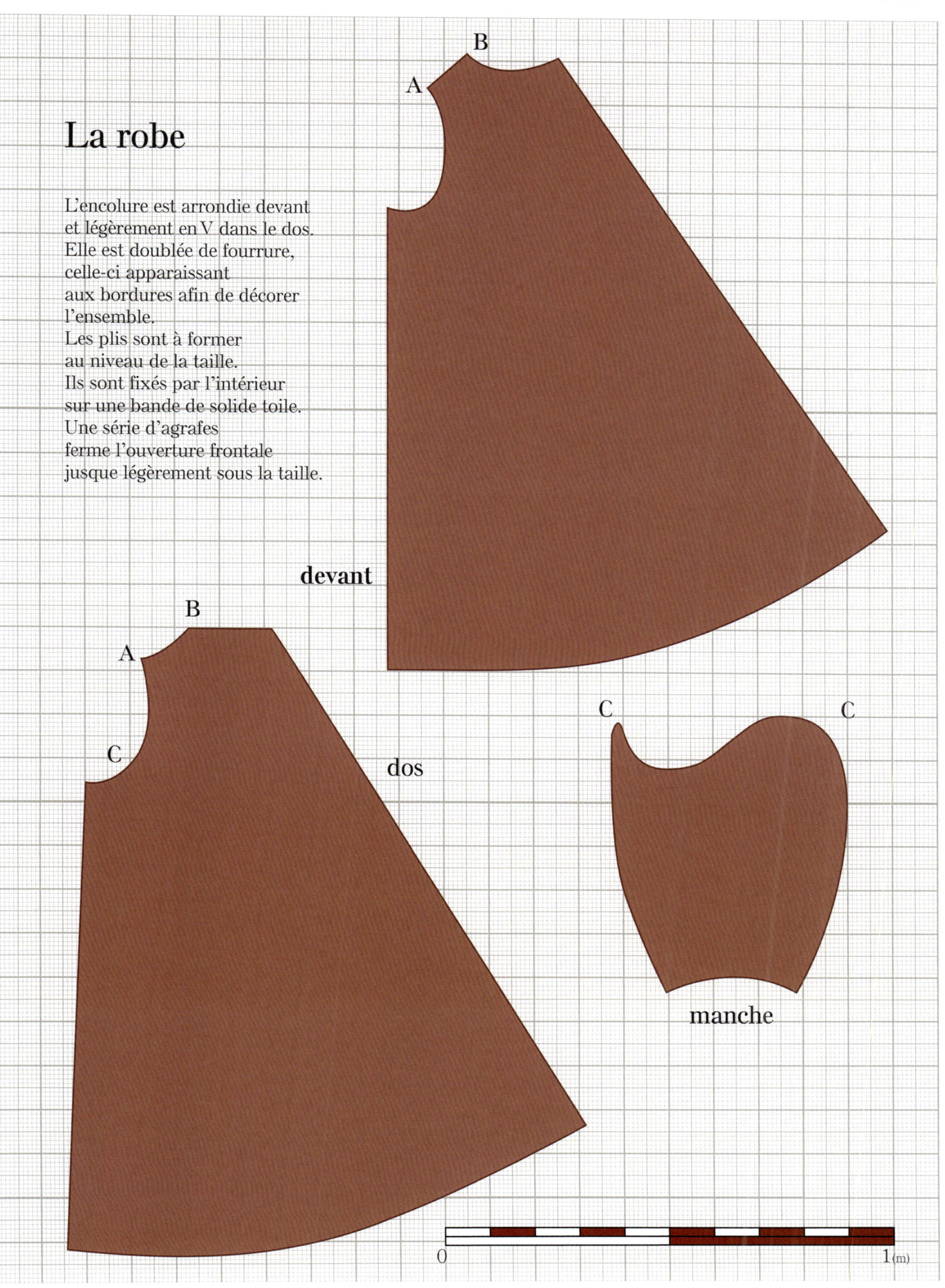

La robe de cet homme semble ouverte par devant mais le col est rond, simplement bordé de fourrure comme le bas des manches. On aperçoit, dépassant, le col du pourpoint. *L'homme à l'œillet*, Van Eyck, vers 1430. (photo Staatliche Museen, Berlin.)

Col à coin amorti, bordé de fourrure. *Leal Souvenir*, Van Eyck, vers 1432. (photo National Gallery, Londres.)

Le donateur est vêtu d'une robe rouge. Les plis sont savamment placés, les manches sont des manches closes. Jan Van Eyck, *L'agneau Mystique*, revers du volet gauche (détail), Gand, Cathédrale Saint-Bavon, vers 1425-1433. (photo Florent Véniel.)

Des cols

Au XVe siècle, deux sortes d'encolures dominent : un large décolleté d'où le col est absent et le collet assis, très similaire à celui du pourpoint. De façon majoritaire, c'est l'absence de col qui domine.

L'encolure, ronde, près du cou à l'avant et entourée de fourrure, s'ouvre en pointe à l'arrière, de façon à encadrer le collet assis du pourpoint. Cette ouverture postérieure en V est assez ancienne, nous pouvons en voir sur de nombreuses enluminures[130] dès 1396. Elle se généralise vers 1430 et est encore visible en 1500. Sur l'avant, deux formes d'encolures cohabitent. Sur l'arrondi du col, un pertuis vertical apparaît dès 1415 pour être surtout représenté de 1434 à 1465. Aux environs des mêmes dates, un V garni également de fourrure, devient courant. Peut-être la robe précédente est-elle simplement portée différemment, retournée.

Un col montant de forme variée peut aussi être adapté à l'encolure. La survivance des cols démesurés des houppelandes évoque, dans de moindres proportions, le goulot de carafe. Également fourrés, ces cols perdurent jusque 1468.

Un autre type de col connaît un relatif succès en ce début et à la fin du XVe siècle, c'est le col renversé, une sorte de haut collet rabattu. Nous trouvons aussi le col à coins angulaires et à coins amortis similaires à ceux du pourpoint, qui descendent en pointe dans le dos et peuvent donc être assimilés aux collets assis. Les cols amortis sont peu courants avant 1450 mais c'est à cette date que les cols se font de nouveau plus présents dans les sources ico-

nographiques. À partir de 1455, ils se portent très ouverts laissant voir l'encolure de la chemise. La blancheur de la chemise évoque une peau aristocratique, mais aussi un vêtement de qualité, et cher. Cette nouvelle mode n'est pas innocente.

Des manches

Les différentes formes de manches qui équipent les robes permettent de les différencier.

Le type le plus courant et le plus pérenne est la manche relativement cylindrique. Elle est portée sur une longue période par les plus humbles, gens du peuple ou paysans et exceptionnellement par les membres des hautes classes. Une variante, la demi-manche, qui arrive à la moitié de l'avant-bras, n'est vraiment en vogue que cinq années durant, de 1410 à 1415, même si quelques exemples continuent à parsemer tout le XVe siècle.

Les manches ouvertes, qui s'évasent progressivement de l'épaule jusqu'au poignet, ont une durée de vie au sommet de la mode tout aussi courte. Énormément portée de 1412 à 1417, la grande largeur de tissu au niveau du poignet les rend moins pratiques que les manches closes qui leur sont concomitantes, elles disparaissent donc rapidement.

Il existe une autre sorte de manche très originale, relativement proche du bras et qui se termine ouverte au niveau de l'avant-bras et du poignet en forme d'entonnoir. Ces manches sont appelées bombardes car leur forme évoque ces pièces d'artillerie.

[130] Bnf Ms Fr 312, F 235 v, Ms Fr 313, F 229.

[131] *La chronique d'Enguerran de Monstrelet*, Société de l'Histoire de France, Paris, 1861, p.444.

Anonyme florentin, vers 1460-1470. *Histoire de Camille*, panneau de cassone (coffre de mariage). La huque, en version italienne, de ces musiciens, est retenue à la taille par une ceinture. (photo Tina Anderlini, Musée du Louvre, Paris, en dépôt au Musée des Beaux-Arts de Tours.)

Mais une forme particulière domine. Dès le début du XVe siècle, c'est la vogue des grandes manches closes qui s'établit pour plusieurs décennies. Ces manches s'élargissent parfois exagérément depuis l'épaule mais se rétrécissent jusqu'à être ajustées au poignet. Elles apparaissent tout d'abord en Allemagne et gagnent petit à petit la France en 1400 pour atteindre leur apogée dans les années 1410 jusque 1430-50 environ. Quelques exemplaires sont encore rarement portés jusque 1475. L'ampleur donnée à la manche est variable en fonction de l'année et de l'activité de chacun, mais ces manches closes sont bien commodes lorsqu'elles sont pertuisées. Par la fente longitudinale ainsi créée au dessus du coude, on peut introduire de nombreux objets dans la vaste poche formée par la manche en dessous des bras. Ainsi, le jeudi 1er décembre 1440, en l'église de Saint-Bertin[131], alors que le duc Philippe le Bon passait le collier de la Toison d'or au cou de son cousin Charles d'Orléans, ce dernier lui fit la surprise de le gratifier également d'un autre bijou, et tantost, « *ledit duc d'Orliens tira de sa manche ung des coliers de son ordre, et le mist autour du col dudit duc de Bourgogne.* »

Le *pertuis*, souvent bordé de fourrure, offre aussi l'avantage de pouvoir sortir facilement le bras de la manche, permettant de l'extraire des métrages de tissu lorsque l'activité le demande. Ce type de manche pertuisée est souvent porté par les élégants et connaît un engouement à partir de 1410 et surtout vers 1440.

La coiffure ronde commence lentement à passer de mode en ce milieu du XVe siècle, mais cette robe est à plis formés est parfaitement dans son époque. Petrus Christus, *Le portrait d'un jeune homme*, 1450-1460. (photo National Gallery, Londres.)

La chemise, la barrette et la robe ont été déposés aux pieds du saint. La robe, fourrée, présente des manches droites, légèrement froncées aux épaules. Dieric Bouts, *Le triptyque du Martyre de Saint Hippolyte* (détail), Bruges, cathédrale Saint Sauveur, milieu du XVe siècle. (photo Florent Véniel.)

Les deux hommes, au centre, portent une robe courte, à manches pertuisées. Assassinat d'Édouard le Martyr, *Chronique d'Angleterre*, dite *Brut*, vers 1470-1480. (photo Bibliothèque Sainte-Geneviève, Paris, Ms. 935, f. 094v.)

Retable d'Ortenberg, Adoration des Mages, (détail), Rhin moyen, vers 1410. Le plus jeune roi mage porte une tenue très à la mode. Il a revêtu une huque avec déchiquetures. (photo Tina Anderlini, Hessisches Landesmuseum, Darmstadt.)

La huque

La *huque* comme vêtement civil rappelle celle des militaires, car elles sont bâties de la même façon. La huque, *hucque* ou *heucque*, est un vêtement simple à deux pans libres, courts et flottants, dépourvu de manches. Elle est donc entièrement ouverte sur les côtés. Il ne faut pas la confondre avec le *tabard*, vêtement de fonction du hérault d'armes qui est aussi une tunique fendue sur les côtés mais orné de figures héraldiques. De plus, le tabard possède quasiment toujours des courtes manches ouvertes tombant sur le haut des épaules.

La huque semble surtout associée chez les grands, aux occasions particulières ou aux fêtes, et s'inscrit donc dans un statut social, portée de la fin du XIVe siècle jusqu'à 1442[132]. Pourtant, simple à fabriquer et ne nécessitant que peu de tissu, nous pouvons la voir régulièrement revêtue par les plus humbles dans leur vie quotidienne.

La huque courte ne demande en effet pas plus des 1,18 m que mesure une aune. L'un ou les deux pans peuvent être retenus dans une ceinture. La huque plus longue correspond à une longueur de 2,41 aunes par pièce, ce qui reste relativement court.

Sur les huques de parade, des plis peuvent être placés comme pour les robes précédentes et nous trouvons une huque de quatre quartiers comportant « *sept ploiz chacun quartier décoppé en bas par lambeaux tout pertuziez* ». Les décorations de bordures, découpes et déchiquetés, peuvent donc être aussi associées à ce vêtement simple. Il peut être loqueté « *au fer ou au taillant* » sur les côtés, en bas ou au niveau du corps. Cette pratique vaut surtout jusqu'à 1436.

Le choix du tissu est varié et parfois assorti au chaperon. La huque portée par Jean Arnolfini, sur le célèbre tableau peint par Van Eyck, montre une étoffe qui pourrait être de velours ou d'un riche drap de laine. Elle peut être doublée de fourrure et même brodée. Celle offerte à Jeanne d'Arc[133] par les magistrats d'Orléans, en 1429, est taillée dans une aune de drap à la couleur évocatrice de vert-pendu, semée d'un dessin de feuilles d'orties. Elle est également bordée de fourrure de martre. Mais les huques réalisées pour les archers de Philippe le Bon sont toujours de drap de laine[134].

De par sa conception, la huque laisse voir la totalité des manches des pourpoints qui, de fait, peuvent s'afficher, luxueuses, avec toutes leurs décorations.

[*] voir notes en page suivante.

Huque doublée de fourrure, certainement de martre. **Jan Van Eyck**, *Portrait des époux Arnolfini* (détail), 1434. (photo National Gallery, Londres.)

Une robe à façon de paletot

À partir de 1447, remplaçant la huque, est porté sur le pourpoint une courte robe. C'est le *paletot* qui, apparu quelques années auparavant, la désigne. C'est un vêtement flottant, court et souvent muni de courtes manches qui s'arrêtent alors au niveau du coude. Plutôt grandes en 1437, elles sont fendues dès 1439 puis souvent froncées en 1442. Rarement les manches disparaissent de cet habit.

Le paletot comporte une ouverture sur le devant qui se ferme à l'aide de crochets, plus rarement d'aiguillettes. Un peu plus long que le pourpoint, il peut être fourré ou doublé de tissu. Pour l'usage militaire, il peut être doublé jusqu'à six fois dans un souci de protection mais à la même période, le paletot de chasse du duc de Bourgogne n'est guère doublé.

Certains, entre 1439 et 1442, sont conçus avec des plis élaborés qui, comme pour les robes, sont rembourrés de toile et doublés de blanchet. Ces plis disparaissent rapidement alors qu'en 1450, un exemple particulier nous signale un habit fait « *de façon de ploy derrière et de palettot devant* »[135].

Il s'agit donc d'une forme curieuse, avec des plis uniquement à l'arrière, qui est pratiquée dans les premières années de 1450. Ces mêmes années voient les paletots des archers bourguignons[131] équipés de manches en forme de grandes assiettes, comme le sont certains pourpoints.

Saint Martin à cheval, vers 1380. Le saint porte un très ample mantel, boutonné sur l'épaule, très à la mode depuis le XIVe siècle. Bien plus enveloppant et pratique que le mantel en demi-cercle. (photo Damien Bouet, Diözesanmuseum, Bamberg.)

La huque

La huque est seulement
assemblée aux épaules.
Les côtés sont laissés
entièrement ouverts.
Ce modèle est fendu sur grande hauteur.

Le personnage de gauche porte une huque fendue, comparable au présent patron, tandis que celle du personnage de droite ne l'est pas. **Publius Terencius Afer**, *Comediae*, vers 1411. (photo Bibliothèque de l'Arsenal, Paris, Ms. 664 réserve, f.324r.)

Saint Martin partageant son manteau, vers 1470.
(photo Médiathèque et Archives municipales, Mâcon, Ms. 3 f. 36v.)

[132] Sophie Jolivet (thèse) *Pour soi vêtir honnêtement à la cour de Monseigneur le duc de Bourgogne, costume et dispositif vestimentaire à la cour de Philippe le Bon de 1430 à 1450*, 2003, t.1, p.111.

[133] Adrien Harmand, *Jeanne d'Arc ses costumes, son armure*, Ernest Leroux, 1929. p.269.

[134] Sophie Jolivet (thèse) *Ibid.*, p.86.

[135] ADN B 2008, F 325 r, 325 v et 326 r.

[136] ADN B 2002, F 204 v.

[137] Sophie Jolivet (thèse) *Ibid.*, p.117.

Prince de France (le futur **Jean le Bon** ou son frère **Philippe**), vers 1350, marbre, France. Le prince porte un mantel couvrant, sorte de huque, à capuche. Ce vêtement, avec ses plis caractéristiques aux bras, est courant vers le milieu du XIVᵉ siècle. (photo The Metropolitan Museum, New York.)

Reconstitution de **mantel** du début du XVᵉ siècle. Avec écusson de l'ordre de l'écu d'or. (photo Corentin Donneaux, réalisation Jérôme-Pierre Pauzet.)

Le paletot civil tient la même place que la huque, c'est-à-dire un vêtement porté lors des grands événements. Des décorations à type de découpes sont aussi perceptibles et, comme pour les robes ou les huques, adaptées à la mode. En 1436, un paletot ducal est ainsi découpé « *tout plein de trous* », ou encore « *par le corps en hault et les mances par bas* »[137].

Il est à noter également l'existence de vêtements sans doute proches du paletot, mais d'utilisation exclusivement militaire, que sont le *hoqueton* et la *journade*.

Le mantel ou la chape

Taillé en forme de demi-cercle pour envelopper les épaules, fermé sur le côté ou sur l'avant, le manteau est donc un vêtement ample, sans manches et très couvrant. Il se porte surtout depuis le XIIᵉ siècle et se place sur l'ensemble des autres vêtements.

C'est un vêtement porté par le représentant d'une autorité forte et, de fait, est symbole d'une identité. Apanage des ordres religieux, des confréries, des représentants du pouvoir, il est effectivement porté dans des circonstances particulières. S'il fut fortement à la mode au Moyen Âge classique, son utilisation devient très limitée parmi les laïcs. Il est le représentant d'anciennes traditions.

Au XIVᵉ siècle, certains manteaux paraissent être faits d'un cercle entier, ce qui les rend totalement couvrants. Ils se ferment alors sur l'épaule, par des boutons.

Les manteaux sont rarement déchiquetés et ne sont pas non plus plissés, les plus riches, ceux de parades, peuvent comporter une ornementation d'orfèvrerie.

Nous trouvons, parmi les danseurs et les danseuses, de possibles représentations de jacquettes. Il est également qu'il s'agisse de cote-hardies, du fait de la présence de coudières. Les vues de détails nous dévoilent également possible la présence de barbe et de cheveux mi-longs, à la mode en ce milieu du XIVe siècle. Notons aussi le mantel, couvrant typique du siècle, que porte un des spectateurs. (photo BnF, Ms. Fr. 1586, f.51r.)

La jacquette

Si le jaque est un vêtement militaire à destination principale des archers, la *jaquette* est un autre vêtement bien spécifique qu'il ne faut pas confondre.

Elle ne semble ni plus longue ni plus courte que le pourpoint. Les nombres d'aunes de drap destinés à la confection sont les mêmes pour l'un comme pour l'autre. L'usage qui lui est attribué est essentiellement sportif. Il s'inscrit dans le cadre de joute, de tir à l'arc ou encore pour jouer aux barres. Pour ce dernier cas, la jaquette est signalée comme étant dépourvue de manches.

Michèle Beaulieu[138] pense y voir un vêtement proche de la robe et distingue trois tournants dans l'évolution de la mode du XIVe au XVe siècles. Ainsi, apparaissant dès 1340, la jaquette est taillée dans du satin ou du velours. Doublée voire rembourrée, elle est richement décorée de perles, de broderies ou d'orfèvrerie. Sa hauteur est relativement courte et le vêtement, qui s'arrête initialement aux genoux, se raccourcit jusqu'au haut des cuisses. Les manches sont mi-longues et sont munies de coudières, c'est-à-dire d'une bande d'étoffe qui, partant du coude, tombe jusqu'au jarret. Cette mode n'est plus guère en usage dès 1380. C'est à cette date en effet que les manches s'évasent largement.

Au début du XVe siècle, elles se resserrent au poignet pour donner la manche close et, comme pour la robe, le col s'élève autour du cou. En 1470, la jaquette se voit attribuer une couture à la taille et ne se démarque plus guère de la robe. ■

Hansel, bronze, vers 1380. Cette sculpture est ce qu'il reste d'une ancienne fontaine. Le personnage, affectueusement surnommé Hansel, porte vraisemblablement une jacquette, une sorte de veste courte, passée sur le pourpoint, et tout aussi étroite. Les boutons se chevauchent sur l'avant et les manches. (photos Tina Anderlini, Germanischesmuseum, Nuremberg.)

[138] Michèle Beaulieu et Jeanne Baylé, *Le costume en Bourgogne de Philippe le Hardi à la mort de Charles le Téméraire (1364-1477)*, PUF, 1956, p.46-47.

Le chaperon est ici noué sur la tête en turban.
L'homme au chaperon rouge, **Jan Van Eyck**, 1433.
(photo Damien Bouet, National Gallery, Londres.)

Une coiffure pour une parfaite distinction

Depuis le XIIIe siècle, divers chapeaux sont apparus. Et les hommes ont bien l'intention à continuer à être distingués de la tête aux pieds.

Pour dormir, l'homme, se couvre la tête d'un *couvrechef* [139], sorte de petit bonnet généralement en lin, se nouant sous le menton. Il existe cependant des mentions de « *chaperons à porter de nuit* », dont certains sont dits tanés. Doit-on y voir une extension du terme chaperon à plusieurs objets couvrant la tête ? Mais au quotidien, les coiffures que portent les hommes du Moyen Âge semblent nombreuses et variées. En réalité, elles peuvent se résumer en une typologie assez simple de trois grands modèles dominants. C'est Antoine de la Sale[140] qui nous le dit au milieu du XVe siècle. Il nous apprend par les paroles de la belle dame que devant les « *ymaiges de Nostre Seigneur, il convient de oster vostre chapperon, chappel ou barrette de sur vostre chief* ». Ainsi, les couvre-chefs ne sont-ils classés que dans trois catégories, le chaperon, le chapeau et la barrette ? Cette apparente simplicité cache en fait un vêtement qui évolue encore plus rapidement que les autres au gré de la mode. C'est qu'il est facile d'en acquérir. En effet, conjointement à une vente directe par le fabricant, ils sont vendus dès le XVe siècle par les merciers. Ils bénéficient donc d'un véritable réseau de distribution et peuvent s'apparenter à des d'articles de prêt à porter, disponibles dans ces « grandes surfaces » médiévales.

L'homme peut aussi se promener tête nue, bien que cela soit plus rare. Il convient alors dans la rue, lors d'une rencontre avec autrui, que de « *vostre cœur les*

Valve de miroir, ivoire, Paris, 1350-75.
Le galant porte un chapeau haut, retenu par une lanière.
(photo Metropolitan Museum of Art, New York.)

saluez ». En effet, puisque la coiffure ne peut être ôtée en signe de salut, c'est sans doute la main sur le cœur que s'effectuent les signes de politesse. De fait, si les cheveux sont laissés apparents, ils sont alors pour certains également tributaires de la mode. Nous allons donc naturellement parcourir ces différents éléments, sachant que ces deux siècles proposent une multitude de types de chapeaux, et que même les rois n'hésitent pas à troquer leur lourde couronne contre un élégant couvre chef de feutre ou de fourrure. Nous allons commencer cette revue non exhaustive par la coiffe emblématique du Moyen Âge.

[139] Monique Closson, Perrine Mane, Françoise Piponnier, *"Le costume paysan au Moyen Âge : sources et méthodes"* dans l'*Ethnographie*, 1984.
[140] Antoine de la Sale, *Jehan de Saintré*, Le Livre de poche, Lettres gothiques, 1995, p.98.

La visagière du chaperon est formée en bourrelet, le collet déchiqueté s'étale d'un côté tandis que la cornette tombe de l'autre. *Chevalier de la Tour Landry*, *Enseignement de ses filles*, après 1425. (photo Bibliothèque Municipale, Châteauroux Ms. 4, f.1r.)

Le chaperon

Le chaperon est une coiffe qui traverse toute la durée du Bas Moyen Âge. L'iconographie nous le montre sur les nobles à la fin du XIIIᵉ siècle, et sur des paysans auparavant. Mais la littérature nous enseigne que vers la fin du XIIᵉ siècle cette coiffure fait partie de la garde-robe de la noblesse comme tenue de voyage. Par ailleurs, le chaperon va être incorporé à la robe, au sens premier du terme, puisque, luxe ultime, ce vêtement pourra être fait dans le même tissu que les autres garnements. L'heureux, ou heureuse, car le chaperon est alors unisexe, pourra ainsi se montrer d'une élégance ultime en étant vêtu de la même étoffe littéralement de la tête aux pieds si on ajoute les chausses. On peut également assortir son chaperon à son mantel. C'est vers la fin du XIVᵉ siècle que le chaperon cessera d'être unisexe, la version féminine se distinguant de la version masculine. La vogue du chaperon diminue dans la noblesse durant la seconde moitié du XVᵉ siècle, mais peut durer dans le petit peuple.

Il s'agit d'un capuchon de taille variable, dont la petite cape s'arrête le plus souvent en dessous des épaules. Adrien Harmand nous donne les noms des différentes parties qui le composent[141]. La partie qui couvre le cou, le collet, peut aussi se nommer *gorgère*, *goule* ou *patte*, l'ouverture encadrant le visage, la *visagière* ou *barbute* et la cape pourrait aussi parfois s'appeler le *guleron*. À l'arrière, la capuche se termine sur le haut du crâne par une pointe de tissu plus ou moins grande, la *cornette*.

Les mentions les plus anciennes évoquent des *chaperons pendants*. Leur place dans les inventaires les situe souvent à côté de chapes à chaperon. Or, la chape est une tenue extérieure, comportant un chaperon. On peut supposer que le chaperon pendant désigne un capuchon ne faisant pas partie, par couture, d'un autre vêtement.

S'il est porté régulièrement par toutes les couches de la société, il sert aussi parfois de signe distinctif comme en Flandres[142] à la fin du XIVᵉ siècle : un conflit pour le percement d'un canal favorisant la ville de Bruges, oppose les chaperons blancs représentant les hommes de la ville de Gand, aux partisans de Bruges et du comte de Flandre Louis II de Mâle, qui arborent, eux, le chaperon rouge. On peut porter deux chaperons ensemble, le chaperon indépendant de tout vêtement pouvant être ajouté au chaperon d'une chape. En ce cas, le chaperon dépendant d'un autre vêtement étant porté rabattu et forme collet.

Le tissu utilisé est le plus souvent la laine. La soie, trop fluide, n'est en effet guère utilisée. Suivant les mouvements de la mode du XIVᵉ siècle, le chaperon est parfois de deux couleurs, dit bi-partite.

Certains sont doublés, à l'exception de la cornette. aussi appelée *liripipe* (appellation anglaise, parfois utilisée en français). Les chaperons *doubles* le sont souvent avec le même tissu que celui extérieur. Mais certains sont aussi doublés de blanchet. Quant aux chaperons doublés de fourrure, ils sont considérés être très rares. Ceci semble contredit par de nombreuses sources. Durant le Moyen Âge classique, plusieurs représentation de chaperons doublés de riches fourrures se trouvent aussi bien dans les textes que dans la peinture précédant notre période. Les mentions au chaperon doublé de fourrure sont fréquentes dans les inventaires de Mahaut d'Artois par exemple. Ceci continue au début de la période qui nous concerne. Par ailleurs, les chaperons fourrés sont toujours présents en France jusque Louis XI.

À côté des chaperons *doubles* existent les chaperons *sangles* ou *seingles*. Il est possible alors, pour leur donner plus de tenue, de ne doubler que la seule visagière dans son contour.

La cornette est, au XIIe siècle, inexistante, le patron étant très simple : la partie supérieure est juste un carré ou un rectangle de tissu. Une cornette peut se former dans cette forme, mais il ne s'agit pas alors d'une coupe spécifique ou d'un ajout. Par la suite, elle prend différentes tailles au gré de la mode, oscillant entre court et long. Sa longueur peut alors être un atout car une lettre de rémission de 1476[143], signalée par Adrien Harmand, nous apprend que le chaperon peut aussi servir de bourse. L'argent, inséré dans la cornette, y est bloqué grâce à un ou à plusieurs nœuds qui permettent de le garder en toute sécurité face aux voleurs.

La cornette, terme qui n'apparaît qu'au début du XVe siècle, peut être taillée dans le prolongement du chaperon ou être rapportée. Cette seconde technique, qui permet une économie de tissu pour les longues cornettes, apparaît à partir de 1400 et permet des effets avec le chaperon. Dans les années 1430, Philippe le Bon, duc de Bourgogne, porte d'ailleurs encore un chaperon dont le corps est gris et la cornette noire, alors qu'en France au XVe siècle, le chaperon est uniforme. La question de la doublure de la longue cornette se pose. Il n'y aurait pas de trace de doublure de fourrure avant les années 1460. En Allemagne également, la cornette peut-être composée d'un ou de plusieurs autres tissus.

La visagière, quant à elle, peut aussi être plus ou moins profonde. Dans les cas les plus extrêmes, il convient alors de la replier pour pouvoir voir. Ou on peut la porter dans toute sa grandeur, ce qui crée un certain isolement, voire un effet d'oeillères. Cet agencement est particulièrement frappant sur les pleurants des gisants.

C'est la multiplicité de ports différents du chaperon qui peut expliquer son succès ininterrompu au fil des siècles. Il peut se transformer suivant les circonstances.

La façon la plus intuitive et logique de porter le chaperon est de l'enfiler par la tête pour le faire recouvrir les épaules. La visagière est alors parfois repliée sur elle-même autour du visage pour ne pas gêner la vision, et aussi peut-être pour lui donner plus de tenue. Cette manière de porter le chaperon est un rempart efficace contre le froid. Il couvre le paysan en hiver mais une simple traction sur la cornette permet de débarrasser le tête de la capuche si elle devient gênante, le chaperon est alors dit *mis en gorge*.

Le chaperon peut aussi être porté en bonnet, protégeant du soleil ou répondant simplement à la mode. La visagière est alors retournée et enroulée sur elle-même pour former une sorte de boudin placé autour de la tête. En effet, les bords repliés rétrécissent l'ouverture de la visagière. Le collet tombe alors simplement sur une épaule, la cornette sur l'autre.

Mais il existe de nombreuses variantes pour cette façon de porter le chaperon. La cornette peut être enroulée autour de la tête, circonscrivant le bord de la visagière, c'est le *tortil*. Le collet peut alors s'étaler sur la nuque et garantir du vent ou du soleil, ou bien, stabilisé par le tortil, s'épanouir au dessus de la tête à la façon d'une crête de coq, image dont la coiffure tira son nom.

Cette façon de porter le chaperon en bonnet devient une mode incontournable et le chaperon est bientôt formé à demeure. Il peut être porté à cheval sur l'épaule, suspendu par la cornette, c'est alors un véritable accessoire de mode et de distinction. Il est alors entièrement cousu et porte le nom de *chaperon enformé* ou *à gorge*. Ce qui était une visagière enroulée sur elle-même se transforme en bourrelet, une couronne d'étoffe rembourrée qui se généralise dès 1430. De fait, dix ans plus tard, le chaperon ne se conçoit plus sans ce bourrelet. Le rembourrage utilisé varie, il est le plus souvent fait d'étoupe de laine, mais aussi parfois de coton, de poils, ou même de jonc. Son épaisseur augmente lorsque les plis des robes prennent, eux aussi, un certain volume, c'est-à-dire dès 1442.

À l'image de certaines robes et pour suivre la mode, le bord du collet peut aussi faire l'objet de décorations. Adrien Harmand[144] signale les bords « *découpé, a quarreaulx, a lambeaux, à longues feuilles pendans* ». La cornette peut aussi connaître de semblables décorations.

[141] Adrien Harmand, *Jeanne d'Arc, ses costumes, son armure*, Ernest Leroux, 1929, p.58.

[142] Jean Froissart, *Chroniques*, livre I et II, Lettres gothiques, 2001, p.755, année 1379, *Les blancs chaperons à Gand*.

[143] Archives nationales JJ 201.

[144] Adrien Harmand, *Ibid.*, p.67.

Pétrarque, sur cette fresque d'Andrea da Firenze de 1365-1367, porte un chaperon fourré avec un imposant collet de fourrure. À noter la manière dont les visagières sont remontées sur le front, mettant en évidence les doublures. (photo (photo *Wikimedia Commons*.)

Reconstitution de chaperon fin XIVe, porté de la manière « traditionnelle » et de manière originale. L'accessoire permet une grande variété de formes. Les découpes du collet et la longueur de la cornette augmentent l'aspect décoratif des différentes options.
(photo Chloé Steinier, modèle Romuald Arnould.)

Chaperon mis en gorge. Pierre le Fruitier, dit Salmon, *Réponses à Charles VI* et *Lamentation au roi sur son état*, vers 1405-1415. (photo BnF Ms Fr.23279, f.67r.)

Le prophète Isaïe, sculpté par Claus Sluter en 1396-1405 porte son chaperon sur l'épaule, comme un gentilhomme à la mode. Cette pratique a laissé des traces dans l'épitoge, la bande de tissu portée sur l'épaule des juges et avocats.
(photo Tina Anderlini, Puits de Moïse, Chartreuse de Champmol, Dijon.)

Les chaperons

Ces patrons sont à couper en double.

Ce premier patron correspond à un chaperon
retrouvé sur le site d'Herjolfsnes et datant
de la fin du XIVe siècle.
Sur l'original, il est impossible d'établir
la présence d'une cornette.
Nous avons pris le parti d'en associer
une de 67 cm, retrouvée sur le même site.

Ce second patron date également de la fin du XIVe siècle.
Il a été retrouvé autour de la jambe d'un homme
de 173 cm. Le collet de 40 cm couvre donc largement
le haut du buste et la cornette ne dépasse pas de 60 cm.
Le modèle est taillé en quatre parties.
Il est probable que par économie de tissu, lors du patronage,
les trois pièces plus petites se placent dans l'espace laissé à
l'arrière du cou pour s'intégrer dans un lé de 60 à 70 cm.

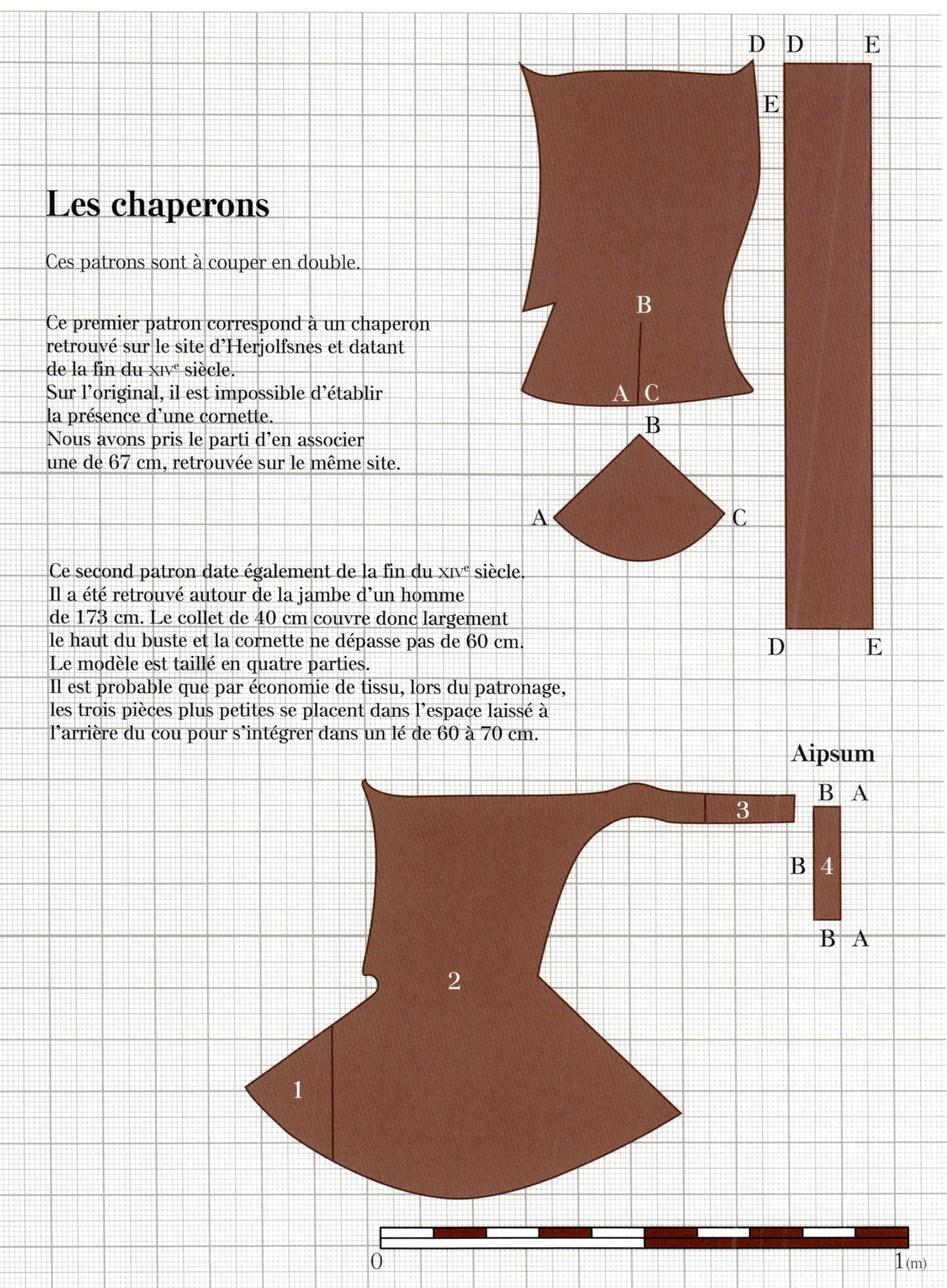

Le berger porte sur son cœur un chapeau tressé. À l'arrière, tenant une cornemuse, l'homme porte un chapeau de feutre à rebords. *Le triptyque portinari* (détail), Hugo Van der Goes vers 1473-1482. (photo Galleriadegli Uffizi, Florence.)

Un paysan, coiffé d'un chapeau de paille, sème du blé. (photo Bibliothèques d'Amiens Métropole, Ms. Lescalopier 19 f. 011.)

[145] Michèle Beaulieu et Jeanne Baylé, *Le costume en Bourgogne de Philippe le Hardi à la mort de Charles le Téméraire (1364-1477)*, PUF, 1956, p.66.

[146] Dictionnaire *Petit Robert*, 2000.

[147] L. Laborde, *Les ducs de Bourgogne*, t.1, n°769.

[148] ADN B1954, F 161 r.

Les chapeaux

Le chapeau, comme nous l'entendons actuellement, est un couvre-chef plus ou moins élaboré que l'on pose simplement sur la tête. Ses caractéristiques et sa forme lui sont données, entre autre, par les multiples matériaux qui sont utilisés.

Les fibres végétales, savamment assemblées ou tressées, offrent de nombreuses possibilités. La paille nommée *estrain* ou *festu*, le tilleul appelé *til*, *tille*, ou encore *tillet*, sont facilement employés mais donnent des chapeaux de peu de valeur. Les meilleurs chapeaux sont en paille de riz et sont importés de Lombardie[145].

Les fibres animales, par le feutre, sont aussi largement utilisées. La technique du feutrage est très ancienne et s'utilise encore aujourd'hui. Elle permet de créer, sans tissage, un ensemble plus ou moins dense, pouvant s'utiliser comme une toile. Cette « *étoffe* [est] *obtenue en foulant et en agglutinant du poil ou de la laine*[146] ». Le feutre de qualité, homogène, possède certaines propriétés : suivant l'épaisseur, il est relativement imperméable, plus ou moins solide et peut se découper facilement. Mais il est surtout déformable à la vapeur, ce qui permet de réaliser les cloches des chapeaux et les différentes formes que nous allons rencontrer. C'est sans doute pour cette raison que les chapeaux sont le plus souvent réalisés en feutre, matière d'usage de plus en plus courant au XVe siècle.

Peut-être est-ce la facilité à les emmêler ou encore leurs qualités visuelles et tactiles qui valent au poil de castor, aussi appelé *bièvre*, une grande popularité au XIVe siècle. Néanmoins le lapin, le lièvre, l'agneau, la chèvre, ou encore le blaireau sont aussi attestés. Les chapeaux de bièvre sont les seuls utilisés à la cour de France sous Charles VI. Les couleurs variaient : noir (fin ou velu), brun, ou blanc. Ils pouvaient être fourrés de gris ou d'agneau noir.

Au XVe siècle, le feutre de laine, fréquemment utilisé, prend des teintes noires, grises, brunes pour remplacer le *bièvre* dont l'usage disparaît. Chapeaux de velours, de soie, et même de paille vont progressivement remplacer les chapeaux de bièvre sur les têtes princières.

Ces chapeaux formés sont de deux qualités. Comme pour le chaperon, nous trouvons les *chapeaux sengles*, c'est-à-dire sans doublure et les *chapeaux doublés* ou *fourrés*. Ainsi le satin, le cendal, le velours, ou du simple drap peuvent être employés. Evidemment, on va retrouver les mêmes fourrures en doublures (le terme *fourrure* veut dire doublure à l'origine) que pour les chaperons. Le bièvre, une matière qui se porte mal à l'intérieur d'un vêtement, se révèle être fort utile pour doubler les chapeaux. Néanmoins, la vogue de la doublure de fourrure passe au cours du XVe siècle. Parfois même, l'étoffe recouvre le feutre, en partie ou complètement pour satisfaire à une demande esthétique. Ils peuvent alors être aussi rehaussés de broderies ou d'orfèvreries.

De la même manière, le feutre peut servir de support à la fourrure. Nous retrouvons couramment dès le début du XIVe siècle, le *gris*, la *martre*, du *roys*, du *menu-vair* ou encore dès 1425[147] de l'*agneau de Romménie*, c'est-à-dire de l'astrakan ou de l'agneau noir.

Le souci du paraître fait associer aux chapeaux de nombreux éléments de décoration. Dans les années 1430, il est possible d'ajouter des petites ceintures cloutées sur toute la longueur[148] du chapeau, alors qu'une bordure de soie est à la mode dans les années

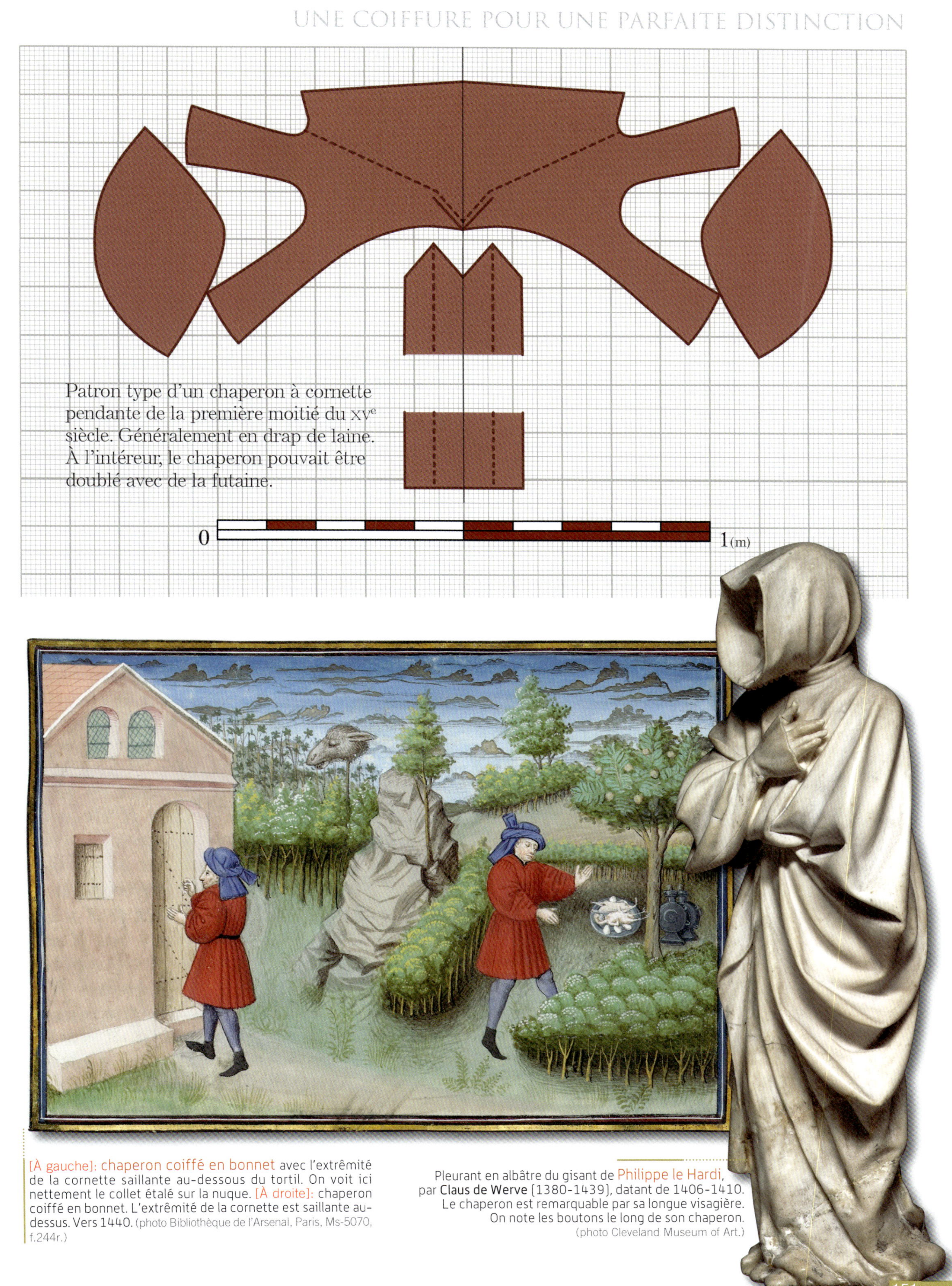

Patron type d'un chaperon à cornette pendante de la première moitié du XVe siècle. Généralement en drap de laine. À l'intéreur, le chaperon pouvait être doublé avec de la futaine.

0   1 (m)

[À gauche]: chaperon coiffé en bonnet avec l'extrémité de la cornette saillante au-dessous du tortil. On voit ici nettement le collet étalé sur la nuque. [À droite]: chaperon coiffé en bonnet. L'extrémité de la cornette est saillante au-dessus. Vers 1440. (photo Bibliothèque de l'Arsenal, Paris, Ms-5070, f.244r.)

Pleurant en albâtre du gisant de Philippe le Hardi, par Claus de Werve (1380-1439), datant de 1406-1410. Le chaperon est remarquable par sa longue visagière. On note les boutons le long de son chaperon. (photo Cleveland Museum of Art.)

Le jeune homme est déjà coiffé, mais il porte aussi suspendu sur l'épaule, signe de mode, un magnifique chapeau garni d'une plume d'autruche. *Oriande la belle et l'enchanteur Maugis* (détail), **Renaut de Montauban**, vers 1468. (photo Bibliothèque de l'Arsenal, Paris, Ms. 5072, f.71v.)

[149] Bibliothèque nationale, Mss supplément français, n°6603 F 45.

Chapeau de paille, fin du XVe siècle, Lengberg. Une autre découverte faite à Schloss Tirol : un rare chapeau de paille, en assez bon état de conservation. (photo Universität Innsbruck, Archäologisches Institut.)

1440. Bien entendu, ils peuvent être également ornés de bijoux, les pendants et les médailles étant très à la mode, de broderies, de franges et de plumes. La plume de paon, en vogue au XIVe siècle, laisse du terrain, à partir du troisième quart de ce siècle, à la plume d'autruche qui s'impose. Enfin, une longue draperie flottante peut orner le chapeau, c'est le *volet* qui, placé sur l'épaule, équilibre et retient la coiffe porté tombant dans le dos, à la manière de la cornette du chaperon placé, selon la mode, à cheval sur l'épaule.

Si les matières utilisées sont variées, les modèles le sont encore plus et nous ne pouvons pas prétendre ici en faire une liste exhaustive. La forme de la calotte peut être un premier critère de classification, auquel peuvent s'associer différents types de bordures : plates et horizontales, enroulées comme un bourrelet, verticales et très hautes ou fines, voire inexistantes.

Lorsque les rebords sont marqués tout autour du chapeau, il peut arriver qu'une partie seulement soit relevée sur la calotte et une autre abattue, c'est le chapeau à rebras, que nous pouvons traduire par rabat. C'est le chapeau des pèlerins qui portent le rebras de devant relevé et lui offre la place aux enseignes, tandis que l'arrière est rabattu, protégeant la nuque et le cou des ardeurs du soleil ou de la rigueur de la pluie. Le rebras connaît ainsi une certaine faveur de 1410 à 1460, il peut être orné de figures et d'enseignes tant que cette mode perdure.

La calotte à proprement dite peut être globalement hémisphérique. Il s'agit d'un modèle qui apparaît vers 1410 et persiste jusque 1471, mais dont la forme précise et surtout le volume vont énormément varier au cours du siècle. Dès 1430 par exemple, la partie supérieure se met à enfler démesurément jusqu'à atteindre pratiquement la forme d'une montgolfière : c'est la *calotte ballonnée*. Les bords peuvent alors être proportionnels et correspondre à des bourrelets très épais. Cette forme disparaît après 1460. Lorsqu'elle reste plus sobre, l'arrondi de la calotte peut aussi se rehausser en son centre d'une pointe plus ou moins marquée, c'est la petite queue centrale qui subsiste encore sur les bérêts actuels. Dans la seconde moitié du XVe siècle, la calotte s'arrondit de façon très régulière dans une convexité parfaite. Cette nouvelle catégorie de chapeau à petits bords s'appelle *calotte rebrasée*.

Le terme de *bonnet* semble se définir comme étant également une calotte rebrasée. Bien que nous possédions peu d'informations claires à son sujet, il apparaît que ses bords puissent se rabattre sur les oreilles pour les protéger du froid car au XVe siècle, ils sont extrêmement élevés et, pour faciliter l'opération, ils sont taillés en plusieurs parties. C'est peut-être pour cette raison qu'en 1498[149], Charles, un jeune écolier se voit offrir un bonnet noir pour cinq sous.

Avec la facilité de travail du feutre et le savoir-faire des chapeliers, les calottes prennent donc des aspects très variés. La forme tronconique, à large base et à sommet étroit, est assez fréquente. Lorsque le cône est retourné, que la base est plus petite que le sommet, cela peut donner un chapeau assez spectaculaire, donnant parfois l'illusion de jouer avec les lois de l'apesanteur. L'impression d'ascension est parfois renforcée par une courbure concave donnée aux parties montantes. Les bords, plats ou concaves, sont alors souvent en proportion de taille. Nous en trouvons représentés globalement de 1430 jusque 1460. Comme on peut le voir avec le célèbre portrait des Epoux Arnolfini de Van Eyck, la doublure n'est pas nécessaire.

Le *chapeau à bec*, si cher dans les figurations collectives actuelles de Robin des Bois, est plus antérieur, porté du XIVe aux années 1415. Il s'agit d'un chapeau mixte, très en faveur pour la chasse au XIVe siècle. Il retrouve cependant les faveurs de la mode après 1450 jusque vers 1480 et est surtout connu par le port du roi Louis XI.

Des *laz* sont parfois fixés de part et d'autre du chapeau. Ces cordelettes de soie ou de poils de bièvre devaient permettre de rabattre le chapeau dans le dos sans qu'il ne tombe. Il est plus que probable que le paysan dans son champ, procédait de même avec son chapeau de paille mais utilisait plutôt de la cordelette de lin ou de chanvre.

Chapeau en forme de cône inversé. Jan Van Eyck, *Portrait des époux Arnolfini* (détail), 1434. (photo National Gallery, Londres.)

Gisant, vers 1320. Le jeune homme porte une sorte de béret très courant autour de 1300. D'autres valves de miroir et œuvres du XIVe siècle nous montrent des chapeaux à bec. (photo Tina Anderlini, Musée de l'Œuvre Notre Dame, Strasbourg.)

Pour l'homme, chapeau à calotte ronde à petit bord. Les cheveux mi-longs sont caractéristiques de la mode de cette époque. Notons aussi la coiffe de la dame. Dirk Bouts, *La justice de l'empereur Otton III* (détail), vers 1457. (photo Musées Rogenaux des beaux Arts, Bruxelles.)

Chapeau à petits bords avec décoration d'orfèvrerie associée aux plumes. Hugo Van der Goes, *L'Adoration des Mages* (détail), vers 1470-1475. (photo Gemäldegalerie, Berlin.)

1. Chapeau à bord plats, vers 1428.

2. Chapeau à calotte hémisphérique et à bords concaves, vers 1430.

3. Chapeau à bourrelet, vers 1440.

4. . Chapeau à calotte hémisphérique et à bords rabattus.

5. Chapeau à bourrelet et calotte, vers 1425.

6. Chapeau à calotte ballonnée, vers 1425.

7. Chapeau de paille en troncs de cônes opposés, vers 1430.

8. Chapeau anglais à calotte ballonnée, vers 1433.

9. Chapeau à gros bourrelet, vers 1433.

10. Chapeau à bourrelet et calotte, vers 1425.

11. Chapeau à petit bourrelet et calotte ballonée, vers 1433.

(DAO Heimdal, d'après A. Harmand, 1929.)

La barrette

Le terme de *barrette* semble définir différentes choses suivant les époques et les indications sont trop pauvres et contradictoires pour pouvoir en dessiner efficacement les contours.

Vers 1400 en effet, les deux termes *barrette* et *aumusse* sont confondus dans la comptabilité d'Avignon. L'aumusse, portée surtout par les ecclésiastiques, est une sorte de capuchon long souvent doublé de fourrure. Mais peut-être ne s'agissait-il ici que des petites aumusses de nuit que l'on portait pour se protéger la tête.

Vers 1440-50 le terme de barrette réapparaît de façon plus fréquente et semble évoquer plusieurs coiffures différentes. S'il s'apparente toujours à l'aumusse, il désigne alors un chapeau d'une hauteur importante porté raide au-dessus de la tête. Mais il pouvait s'agir également d'une toque de plus petites dimensions.

La barrette peut être taillée de laine, mais aussi de soie et est agrémentée de plumes, houppes, ou enseignes. Il semble que la barrette porte le nom de *carmignolle* en Bourgogne.

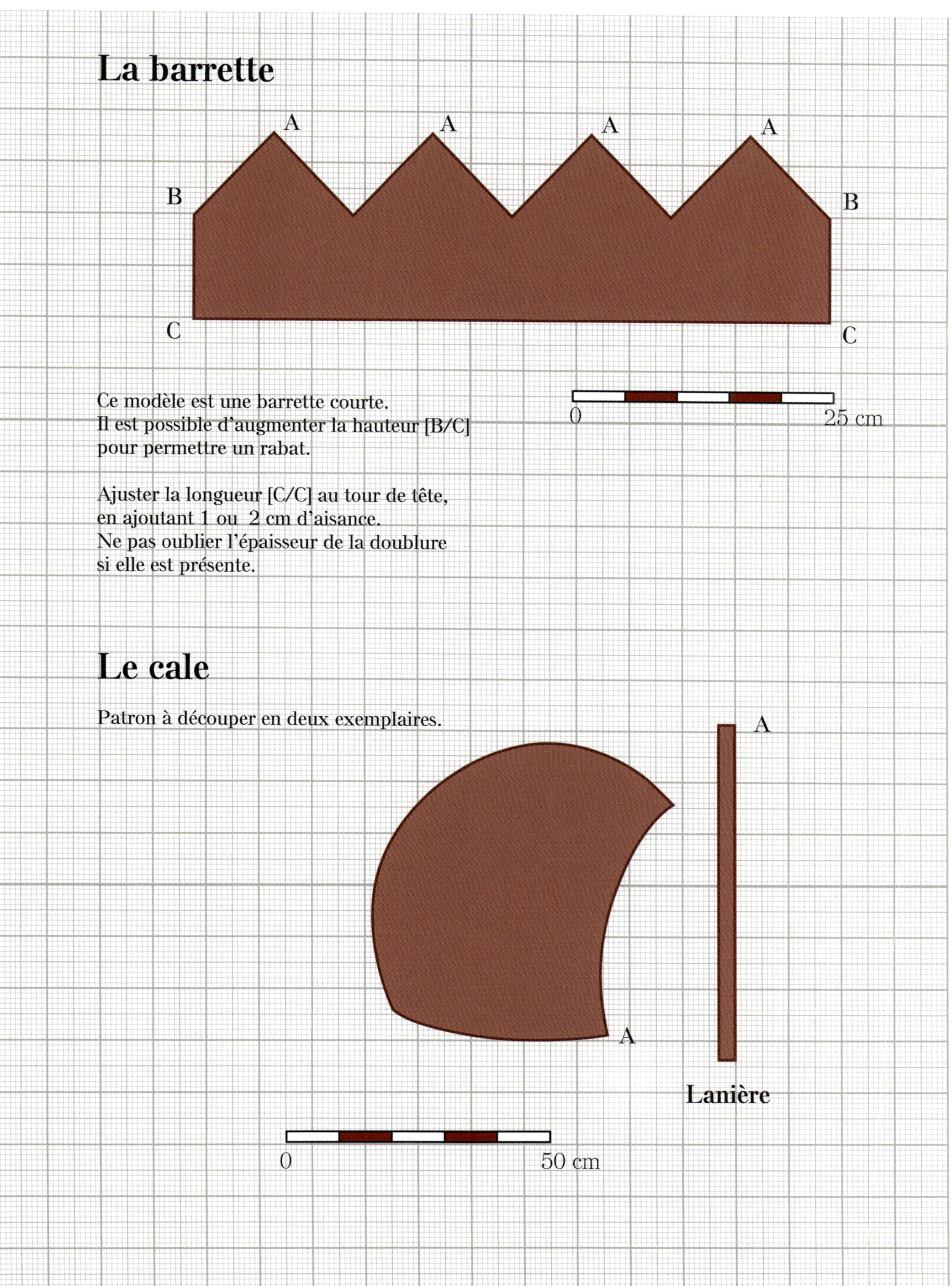

La barrette

Ce modèle est une barrette courte.
Il est possible d'augmenter la hauteur [B/C]
pour permettre un rabat.

Ajuster la longueur [C/C] au tour de tête,
en ajoutant 1 ou 2 cm d'aisance.
Ne pas oublier l'épaisseur de la doublure
si elle est présente.

Le cale

Patron à découper en deux exemplaires.

Reconstitution de la barrette dépliée.
(photo Noëlle Delebarre.)
Reconstitution de la barrette retroussée.
(photo Noëlle Delebarre.)

Personnages portant
des barrettes
retroussées. Détail de
*Martyr de saint Jean,
Apocalypse flamande.*
(photo BnF, Paris,
Néerlandais 3, f.1.)

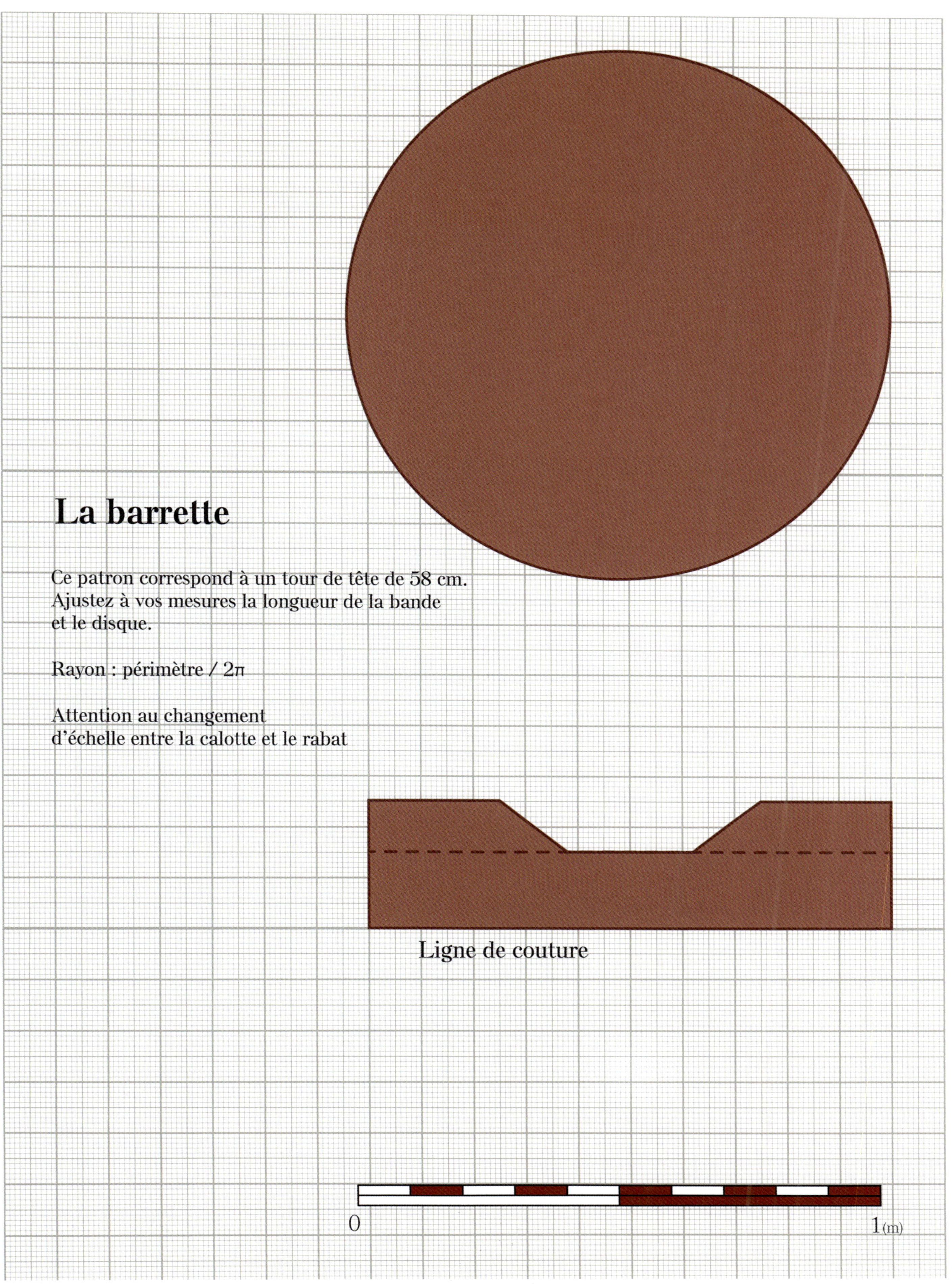

La barrette

Ce patron correspond à un tour de tête de 58 cm.
Ajustez à vos mesures la longueur de la bande
et le disque.

Rayon : périmètre / 2π

Attention au changement
d'échelle entre la calotte et le rabat

Ligne de couture

0
1 (m)

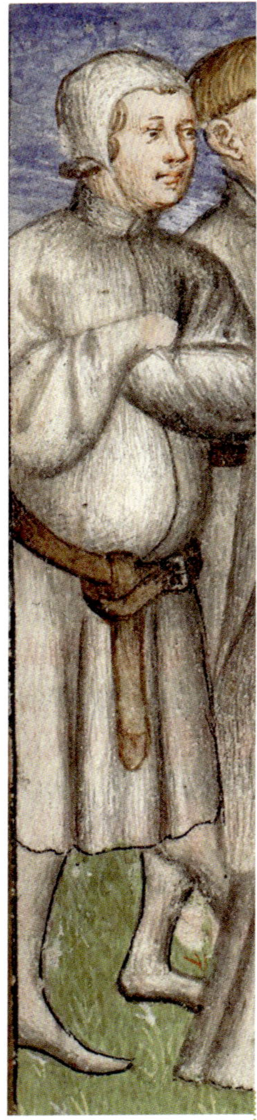

Personnage portant un cale. Détail du Couronnement de Louis le Pieux dans les *Grandes chroniques de France* par **Maître de l'Épître Othéas**, début XVe. (photo Bibliothèque Mazarine, Paris, Ms. 2028, f. 131.)

Filippino Lippi (1457-1504), *Saint Pierre et Simon le magicien*, 1484-85, détail, chapelle Brancacci, Santa Maria del Carmine, Florence. L'habitude de porter le cale dénoué apparaît au XIVe siècle, lorsqu'il est porté avec une autre coiffe. (photo Tina Anderlini.)

Peintre pérugin, seconde moitié du XIVe siècle, *Adoration des bergers*, fresque, vers 1370-90. Ce détail montre un cale brodé. Les deux moitiés sont réunies par un ouvrage de fil. (photo Tina Anderlini, Galleria Nazionale dell'Umbria, Perugia.)

Le cale

C'est une sorte de petit bonnet de toile blanche de lin, ou de chanvre, noué sous le menton par une lanière, mais qui est aussi souvent porté sans ses brides dès le XIVe siècle.

Le cale est coiffé, sans exception d'âge ni de conditions, par tous jusqu'au XIVe siècle. Arboré seul, il est aussi porté sous un bonnet ou un chapeau, sans doute pour éviter de les salir. Au XVe siècle, il ne reste plus que le peuple pour porter ce cale de toile, qui est donc progressivement abandonné.

Nous retrouvons cependant le même type de coiffure, portée par les plus grands, mais taillée dans des tissus plus luxueux, comme le satin ou le velours, et volontiers de couleur noire ou d'écarlate.

Ce cale dépourvu de brides, qui prend alors le nom de coiffe ou parfois aussi de bonnet, est toujours porté sous une autre coiffure.

Son patron peut être réalisé de trois manières. La version simple se compose de deux parties droite et gauche, avec une couture centrale au-dessus de la tête. Une variante plus élaborée lie les deux parties par une broderie faite de fils entrelacés. Enfin, une troisième possibilité est le cale « filet », travaillé à la manière des crépines féminines, et ayant donc l'aspect d'un filet à cheveux très couvrant. Ce modèle se voit surtout au XIVe siècle.

La coiffure

Le XIIIe siècle était une époque où l'homme était généralement imberbe. On porte les cheveux longs, bouclés au fer, et une petite frange, le dorelot. Ceci durera encore dans les premières décennies du siècle suivant. Etant donné la logique des phénomènes de mode, le XIVe siècle verra, progressivement, les visages s'orner d'une barbe. Celle-ci est propre, bien taillée, bien peignée. Elle se termine souvent par deux petites pointes. Les cheveux restent longs, ondulés. Mais la barbe va disparaître au tournant du siècle, le XVe préférant, de nouveau, les visages imberbes.

Attachons-nous à présent plus en détail aux cheveux. Car si les chapeaux sont très à la mode, ils ne sont pas toujours portés. On peut sortir tête nue, et il est aussi de mauvais ton pour les hommes d'avoir la tête couverte à la messe. L'aspect des cheveux est donc important.

Au début du XVe siècle, après trois siècles de cheveux longs, les coiffures masculines raccourcissent et prennent une forme bien connue. Les jeunes hommes se rasent également la nuque et les tempes, sur une

Masque de fontaine avec tête de jeune homme, vers 1400. La coiffure à la mode en Allemagne à cette date est longue, avec une raie au milieu. La frange a disparu. Le jeune homme est couronné de fleurs. Cette mode sera aussi à l'honneur en Italie. (photo Tina Anderlini, Germanisches Museum, Nuremberg.)

hauteur de plus en plus importante en respectant une ligne horizontale. Cette coiffure parfaitement circulaire prend le nom de coiffure à l'écuelle chez les auteurs modernes. Les auteurs médiévaux mentionnent plutôt des cheveux taillés en rond. La coupe arrondie est un vif succès. Elle est généralisée dès 1410 et dure tout de même un peu plus de quarante ans. Quelques hommes la portent encore jusque 1465, seuls les plus âgés maintiendront la tradition de leur jeunesse. Cette coiffure est, comme souvent, une mode issue de la pratique militaire et reprise par la noblesse avant d'inonder le pays. En effet, les hommes d'armes souffrant du fait que leur cheveux s'accrochaient dans la cotte de maille sise aux cols des armures du début du XVe siècle, avaient pris l'habitude de les couper très courts.

À l'opposé, dès le milieu du XVe siècle, venant d'Allemagne, la mode des cheveux mi-longs, crêpés, revient en France alors qu'en 1462, le duc de Bourgogne Philippe, ayant été tondu suite à une maladie, ordonne que ses sujets le soient aussi. Néanmoins, le cheveu pousse rapidement et, en 1467, le chroniqueur Jacques de Clercq[150] signale que les hommes portent, le plus souvent, de «*longs cheveulx qui leur venoient pardevant jusques aux yeux, et, par derrière jusques au fond du hatrel*» c'est-à-dire la nuque.

La mode capillaire n'est donc qu'une succession de va et vient permanents, entremêlée d'exceptions et de convenances individuelles liées à l'âge et au statut social. ▍

Louis IX quittant Limassol.
Notons l'hétérogénéité des tenues des trois marins.
Sébastien Mamerot, *Les passages d'Outremer*,
xve siècle. (photo BnF, Paris, Ms. Fr. 5594, f.232v.)

Les tenues particulières

Les tenues les mieux documentées sont les tenues de ville, de la bourgeoisie ou de la noblesse. Il ne faut pas oublier un monde d'artisans, de travailleurs, de paysans, aux besoins spécifiques.

La tenue de travail masculine

La tenue de travail doit être adaptée aux besoins de l'activité, mais aussi aux rigueurs climatiques lorsqu'il s'agit de travaux extérieurs. Ce n'est qu'à la fin du Moyen Âge qu'apparaissent quelques tenues spécifiques. Le plus souvent donc, tout commence par l'adaptation d'un vêtement ordinaire à un travail particulier, et ce de manière ponctuelle. C'est sur les gens en pleine activité que l'on va trouver des libertés avec l'habillement. On va retrousser ses manches, laisser tomber les chausses, se mettre en chemise et en braies, relever la cotte et laisser voir la chemise pour les femmes. Ceci étant, en théorie, totalement contraire aux bonnes manières. D'ailleurs, le travail achevé, il convient de se remettre en tenue décente. Le confort, la nécessité de lutter contre une trop grande chaleur sont les principales raisons. Il faut aussi pouvoir courir. La boulangère n'hésitera pas à faire blouser sa cotte dans sa ceinture et à montrer ses chevilles pour courir afin de mettre le pain au four. La ceinture est le principal allié des travailleurs. On peut y accrocher divers objets utiles pour le travail, serrer le vêtement, tenir les couches en place et à hauteur voulue. Les matières des vêtements ont leur importance. La laine sèche moins bien que le lin. On va donc, si on doit travailler avec l'eau, découvrir les manches de la chemise, ou porter des chemises sans manches. Sage-femmes, potières, employées des étuves, par exemple, seront peu vêtues. Ces libertés avec l'habillement sont souvent, dans l'iconographie, la marque de la vulgarité. Les comman-

ditaires des splendides livres d'heure étaient loin de ces nécessités. C'est un tout autre monde, où l'on a peut-être du mal à comprendre que l'on ne veuille pas abîmer ses vêtements trop vite. Les nobles, le clergé, la bourgeoisie et d'autres notables sont soumis aux règles des apparences. Une tenue de sacre, une tenue de chasse, une tenue liturgique, une tenue de juge, répondent à des règles strictes. Le vêtement est un signifiant. Un marqueur social. Ces tenues coûteuses, marques de statuts sont une face d'une médaille. Les tenues des travailleurs sont l'autre face. On pourrait croire que ceux-ci ne se préoccupent pas de leur apparence. Pourtant, s'ils font certains de leurs vêtements de A à Z, il leur

Atelier d'**Andrea Pisano**,
Tubalcaïn, l'invention
de la métallurgie,
1334-1343.
Le tablier, couvrant
aussi la poitrine,
aurait fait son apparition
dès la découverte
de la métallurgie…
(photo Tina Anderlini,
Museo dell'Opera del
Duomo.)

Ce tablier noué à la taille semble assez large puisqu'il plisse volontiers sur les jambes. Notre boulanger est coiffé aussi d'un cale. *Boulangerie*, *Missel Fransciscain*, après 1481. (photo Bibliothèque Municipale, Lyon, Ms. 514, f.6v.)

Le tablier noué autour du cou sur l'épaule, est relevé pour contenir les semailles. *Le semeur*, *Bedford Hours* (extrait), xve siècle. (photo The British Library, Londres, Ms. Add. 18850, f.10r.)

Au temps des moissons, le tablier est déplié pour protéger le paysan. *Fuite en Egypte*, Atelier de Blasco de Granen, École Aragonaise, 1429-1459. (photo Museo de Zaragoza.)

arrive aussi d'acheter des draps, même dans les campagnes. Il y a investissement. Le simple fait de préférer les matières séchant plus facilement est aussi une marque d'attention. On tient à ses vêtements. Même si on ne connaît pas les arcanes de la mode, on la suit, de loin, avec ses moyens. Le paysan riche existe. L'ouvrier, l'artisan, peuvent être aisés. Chacun fait selon ses moyens. Pour paraître, et pour travailler. Et ce malgré les commentaires désobligeants de ceux qui peuvent garder le teint blanc.

Dans cette enluminure du début du XIVe siècle, les forgerons portent un tablier remontant sur le torse. Forgerons, XIVe siècle. (photo The British Library, Londres, Ms. Sloane 3983, f.5r.)

On se protège le corps, on protège ses vêtements, mais on va aussi couvrir la tête, par des chapeaux de paille, ou des cales et autres bonnets. Il y a une certaine hygiène. Personne n'aime trouver le cheveu du boulanger dans son pain ! La tête du forgeron est aussi protégée des brûlures éventuelles.

Le tablier

Si l'activité est pratiquée de manière régulière, le vêtement peut devenir spécifique, permanent, et se généraliser. Le tablier en est le parfait exemple. Très répandu sous différentes formes, il est porté en fonction de l'activité pour protéger la tenue quotidienne.

Les femmes portent le tablier pratiquement toute la journée. Celui-ci peut parfois couvrir entièrement le corps, libérant cependant les bras. Les tabliers féminins, courts ou longs, peuvent être plissés, agrémentés de smocks. Les hommes, de leur côté, ne gardent le tablier que lors du travail. Il peut s'agir d'un port ponctuel pour récupérer des déchets : c'est le cas de l'orfèvre qui y recueille les morceaux de métaux précieux. Lorsque la tache est particulièrement salissante, comme pour le boucher, le tablier est alors relevé pour présenter au client la face la plus propre. Ces tabliers masculins sont le plus souvent de toile, simple rectangle de tissu noué dans le dos, parfois prolongé par une bavette fixée sur la poitrine au moyen d'une attache, à l'aide de bretelles ou encore par une boutonnière accrochée à un des boutons de l'habit.

Le forgeron, comme le coutelier ou le potier d'étain, porte, lui, le tablier de manière permanente. Son activité plus agressive et dangereuse pour une simple toile, nécessite un tablier plus épais, parfois fait de peau. La forme peut être similaire au tablier de toile, mais il peut s'agir aussi d'une peau complète, non découpée.

Le tablier peut aussi devenir un véritable outil de travail, c'est le cas du tablier de semailles.

Le tablier de semailles

Si pour jeter le grain, l'homme peut utiliser un récipient comme le seau, dès le XIIIe siècle, il prend l'habitude aussi de se servir d'une sacoche. Au XIVe siècle est utilisé un tablier dont la partie avant, plus longue, est relevée d'une main pour former une poche où est mis le grain. Nous avons pu relever plusieurs façons de porter ce tablier et les différents systèmes semblent être utilisés sans préférences. Ce peut être un simple rectangle noué à la taille, dans le dos, ou une pièce plus longue nouée derrière le cou. Le tablier peut également être équipé d'une ouverture dans le haut du tissu qui permet de passer

Mineurs au travail. Vitrail, Villanders, sud du Tyrol, église paroisiale. Vers 1520. (photo Florent Véniel.)

[151] Françoise Piponnier, Perrine Mane, *Se vêtir au Moyen Âge*, Adam Biro, 1995, p.68.

[152] Françoise Piponnier, Perrine Mane, *Ibid.*, p.69. Illustration référence : Graduel de Kutna-Hora, Vienne, Österreichische Nationalbibliothek, Ms. 15501, F 1, vers 1490.

Apiculteur. Virgile *Géorgiques*, vers 1411. (photo Bibliothèque Municipale, Lyon, Ms, P.A. 27, f.51 r.)
La tenue de l'homme semble faite d'une seule pièce couvrant le corps, l'ajout d'un chaperon complète la mise. La toile semble être grossière et est à rapprocher de l'enluminure suivante. Flandres, XVe siècle. (photo The British Library, Londres, Ms. Add. 18851, f.3r.)

Pour se protéger des salissures, l'homme de gauche a revêtu une capuche qui descend jusqu'aux reins. Cette capuche se rapproche de l'aumusse. On note aussi qu'il protège ses jambes. Capuche de protection, dernier quart du XVe siècle. (photo Bnf, Lat. 873. F 6.)

la tête, à la manière de nos tabliers actuels. Cette encolure est parfois aussi taillée en V et plus centrée sur le rectangle de toile, permettant de laisser descendre à l'arrière une partie du tissu pour le passer dans la ceinture. Ce procédé a l'extrême avantage, par rapport au précédent, de répartir les forces, d'éviter de supporter tout le poids du grain autour du cou.

Cette pièce de vêtement, preuve de sa fonctionnalité, garde globalement cette forme jusqu'au début du XXe siècle.

Une fonctionnalité recherchée

C'est donc à partir du XIVe et surtout du XVe siècle que se développent des vêtements de travail spécialisés. Pour le transport pénible de récipients ou de denrées lourdes et salissantes sur le dos, un pan de toile peut ainsi prolonger une capuche comme c'est le cas lors des vendanges où ce *tablier de dos* évite au porteur le contact direct avec le raisin. Sur les chantiers, la même capuche évite les salissures dues au transport du mortier et les livreurs de viandes, qui portent les carcasses sur leur dos, ne manquent pas d'utiliser pareil accessoire. Ici aussi ce vêtement n'est pas teint et semble n'être fait que de toile.

D'autres vêtements spécialisés sont utilisés. C'est encore dès le XIVe siècle que l'on peut distinguer, dans l'iconographie, le vêtement d'apiculteur composé d'un *camail*[151], sorte de masque couvrant la tête et le haut du buste et bien entendu, de moufles.

Le mineur a, lui, une culotte de peau et une chemise de toile à capuchon. Des genouillères de cuir complètent l'équipement. C'est ainsi qu'il est représenté sur une enluminure figurant la mine d'argent de Kutna-Hora en Bohême[152]. Sur un vitrail, nous retrouvons la capuche et la culotte de cuir protectrice des éclats et des pierres.

Dans les miniatures, la forme des vêtements est variée et hétérogène. Le marin porte ici une tunique à capuche, mais nous pouvons aussi les voir habillés de chaperons, cottes et pantalons. *Enlèvement d'Europè*, **Boccace** : *De mulieribus claris*, XVe siècle. (photo BnF, Paris, Ms. Fr. 599, f.11v.)

Mineur, reconnaissable à sa chemise de toile à capuche, aidant un monnayeur. **Basilique de Kutna-Hora** (Hongrie), XVe siècle. (photo *Wikimedia Commons*.)

Louis IX quittant Limassol. Notons l'hétérogénéité des tenues des trois marins. **Sébastien Mamerot**, *Les passages d'Outremer*, XVe siècle. (photo BnF, Paris, Ms. Fr. 5594, f.232v.)

La **tunique** est faite d'un tissu grossier qui sert de toile à matelas en Angleterre, qui est ciré pour l'imperméabiliser. (photo Florent Véniel, Raversijde museum, Ostende.)

La tenue contre les intempéries

De temps à autre, certains métiers exposent aux rigueurs de la météo et le vêtement se doit alors de répondre parfaitement aux besoins. Le chapeau de soleil est la première protection à laquelle on pense, mais il y en a d'autres. C'est le cas de la tenue de pêcheurs, qui est cirée pour mieux protéger des embruns. L'emploi de la cire au Moyen Âge est fréquent pour fixer par exemple la peinture sur les bannières et les fanions, ou imperméabiliser les toiles qui protégeaient les vêtements royaux, la literie et les tentures murales[153] pendant leur transport. La couleur jaune de la cire d'abeille donne au tissu cette teinte particulière qui offre l'avantage de repérer plus facilement le pêcheur en cas de chute à la mer. Nos cirés actuels ont d'ailleurs gardé cette couleur.

En mer, l'efficacité du vêtement est d'importance. Tout en étant protecteur, il ne doit pas gêner le pêcheur dans ses manœuvres, dont l'erreur peut être mortelle. Les vêtements de pêcheurs sont donc composés d'une tunique droite, à capuche, et d'un pantalon dépourvu de braguette, lié à la taille. Il s'agit sans nul doute de vêtement de dessus couvrant les vêtements quotidiens. La coupe est des plus simples, avec le moins de coutures possibles qui sont autant de points de passage pour l'eau. Le tissu est épais, il s'agit le plus souvent d'une toile solide, au tissage très serré servant pour les matelas en Angleterre.

En 1404, une mention[154] révèle «*ung long et large jacques de veluau vermeil pour coucher en mer ou ailleurs tout armé doublé de satin vermeil*». Il ne s'agit cependant certainement pas d'un vêtement de travail, plutôt de la description d'une tenue de voyage pouvant servir lors de séjours sur les flots. Certaines tenues de travail ont mauvaise presse, et sont considérées comme portant malheur. Il n'est pas surprenant, dans ces conditions, que les gants du bourreau ne servent qu'une seule fois. La superstition fait son œuvre.

Ce **pêcheur** du milieu du xvᵉ siècle inspecte ses filets. Il est entièrement revêtu de la tenue de pêche en usage en Europe à cette époque. (photo Florent Véniel, Raversijde)

Marc et les mariniers de Tristan.
Tristan de Léonois, xvᵉ siècle.
(photo BnF, Paris, Ms. Fr. 102, f.168.)

Huits deuillants portent le gisant de **Philippe Pot**. Ils sont vêtus de robes et de chaperons noirs qui leur couvrent le visage. (photo Damien Bouet, Musée du Louvre, Paris.)

Procession funéraire.
Les deuillants accompagnent le cercueil et transportent les armes du défunt. (photo BnF, Paris, Ms. Fr.1280, f.131.)

[153] Kay Staniland, *Les Artisans du Moyen Âge, Les brodeurs*, Brepols, 1992, p.28.

[154] Michèle Beaulieu et Jeanne Baylé, *Le costume en Bourgogne de Philippe le Hardi à la mort de Charles le Téméraire (1364-1477)*, PUF, 1956, p.46-47.

Une tenue de circonstance

Lors de circonstances spécifiques ou d'évènements religieux, la tenue quotidienne peut aussi subir quelques adaptations. Parmi toute l'étendue des situations possible, nous avons porté notre choix sur quelques tenues particulières.

Une tenue de voyage

Le souci du voyageur pour s'assurer un certain confort, est de se protéger efficacement des intempéries. Dans l'imaginaire collectif, la cape est le vêtement de dessus par excellence du Moyen Âge, surtout à cheval. Les enluminures des travaux des mois ne sont pas avares de ce type de représentation. Dans la pratique, la cape, le mantel, est un vêtement peu pratique. C'est un vêtement lié à l'apparence, au statut... Les tenues de voyage seront d'un autre type. Moins impressionnantes. Mais pratiques et couvrantes. La chape passe du XIIIe au XIVe siècle. Vêtement ample, muni de manches que l'on peut ôter, d'une capuche, on peut, en plus, ajouter un chaperon. Les laines utilisées sont imperméables. La laine fabriquée à Ypres avait une certaine réputation pour ce type de vêtement de voyage, devant protéger des intempéries. Les formes vont évoluer, mais les vêtements à manches resteront un bien meilleur choix que les capes, réservées à la ville et à la parade... Que l'on soit à pied, à cheval ou en voiture, pauvre, ou riche. Mais il est toujours possible de parader en voyage, et d'ajouter un chaperon à son mantel.

La tenue de deuil

Pour notre civilisation, il est communément admis que la marque du deuil est le noir. Mais au XVe siècle, porter le deuil en noir est un phénomène récent qui semble originaire d'Espagne. En effet,

jusqu'à la fin du XIIIe siècle, le deuil est considéré comme un moment joyeux où la mort constitue le passage vers un monde meilleur. De sorte que les couleurs qui l'entourent sont vives ou dorées. Cette mode espagnole de préférer le noir n'est vraiment établie que depuis le début du XIVe siècle et précède de quelques années la Peste Noire. Ce fléau, répandant la mort et la terreur sur toute l'Europe, semble avoir favorisé la généralisation de cette pratique et instauré l'habitude de porter le noir pour le deuil. Mais, signalons que bien avant la Peste Noire, le noir était utilisé pour le deuil, en particulier par Mahaut d'Artois. Cette même Mahaut utilisait également des vêtements de pers foncé, le pers étant une teinte de bleu déjà foncé. Il semble que les teintes sombres soient bien de rigueur au début du XIVe siècle[155].

Dans un premier temps cependant, le prix élevé de cette teinture laisse aux seuls nobles la possibilité de ce port. Mais par la suite, les progrès de l'industrie tinctoriale et la plus grande facilité d'accès à ces couleurs sombres, ont permis la diffusion du noir.

D'après Michèle Beaulieu[156], il existe deux qualités de drap utilisées pour marquer le deuil, le drap de laine et la brunette. Les comptes de Mahaut d'Artois mentionnent une luxueuse robe d'écarlate noire, coïncidant avec le décès de Philippe le Bel en 1314, et une autre pour la mort de son fils en 1317. Le velours est aussi employé de manière exceptionnelle. Provenant des chroniques de la Haye, nous connaissons ainsi la tenue du duc de Bourgogne qui vient de perdre son père. Il est « *vestu d'une robe de deuil d'un velours noir, si longue que, séant dessus ledit coursier qui moult estaoit haut, le robe battoit à terre* ».

Si au départ la robe de deuil suit la mode du moment, courte, longue, simple ou doublée, ce vêtement se spécifie au début du XVe siècle et ne subit plus de modifications jusqu'à la fin du Moyen Âge.

La robe longue et ample, fendue sur le devant, est fermée au ras du cou par trois boutons. Les manches larges sont ajustées aux poignets et de longues manchettes dissimulent la main car il n'est pas d'usage de porter des gants lors d'un deuil. Chez les plus grands, ces robes de deuil peuvent être fourrées d'écureuils, ceux-ci sont remplacés par de l'agneau noir dans la seconde moitié du XVe siècle.

Fou et danseurs entourant Saint Josaphat.
Vincent de Beauvais, *Speculum historiale*, XVe siècle.
(photo Damien Bouet, Nationalmuseum, Stockholm.)

[155] Jules-Marie Richard, *Ibid.*, p.193.
[156] Michèle Beaulieu et Jeanne Baylé, *Le costume en Bourgogne de Philippe le Hardi à la mort de Charles le Téméraire (1364-1477)*, PUF, 1956, p.119.

Un manteau de la même couleur peut compléter la robe, c'est alors la tenue de grand deuil. Son patron correspond à celui du mantel, mais une variante fendue sur le côté, qui porte le nom de *mantel allemand*, existe pour les deuils moins austères.

Porté par dessus la robe ou le mantel, le chaperon de deuil est dit *enfourné*. Sa forme est similaire aux chaperons les plus classiques, mais ses grandes dimensions enfouissent le visage sous la large avancée de la visagière. Alors même que le chaperon passe de mode, cet accessoire continue de couvrir la tête des pleurants.

Le deuil d'une personne ne concerne pas tout le monde de la même manière et la tenue est strictement hiérarchisée en fonction de la proximité parentale d'avec le défunt. Pour un père, un frère ou un cousin, ce sont essentiellement les temps de port qui sont modifiés. Si l'on est porteur de torches ou proche serviteur, la robe mi-longue ou courte est de rigueur alors que le serviteur plus éloigné épingle simplement les armes du défunt sur sa poitrine ou dans son dos.

Le fou

Amuser et être amusé est l'un des plaisirs de l'homme. Le *fol*, ou le fou, est l'homme de la situation car sa fonction est de distraire les petits et les grands. Il existe deux sortes d'amuseurs : les bouffons publics et les fous de cour. Ces derniers sont les plus souvent attitrés à un protecteur ou à une ville. Les habits de fou sont réservés aux festivités particulières. Le plus souvent, les dons du seigneur permettent d'assurer pour le reste du temps, de magnifiques tenues civiles à la hauteur de leurs protecteurs.

Pour faire rire, la tenue particulière est fixée dans un code depuis la fin du XIVᵉ siècle. Le chaperon de folie est augmenté d'oreilles ridicules, représentant l'ignorance, et de grelots, symboles de dérision. Il est intéressant de noter que le chaperon est attribué au fou au moment où ce vêtement commence à être délaissé. D'autres jongleurs, ne portant pas de coiffe, se font raser la tête à l'exception d'une seule mèche, droite, sur le sommet du crâne.

Les couleurs employées correspondent aussi à un code, l'idéal voulant que le jaune rejoigne le vert. Ces deux couleurs ont une réelle signification. Le jaune, porté par les exclus, possède une très mauvaise image tandis que le vert est la couleur de la ruine et du déshonneur. Mais paradoxalement, c'est aussi la fortune, la jeunesse et la folie. La bipartie souligne l'incohérence car là encore, en ce début de XVᵉ siècle, la mode des vêtements de deux couleurs tranchées commence lentement à décliner avant de reprendre à la fin de ce siècle.

La *marotte* portée à la main est un équivalent dérisoire et ridicule du sceptre. Le fou se trouve ainsi mis en double, comme dans un miroir, et peut ainsi discuter avec sa marotte et lui dire les vérités qui dérangent. Ces vérités, si elles ne sont pas entendues seront, comme avec le gourdin, assénées en arguments frappants. ■

Représentation de deux fous. Détail d'un vitrail aux armes de la famille impériale autrichienne, vers 1490-1500.
(photo The Metropolitan Museum, New York.)

Le fou riant, peinture flamande anonyme, XVᵉ siècle.
(photo Damien Bouet, Nationalmuseum, Stockholm.)

Tenue de femme noble, de la fin du XIVe siècle, composée d'une cotte et d'un mantel. La qualité des tissus en fait une tenue pour les grandes occasions. Le luxe, par les matières et les petits objets prend énormément d'ampleur. (photo et réalisation Chloé Steinier.)

La femme et sa garde-robe

À une mode ample succède une mode près du corps. Cette particularité modifie, on s'en doute, totalement la silhouette féminine. Certaines parties se révèlent, les accessoires se multiplient, les extravagances aussi.

Lorsque nous étudions le vêtement médiéval, force est de constater, comme Perrine Mane dans son livre *Se vêtir au Moyen Âge*, que l'iconographie est essentiellement masculine. Les femmes sont moins représentées, il est vrai. Mais elles ont toujours été là. Des figures allégoriques et sacrées ont pris de l'importance. La Vierge, Marie-Madeleine, diverses saintes figurent dans les oeuvres d'art. Leurs tenues sont cependant à utiliser avec précautions. Elles sont souvent un mélange d'éléments anachroniques, fantaisistes et réels. Elles appartiennent à d'autres mondes. La chose est aussi vraie pour de nombreux hommes dans l'art médiéval, qui est avant tout un art du sens. Mais le plus grand nombre de personnages masculins offre un plus large panel à analyser, toujours avec une grande méthode. Heureusement, en cette fin de Moyen Âge, les témoignages écrits sont fréquents, et les artistes tendent vers plus de réalisme. Notre connaissance du costume féminin est ainsi meilleure.

Notons également que l'illustration des vêtements féminins, comme celle des hommes, est soumise au filtre du peintre. Leurs œuvres sont l'occasion d'offrir des modèles, des points de références pour la société médiévale. Ainsi Alain Chartier, dans le *Miroir aux dames*, demande à ses contemporaines de prendre exemple sur les dames des belles peintures. Il estime que leurs tenues ont la simplicité nécessaire et représentent l'idéal vestimentaire. Il faut donc bien entendu prendre en considération ce filtre dans nos recherches sur le costume.

C'est au XIVe siècle que les tenues masculines et féminines prennent de réelles divergences. Les changements sont plus visibles chez les hommes, dont les tenues s'éloignent du modèle unisexe, à tendance féminine, du XIIIe siècle. Mais c'est pourtant dans les tenues féminines que les premières modifications sont apparues, dès les années 1230-1240, avec les premiers décolletés.

Apparu au XIIIe siècle, le décolleté s'affiche de plus en plus à partir du XIVe siècle. *Fais et dis mémorables des romains*, Valerius Maximus (détail), 1376. (photo BnF, Paris, Ms. fr. 9749, f.76v.)

Maître de la légende
de sainte Godelieve,
*La Vie et les miracles
de sainte Godelieve,*
vers 1475-1500.
Différents vêtements
pour différents statuts
et différentes
circonstances.
Ce polyptyque présente
un bon échantillon
des costumes, certains
étant fantaisistes,
de son temps.
(photo Metropolitan
Museum, New York.)

Certaines osaient avoir des encolures plus basses. Ce phénomène est traditionnellement daté aux environs de 1320. Pourtant, les indices se trouvent dans les textes et les images. Ces dames du temps jadis se différenciaient des hommes en mettant en valeur, discrètement, leurs attributs. Au grand dam des esprits chagrins et pour le plaisir des amateurs de jolies jeunes filles comme Jean de Meun.

La silhouette féminine va aussi changer au XIVe siècle. Si les vêtements restent longs, ils vont, comme ceux des hommes, s'ajuster sur le torse. Les tailles vont être marquées. Des hanches partiront des godets qui vont donner de l'ampleur aux bas des vêtements. Des jupes, cousues au corsage, finiront par apparaître, ou réapparaître, puisque le procédé existait certainement au XII siècle. En outre, les produits destinés à embellir et les bijoux se multiplient. Ces nouveautés ne vont pas plaire à tous. Certains, comme Henri de Mondeville dans son livre *Chirurgie,* critique en effet l'abus d'ornements utilisés par les dames qui cherchent à travestir leur forme et leur beauté. Même si l'auteur se déclare incompétent et considère qu'il n'a pas à donner d'indications ou de doctrine, il constate que les femmes *« se parent elles-mêmes assez subtilement de ces ornements, avec assez de soin et d'habileté, car c'est leur intérêt qui est en jeu ».* Le problème est donc selon lui, que les femmes accordent trop d'importance au fait de s'embellir et masquent leur véritable nature, *« elles laissent de côté toutes autres affaires ».*

Les techniques d'ornements se transmettent facilement car l'une instruit et forme l'autre. Ces dames sont bien entourées et *« elles ont pour suivantes de vieilles courtisanes et entremetteuses qui sont expertes dans ces ornements ».* Nous avons une liste assez surprenante de ces accessoires : ce sont *« tous les jours des vêtements nouveaux, de souliers peints, de ceintures, de capuchons de soie et de batiste, de toutes sortes d'agrafes, de verroteries, de couronnes d'or, de chapeaux, de bonnets ».*

L'auteur, en ce début du XIVe siècle, se réfère à un état de la femme qui n'a pas changé depuis l'antiquité. Il cite ainsi Ovide et son petit livre du *Remède de l'amour* : *« nous sommes trompés par les ornements ; tout est recouvert d'or et de pierres précieuses ; la fille elle-même n'est que la plus petite partie. »*

L'iconographie aussi nous présente nombre de tenues accessoirisées mais l'archéologie nous permet d'entrevoir une réalité où c'est la qualité de l'étoffe qui domine la société.

Le costume porté par la majorité des femmes paraît simple en effet. Il doit rester pratique et n'accuse que peu d'extravagance et même si le goût pour les belles choses est permanent, les inventaires révèlent des parures modestes. C'est alors la qualité du textile qui est le plus souvent indicatrice du niveau de vie. Le tissu reste un investissement et un bien de valeur comme nous le présente une des histoires du recueil *Les cent nouvelles nouvelles*[1]. Un homme, soupçonneux envers sa femme, y désire vendre tous les biens de celle-ci et lui demande de les mettre en gage : *« Si vous fault engager tous noz joyaulx, et si vous avez quelque mignot d'argent a part, il le vous faut mettre avant.... La femme s'exécuta et bailla ce qu'elle avoit d'argent, ses verges, ses tixus, aucunes bourses estoffées bien richement , un grand tas de couvrechefs bien fins, pluseurs pennes entieres et de tresbonne valeur ».* Nous retrouvons ainsi parmi les différents biens de valeur, des tissus, des bourses de riches étoffes et des coiffes de tissus fins et transparents . Mais pour notre homme, ce n'est pas assez, il en faut plus, et *« quand il eut tout, jusques a la robe et la cotte simple qu'elle avoit sur elle »,* il désigna les vêtements qu'elle portait : *« il me fault avoir ceste robe ».* Sa femme lui rappela alors qu'elle n'avait pas d'autres *choses a vestir* et lui demanda : *« voulez vous que je voise toute nue ? ».* Mais le mari, impassible, acquiesça et la femme se retrouva... en chemise.

[1] Franklin P. Sweetser (édition critique) *Les cent nouvelles nouvelles,* Textes littéraires français, 1966, 68e nouvelle.

Il est amusant de relever que chacun de ces vêtements est, selon Olivier de la Marche, associé à une vertu. Dans *Le parement ou le triomphe des dames d'honneur*, à la fin du Moyen Âge, il définit, en chacun des 23 chapitres, un habit ou accessoire féminin composant l'habillement que nous retrouverons, pour certains, au fil de ce livre. Ainsi, de bas en haut, des pieds à la tête, sont décrites :

les *pantouffles*, patin de cuir que l'on garde chez soi et qui caractérisent l'humilité,

les *soliers*, que nous pouvons comprendre par souliers, signes de diligence,

les *chausses*, associées à la persévérance,

la *jarretiere*, lien maintenant la chausse à la jambe et qui symbolise le ferme propos,

la *chemise*, portée à même le corps, garante de l'honnêteté,

la *coste simple*, passée au-dessus de la chemise et préservant la chasteté,

la *pieche*, drap de couleur porté sur le ventre et le bas de la poitrine offrant la bonne pensée. Vient ensuite le *cordon ou lacet* signe de loyauté.

Sur cette couche de vêtements, divers accessoires sont placés. Le *demy-chaine*, qui est un type de ceinture, symbolise la magnanimité, *l'espinglier*, petit objet permettant de ranger ses épingles et qui peut se porter à la ceinture, la patience, la *bourse* caractérise *la liberalité, le cousteau* garantit la justice. *La gorgerette*, symbole de sobriété et la *bague*, qu'il faut comprendre comme étant une longue chaîne qui descend jusqu'à la ceinture en signe de foi, complètent les accessoires.

La série de vêtements portés pour sortir dans la rue débute par la *robbe* dont le symbole naturel, lié à sa fonction, offre les vertus de maintien et d'obéissance. Nous retrouvons aussi une *chainture*, idée de *devôte mémoire*, est-ce le chapelet ? Viennent enfin les *gans*, accessoire de mode obligé pour les plus coquettes et symbole de charité, le *pigne*

(peigne) signe de *remors de conscience, le ruban* qui est la *crainte de Dieu*, et surtout la *coiffe* signe de honte, de méfaire. Un autre vêtement n'est pas identifié, c'est *la templette* qui présente la *prundence*. Ceci pourrait être lié à la coiffure. Pour terminer viennent le *chapperon*, signe de bonne espérance, et les *paillestes* garantissant la richesse du cœur.

Cette succession de vêtements et d'accessoires, définie par Olivier de la Marche, représente un bel éventail de ce que comprend la tenue de la femme. Comme dans la partie précédente sur le costume masculin, nous livrerons une synthèse sur les vêtements féminins, commençant par les dessous et progressant jusque la coiffe. ∎

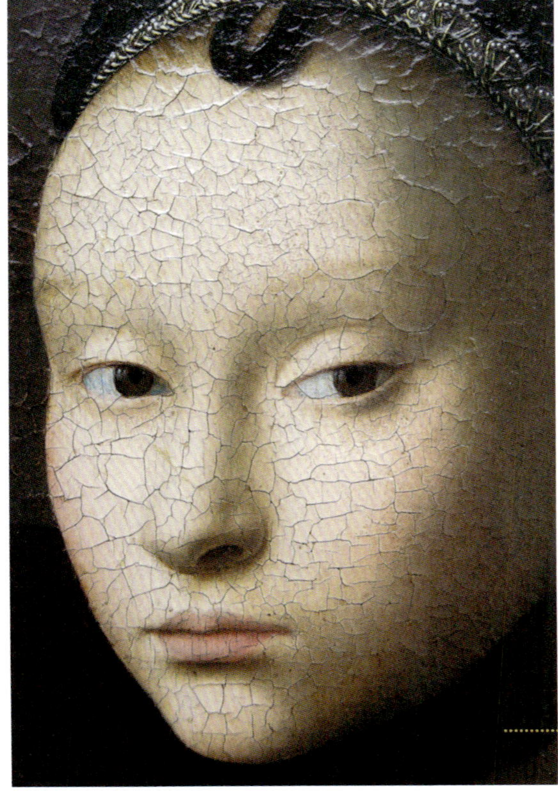

Petrus Christus, *Portrait de jeune fille*. La beauté féminine au XVe siècle jouait sur l'épilation : le front, les tempes, les sourcils étaient soigneusement épilés. (photo Tina Anderlini, Gemäldegalerie, Berlin.)

Les différents vêtements de dessous

Parmi les mystères
qui font fantasmer les hommes,
il est celui des dessous féminins.

*Demande : Qui vous moustreroit la chemise
d'une vielle et la chemise d'une jeune, a quoy
cognistriez vous l'une de l'autre ?*

*Response : Celle de la vieille doit estre plus uzee
par derriere, et celle de la jenne par devant : l'une par
gratter son derriere, et l'autre par gratter son devant.*[2]

Métaphore de la peau, la chemise est un vêtement ambigu. Tantôt évoquant la séduction, tantôt relevant d'une approche générale du vêtement. La chemise en elle même ne suscite pas forcément la concupiscence. C'est la nouvelle mode, ajustée, qui pose souvent problème, et donc, l'ensemble de ces tenues qui en montrent trop. L'abus de décorations est aussi mal vu pour une femme, quel que soit le vêtement. Mais décorer sa chemise, la dévoiler volontairement peut être une invitation. Être en chemise, pour un homme comme pour une femme, est quand même une honte. Mieux vaut être vu nu qu'en cette tenue. C'est la dernière tenue des condamnés des deux sexes. La chemise qui dépasse du vêtement est tout aussi honteuse, pour les deux genres. Pour le bourgeois du *Mesnagiers de Paris*, c'est signe d'ivrognerie. Voilà qui n'est guère reluisant. Mais, petit à petit, à partir du milieu du XVe siècle, la chemise va se montrer... On tolérait auparavant des accidents, ou la nécessité de se mettre à l'aise au travail, comme nous l'avons vu. La chemise va maintenant s'afficher comme signe extérieur de richesse et d'hygiène. Sa blancheur va être mise en avant.

Pour allaiter l'enfant, la femme délace sa cotte et libère le sein en abaissant un peu la chemise et relevant la toile. *La Vierge allaitant, Grandes heures de Rohan*, Paris, vers 1419-1427.
(photo Bnf, Paris, Ms. Lat. 9471, f.33v.)

[2] Bruno Roy, *"Devinettes françaises du Moyen Âge", Cahiers d'Etudes médiévales*, n°3, Bellarmin, 1977, n°393.

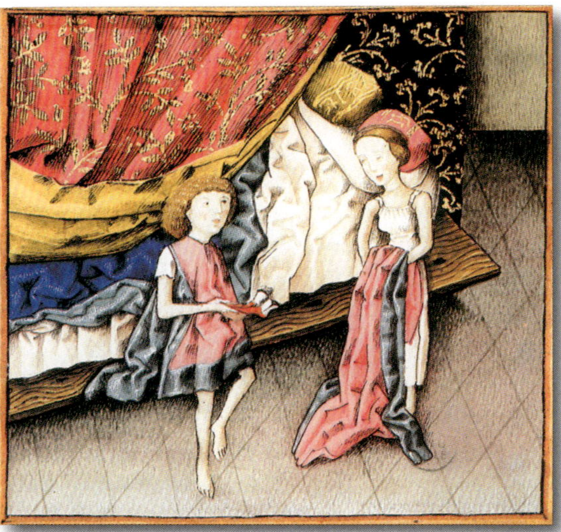

Même cachée, la chemise peut suivre la mode. Et peut être objet de luxe. La haute noblesse va acheter son lin de qualité à Paris, où l'on va trouver les précieuses toiles de Léon ou de Reims, qui vont s'exporter en Angleterre, en Savoie, ou à Naples. Au XV⁰ siècle s'ajouteront les toiles de Constance, de Hollande ou de Troyes. Mahaut d'Artois fait faire ses chemises par une couturière nommée Clémence, à qui elle confie aussi de quoi couvrir sa tête. Nous avons, en cherchant, quelques informations qui montre que l'on prend soin de ce vêtement porté contre la peau. Chez les plus pauvres, évidemment, la qualité sera moindre, et on usera le vêtement jusqu'au bout, quand les nobles, eux, les offrent aux nécessiteux.

L'iconographie de la fin du Moyen Âge va se montrer plus généreuse en ce qui concerne les dessous féminins. Entre autres grâce à certains thèmes, comme l'histoire de Griselda, tirée du *Décaméron* de Boccace, ou aux scènes d'étuves. Il y a, en fin de compte, plusieurs sortes de chemises.

Quels sont donc ces dessous ?

La chemise

On ne représente pas la femme en chemise par hasard ou pour le plaisir des yeux. Il y a toujours une bonne raison. Nous savons que la chemise est la première des couches de vêtement. C'est la zone impudique car être en chemise est plus honteux qu'être nue pour la femme médiévale, c'est s'exposer toute entière au regard d'autrui.

La chemise féminine est plus longue que celle des hommes. Les inventaires en font la distinction et la mention de *chemises a femmes* est fréquente.

C'est un vêtement qui est aussi plus large sur le bas pour ne pas entraver la marche. Mais une devinette à l'humour relatif nous apprend que si cette chemise est plus large, c'est « *qu'en la chemise d'une femme, on y poeult aucunes fois entasser deux culz et quatre genoulz* ». [3]

La forme de l'encolure est changeante, elle se montre ou se cache en fonction des modes. Le col généralement rond du début du XIV⁰ siècle suit le décolleté de la robe qui devient progressivement plus échancré et découvre le haut de la poitrine. Déjà en 1280, *La Clef d'amour*[4] conseille aux femmes qui possèdent un beau cou et de belles épaules, de porter des robes décolletées : « *Si que cescun y muse et bee* » (L 2328), mais elles doivent rester vigilantes à ce que leur collet et leur chemise soient bien en ordre. Au milieu du XV⁰ siècle, la chemise est largement décolletée car elle ne doit surtout pas se voir sous la robe. Elle ne réapparaît timidement aux yeux de tous que vers la fin de ce siècle.

La chemise sans manche, qu'on trouve dans les pays germaniques et l'Italie, et dont un exemplaire du XIV⁰ siècle a été trouvé, mais hélas perdu depuis, a de multiples avantages. L'absence de manche en fait un vêtement de travail parfait pour les potières ou les employées des étuves. Bref, les femmes travaillant avec l'eau. On l'a crue être l'accessoire des

[3] Bruno Roy *"Devinettes françaises du Moyen Âge", Cahiers d'Etudes médiévales*, n°3, Bellarmin, 1977. N° 392.

[4] Alice A. Hensch, *De la littérature didactique du Moyen Âge s'adressant spécialement aux femmes*, Cahors, 1903. *La clef d'amour*, p.86.

Ces illustrations représentent trois phases de l'amour. Relevons l'étrange braie du jeune galant ainsi que la singulière chemise à bretelles de la femme. Ce type de chemise ne semble être utilisé que dans les pays de l'Est et en Italie. Scènes successives montrant la relation amoureuse entre Médée et Jason. Vienne, 1445-1450. (photo Bibliothèque de Vienne, Hs. 2773, Fol. 18 r-18 v.)

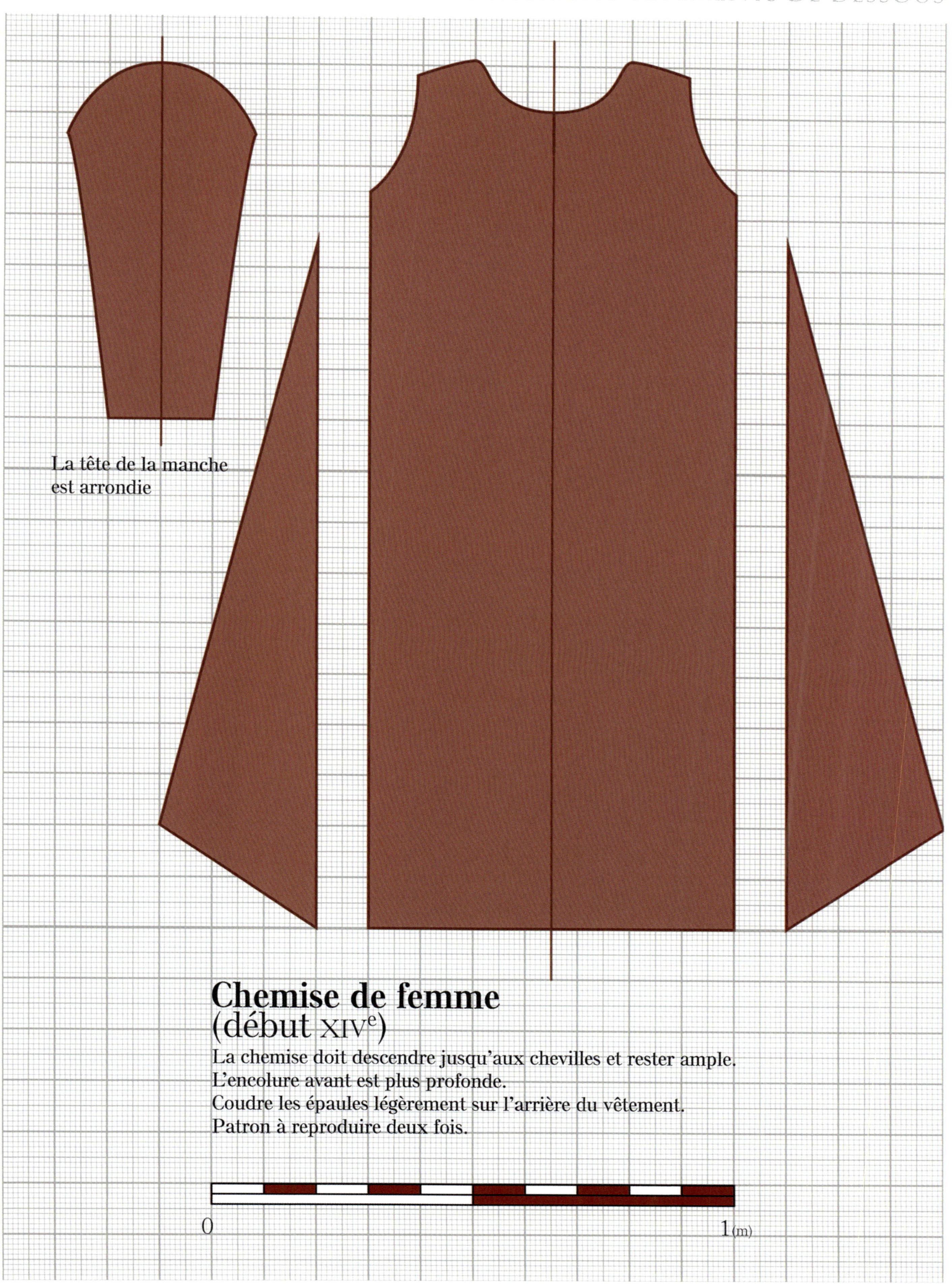

Chemise de femme
(début XIVe)

La chemise doit descendre jusqu'aux chevilles et rester ample.
L'encolure avant est plus profonde.
Coudre les épaules légèrement sur l'arrière du vêtement.
Patron à reproduire deux fois.

Chemise
« de bain allemande »
présentée en patron.
Wenceslas Ier de Bohême
(détail), vers 1400.
(photo Österreichische
Nationalbibliothek, Vienne,
Ms. 2271 F1.)

femmes de petite vertu, mais l'exemple de la potière va à l'encontre de cette idée reçue. Elle se porte aussi au XVe siècle. Quant à son apparence, on remarque que les bretelles ne sont pas cousues, mais coupées en même temps que la chemise. Ce sont ainsi des bretelles très fines.

Il semble qu'en Angleterre, voire ailleurs, la chemise pouvait, au XIVe siècle, comporter quelques broderies. C'est chez Chaucer (1343-1400) qu'on va trouver quelques indices : « *White was her smock ; it collar, front and back, embroidered with black silk inside inside and out* ».

On devine que les Anglaises pouvaient broder le col de leur chemise. La jeune et jolie épouse du vieux charpentier, dans le *Conte du Meunier* n'est pas, à proprement parler, un modèle de vertu... Elle n'est pas un modèle à imiter. Juste une femme qui utilise tous les artifices possibles pour séduire. Ce type de broderie noire, le *black work*, connaîtra son heure de gloire à la Renaissance, sur des chemises visibles. Chaucer nous indique que la pratique est plus ancienne que ce que l'on peut imaginer

Une bande de toile pliée peut venir couvrir le buste à partir de 1430, pour dessiner un V des épaules au milieu de la poitrine. Cette bande, qui se nomme le *gorgias, gorgette* ou la *gorgerette*, devient une toile de plus en plus fine et laisse deviner la peau au travers de l'étoffe. Comment porter un décolleté tout en le cachant, mais en le montrant. Tout est dans la subtilité de ce voile ajouté. Pour allaiter, il suffit de relever celle-ci pour libérer le sein. Une chemise parfaitement adaptée pour l'allaitement est aussi retrouvée dans les intérieurs allemand ou italien. Sans manches, elle laisse passer le sein par l'espace libre dessous le bras.

La chemise est portée directement sur la peau. Garin lo brun[5] considère dans la *cour d'amour*, que la « *chemise qui touche le corps doit être belle, fine et blanche comme la neige en hiver sur les branches* ». Facteur de plaisir tactile, la fibre utilisée varie cependant suivant la zone géographique de vie ou les moyens financiers. La toile est la plus fine et la plus douce possible en fonction des milieux, en lin le plus souvent, rarement en soie, cette matière étant peu hygiénique contre la peau. Néanmoins, la chemise de soie est mentionnée, dans un contexte qui mérite une analyse. C'est encore Chaucer, dans sa version du *Roman de la Rose*, qui nous en parle : « *Car à travers sa chemise, tissée de soie, La chair était vue, aussi blanche que le lait* ».

Il s'agit là de la version anglaise qui aurait été faite par le poète du roman de Guillaume de Lorris, datant du siècle précédent. Ce passage fait partie de la description de Largesse : « *Que parmi outre la chemise /Li blanchoioit sa char alise* ». (vers 1173-1174). Le texte original ne mentionne pas la soie. Il se pourrait que ce soit un ajout de Chaucer, rendant la description plus merveilleuse, et augmentant la richesse généreuse de Largesse. Chez les plus

Travailler en chemise évite de mouiller la tenue de laine. La ceinture retient la chemise et l'empêche de toucher l'eau. (photo et réalisation Séverine Watiez.)

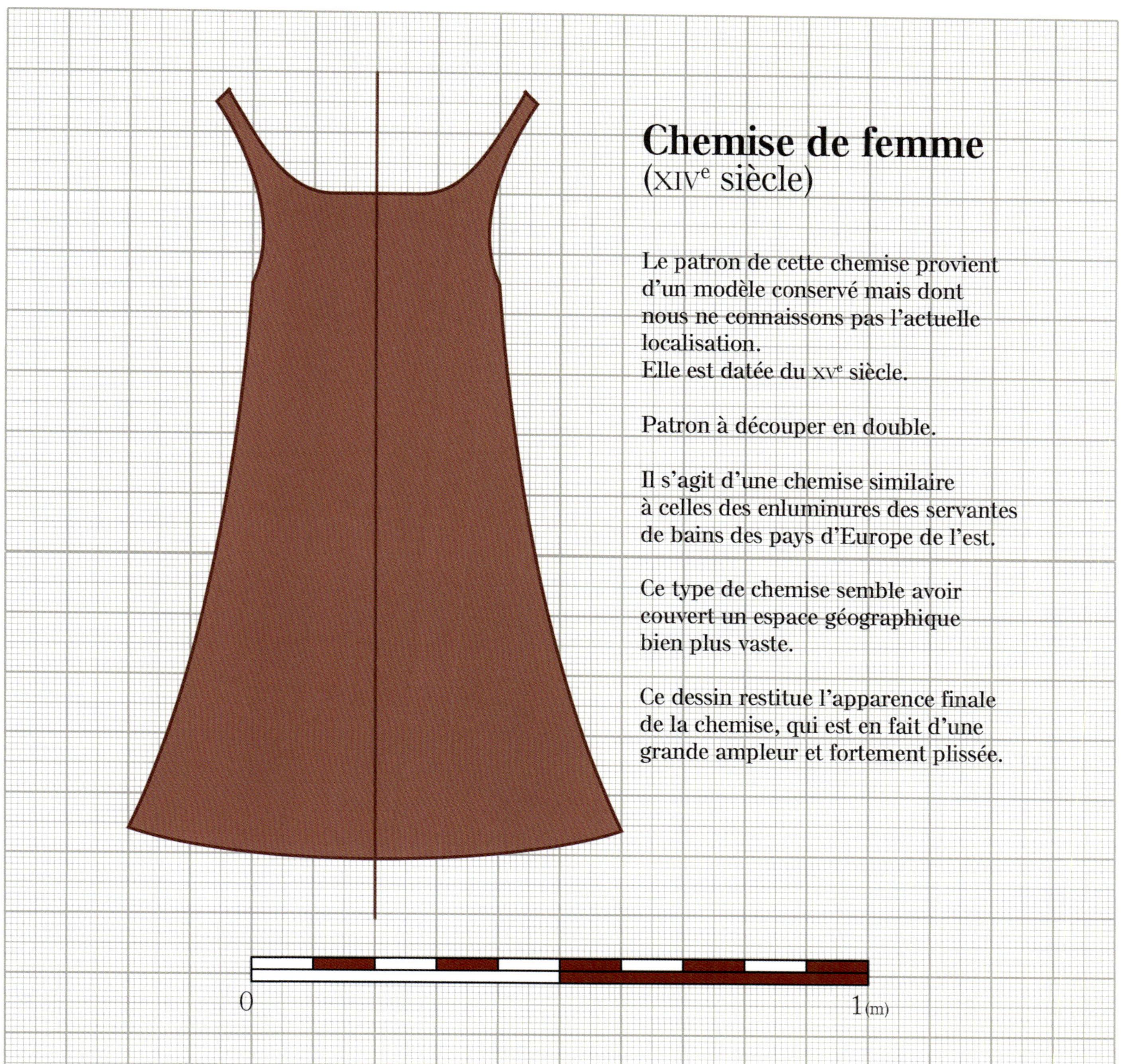

Chemise de femme
(XIVe siècle)

Le patron de cette chemise provient d'un modèle conservé mais dont nous ne connaissons pas l'actuelle localisation.
Elle est datée du XVe siècle.

Patron à découper en double.

Il s'agit d'une chemise similaire à celles des enluminures des servantes de bains des pays d'Europe de l'est.

Ce type de chemise semble avoir couvert un espace géographique bien plus vaste.

Ce dessin restitue l'apparence finale de la chemise, qui est en fait d'une grande ampleur et fortement plissée.

modestes, elle peut être de chanvre ou encore d'ortie. Ces chemises plus frustres ont peu de valeur, nous pouvons considérer un prix de 4 à 5 fois inférieur à celui de la chemise de lin. L'importance d'un vêtement et sa rareté étant bien liées à la qualité textile, le lin seul est digne d'être mentionné et nous ne connaissons ainsi que des trousseaux en pièces de lin au sein des paysans. Leur fortune varie également et nous pouvons constater [6] que Jeanette Lagorge ne laisse que deux vieilles chemises tandis que Juhanne Lirecuix, quatre *chemises a femme*. Néanmoins, il ne faut pas oublier un détail important : plus on lave les tissus végétaux, et en particulier le lin, plus il s'adoucit. Avec le temps, les plus pauvres vivant dans des zones où le lin domine peuvent avoir des chemises presque aussi douces que celles des plus riches. Il faut cependant compter sur la finesse des fils qui, elle aussi, se paie.

Quelque soit la toile utilisée, il n'y a pas de vraies difficultés de réalisation car le patron est simple : deux coutures apparaissent sur les côtés, *l'une à drestre*, à droite, *et à senestre*, à gauche. Le confort n'est pas oublié car il est précisé que ces coutures doivent être *de sy soubtil ouvraige*[7] afin de ne pas irriter la peau par frottement. Les manches, enfin, sont resserrées ou ajustées aux poignets et à emmanchure à tête ronde, plus ergonomique. On peut évidemment ajouter des godets pour obtenir plus d'ampleur. Les chemises plissées sont possibles, et vont même devenir de plus en plus courantes lorsqu'on pourra deviner le sous-vêtement par des ouvertures des couches externes.

[5] Alice A. Hensch, *De la littérature didactique du Moyen Âge s'adressant spécialement aux femmes*, Cahors, 1903. p.56.

[6] Archives départementales de Côte d'or, B 2762, année 1375 et B 2747, année 1357.

[7] O. de la Marche, *Le Triumphe des dames*, ed. Julia Kalbfeisch, Rostock, 1901, p.13-14. Exemple extrait du livre de Michèle Beaulieu.

Le pelison et la robe de nuit

Il est à noter un vêtement de dessous, fait souvent de futaine, c'est-à-dire d'une toile possédant une chaîne de lin et une trame de coton, afin de garantir du froid, l'hiver. Ce même vêtement peut être réalisé en peau de faible qualité, lapin, agneau ou chat, alors que les plus riches portent de la loutre, fourrure de plus grand prix. C'est le *pelison*, sorte de gilet, qui est porté au dessus de la chemise. Il peut se voir sur certaines enluminures montrant de jeunes filles en train de danser ou courir. D'autres solutions pour tenir chaud, non visibles, se trouvaient au XIIIe siècle, comme le hauqueton, un vêtement rembourré, ou une tunique intermédiaire faite de morceaux de laines cousus ensembles.

La nuit, si le besoin de se lever se fait sentir, la femme enfile des vêtements appropriés pour se protéger du froid et rester décente. Ainsi lorsqu'une bourgeoise se fait réveiller par ses serviteurs[8], nous apprenons qu'ils « *vindrent a leur maistresse, qui estoit ja en cotte simple, et avoit mis couvrechef de nuyt* ». La dame a donc revêtu une cotte au-dessus d'une chemise et a mis sa coiffe de nuit, simple carré de tissu. La voici donc décente aux yeux de son personnel, il ne lui reste plus qu'à l'être pour les seigneurs arrivant à l'improviste. Pour les recevoir, « *elle met bien a haste sa robe de nuyt, et ainsi attournée qu'elle estoit, le plus gentement qu'elle peut vint au devant de ses seigneurs* ». Nous ne connaissons pas la forme générale ni les détails concernant cette tenue, mais l'hypothèse la plus probable reste une robe sûrement longue, similaire à celle des hommes et surtout s'ouvrant sur le devant pour être enfilée rapidement.

Un linge de soutien pour la poitrine et le corps

Pour soutenir une poitrine généreuse ou avantager une poitrine trop petite, un bandeau de toile vient s'enrouler autour du buste, serré sur ou, plus rarement, sous la chemise. À la cour de Bourgogne[9], il est fait mention de *mamelez*, taillé dans de la toile fine.

Si la femme a *trop lordes mameles*, le *Roman de la rose* conseille de prendre un *cuevrechief ou toéles*, c'est-à-dire le rectangle de tissus de lin dont la femme s'enveloppe la tête en son foyer, ou une simple toile. De cette toile, il lui faut *estraindre* sa poitrine pour la comprimer, puis attacher, coudre ou nouer[10] le dit bandeau. Henri de Mondeville[11] constate que les montpelliéraines enserrent leurs seins avec des tuniques étroites et des lacets. Il relève également la coutume de certaines femmes[12], au début du XIVe siècle, de coudre à leurs chemises deux sacs étroits pour y placer leurs seins et de les serrer en supplément avec une bande étroite. Mais il remarque également que les parties sexuelles ne sont pas soumises au même traitement et trouve qu'il y a là un grand danger... Des fragments de ces chemises à poche, datant du XVe siècle, ont été trouvés à Lengberg, dans le Tyrol, il y a quelques années, mais les objets sont toujours à l'étude, et

Cette dame, qui s'apprête à se farder, a enroulé sur la chemise un bandeau de soutien autour de la poitrine. (photo Soline Anthore.)

des usages remis en question. Il convient, pour l'heure de rester encore prudent face à ces propositions de reconstruction de vêtements parvenus à l'état fragmentaire. L'un des fragments correspond à un corsage muni de poche. Hélas, il est impossible d'en connaître la longueur totale ni la forme exacte. On reconnait néanmoins de fines bretelles, une forme générale de brassière, des poches pour les seins et des oeillets pour un laçage latéral. Des restes de décoration à base de fil se trouvent entre les deux seins. Peut-on considérer cette pièce exceptionnelle comme l'ancêtre de nos lingeries à dentelle ?

Un autre fragment avait été considéré, en première approche comme un soutien-gorge se nouant derrière la nuque, et décoré. Après étude approfondie, il semble qu'il s'agisse en réalité d'une coiffe.

Si nous observons le début de journée d'une servante[13], nous apprenons qu'elle doit se lever toujours de bonne heure pour être prête lorsque sa maîtresse la sonne. Elle fait un brin de toilette et nettoie les parties apparentes, mains, bras et figure, se coiffe, se lave les dents et se sert de son miroir pour voir si tout est bien en ordre. Elle peut alors se *corder*, c'est-à-dire maintenir sa poitrine avant de s'apprêter pour aller aider sa maîtresse à s'habiller, avec fil et aiguilles en cas de besoin.

À la fin du XVe siècle[14] cependant, certains courants de pensée déconseillent de trop se serrer car il peut en résulter de graves maladies. Anne de France assure ainsi à sa fille que cette pratique est un crime, un *homicide de soi même*. Il y a des dames qui sont « *vestues tant que par force de tirer sont souvent leurs vêtemens desirez dont elles sont mocquees* ».

Si des seins trop volumineux sont « corrigés », à l'inverse, une poitrine trop petite peut être compensée par des postiches : E. Deschamp à la fin du XIVe siècle, dans « *le miroir du mariage* », nous dit que si « *de tétins est demise, il couvient faire en la chemise de celles cui li sains avale, deux sacs par maniere de male, où l'en fait les peaulx enmaler et les tétins en monts aller* ». [15] Ces petits sacs, placés à l'intérieur de la chemise à la manière de coussinets ampliformes, permettent de remonter les seins en forme de mont et d'obtenir les rondeurs correspondantes aux canons de la beauté.

Présence de braies féminines ? Le linge intime

Les braies semblent n'avoir été portées que par les hommes. Plus qu'une hypothétique présence, c'est leur absence chez la femme, tant dans les textes que dans l'iconographie, qui est flagrante et qui reste la plus parlante.

Une fois sa chemise retirée, la femme se retrouve effectivement en simple tenue d'Eve. Les textes sont éloquents. Dans les fabliaux, lorsque la femme porte une chemise déchirée, c'est nue qu'elle apparaît. Dans les récits d'accouplement, il suffit à l'homme de soulever la chemise, « *Je la ruay sur ung lict pour faire ce que vous savez, et luy levay robe et chemise. Et mon furon qui jamais n'avoit hanté larrier*

Reste de brassière trouvée à Lengberg, datant de la fin du XVe siècle. Il est difficile de savoir si une jupe était cousue dans la partie inférieure. On remarque des oeillets sur le côté gauche, témoignage d'un système de laçage. Il s'agit en tout cas d'un vêtement destiné à bien soutenir la poitrine. (photo Institut für Archäologie, Universität Innsbruck.)

Les dessous de stalle illustrent souvent des proverbes ou des dictons poussant les moines et les fidèles à la réflexion. Il s'agit donc ici peut-être d'une représentation signifiant que la femme tient les rênes de la maison selon l'expression actuelle qu'elle « *porte la culotte* ». Femme assise enfilant ou retirant des braies. Dessous de stalle, église Saint-Saturnin, Saint-Chamand, Cantal, vers 1482-1485. (dessin Florent Véniel.)

[8] Franklin P. Sweetser (édition critique) *Les Cent nouvelles nouvelles*, Textes littéraires français, 196681e nouvelle, L138-140.

[9] Sophie Jolivet (thèse) *Pour soi vêtir honnêtement à la cour de monseigneur le duc de Bourgogne, costume et dispositif vestimentaire à la cour de Philippe le Bon de 1430 à 1450*, 2003, t.1, p.148.

[10] Guillaume de Lorris, Jean de Meung, *Le Roman de la rose*, Paris, 1878, réédité par Kraus Reprint, 1970, tome 3, vers 13927-13932, p.236.

[11] E Nicaise, *Chirurgie de Henri de Mondeville*, Paris, 1893, III, 1, 13, p.590.

[12] E Nicaise, *Ibid.*, p. 90.

[13] Alice A. Hensch, *Ibid. En Amanieu de Sescas.* Dernier tiers du XIIIe.

[14] Alice A. Hensch, *Ibid. Les enseignements d'Anne de France à sa fille Suzanne*, 1504.

[15] E. Deschamps, *Le Miroir de mariage* Brissart-Binet, Reims, 1865.

Janvier, *Les très riches heures du duc de Berry* (détail), vers 1410. Trois personnages se réchauffent devant l'âtre de la cheminée. Au premier plan, une femme, robe et sous-robe relevées. Puis deux jeunes gens, dépourvus de braies ou de culotte. (photo Musée Condé, Chantilly, Ms. 65, f.2v.)

Les vœux du paon, vers 1350, possiblement Tournai. Une femme et un homme se battent pour une paire de braies. (photo Morgan Library, MS G.24, f.6v.)

Cette représentation illustre également l'expression « *porter la culotte* ». Nous voyons effectivement la femme tenir des braies tout en menaçant l'homme de sa quenouille. Celui-ci travaille d'ailleurs sur une activité domestique qui est normalement féminine. Il est visiblement dominé par sa femme qui possède la main-mise sur le ménage. *Le mari dominé*, estampe Israhel Van Meckenem, fin du xve siècle. (photo Tafelband S.269 Nr. 649.)

[16] Franklin P. Sweetser (édition critique) *Les Cent nouvelles nouvelles*, Textes littéraires français, 1966, 25e nouvelle I 36-38.

[17] Franklin P. Sweetser *Ibid.*, 12e nouvelle.

[18] Bruno Roy *"Devinettes françaises du Moyen Âge"*, Cahiers d'Etudes médiévales, n°3, Bellarmin, 1977, n°28.

[19] Jean Dufournet, *Fabliaux du Moyen Âge*, Flammarion, 1998, p.247 vers 272-274.

[20] Bruno Roy, *Ibid.*, n° 362.

[21] Bruno Roy, *Ibid.*, n°366.

[22] Anatole de Montaiglon, *Le Livre du Chevalier de la Tour Landry*, Paris, 1854, p.128.

[23] Jean Rychner, *Les XV joies de mariage*, textes littéraires français, 1967, *La dixiesme joye*, I 75-78.

[24] Claude Thomasset *"Aspects de la femme médiévale dans le Lilium medicinae"* dans *Femmes – Lignages – Mariages XIIe-XIVe siècles*, De Boeck université, 1992, p.371.

[25] Prost, *Inventaires mobiliers et extraits des comptes des ducs de Bourgogne de la maison Valois*, Paris, 1902-1903, t.1, n° 2367.

ne savoit trouver la douyere de son connin si ne faisoit que aller ca et la mais elle par courtoisie, luy dressa le chemin, et a ses propres mains le bouta tout dedans ».[16] Un autre exemple nous présente un couple se promenant dans la forêt : *il la voult voir devant et derrière, et de fait prend sa robe et la luy osta, et en cotte simple la mect. Après il la haussa* (c'est-à-dire relever la chemise d'une femme) *bien haut malgré elle, comme efforcée* ».[17] Ici aussi, nulle trace de braie.

Cette absence de dessous intimes permet bien des railleries et fait notamment l'objet de devinettes. À la question : qui porte « *le dessus muchié* (caché), *et le cul a l'ayr ?* » Il est de bon ton de répondre : « *Ce est dit pour ung four, et pour la femme de village lors qu'elle chemine par lait temps* »[18], car par mauvais temps, il est courant de voir ces dames remonter leurs robes et leurs chemises, parfois jusque sur la tête, pour éviter de les souiller de boue.

Cela reste bien sûr à nuancer. Dans le fabliau de *Boivin de Provins*, l'homme désirant le coït « *covint que il ostat la coiffe au cul por fere l'uevre. De sa chemise la descuevre* ». Expression que nous pouvons comprendre par : « *il lui découvrit le cul pour faire la chose. Il lui soulève la chemise.* »[19] Comment comprendre le sens de *coiffe au cul* ? Sont-ce des braies ?

Pourtant, l'idée même que la femme porte des braies semble choquer les contemporains et les citations qui y font allusion sont plutôt allégoriques. L'expression populaire actuelle « *c'est la femme qui porte la culotte* », c'est-à-dire qu'elle gouverne son foyer, était déjà en vigueur au Moyen Âge. Devinette : « *En quel temps de l'an sont les femmes plus deffensables ? Réponse : c'est quant elles chaussent les brayes* ».[20] Une autre devinette : « *Laquelle de toutes les voisines est entre elles la plus recommandée ?* » La réponse est sensiblement la même : « *c'est celle qui le plus souvent chausse les brayes* ».[21]

Nombreux sont les récits mettant en scènes des paires de braies.

C'est pour mieux tromper son mari qu'une femme chausse des braies dans une histoire racontée par le Chevalier de la Tour Landry[22]. L'homme découvre, au pied de son lit, des braies qui ne lui appartiennent pas... On se doute alors qu'il en est *dolent et courroucié* devant une telle trouvaille. Sa femme, pour se couvrir et lui embrouiller l'esprit, décide d'un stratagème avec l'aide d'une commère. Elles prennent chacune une braie, « *vous prendrès unes brayes et je en prendray unes autres* », afin de faire croire que toutes les dames en porte, « *et je lui diray que nous avons toutes brayes, et ainsi le firent* ». Lorsque l'homme revient et interroge sa femme, elle peut se moquer de lui et lui expliquer qu'en cette ville, « *nous avons prises brayes pour nous garder de ces faulx ribaux qui parfoiz prennent ces bonnes dames a corp.* » Il s'agit donc, selon elle, d'une mesure de sécurité et de protection contre le viol. Bien entendu pour prouver ses dires, « *elle haulsa sa robe et luy monstra comment elle avoit brayes* ».

Un autre récit porte des accusations plus graves sur la femme qui agirait sciemment afin de diriger la maison : « *sachez qu'il est avenu a aucuns que l'en leur fasoit boire de mauvés brouez affin de porter les braies ou pour autres choses pires* ».[23]

Si la femme, comme il le semble, ne porte rien, que se passe-t-il lors des menstrues ? Cet événement du cycle féminin est tabou. De fait, aucune image, aucun texte n'en fait mention ouvertement. C'est dans le livre de Bernard de Gordon intitulé *Lilium medicinae* (II,19), qui rassemble des conseils et des soins, que nous pouvons relever une « astuce » intéressante[24] nous enseignant les pratiques en vigueur. Pour lutter contre ce que l'auteur qualifie d'« amour héroïque », c'est-à-dire les envies sexuelles effrénées de l'homme, qui le rongent, le laissent le « *corps amaigrist, excepté les yeulx, et ont pensees occultes et parfondes avec soupirs et plains* », il suffit de mettre en œuvre une rencontre avec une vieille femme, dont les traits physiques sont particulièrement repoussants. Celle-ci doit être « *une vieille layde a grans dens et barbus* », et pour majorer l'effet castrateur, il est conseillé qu'elle soit « *poulleuse et yvresse, laquelle pice ou lyt et a epilencie et ordre de corps et rongneuse entre les jambes* ». Ainsi se présente devant l'homme, une femme « *qui soit ordement vestue et qu'elle aye dessoubz son gyron un drappeau menstrueux* ». La vieille femme, pouilleuse, incontinente la nuit, montre donc en dernier lieu le linge souillé de sang de dessous sa robe. Cet ensemble peu flatteur doit permettre de guérir l'homme de son amour irraisonné pour les femmes. Le *drappeau menstrueux* cité est un morceau de tissu, plutôt petit. Il n'est pas de laine et sera donc le plus souvent de lin. Nous retrouvons le nom générique de drapeau pour les langes d'enfants également. Il est donc possible d'imaginer un lange similaire pour protéger la femme de ces « désagréments ». Signalons enfin que lors des fouilles de Lengberg, le slip découvert fut un moment considéré comme pouvant être féminin. Les analyses n'ont trouvé aucun indice permettant d'infirmer ou de confirmer cette hypothèse. La ressemblance avec plusieurs sources iconographiques représentant ce modèle porté par des hommes laisse cependant penser qu'il s'agit plutôt d'un vêtement masculin.

Les chausses

Si les chausses des hommes ont commencé à monter vers les cuisses dès le XIIe siècle, pour se transformer à chausses à « plein fond » à la fin du XVe, celles des femmes n'ont pas eu cette nécessité car leur tenue est restée longue.

Les chausses féminines arrivent au-dessus du genoux et sont retenues, en dessous, par une jarretière. La forme du pied, le plus souvent entièrement couvert, est d'un patronage assez simple : l'arrière pied est enveloppé par la chausse descendante fendue sur le devant, tandis que l'avant pied est coiffé d'un demi-ovale de tissu. Ce n'est qu'à la fin du XVe siècle

Paysans devant le feu,
Livre d'Heures
de **Chappes**, vers 1490.
(photo Bibliothèque de l'Arsenal, Ms. 438, f.2.)

que ce patronage change, de la même manière que celui des hommes. La chausse descendante est fendue de chaque côté au niveau de la cheville, la partie avant couvre tout l'avant pied et les parties arrières encadrent le talon. Un triangle de tissu est alors ajouté de chaque côté pour donner l'aisance.

Les chausses pourraient être tricotées à l'aiguille, mais elles sont le plus souvent faite de draps et Michèle Beaulieu signale, en 1375, l'acquisition de trois aunes du luxueux drap brun marbré de Bruxelles pour confectionner les chausses de la duchesse[25]. Chaucer ne manque pas de vanter les chausses écarlates et bien ajustées de la bourgeoise de Bath, qui montre ce qui est supposé rester caché.

Chausses de femmes.
Le Roman de la rose,
Robinet Testard
fin XVe siècle.
(photo Bodleian Library, Oxford, Ms Douce 195., f.66 v.)

C'est le matin et cette femme, qui termine de s'habiller, noue les jarretières de ses chausses. (photo Soline Anthore, Château de Crévecœur-en-Auge, 2006.)

Les jarretières qui servent de liens, dans cette même maison ducale, sont richement décorées. Quinze ans plus tard, en 1390, il est fait mention du prix versé pour *« voir redoré et mis sur tessus de soye noire la ferrure de 4 jarretières de chausses pour mademoiselle la contesse de Nevers, esquelles ferrures avoit 100 clous, 4 boucles et 4 mordans »*.[26] La soie noire utilisée ici dans un contexte luxueux, tout comme les boucles parfois finement décorées, ne sont cependant pas une généralité. La plupart des jarretières sont faites en effet d'une simple bande de toile nouée, de laine tissée ou tricotée.

[26] Prost, *Inventaires mobiliers et extraits des comptes des ducs de Bourgogne de la maison Valois*, Paris, 1902-1903, t.2, n° 3509.

La jarretière la plus connue est celle de la comtesse de Salibury, maîtresse d'Edouard III. La scène se passe en 1349. Lors d'un bal, la jarretière de la jeune femme se détache et tombe au sol. Le roi, profitant de l'occasion, la ramasse et la replace. Mais devant les sourires moqueurs de ses courtisans, il s'écrie *Honni soit qui mal y pense* et promet de faire de ce ruban de couleur bleu, un insigne de chevalerie. Cet ordre, l'ordre de la jarretière, est encore porté de nos jours et constitue l'un des ordres les plus prestigieux donnant le titre de *Sir* à celui qui le porte. ■

Chausse de femme,
fresque de l'Apocalypse
(détail), **chapelle San
Fiorenzo**, Bastia
Mondovi (Italie), 1472.
(photo Damien Bouet.)

Chausses

La forme de cette chausse est galbée
et épouse les coutours de la jambe
contrairement aux chausses
du XIIIᵉ siècle.

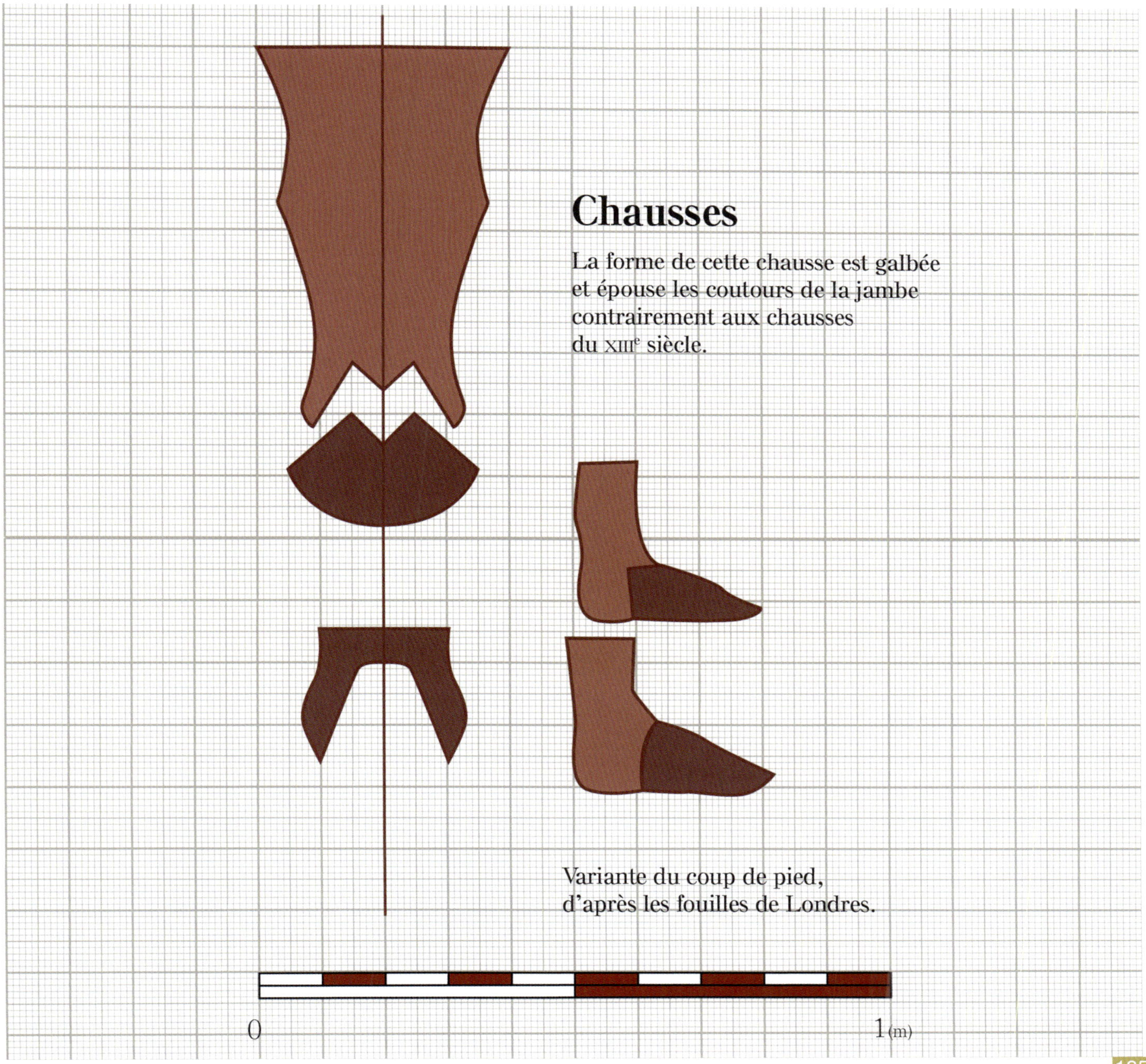

Variante du coup de pied,
d'après les fouilles de Londres.

0   1 (m)

Reconstitution de cotte… ou corset du XVᵉ siècle.
À cette date, les deux termes sont synonymes.
Ce corset est lacé sur l'avant et à manches courtes.
Il convient d'y accrocher des manches.
(photo Ygsendd, réalisation Emma Fayard.)

La première couche

Une fois les sous-vêtements enfilés, il convient de passer, enfin, les couches qui seront plus ou moins visibles. C'est le début d'un jeu de dévoilement utilisant des vêtements aux noms changeants.

Un problème lexicologique

Les termes des costumes médiévaux sont souvent emmêlés. On fait face à des glissements sémantiques, des apparitions, des disparitions, des mots désignant plusieurs objets. La cotte et le corset en sont un bon exemple. Ils semblent être, selon les périodes, deux vêtements différents, puis un seul et même vêtement.

La cotte est la couche de base de la robe. C'est un vêtement réservé au domaine privé depuis la fin du XIIᵉ siècle. On ne quitte pas la maison « en corps », c'est-à-dire seulement en cotte, sauf en cas d'absolue nécessité. Incendie, attaque ennemie, arrivée impromptue d'une personne que l'on doit éviter, choc, sont quelques-unes des nécessités où le port de la simple cotte, sans surcot et/ou autre couche supérieure, peut s'excuser. Si l'on a les moyens d'avoir une chambre personnelle, c'est dans cette pièce que l'on peut rester en cotte. Evidemment, ces règles de savoir vivre dépendent aussi des moyens personnels et des tâches à accomplir.

Le corset est un vêtement parfois cité au début du XIVᵉ siècle. Ses définitions sont sujettes à caution. L'objet est souvent considéré comme étant une cotte d'un modèle spécifique, lacée sur le devant. Elle est munie de manches courtes et se porte sur la chemise en été. Or, comme le souligne Marie De Rasse dans sa thèse, « *La majorité des corsets présents dans nos sources sont* […] *fourrés.*[27] ». En réalité, le corset désigne deux vêtements différents. Ce qui explique les difficultés que l'on a à le définir.

Le Tempéré et l'intempéré, Bruges, vers 1475-1480. Vers la fin du XVᵉ siècle, il n'est pas rare de voir des cottes avec ce qui semble être un volant, ou une bande ajoutée sur la partie inférieure.
(photo J. Paul Getty Museum, Los Angeles, Ms. 43 91.MS.81.)

[27] Marie De Rasse, *Le Vêtement féminin à Paris chez les non-nobles, XIVᵉ-XVᵉ siècle*, p.135.

Reconstitution
d'une **cotte parti**
(deux couleurs), en laine,
de la fin du XIVᵉ siècle.
La longueur est moins
importante que celles
du siècle précédent.
(photo et réalisation
Chloé Steinier.)

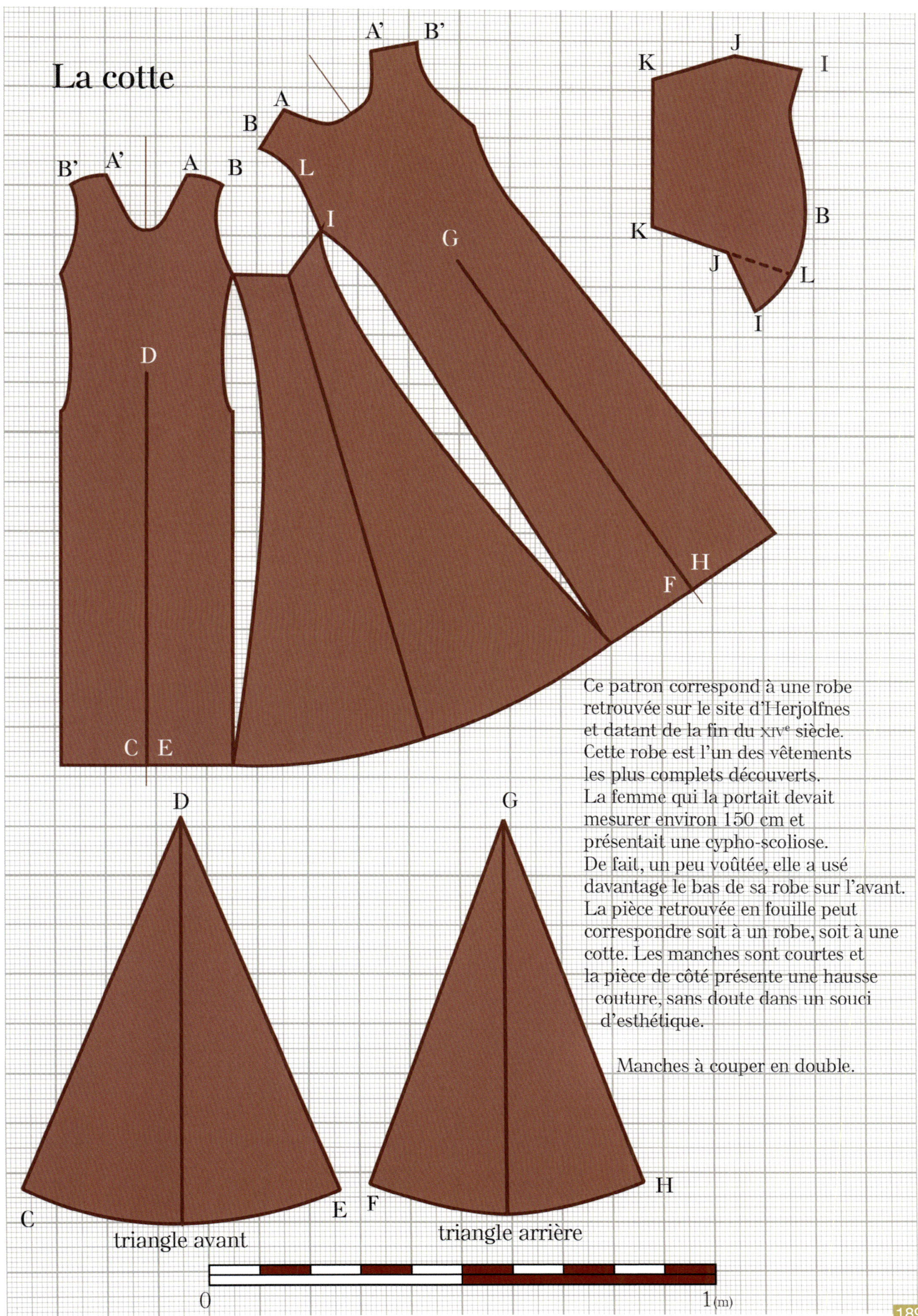

Ce patron correspond à une robe
retrouvée sur le site d'Herjolfnes
et datant de la fin du XIVᵉ siècle.
Cette robe est l'un des vêtements
les plus complets découverts.
La femme qui la portait devait
mesurer environ 150 cm et
présentait une cypho-scoliose.
De fait, un peu voûtée, elle a usé
davantage le bas de sa robe sur l'avant.
La pièce retrouvée en fouille peut
correspondre soit à un robe, soit à une
cotte. Les manches sont courtes et
la pièce de côté présente une hausse
 couture, sans doute dans un souci
 d'esthétique.

Manches à couper en double.

Les paysannes ont ôté leurs manches et retroussé leurs cottes pour pouvoir travailler sans gêne. *Très Riches Heures du duc de Berry*, le mois de juin, vers 1410-1416. (photo Musée Condé, Chantilly, Ms. 65, f.6v.)

Tino di Camaino (vers 1285-1337), *Caritas*. La cotte de la Charité est munie d'ouvertures au niveau des seins permettant d'allaiter. D'autres œuvres montrent que ces aménagements se fermaient d'un fin lacet. Ceci peut se voir aussi sur des chemises. (photo Tina Anderlini, Bardini Museo, Florence.)

Reconstitution de **corset** du milieu du xvᵉ siècle, porté aux étuves. Retirer ses manches est une nécessité. (photo Tina Anderlini, réalisation Marie De Rasse.)

Le corset au XIVᵉ siècle est une sorte de surcot fourré, dont l'ampleur peut aisément dépasser celle du surcot traditionnel. La distinction est faite dans les comptes. Certains corsets sont à manches et chaperons[28]. À la fin du siècle, dans certaines couches de la société, corset est devenu un synonyme de surcot. Au XVᵉ siècle, le corset serait un nouveau vêtement. Robert Delort le décrit ainsi : « … *un nouveau type de vêtement très ajusté (et peu fourré) lacé par-devant, dont un magnifique exemple a été retransmis par Fouquet dans le tableau de la Vierge dite d'Agnès Sorel au musée d'Anvers.* »[29] Il semble que le corset du XVᵉ siècle soit devenu le remplaçant de la cotte et soit porté par toutes les couches de la société, directement sur la chemise.

Pour résumer : le corset serait d'abord un surcot, puis une cotte. En fait, pour parler de la première couche portée sur la chemise, nous aurions deux

[28] Delort, 369.
[29] *Ibid.*

Le Tempéré et l'intempéré, Bruges, vers 1475-1480. (photo J. Paul Getty Museum, Los Angeles, Ms. 43 91.MS.81.)

Reconstitution d'une cotte d'apparat de la fin du XIVᵉ siècle, en soie. Plus longue qu'une cotte simple, elle est la base de la tenue et sera accompagnée d'un surcot et ou d'un manteau. Vers 1382-1385. (photo et réalisation Chloé Steinier.)

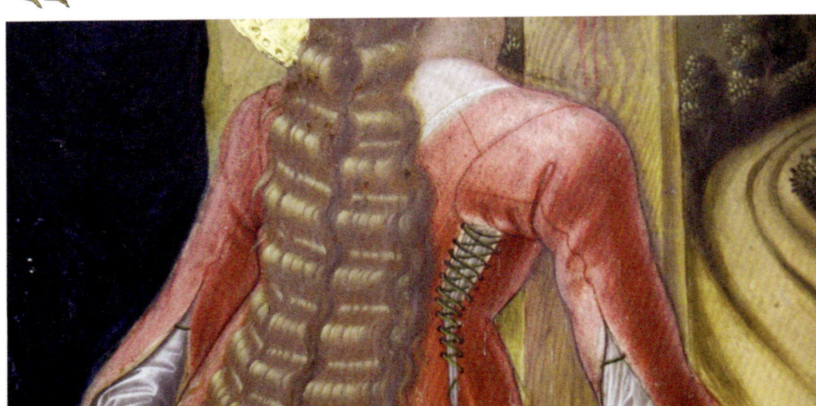

Niccolo di Liberatore (1430-1502) *Crucifixion*, XVe siècle, détail, La cotte de Madeleine est munie de plusieurs ouvertures qui permettent de voir la chemise. Elle est aussi lacée sur le flanc. Les détails du tableau nous permettent de voir la construction du vêtement. (photo Tina Anderlini, Musei Vaticani.)

Robe d'or dite de Margaret, XVe siècle, cathédrale d'Uppsala. La plus précieuse des matières. (photo Jonas Lindberg, Uppsala Domkyrka Skattkammaren.)

termes, selon les siècles. La cotte simple pour le XIVe siècle, le corset pour le XVe siècle. Si cette hypothèse est exacte, les termes sont sûrement interchangeables durant une partie du XVe siècle, ceci pouvant aussi être lié aux régions, et aux statuts. Il se peut qu'un glissement sémantique soit plus rapide en ville qu'à la campagne. La chose est aussi valable pour le corset au sens de surcot. Et il est fort possible de porter cotte et corset, comme cette femme adultère devant vite quitter le lit de son amant : « *la bonne femme fut vistement mise sur piez, et en pou d'heure habillée et lassée de sa cotte simple, son corset en son bras* »[30]. Le corset mentionné est encore celui qui serait synonyme de surcot. Les subtilités de la lexicologie du costume médiéval sont infinies.

La cotte

La question lexicologique étant, peut-être, résolue, intéressons-nous davantage à ce vêtement, que nous nommerons, pour simplifier, la cotte, même lorsqu'il est devenu corset.

Il est fait mention aussi de cotte « *à relever la nuit* », qui est invariablement fourrée. En 1396, il est noté dans un inventaire « *3 cotes à relever de drap fourrée de dos de conin* », c'est-à-dire de lapins. Celles-ci sont destinées à la femme de chambre, à la *berceresse* et à la nourrice de la duchesse de Bourgogne. Serait-ce là la « *robe de nuyt* » que nous évoquions précédemment ? Nous pouvons émettre une réserve quant à l'usage spécifique de ces cottes de nuit qui n'est peut-être pas généralisé aux couches populaires les plus humbles.

La cotte « *normale* » est différente de celle du XIIIe siècle, étant donné l'évolution de la mode. Le vêtement qui n'avait cessé de prendre de l'ampleur va disparaître progressivement dans la première moitié du XIVe siècle. Le décolleté va s'agrandir, devenant parfois un décolleté « bateau » mettant en valeur les épaules. Le torse, comme nous l'avons dit, va être ajusté, les hanches sont mises en valeur par la partie inférieure, s'évasant largement. Évidemment, ce vêtement mettant les silhouettes féminines en valeur est préféré par les jeunes femmes. Pour les femmes plus âgées, le vêtement ample continue à dominer. Il faut se vêtir selon ses moyens, mais aussi selon son âge.

Pour fermer la cotte, les boutons sont la solution favorite du XIVe siècle, et on va les multiplier à l'envi, en n'hésitant pas à en faire trop. L'Église, en Italie, va vouloir limiter le nombre de boutons, mais les astucieuses vont les coudre. Si c'est cousu et qu'il n'y a pas de boutonnière, ce n'est pas un bouton. Cette logique implacable aura raison des officiers chargés de faire respecter les règles. Le XVe siècle verra plus des vêtements fermés par des lacets. Ceux-ci passent dans des œillets percés dans la cotte ou dans des anneaux cousus sur les bords. Les manches des cottes peuvent être cousues sur soi, fermées par des boutons, ou des lacets. Là encore, chaque siècle aura ses préférences. Il est à noter une nouveauté dans le patron de certains corsets, donc au XVe siècle. L'ajustement du vêtement en haut, et la volonté d'ampleur en bas fait que la robe peut être composée d'une jupe cousue à la taille au corsage. Un phénomène semblable pouvait s'observer au XIIe siècle. Cette pratique va à présent durer.

Matières

La cotte est faite principalement en drap de laine. Mais les soies peuvent être envisagées, selon les moyens, comme toujours. Le velours, certains brocarts, les lampas, les satins serviront à tailler des vêtements. Elle peut se doubler de fourrure, de soie, de blanchet, de futaine, au gré des saisons, et des moyens. Mais, la fourrure doit être choisie avec soin. Et placée judicieusement. En effet, si l'on veut mettre sa taille en valeur, mieux vaut éviter de placer des fourrures épaisses en doublure. On peut ainsi tricher : à la taille, la fourrure sera remplacée par une étoffe plus fine[31]. L'avantage de cette méthode c'est que le retour de la fourrure aux hanches permettra de mettre celles-ci en valeur… Un bon fourreur sait comment créer la silhouette typique du XVe siècle. La ceinture va renforcer la ligne du corps, tout en permettant de porter quelques objets comme le couteau, la bourse, ou l'aiguillier, aussi nommé *espinglier*.

Une autre paire de manches

Il va être possible de voir les manches de la cotte, selon les vêtements qui la recouvrent. De même, il arrive que l'on remonte les couches supérieures et que l'on dévoile ainsi le bas du vêtement inférieur. Sur la fin du Moyen Âge, on voit alors des volants. S'agit-il d'une fantaisie vestimentaire ou du remplacement d'une partie usée ? Le laçage latéral est possible, selon les régions et les périodes. Enfin, puisque la cotte devenue corset est parfois à manches courtes, il nous faut mentionner la possibilité d'ajouter des manches. On peut les faire tenir par une simple épingle, à l'emmanchure ou à l'ourlet en cas de manche courte. Ces autres paires de manches, au sens original de l'expression, peuvent être dans le même tissu que la cotte, d'une autre couleur, ou d'une matière plus luxueuse. Margaret Scott considère que ces deux dernières options sont des marques de mauvaise vie[32]. Ceci est envisageable dans certaines images. L'une des plus célèbres représentations de *Marie-Madeleine*, celle de Van Der Weyden se trouvant au Louvre, montre justement de somptueuses manches épinglées sur une cotte lacée. Or, Marie-Madeleine est l'archétype de la prostituée.

Mais les sources écrites montrent la présence de ces manches amovibles luxueuses dans d'autres contextes, chez des femmes respectables et riches. Dans les livraisons destinées à Catherine de France, en six ans de 1440 à 1446, nous retrouvons des manchettes de nuit en blanchet, une paire de manches en satin vert et des demi-manches en satin bleu et cramoisi, doublées de tiercelin[33]. En outre, la cotte étant souvent recouverte, les manches d'un tissu précieux, voire de drap d'or, peuvent n'être que le seul élément visible de la première

couche de vêtements. Une autre astuce. On triche sur ce qu'on porte sous les couches supérieures. La mode italienne va tirer d'autres partis de ces manches amovibles. On va les lacer aux épaules, y placer des crevées, par exemple aux coudes. Les ouvertures multipliées vont exposer la blancheur et la finesse de chemises aux innombrables plis. L'équivalent de la cotte est devenu un vêtement modulable à loisir. Mais les mêmes effets sont visibles sur des manches italiennes cousues.

Pour les plus humbles, ces manches ont un réel aspect pratique. On peut les ôter pour les travaux par temps chaud ou pour les tâches en contact avec l'eau. Mais mieux vaut éviter de porter des manches, de laine, de soie ou de lin, lorsque le travail est en rapport avec le sang.

Enfin, les manches cousues peuvent aussi se découdre, et s'offrir. Comme on peut le voir sur le tableau des *Jeunes époux* de Cleveland. La riche paire de manche est partagée par le couple, ultime gage d'amour. La question est : est-ce un corset à manche, et dans ce cas la dame montrerait une chemise bien longue, ou une couche externe portée sur une cotte blanche ? En effet, contrairement à ce qu'on a pu voir au XIIIe siècle, la longueur de la cotte devient raisonnable, et atteint juste les pieds depuis la fin du XIVe siècle. Les excès sont pour les couches supérieures. ∎

Rogier Van der Weyden, *Marie Madeleine*, triptyque Braque, 1452. Marie Madeleine, un personnage souvent stigmatisé, porte des manches de brocart. La pratique était courante. Les manches peuvent n'être que la seule partie de la première couche à être visible. (photo Damien Bouet, Musée du Louvre, Paris.)

[30] Franklin P. Sweetser (édition critique) *Les Cent nouvelles nouvelles*, Textes littéraires français, 1966, 1ère nouvelle, I 145-148.

[31] Eustache Deschamps, *Le Miroir de Mariage*, p.28.

[32] Margaret Scott, *Fashion in the Middle Ages*, p.49.

[33] Jolivet (thèse), *Ibid.*, p.144.

Les vêtements de dessus

Les vêtements de dessus revêtent une grande importance dans la garde-robe féminine. Il est peu concevable qu'une dame respectable, dans ses déplacements hors de la maison et de son « territoire », ose se montrer en cotte simple.

Anonyme parisien, vers 1405, **Guillaume de Lorris** et **Jean de Meung**, *Le Roman de La Rose*, *Déduit dansant avec son Compagnon et Liesse*. Le *Roman de la Rose* est toujours l'occasion de présenter divers personnages vêtus à la dernière mode dans le jardin de l'Amour. Les dames présentes en sont l'expression : Houppelandes à col à carcaille et surcot clos sont reconnaissables. (photo J. P. Getty Museum, Los Angeles, Ms Ludwig XV 7, f.6.)

D e fait, elle se pare d'une robe ou d'un manteau qu'elle enfile au-dessus de la cotte. Comme pour les hommes, à la fin du XIV⁰ siècle, le terme de *robe* désigne un ensemble, la *robe à garnemens* composée de cotte, surcot, mantel, et autres vêtements assortis. Par la suite, le terme de *robe* reste générique et désigne indifféremment diverses couches supérieures de vêtements, avant de devenir le vêtement que l'on connait actuellement.

La robe

La robe correspond donc à un vêtement de dessus. Ce terme est plus adapté aux vêtements du XV⁰ siècle, mais on peut cependant l'évoquer pour certaines tenues antérieures. Les choses se forment lentement. Il est important de ne pas confondre les robes féminines avec les robes masculines dont les coupes sont radicalement différentes. Rappelons qu'il est défendu à une femme de se vêtir de vêtements d'hommes et si la robe est au centre des regards, l'interdiction compte aussi pour les chausses et pourpoints. Vilès est ainsi sans appel dans *De institutione christinanae feminae*, ouvrage de 1523, où il aborde le sujet tout en proscrivant le maquillage, la teinture ou les boucles d'oreilles et en recommandant la propreté et même les parfums légers. Un siècle auparavant, c'est aussi sur cet interdit que repose l'accusation contre Jeanne d'Arc.

La robe subit malgré tout fortement les influences de la mode, comme en témoigne *Le livre du Chevalier de la Tour Landry* [34], écrit vers 1370, qui relate une discussion entre le sire de Beaumanoir et une cousine de sa femme. Celle-ci, originaire de Guyenne dans la région de Bordeaux, trouve son hôtesse fort mal habillée : elle n'est pas *atourné* comme elle, sa robe n'est pas « *estoffée comme les dames de Guienne et de plusieurs autres lieux* » car dit-elle, « *les pourfiz de ses courses et de ses chaperrons ne sont pas assez grans* ». L'étoffe n'a donc pas assez d'ampleur et les décorations de ses manches et de ses coiffes sont insuffisantes au regard de la « mode actuelle », « *ne de la guise qui queurt à present* ».

Les Jeunes époux, détail, Allemagne du Sud, vers 1470. La fertilité de la jeune épousée est mise en avant par la manière de porter sa robe. Se cambrer légèrement et remonter la masse de tissu sur le ventre fait paraître enceinte. Certaines femmes se mettaient des coussins pour renforcer cette impression. Le ventre plat n'était pas à la mode au XVe siècle. (photo Cleveland Museum of Art.)

Afin de ne plus subir les blâmes, notre homme prend la résolution de faire « *arrayée* » sa femme « *de nobles cointises* » et même mieux que les autres. Mais pour se démarquer de ces femmes qui ont « *prins l'estat des amies et des meszchines aux Angloys et aux gens des compaignes* », de celles qui cherchent à ressembler à leurs amies et servantes officiant dans les compagnies guerrières et anglaises, l'homme propose de faire « *ses corsès et ses chapperons vestir en l'envers, le poil dehors* ». Il suggère donc à sa femme de porter ses cottes et corsets à l'envers, tous poils dehors. C'est que, en pleine guerre de Cent Ans, la Guyenne est terre anglaise et cette mode arborée par la cousine n'est autre qu'une mode anglaise, où les corsets, d'ailleurs, sont « *fendus es costez et lés floutans* ». (avec des pans flottants).

Le sire de Beaumanoir est en effet un homme de son temps qui a vu cette mode arriver. Si sa femme n'est pas encore à la mode, c'est qu'il tient pour sage celles « *qui derrenièrement* (les dernières) *prennent telles nouveaultez* ». Il ajoute que la dame trop pressée de prendre « *nouvel estat* » est souvent l'objet de railleries, « *jangler et à rigoler sur elles* ». Déjà à la fin du XIVe siècle [35], il est déconseillé de toujours vouloir revêtir ce que l'on voit porter par les autres, car « *ce qui siet à l'une ne sied pas à l'autre* ».

Concernant les servantes, la qualité de leur robe peut parfois être équivalente à celle de leur maîtresse. À Gênes en 1457 [36], Pompelina, veuve de Luciano Spinola, achète à sa servante/esclave Sofia une pièce de drap vermillon pour qu'elle se fasse une petite robe (une *goneta*). Le drap vaut deux livres et demie, somme déjà importante pour une robe légère et courte. De plus, le choix de la couleur n'est pas anodin car c'est une des teintes les plus recherchées et les plus chères, à la mode dans la ville à cette époque.

Les coupes sont aussi parfois similaires bien que les livres de morale [37] recommandent de prendre garde à la tenue des serviteurs, surtout des servantes. Anne de France préconise ainsi à sa fille Suzanne de veiller à ce que ses domestiques « *soient honnêtes et de bonne réputation* ». Et surtout : « *Vous devez être mieux habillée que vos servantes et ne devez pas tolérer qu'elles vous imitent dans leur toilette.* »

Du surcot à la robe à tassel, essai de chronologie

Le XIIIe siècle avait été relativement stable, en ce qui concerne la mode féminine, même si certaines nouveautés ont pointé. Le XIVe va se montrer bien plus compliqué. Nous avons déjà croisé le problème lexical. Afin de simplifier les choses, nous allons laisser de côté le corset et nous nous contenterons de deux grands termes généraux pour ce siècle : surcot et cote-hardie (ce vêtement a, en plus, plusieurs orthographes… Nous n'en garderons qu'une).

Les surcots et dérivés

Garnement phare de la robe, le surcot est, au début du siècle, d'une grande ampleur. Il est doublé, de soie, de fourrure. Il couvre entièrement la cotte, traîne au sol, peut être garni de boutons, peut être à manches, ou sans manches. Sa coupe est alors trapézoïdale. Ce modèle est, malgré tout, sur le déclin auprès de la jeunesse, et semble disparaître des robes des jeunes femmes au milieu du siècle. En cas de surcot ouvert, l'ouverture n'est pas aussi large que ce que l'on tend à imaginer. C'est pourtant un vêtement considéré comme emblématique du siècle qui vient à l'esprit, le surcot connu sous le nom de « *porte d'enfer* ».

Une porte bien ouverte

Surcot ouvert, surcot long, sont les noms qui paraissent désigner ce vêtement au Moyen Âge[38]. C'est un vêtement très largement échancré sur les flancs, mettant la taille en valeur, accentuant les courbes féminines, laissant voir la riche ceinture qui tombe sur les hanches, à la mode du temps. La tenue est luxueuse. Très luxueuse. Une tenue de cérémonie, destinée à l'élite. La partie supérieure est souvent faite de fourrure portée en extérieur. Cette même partie peut être ornée de faux boutons ou de pièces d'orfèvrerie en son centre, dans la hauteur. La jupe très ample est des tissus les plus précieux et s'agrémente d'une longue traîne. Le surcot long va subsister jusqu'au XVIe siècle, comme tenue d'apparat. C'est un vêtement d'exception, symbole de pouvoir et de respectabilité, souvenir embelli et enrichi de l'époque de Saint Louis. Il peut aussi se voir sur les allégories ou dans les représentations des nobles femmes d'un passé révolu réel ou légendaire. L'écrin des nobles dames du temps jadis.

Les surcots ouverts, non cérémoniels, vont persister pendant la première moitié du XIVe siècle. L'ouverture sur les flancs se garde de découvrir les hanches. En des circonstances normales, on ne défie pas la morale.

Quant aux noms « *porte d'enfer* », ou « *fenêtre d'enfer* », leur origine demeure mystérieuse. En Allemagne, on préfère l'appeler *Teufelfenster* (fenêtre du Diable), en anglais *windows into hell* (fenêtres sur l'enfer). Mais, le plus surprenant c'est que les traces médiévales de ces appellations courantes pour ce type de vêtement (nous laisserons de côté les invectives de prédicateurs cherchant à marquer les esprits[39]) semblent tout simplement ne pas exister[40]. Le seul nom « officiel » d'époque reste *surcot long*. Ce n'est pas le seul exemple d'élément de costume dont l'appellation actuelle semble sortie du discours de quelque esprit renfrogné, mais nous en reparlerons.

Le surcot clos ou surcot court

On pourrait le prendre pour une cotte, et il pourrait, en outre, se porter sous le surcot long[41]. Mais ce dernier point reste douteux. Il perdure jusqu'au début du XVe siècle[42]. Sa ressemblance avec la cotte renvoie à l'étymologie première de surcot, celle qui désigne les surcots à manche du XIIIe siècle. Un vêtement porté sur la cotte. La distinction est pourtant aisée : le surcot, à de rarissimes exceptions

La cotte rouge de la femme est recouverte d'une large robe violette, doublée de vert, plissée à la taille par une ceinture d'étoffe. Les manches de brocart jaune, que nous apercevons au dessous, sont sans doute fixées à celle de la cotte par une épingle. Robert Campin, *Christ sur la croix* (détail), vers 1432-34. (photo Gemäldegalerie, Berlin.)

souvent signifiantes, se porte sans ceinture. En outre, il peut être muni de deux ouvertures verticales, au niveau du ventre, permettant d'atteindre la bourse accrochée à la ceinture de la cotte. Ces fichets, comme on nomme ces ouvertures, sont l'ancêtre des poches. Il faut juste attendre que quelqu'un pense à y coudre des carrés de tissu. Le surcot court est dépourvu de la longue traîne qui caractérise le surcot long. Mais il a quand même une longueur respectable.

La cote-hardie

Un vêtement qu'on pourrait prendre pour un surcot clos. La cote-hardie n'a pas de ceinture, le torse est ajusté, avec un large décolleté et peut être boutonnée. Elle semble se différencier du surcot par les manches. Celles du surcot sont serrées sur le bras. La cote-hardie a plusieurs types de manches, dont des manches agrémentées de longues bandes de tissu ou de fourrure, les coudières. Les autres types sont des manches boutonnées sur toute la longueur, des manches boutonnées mais ouvertes,

[34] Anatole de *Montaiglon, Le Livre du Chevalier de la Tour Landry*, Paris, 1854, p.46.

[35] A. Hensch, *De la littérature didactique du Moyen Âge s'adressant spécialement aux femmes*, Cahors, 1903. *La Clef d'amour*, vers 1280, p.86.

[36] Jacques Heers, *Esclaves et domestiques au Moyen Âge dans le monde méditerranéen*, Fayard, 1981, p.192.

[37] Alice A. Hensch, *Ibid. Les enseignements d'Anne de France à sa fille Suzanne*, 1504.

[38] De Rasse, p.162-163.

[39] Aileen Ribeiro, *Dress and Morality*, Londres 1986, p.43.

[40] Gundula Wolter, *Teufelshörner und Lustäpfel*, Marburg 2002, p.177, note 301.

[41] De Rasse, p.163-164.

[42] De Rasse, p.163.

donc tombante, ou des manches à bombarde, descendant au pied[43]. Certaines cote-hardies sont munies de traînes, mais cela reste rare, et sûrement réservé à une élite. La cote-hardie nécessite en général moins de tissu que le surcot.

Le surcot utilise souvent des matières plus chères que la cote-hardie, laquelle existe aussi en « cote-hardie à chevaucher ».[44] La cote-hardie peut aussi, à l'inverse du surcot, se trouver sans doublure. Il y avait bel et bien une nuance entre les deux vêtements. Des vêtements de dessus peuvent, comme les cottes, être lacés sur les côtés. Ces aménagements peuvent être utiles, par exemple, en cas de grossesse.

La longueur de ces deux vêtements dépasse celle de la cotte. Ce sont des tenues qui traînent sur le sol. Ce qui explique, sur certaines enluminures, que le bord inférieur soit remonté et accroché à des agrafes, les troussoirs, afin de permettre à ces jeunes demoiselles de danser et courir en ayant les mains libres. Ce sont en tout cas des tenues qui savent rendre hommage aux formes féminines, cachent ce qu'il faut, tout en dévoilant beaucoup. Et le décolleté est ample, généreux, ouvert jusqu'aux épaules, comme les cottes. On se doute bien, étant donné la manière dont fonctionnent les phénomènes de mode, que la phase suivante sera moins révélatrice…

Roman de Tristan, Paris, 1320-1340 *La Reine d'Irlande empêchée de tuer Tristan.* Avant de devenir une tenue de grand luxe, le surcot ouvert, peut-être appelé garde-corps, faisait partie de la robe quotidienne et n'était pas aussi échancré. Il pouvait se porter entre la cotte et le surcot fermé, afin de tenir chaud. (photo Paul Getty Museum, Los Angeles, Ms. Ludwig XV 5 83.MR.175, 53v.)

[43] De Rasse, p.157.

[44] De Rasse, p.167.

[45] Enlart, *Manuel d'archéologie française depuis les temps mérovingiens jusqu'à la Renaissance*, tome III, *Le Costume*, p.79.

[46] Victor Gay, *Glossaire archéologique du Moyen Âge et de la Renaissance*, p.278.

[47] De Rasse, p.169.

Carcaille et collet renversé

Comme pour les hommes, la houppelande est la tenue de la bonne société autour de 1400. Après les décolletés du XIVᵉ siècle, il est temps de passer aux cols carcailles. Le terme est mentionné par Camille Enlart[45] et par Victor Gay, lequel cite un compte de 1387, mentionnant des carcailles destinées à la famille royale, faites de genette et de vair.[46]

L'âge d'or de la houppelande se situe entre 1370 et 1425. Mais elle continuera d'être portée par les femmes bien après cette date. Marie De Rasse en trouve trace, à Paris, jusqu'à la fin du XVᵉ siècle [47].

La houppelande réclame du tissu à cause de son ampleur, de ses nombreux plis. Elle est réalisée, pour la noblesse, dans des draps de laine souvent lourds, parfois dans des brocarts, des velours. Elle est la couche extérieure de la tenue, celle que l'on montre lorsque l'on est en public. Autrement dit, elle expose le statut, la richesse. On la double des plus belles fourrures, en trichant, éventuellement, comme nous le verrons. On pourrait la croire réservée à la noblesse. Néanmoins, diverses études, comme celle de Marie De Rasse montrent que la houppelande fut portée par les femmes de toutes les couches de la société à Paris. Les houppelandes en laine de moindre qualité que celles des ducs de Bourgogne étaient une réalité. Les doublures étaient faites de fourrures moins nobles. Et la bourgeoisie se plaît à imiter les puissants. La houppe-

Maître du Jardin de Paradis, *Nativité de la Vierge*, détail, vers 1430. La jeune femme porte un surcot sans manche, lacé sur les côtés, permettant de l'ajuster sur le torse. (photo Tina Anderlini, Musée de l'Œuvre Notre-Dame, Strasbourg.)

Rogier van der Weyden, *Triptyque de saint Jean Baptiste*, *Festin d'Hérode*, vers 1450-55, détail. Salomé porte un surcot long. Ceci n'est pas étonnant de la part d'une femme considérée comme une séductrice. En outre, la tenue est exotique. À la date du tableau, la tenue passée de mode, sauf en certaines circonstances, ajoute du sens à l'œuvre. (photo Gemäldegalerie, Berlin.)

Gisant de Jeanne de Hangest, début du XVIᵉ siècle. Une des plus tardives représentations du surcot long, à une époque où il a totalement disparu des garde-robes. Il est devenu un objet symbolique, anachronique, mais représentant d'un statut, s'ajoutant à une tenue dans son temps.(photo Tina Anderlini, Musée du cloître Saint-Corneille, Compiègne.)

Le surcot à porte d'enfer expose le flanc des femmes.
Une vue peu appréciée de certains.
(photo Anthony Lemoine, réalisation Amélie Donneaux.)

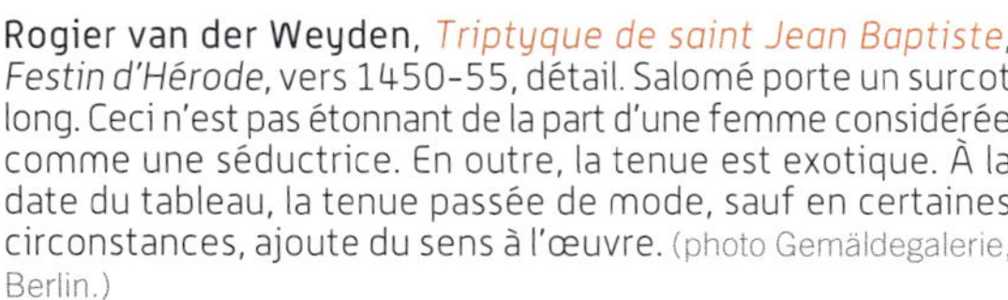

Annonciation aux bergers, Bruges, vers 1450. Le surcot court est plus lisible lorsqu'il est relevé, révélant la cotte. (photo (Paul Getty Museum, Los Angeles, Ms. Ludwig IX 7, f.83v.)

Vierge, deuxième moitié du XIVe siècle. Le surcot court recouvre totalement la cotte. La distinction est difficile à faire. On peut se baser sur la longueur, un surcot court possédant une traîne, que la plupart des cottes n'ont plus à cette date. (photo Tina Anderlini, Museo Bardini, Florence.)

Aquamanile de bronze représentant **Aristote** et **Phyllis**, fin XIVe ou début du XVe siècle. La séductrice, qui s'aliéna le philosophe, porte une cote-hardie à longues coudières, elles-mêmes à déchiqueter, un très ample décolleté et une large ceinture mettant sa taille en valeur, alors que la cote-hardie se porte généralement sans ceinture. Une dénonciation de la séduction féminine et de ses effets dévastateurs sur les hommes, même des philosophes. (photo Metropolitan Museum, New York.)

Jeunes gens, ivoire, France du Nord ou Pays-Bas du Sud, 1400 (?). Deux jeunes femmes portent des cote-hardies sur cet ivoire. L'une à manches longues, l'autre à coudières et avec fichets. Les décolletés sont osés. Le musée émet, à notre avis à raison, des doutes sur la datation. Les costumes semblent indiquer une date antérieure. (photo Metropolitan Museum, New York.)

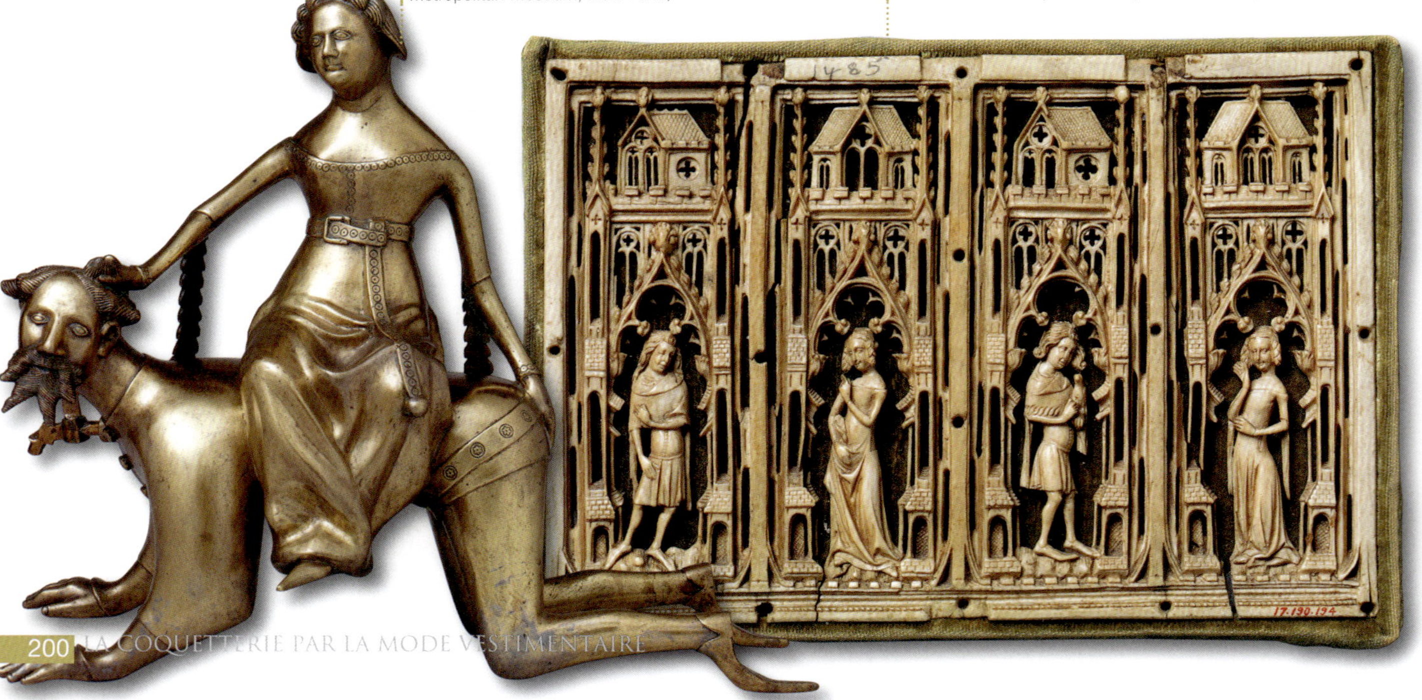

La houppelande

Orner sa houppelande
avec des déchiquetures : les freppes

Pour réaliser des freppes s'approchant de celles de la robe de **Costanza Trenta Arnolfini**, j'ai mis de côté l'apparent « crantage » de l'étoffe. Je ne connais aucune source de ciseaux cranteurs au XVe siècle et d'après moi il faudrait un point régulier le long de tous les petits bords pour resserrer le drap de laine en petits bourrelets et je ne suis pas brodeuse. Ceci reste donc encore à expérimenter, mais d'ores et déjà je conseille un drap de laine très épais et dense (bien foulé, aurait-on dit à l'époque), car avec celui que j'ai utilisé la matière ne se « tient » pas assez.

D'abord, j'ai estimé la hauteur des 3 ou 4 premiers éléments indépendants à 50 cm de haut repliés (donc x2 en longueur) sur 18 cm de large après quelques calculs de proportions en décidant arbitrairement que Costanza mesurait 1,60 60 de stature. Les carrés de base du motif ont sur ma réalisation un côté de plus ou moins 6 cm. Ceci s'applique sur les 3 ou 4 premiers éléments seulement, les suivants au nombre apparemment d'une douzaine sont moins hauts, sans doute 30 cm une fois repliés.

Le motif est intéressant dans la conception nouvelle de ce tableau, ce sont des croix pattées, on retrouve d'ailleurs ce dessin dans le tapis de la chambre. Les photos parlent d'elles-mêmes : tracé, découpe, il est juste à noter de bien penser à épingler les deux épaisseurs avant de couper pour éviter les décalages, et de ne pas couper les diagonales trop loin vers le centre des carrés.

En cas de réalisation globale de ces manches (en plus de la robe) prévoyez très large en métrage de tissu ! Et pensez à maintenir les freppes, une fois positionnées à la verticale, par quelques points discrets judicieusement placés pour que toute cette œuvre ne se termine en affreux embrouillamini. ■ Laurette Estève

Étapes
de reconstitution
de freppes.
(photo Tina Anderlini.)

Jan Van Eyck,
Les Époux Arnolfini,
1434, détail, Costanza
Trenta. La jeune femme,
enceinte, a revêtu
sa plus belle
houppelande,
agrémentée
de déchiquetures
nommées freppes.
(photo National Gallery,
Londres.)

Jacopo della Quercia (1371-1438), gisant d'Ilaria del Carretto, 1406-1408, original : cathédrale Saint-Martin de Lucques, copie du musée Pouchkine, Moscou. Cette célèbre sculpture funéraire présente une magnifique houppelande, avec un col à carcailles et des manches bombardes. (photo Tina Anderlini.)

La robe est ceinte par une large ceinture. Le tissu est à motifs. *Heures de Bedford*, vers 1423-1430. (photo British library, Londres, Additional. Ms 18850, f.257v.)

lande, dans sa version modeste, avec moins de tissu, moins de traîne, achetée chez un fripier, peut couvrir les femmes du peuple.

Il est donc possible de tricher lorsque l'on double sa houppelande. Le fourreur peut jouer avec les matières, gardant les fourrures les plus riches pour les parties visibles, fourrant les parties cachées avec des pièces moins chères, voire du blanchet. Car le col et les autres extrémités peuvent aussi mettre en valeur la doublure, de soie ou de fourrure, autre marque de richesse. La houppelande est un vêtement qui ne se porte pas sans doublure.

Les manches sont d'abord très amples et très longues, sans pour autant égaler les excentricités du XIIe siècle. Les découpes et freppes ajoutent une certaine fantaisie, honteux gaspillage de matière propre à choquer les religieux... Mais qui montre bien que le porteur du vêtement est riche. Les manches ajustées, les manches en bombardes, se voient aussi. Autre signe extérieur de richesse, pour les femmes : la traîne, dont la longueur dépasse ce qui pouvait se voir précédemment. Au plus grand désespoir des religieux. Certaines houppelandes italiennes pouvaient s'orner de décorations métalliques, de broderies. Les religieux et les autorités civiles se sont souvent chargés de réprimer ses fantaisies ostentatoires en les interdisant purement et simplement.

Reconstitution de houppelande en soie à col à carcaille, fourrée. Le col est légèrement déboutonné. Cette pratique va se généraliser et donnera les collets renversés, revers exposés sur les épaules. (photo Corentin Donneaux, réalisation Amélie Donneaux.)

Les religieux ne sont pas les seuls à ne pas apprécier la houppelande. Christine de Pizan, dans le *Livre des trois vertus*, ne cache pas le mal qu'elle en pense. En critiquant ces robes nouvelles et exubérantes. Elle recommande de ne pas afficher de « *trop grans coles ne autres façons malhonnestes* ». Il en est de même pour les « *grant traineresses de choses nouvelles par especial cousteuses et non honnestes.* »[48]

Le col fermé jusqu'au menton permet de porter des colliers, mais aussi d'ajouter un accessoire qui peut être précieux : le bouton, à un vêtement qui s'enfile. Déboutonné, le col repose sur les épaules, et laisse encore mieux voir la doublure, selon un jeu intérieur/extérieur en vigueur depuis le XIIe siècle. Cette habitude va créer un nouveau modèle de houppelande, dit « *à collet renversé* ». Un autre accessoire est indispensable pour les houppelandes féminines : la ceinture. Qui va aller en s'élargissant. Celle-ci se porte haut, sous la poitrine, et peut être décorée.

La houppelande à carcaille paraît être le dernier vêtement à connaître une diffusion dans toute l'Europe. Par la suite, et jusqu'au XVIIe siècle, chaque région d'Europe aura des spécificités qui permettront d'identifier leurs costumes immédiatement. Ne cherchons pas trop de robes à tassel dans les garde-robes italiennes. Sauf si ce sont des Italiennes installées bien plus au nord.

Col en V, col rond et robe à Saindre

Si la houppelande persiste, il n'en est pas de même de la carcaille. La tendance suivante, qui va dominer le XVe siècle, est la houppelande à col en V. La doublure de fourrure ou de soie reste exposée à l'encolure, mais il s'agit d'une ouverture plus profonde. Le vêtement est généralement ouvert jusqu'au nombril, parfois plus, parfois moins, laissant souvent voir les couches inférieures et sans boutons. L'absence de cet accessoire peut laisser envisager, sur les modèles les plus fermés, la présence d'agrafes. Là encore, la doublure est mise en valeur

Rogier Van der Weyden, *Portrait de femme* (détail), 1435-1440. Houppelande à col en V, dont la vogue durera dans la bourgeoisie flamande et parisienne. (photo Tina Anderlini, Gemäldegalerie, Berlin.)

avec soin aux différentes ouvertures. La large ceinture, le bandier, est toujours présente. Les manches prennent progressivement des proportions plus raisonnables. Les manches démesurées persistent un moment, mais elles vont être remplacées par un nouveau modèle, suivant la forme du bras, mais sans être serré. Les « *poignets* » de ces manches pouvant arriver à la naissance des doigts.

Ces nouvelles houppelandes apparaissent comme une phase intermédiaire entre la houppelande à carcaille et la fameuse robe à tassel. Certaines caractéristiques de cette dernière sont déjà là : encolure en V, décolleté, couches inférieures parfois visibles, présence de voiles sur la gorge, les étoffes délicates étant coincées sous l'ouverture de la houppelande, afin de protéger du froid... Les voiles sont donc utiles, et, de plus, sont une autre marque de richesse par leur transparence. Autant de différences qui montrent aussi, encore, comment la mode se joue de celle qui l'a précédée.

[48] Christine de Pisan, *Le Livre des trois vertus*, p.351.

Fables allemandes, Femme parlant à un cavalier, troisième quart du XVe siècle, Allemagne. La femme porte une **houppelande à col rond** et à larges manches à freppes, comparable à celle de Costanza Arnolfini. (photo J. Paul Getty Museum, Los Angeles, Ms. Ludwig XV 1, 11v.)

Deux exemples de robe à grande assiette dont la ligne de taille est très haute. **Pacher**, *La naissance de la Vierge Marie*, vers 1498. (photo Château de Rychnov.)

La robe est faite à partir d'un magnifique brocard dont le col et le bas des manches sont bordés de fourrure blanche. **Petrus Christus**, *Une donatrice et sainte Elisabeth* (détail), 1457-1460. (photo Groeningemuseum, Bruges.)

Nous ne pouvons pourtant pas encore parler de robes à tassel. La coupe même du vêtement fait que de nombreux plis se trouvent à la taille. Ceci est bien une caractéristique des houppelandes. Signalons enfin que ce type de tenue est nommé, à Paris, « *robe à saindre* ».[49] Comme le souligne Marie De Rasse, une version aux plis très marqués, fixes et rembourrés, persistera dans les Flandres jusqu'au XVIe siècle.[50]

Dans les Flandres, justement, et dans les pays germaniques, on va aussi trouver la houppelande à encolure ronde qui cohabite avec la robe à saindre et la robe à tassel. Les tableaux de Van Eyck sont d'intéressants témoignages de cette houppelande nordique. La robe portée par Costanza dans le célèbre tableau des Époux Arnolfini se caractérise par ses manches décorées de freppes.

Les robes

La robe à grande assiette

Dans les années 1360 apparaît une nouvelle façon de tailler les emmanchures, dite à grande assiette. Nous avons déjà croisé la version masculine avec le pourpoint de Charles de Blois. Si le vêtement masculin a connu cette coupe, pourquoi n'en serait-il pas de même pour la robe féminine ? Rares sont les images qui nous les dévoilent et, si le pourpoint à grande assiette paraît se trouver dans diverses régions d'Europe, les robes comparables sont souvent d'origine germanique et indiquent une persistance de ce type de vêtement dans un large croissant nord européen allant des Iles Britanniques à l'Allemagne.

Heureusement en 1931, en Irlande, un agriculteur trouva au milieu d'une tourbière le corps décomposé d'une femme, habillée d'une robe de laine à grande assiette. La tourbe n'a néanmoins pas permis la conservation complète de la tenue, baptisée « *robe de Moy* ». Le devant est grandement abîmé et il manque toute la partie basse, ainsi qu'un côté. Le dos, quant à lui, est heureusement en meilleur état pour nous permettre de découvrir la coupe très spécifique de cette robe. L'exemplaire est actuellement conservé au musée national d'Irlande, à Dublin. Malheureusement, la robe n'a pas été datée précisément et les études la concernant sont peu nombreuses. Les avis divergent mais, en considérant une large amplitude temporelle, il est certain que cet exemplaire a été fabriqué entre le milieu du XIVe siècle et le début du XVIe.

Cette robe a été réalisée dans un sergé de laine grossièrement tissé. Le corsage, ainsi que les manches, sont boutonnés très haut et l'ampleur de la jupe est donnée par l'ajout de triangles de tissu, doubles à l'arrière et sur les côtés, et sans doute sur l'avant qui, rappelons-le, a disparu. La couture de l'encolure, ronde, est soignée, mais les finitions se dégradent progressivement du haut vers le bas de la robe.

[49] Marie De Rasse, *La Houppelande*, in *Histoire et Images Médiévales*, n°30, août-septembre-octobre 2012, p.52.
[50] *Ibid*, 53.

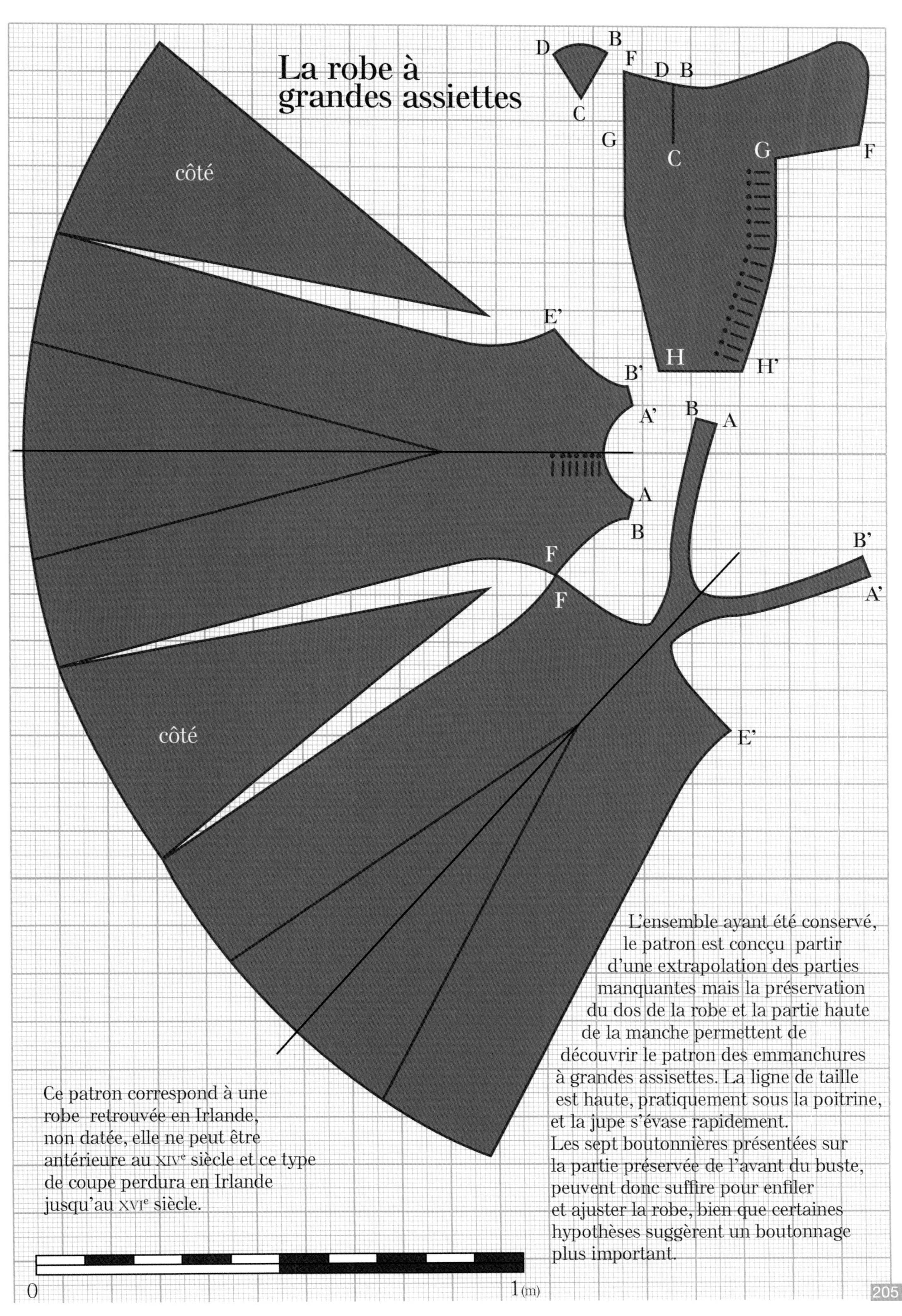

Ce patron correspond à une robe retrouvée en Irlande, non datée, elle ne peut être antérieure au XIVe siècle et ce type de coupe perdura en Irlande jusqu'au XVIe siècle.

L'ensemble ayant été conservé, le patron est concçu partir d'une extrapolation des parties manquantes mais la préservation du dos de la robe et la partie haute de la manche permettent de découvrir le patron des emmanchures à grandes assiettes. La ligne de taille est haute, pratiquement sous la poitrine, et la jupe s'évase rapidement. Les sept boutonnières présentées sur la partie préservée de l'avant du buste, peuvent donc suffire pour enfiler et ajuster la robe, bien que certaines hypothèses suggèrent un boutonnage plus important.

Doublure de lin trouvée à Lengberg, xvᵉ siècle. Cette rare doublure de lin nous renseigne sur la conception de la robe à grande assiette, avec les différents morceaux la composant. Des fragments de la robe sont encore visibles. On remarque les plis déjà formés sur la doublure et la coupe très cintrée du vêtement. (photo Institut für Archäologie, Universität Innsbruck.)

Doublure de lin trouvée à Lengberg, xvᵉ siècle. Cette robe de fillette a déjà des caractéristiques des robes d'adultes. Là aussi, des fragments du tissu d'origine ont subsisté et les plis sont faits en cousant la doublure et la robe ensemble. (photo Institut für Archäologie, Universität Innsbruck.)

Petrus Christus, *Portrait de jeune fille*. La robe est bleue sur un tassel noir. Un voile presque invisible est épinglé sur le tassel. (photo Tina Anderlini, Gemäldegalerie, Berlin.)

Parallèlement, parmi les fragments trouvés au château de Lengberg, datant de la fin du XVe siècle, deux paraissent être des restes de robes à grande assiette. Une robe de femme, et une de fillette, construite, fait rare, sur le même modèle. Il reste essentiellement la doublure, de lin, autre fait notable, car les mentions aux doublures de lin sont exceptionnelles, et correspondent plutôt à des milieux humbles. Les deux doublures portent encore quelques traces du lainage bleu externe. Nous pouvons voir les plis du lin, fixés par des coutures. Sur la robe de la fillette, on constate que les restes de laine sont également cousus, avec la doublure. Ce sont des patronages très intéressants que sous-entendent ces fragments. Les plis cousus sont assez régulièrement notés sur des pièces archéologiques.

La robe à tassel

Avec le surcot dit à porte d'enfer, c'est l'une des tenues les plus caractéristiques du Moyen Âge mais elle ne fut portée que pendant ses cinquante dernières années. Qu'entend-on exactement par le terme de *tassel* ?

Selon Enlart : « *d'après une lettre de rémission de 1456, «on nomme* tasseau *ou pays de Henault et environ* » *l'empièvement posé transversalement sous l'échancrure du corsage décolleté en pointe. On le surnomme aussi pièce* »[51]. Le terme de *tasseau*, utilisé dans une région appartenant à la Bourgogne, nous montre à quel point cette tenue est à associer avec ce duché.

La robe est toujours doublée, la doublure de fourrure étant fréquemment mise en valeur aux ouvertures, et particulièrement au décolleté. La précision des tableaux flamands nous laisse deviner que parmi les matières utilisées pour cette robe par la noblesse on trouve une étoffe spécifique, le velours. Arrivé en Europe à la fin du XIIIe siècle, ce tissu doux au toucher, brillant et d'une certaine épaisseur désigne une étoffe « *dont la surface ou une partie de la surface est couverte de boucles ou de poils dressés au-dessus d'une toile de fond. Il se tisse à l'aide de deux chaînes, l'une dite* fond, *et l'autre* poil *: pour cette raison, il est velu sur l'endroit, lisse sur l'envers.* »[52] Ces velours peuvent être unis ou à motif, les effets de relief pouvant jouer avec les motifs déjà existant.

La robe s'accessoirise d'un bandier, toujours porté haut. La large encolure permet aussi d'avoir de splendides colliers. Un fichu d'étoffe très fine peut être posé sur la gorge. On l'appelle gorgerette ou

[51] Enlart, p.601.
[52] Jolivet, p.50.

Maître de 1473, *Maria Hoose, épouse de Jan de Witte* (volet droit du triptyque de Jan de Witte), Bruges, 1473. La jeune femme a revêtu une robe à tassel à la dernière mode, noire doublée de fourrure blanche, sur un tassel rouge. L'encolure en V est largement décolletée et met en valeur le collier. L'ouverture descend très bas mais est maintenue en place par le bandier, la large ceinture, ici fermée dans le dos. On peut aussi admirer l'atours conique tronqué sur lequel est posé un voile transparent. (photo Tina Anderlini, Royaux des Beaux-Arts, Bruxelles.)

Représentation fantaisiste d'une femme, habillée richement, aux champs. Elle porte ce modèle de robe ajustée à col en V et à large ceinture. *Heures à l'usage de Rouen*, vers 1460-1470. (photo Bibliothèque munici-pale, Aix-en-Provence, Ms. 22, f.17r.)

Le Livre du Cœur d'Amour Epris. Les robes des jeunes filles jouent avec les contrastes de couleur, vers 1460-1467. (photo Österreichische nationalbibliothk, Vienne, Ms. 2597, f.15r.)

[53] Enlart, p.109.
[54] Jolivet, p.57-58. On y trouvera le détail des prix selon les types de velours.

Le voile transparent qui couvre la gorge de la jeune fille se place ici aussi au-dessus du tassel. Cela nous offre une précieuse indication sur la longueur de ce voile. Rogier van der Weyden, *Portrait d'une dame* (détail), vers 1460. (photo National Gallery of Art, Washington.)

touret de col.[53] Le tassel est une bande relativement longue et large, entourant le torse. Il tient ainsi le rôle de soutien-gorge, il cache et protège la poitrine. Il peut aussi être appelé « *pieche* ». Robe à tassel et robe à pieche sont le même vêtement. Tassel ou pieche, il est recouvert de la cotte, ou plutôt du corset, qu'on ne verra pas à l'encolure. Une encolure qui peut s'ouvrir sur l'arrière, plus ou moins profondément selon les époques, et qui peut s'agrémenter d'une bande de fourrure tombante.

Les comptes de la cour de Bourgogne nous permettent de connaître les couleurs des velours. Les velours sans motifs, les moins chers, étaient noirs, vermeils, et, en une occurrence, jaune. Un velours plus fin, de meilleure qualité, toujours uni, pouvait être blanc, bleu, cramoisi, gris, noir, tanné, teint, vert, vert-brun, violet. Les velours figurés étaient évidemment plus chers. Les plus onéreux étaient à hauteurs de poils variables. Gris, noirs, cramoisis, violet-cramoisi, vert-brun, bleus, violets en graine (teint au kermès)[54] Noirs et rouges foncés sont les couleurs dominantes des robes représentées par les peintres flamands.

Le corsage de la robe n'est pas plissé, et les manches en sont plus serrées. Les poignets peuvent cependant s'élargir, couvrant un peu la main. On peut mettre en valeur la doublure en retournant ce rabat, typique de ce que l'on appelle « *manche à la française* ».

L'ensemble donne une impression de verticalité, surtout si l'on ajoute les hauts atours dont nous parlerons bientôt. Verticalité accentuée par un canon aux épaules étroites et aux poitrines menues, là où ces messieurs recherchent des carrures avantageuses. Les jupes sont toujours très amples, les traînes sont longues. Certaines enluminures mon-

L'encolure de ces robes s'oriente progressivement vers un angle de plus en plus ouvert, jusqu'à ne reposer parfois que sur l'extrémité des épaules. Si la robe semble être de velours uni, remarquons la ceinture décorée de motifs et la fourrure de couleur, qui équipe également les robes en arrière-plan. Notons également le cône tronqué richement décoré. *Heures de Marie de Bourgogne*, vers 1477. (photo Österreichische National-bibliothek, Vienne, Cod.Vindo.1857, f.14 r.)

[À gauche]:
Agnès Van den Bossche, *La pucelle de Gand*, détail de l'étendard de la ville de Gand. (photo Gand, Musée de l'abbaye de la Byloke.)

[À droite]:
Les larges manches de cette robe sont pertuisées sur une grande hauteur, laissant apparaître l'étoffe rouge en dessous. Les poignets ajustés, tout comme les pertuis et le col, sont bordés de fourrure. **Rogier Van der Weyden,** *Le triptyque du calvaire* (détail), 1445. (photo Kunsthistorisches Museum, Vienne.)

trent d'ailleurs, non sans humour, des hommes marchant sur les traînes de leurs compagnes. La mode masculine n'étant pas dénuée d'extravagances, la rencontre de la robe à tassel et des poulaines devait en effet occasionner plusieurs scènes cocasses. Sur d'autres enluminures on peut d'ailleurs fréquemment voir l'arrière de la robe remonté et coincé dans la ceinture, sur le côté, ou la robe maintenue par le bras, une partie coincée au niveau de la taille. Ce vêtement est à la fois lourd et encombrant. Une tenue de noble ou de riche bourgeoise.

Ces successions concernent, pour le XVe siècle, le Nord de l'Europe. À la fin du siècle, on commence à voir apparaître des jupes indépendantes des corsages, un détail que l'on pouvait déjà noter sur certaines cottes dès le début du siècle. La volonté de verticalité va s'atténuer. Les modes italiennes, de leur côté, sont variées. On ajoute des jupons pour donner plus d'ampleur. En Espagne, la forme des robes se différencie rapidement du reste de l'Occident. Vers 1470, il y devient habituel de placer sous les jupes une sorte de jupon composé de cerceaux houssés d'étoffe, pour obtenir une forme évasée de cloche. Ces cerceaux peuvent être réalisés avec du fil de fer, ou composés d'une armature de branches souples, comme l'osier. Cette mode annonce le siècle suivant où elle sera adoptée et adaptée selon les régions par toute la noblesse de l'Europe et portera le nom de *vertugadin*. ▪

La manche est ici fixée directement au niveau de l'épaule. **Rogier Van der Weyden,** *Triptyque de l'adoration des mages* dit *Retable de sainte Colombe* (détail), vers 1450-1456. (photo Alte Pinakothek, Münich.)

La **manche** est ajustée et nous distinguons nettement la bande
de tissu de finition au niveau du poignet. **Memling**, *Triptyque
Donne*, panneau central (détail). (photo National Gallery, Londres,
1475.)

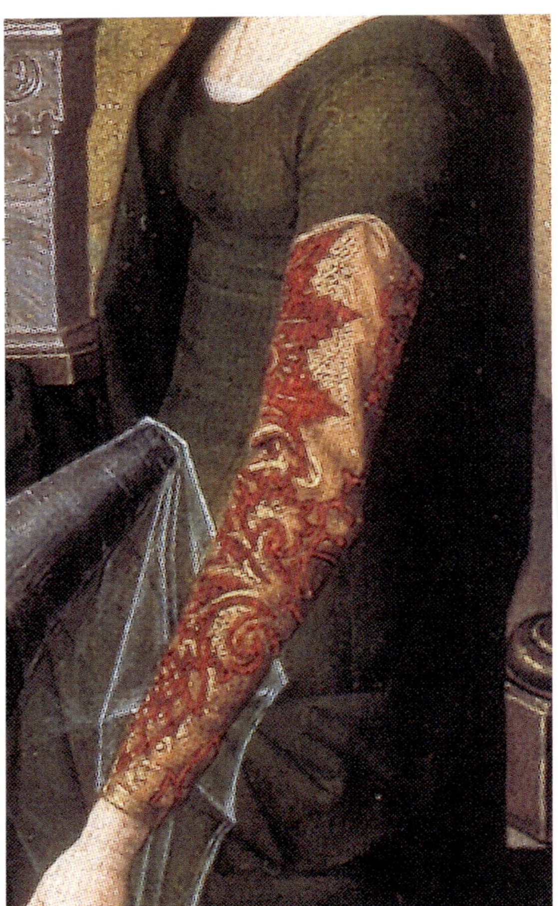

À la fin du XVᵉ siècle, les Italiennes portent la mode particulière
de leurs manches au niveau d'un art. **Ghirlandaio**, *Giovanna
Tornabuoni*, vers 1490. (photo collection Tyssen-Bornemisza,
Madrid.)

Manche relativement large resserrée par un poignet de tissus.
Robert Campin, *Christ sur la croix* (détail), vers 1432-34.
(photo Gemäldegalerie, Berlin.)

Les manches ajustées de cette robe sont à la mode italienne de cette fin du XVe siècle : une fine étoffe baille des crevés ménagés sous les bras. Certains aspects de la mode italienne atteignent l'Espagne, où travaillait le peintre. **Juan de Flandres**, *Retable de Miraflores*, 1496-1499. (photo Musée Mayer van der Bergh, Anvers.)

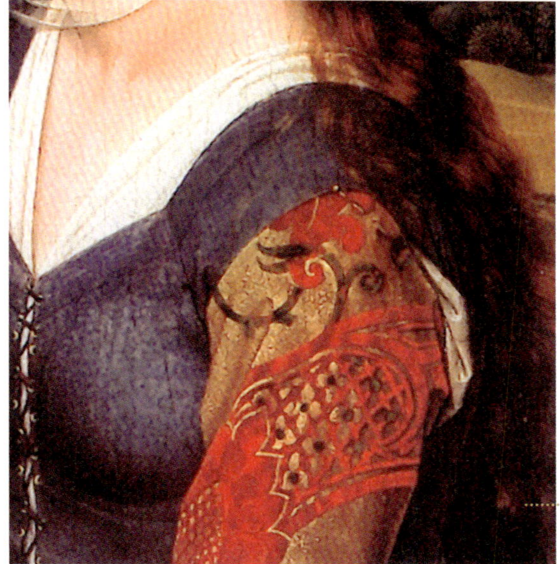

La fin du Moyen Âge voit apparaître, en Espagne, un nouveau phénomène de mode, qui va durer plusieurs siècles : des artifices divers permettant de donner du volume aux jupes, comme on peut le voir sur ce détail du *Festin d'Hérode* par **Pedro Garcia de Benabarre**, datant de 1470. (photo Musée National de Catalogne, Barcelone.)

Nous distinguons ici l'épingle servant à fixer la manche à l'emmanchure. **Rogier Van der Weyden**, *Le triptyque de la famille Braque*, sainte Marie-Madeleine (détail). (photo Musée du Louvre, Paris.)

Cette dame, qui nous tourne le dos, nous offre une magnifique vue de sa robe. Celle-ci est en effet visiblement en deux parties car la ceinture ne cache pas la couture de taille. Des manchettes sont accrochées aux courtes manches de la robe. **Rogier Van der Weyden**, *Le Retable des sept sacrements* (détail), 1445-1450. (photo Koninklijk Museum, Anvers.)

Valve de miroir avec scène courtoise, ivoire, Paris, vers 1330-1360. La jeune femme porte la tenue de sortie déjà en vogue au siècle précédent, la chape (faussement désignée comme *garde-corps* par Viollet-Le-Duc), avec capuchon et amples manches à plis tuyaux d'orgue, un signe de richesse. La tenue est plus pratique pour chevaucher à califourchon que le mantel. À noter la série de boutons permettant de fermer le vêtement et sa capuche. (photo Metropolitan Museum of Art, NewYork.)

Ce détail de peinture nous présente sainte Anne, revêtue d'un manteau. La présence de ce vêtement ne révèle pas forcément un usage fréquent de l'habit au niveau de la population, étant donnée la « nature particulière » de la personne qui le porte. Hans Memling, *Le triptyque de la crucifixion* (détail de saint Anne). (photo Morgan Library, New York.)

Carreau de poêle en terre cuite avec dame à cheval, Allemagne, seconde moitié du XVᵉ siècle. La dame est sur une sambue, selle-siège. Ce mode de transport est plus lent, et permet de porter un mantel moins pratique, mais signe de statut. Lorsque les femmes voyageaient à califourchon, elles pouvaient agrémenter leur tenue d'une jupe de voyage. La forme de ce vêtement couvrant les hanches, est hélas inconnue. (photo Tina Anderlini, Germanischesmuseum, Nuremberg.)

[54] Michèle Beaulieu, Jeanne Baylé, *Le Costume en Bourgogne de Philippe le Hardi à la mort de Charles le Téméraire (1364-1477)*, PUF, 1956. p.81.

Le manteau

Le manteau est la couche de vêtement la plus externe. Porté par dessus la robe, il peut s'agir d'une grande cape attachée au niveau de la poitrine, dont le modèle est en usage jusqu'à la fin du XIVᵉ siècle. Usitée surtout lors des cérémonies, la cape est, de fait, assortie à la robe ou la houppelande et bâtie dans de précieux tissus[54], adaptés à la saison. C'est un drap fin doublé de cendal ou de taffetas l'été, de fourrure d'hermine ou de menu vair l'hiver. Il s'agit d'un vêtement peu pratique, plus lié au prestige, hérité du XIIᵉ siècle. Avec lui, nous sommes dans le paraître.

Nous retrouvons aussi ce que les textes appellent le *mantel*, plus commun. Il est en usage jusqu'aux années 1420 et connaît différentes longueurs. Lorsqu'il est long, il est également retenu fermé par une attache au niveau de la poitrine. S'il est porté plus court, il est alors fixé au niveau de l'épaule droite. Ces vêtements sont de construction simple. Il semble y avoir moins de variété que pour les hommes. Il semble que les femmes voyageaient moins souvent, et de manière différente. Les textes, comme les *Contes de Canterbury* de Chaucer, nous indiquent qu'elles montaient néanmoins à cheval, et les rares représentations, hors chasse, nous les montrent sur des sambues, portant souvent la peu pratique cape. Les femmes pouvaient aussi monter à califourchon, un moyen bien plus rapide, il est vrai.

La taille du manteau aussi est fonction du statut social : en 1449[55], en Italie, les esclaves comme les affranchies, mariées ou non, ne pouvaient porter de robe ou de manteau « *dont la traîne ait plus de quatre doigts* ».

La forme générale du mantel est utilisée dans toutes les circonstances. Il sert de vêtement de pluie ou de voyage, mais équipe aussi la mariée pour le grand jour : il est alors qualifié de *mantel pour espousée* et peut être taillé, pour les plus riches, dans un drap d'or vermeil. Il ne nous a pas été donné l'occasion de nous attarder sur les costumes de mariées. Une robe, de drap d'or, justement, a survécu. Il s'agit de la robe dite de Margaret, conservée en la cathédrale d'Uppsala, destinée à une jeune princesse dont l'identité exacte est incertaine. Mélange d'or et de soie, c'est un miracle que ce vêtement nous soit parvenu. On les brûlait souvent afin de récupérer l'or les composant[56].

Le tablier

Afin de protéger leur robe des tâches et salissures, les femmes du peuple en activité portent naturellement un tablier. L'ouvrage de V. Gay et H. Stein le cite sous la mention[57] de *biaude a femme*. Dans le même livre, nous trouvons aussi le terme de *devandier de toile*.

Le tablier n'est, comme nous l'avons vu, pas l'apanage exclusif des femmes et la plupart des corps de métiers revêtent d'ailleurs un vêtement similaire. Mais les hommes ne le portent que très rarement en dehors de l'exercice de leur métier, tandis que les femmes, exposées à tout moment aux salissures

La poche sur le tablier de cette femme, véritable innovation pour la ménagère, se rencontre de plus en plus souvent sur les iconographies de la fin du XVᵉ siècle. *Grande Heures d'Anne de Bretagne*, vers 1505. (photo Bnf, Paris, ms. lat. 9474, f.6.)

Atelier du Maître de Bedford, *Annonciation aux bergers*, détail, Paris vers 1440-1450. La jeune femme en train de filer porte un intéressant tablier couvrant, lacé sur le côté. (photo J. Paul Getty Museum, Los Angeles, Ms Ludwig IX 6, f.73v.)

des travaux domestiques, le gardent continuellement pendant leurs activités. Au XVᵉ siècle, il fait partie intégrante de la tenue féminine des paysannes et des représentations nous dévoilent même des fêtes où ces dames dansent avec leur tablier.

Le panel important de tabliers que nous présente le corpus iconographique nous les montre tous de forme à peu près semblable, correspondant à un simple rectangle de tissu blanc, rarement de couleur. Ce modèle, en lin, varie peu durant les deux derniers siècles du Moyen Âge. Il est plutôt long et couvre les jambes jusqu'à mi-mollet, il est noué dans le dos au niveau de la taille par un cordon de même couleur ou plus rarement de couleur différente. À la fin du XVᵉ siècle, une poche sur le devant du tablier commence à apparaître, offrant une praticabilité accrue à ce vêtement de travail.

Le tablier peut malgré tout, au XVᵉ siècle, se prolonger en pointe sur la partie haute pour protéger une partie du buste comme dans les tabliers professionnels masculins, mais c'est loin d'être la règle.

Des particularismes locaux semblent aussi exister. En Suisse par exemple, nous retrouvons un tablier enfilé par la tête, froncé autour du cou, qui couvre l'avant et l'arrière du corps. ∎

Le tablier se porte pour toutes activités. À noter sur cette reconstitution, des smocks au niveau du ventre, ce qu'on remarque déjà sur certaines enluminures du *psautier Luttrell*. (photo Séverine Meillier, La Massenie Saint Michel 1473, château de Crèvecœur-en-Auge.)

Maître du retable Uttenheimer, *Naissance de la Vierge*, Tyrol du sud, 1470-80, détail. La coiffe portée par cette servante correspond à la pièce de Lengberg reconstituée. (photo Tina Anderlini, Germanisches Museum, Nuremberg.)

Albrecht Dürer, *Portrait de Barbara Holper*, mère de l'artiste, vers 1490. Le xvᵉ siècle offre une grande variété de coiffes. Nous pouvons citer cette coiffe à la mode de Nuremberg, composée de voiles opaques sur une armature. (photo Tina Anderlini, Germanisches Museum, Nuremberg).

Hans Memling, *Portrait de jeune femme*, huile sur toile, 1480. (photo Hospitaal Museum Bruges.)

Coiffe du xvᵉ siècle, Lengberg. D'abord identifié comme un possible soutien-gorge, cet objet est maintenant considéré comme une variante de la coiffe dite de Sainte-Brigitte. Le décor à l'aiguille peut être réalisé en sprang. (photo Institut für Archäologie, Universität Innsbruck.)

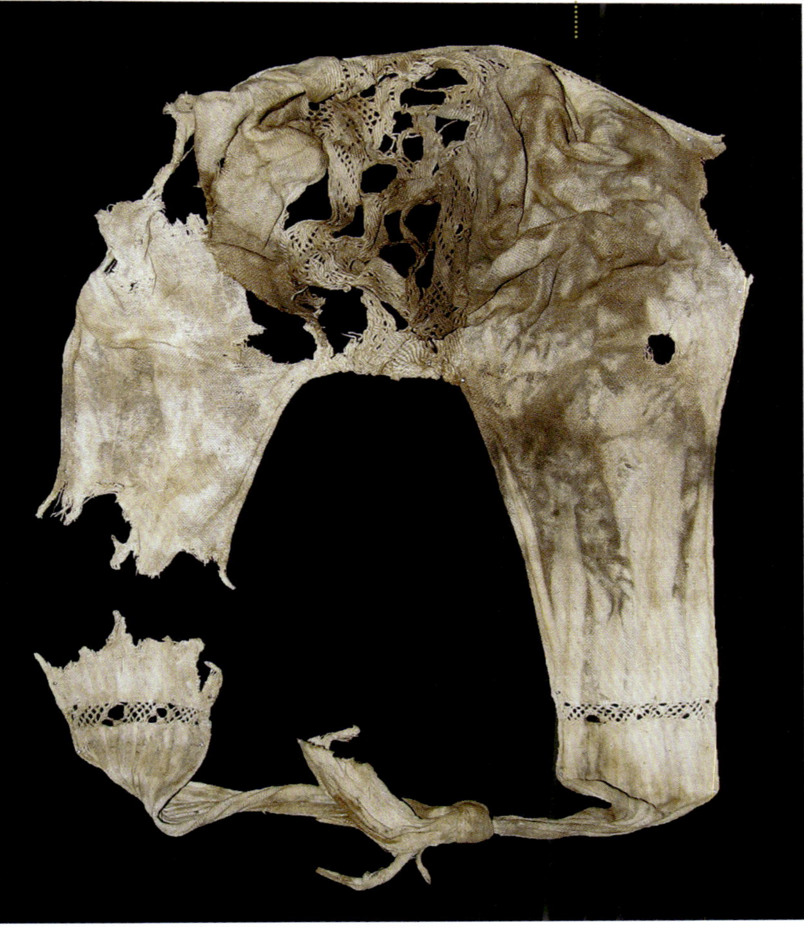

Durant la seconde moitié du XVe siècle, les dames italiennes
multiplient les excentricités capillaires à base de postiches,
de rubans, de pierres et perles, et de voiles comme ici
Battista Sforza, duchesse d'Urbin,
peinte par Piero della Francesca, vers 1473.
(photo Galleria degli Uffizi, Florence)

Les cheveux des femmes,
objets de séduction que certains
préfèrent ne pas voir, sont l'objet
de multiples arrangements.
Le temps et l'espace donnent lieu
à une multitude de coiffures
et d'accessoires permettant
d'embellir les femmes de
toutes les classes.

La coiffure

La tête des femmes médiévales est un sujet important. En effet, si saint Paul enjoint les femmes de la couvrir pour la prière, Tertullien (155-220) préfère qu'elles la couvrent en permanence. Le religieux s'en mêlant, il faut donc s'y résigner, à partir du moment où on atteint un certain âge. Pour Tertullien, la femme, même non mariée, doit porter le voile dès la puberté. Une demande plus ou moins respectée au Moyen Âge. Mais, pour les premiers chrétiens, le voile était avant tout un moyen de distinguer les chrétiennes, d'une moralité forcément irréprochable, des païennes, à la moralité plus que douteuse…[58]

Devant la quasi impossibilité de porter leur chevelure librement, les femmes médiévales ont fini par s'adapter. Si, au début, les têtes étaient couvertes de voiles de plus ou moins grande taille, cachant souvent la totalité des cheveux, le XIIᵉ siècle fit, d'une certaine manière, office de libération… relative. Les cheveux se montrent, mais soigneusement coiffés en longues tresses enrubannées. Les têtes se parent de voiles transparents savamment agencés, de cerclets.

L'obligation religieuse et morale d'être coiffée (d'un voile, d'un cerclet, d'avoir des tresses, les variations sont nombreuses) est récupérée par les femmes. Désigné par certains esprits chagrins comme la marque de la soumission naturelle de la Femme à l'Homme, le voile et les autres moyens de « modérer » le pouvoir séducteur de la chevelure, se transforment en… outils de séduction. Les femmes occidentales ont su retourner l'objet en leur faveur.

Comme l'écrit avec justesse Maria Giuseppina Muzzarelli : « *Prétendus terrains de représentation de l'humilité et de la soumission, les têtes féminines, couvertes de coiffes de plus en plus élaborées, sont devenues le lieu d'exhibition de la grâce et de la richesse par lequel s'exprime le nouveau rôle qu'elles ont à jouer*[59]. »

Les jeunes filles portent leurs cheveux tressés, les tremplettes. Guillaume de Machaut, *Œuvres poétiques* (poème du *Remède de Fortune*). Une carole (détail), vers 1350-1355. (photo BnF, Paris, Ms. Fr. 1586 f.51r.)

[58] Pour comprendre toute la complexité du rapport au voile, et son histoire, nous renvoyons le lecteur à l'ouvrage de Maria Giuseppina Muzzarelli, *Histoire du voile*.

[59] Muzzarelli, *Histoire du voile*, p.11.

Figure féminine,
milieu du XIVe siècle,
fresque. Les cheveux
tressés sont retenus
par un simple bandeau.
(photo Tina Anderlini,
musée Bardini, Florence.)

[62] Aldebrandin
de Sienne, *Le Régime
du Corps*, p.87.

Roman de Tristan,
Paris, 1320-1340.
Tournoi devant
le château des pucelles.
Les cheveux libres sont
souvent marque
de virginité.
(photo J. Paul Getty
Museum, Los Angeles,
Ms. Ludwig XV 5
83.MR.175, f.283v.)

Jeune fille aux cheveux libres, mais néanmoins coiffée d'une couronne de fleurs et d'un frontel (bandeau), XIVe siècle. (photo Tina Anderlini, Palazzo Ducale, Venise.)

Les deux siècles concernés par notre étude sont un défilé de coiffures de toutes sortes, des plus simples aux plus extravagantes, se succédant, cohabitant, et, parfois, étant portées ensembles. Le but recherché étant d'éviter les émois masculins devant un étalage de chevelures. Le but principal étant l'embellissement des femmes.

Sortir couverte était une obligation sociale pour les femmes mariées, les veuves, les religieuses. Les petites filles et les demoiselles pouvaient sortir tête-nue, si elles le désiraient. Dans certains cas, les autorités devaient intervenir pour que les jeunes filles non mariées cessent d'imiter les manières des femmes mariées. On doit, dans la société médiévale, savoir qui est qui. Le port d'une coiffure non conforme à son état était perturbant.

Cheveux libres

Pour être belles, les femmes médiévales doivent avoir les cheveux, naturellement, blonds et épais. Un blond plutôt de l'ordre du blond vénitien, avec des reflets miel ou cuivrés. Elle est blonde comme l'or. Une qualité qui est mise en avant dans la littérature. Pensons simplement à Tristan, follement épris de la Blonde Iseult. Pour celles qui n'ont pas eu la chance de naître avec cette couleur, il est possible de l'obtenir, d'après Aldebrandin de Sienne, avec la fleur de genêt. : *Si vous voulez avoir les cheveux beaux et jaunes, prenez des fleurs de genêts… et les faire cuire en lessive et faites en laver votre tête*[60]. Les lézards verts, dont on a enlevé la queue et la tête et qu'on a fait cuire dans l'huile seraient aussi une méthode efficace, d'après, cette fois, *L'Ornement des Dames*[61], texte français du XIIIᵉ siècle traduisant les écrits de Trotula de Salerne, ayant vécu au XIᵉ siècle. Mais, attention, le texte serait mal traduit… Et le résultat en serait des cheveux noirs[62]. Le roux est aussi prisé, contrairement aux préjugés sur le Moyen Âge. On l'obtient avec du henné, ou du safran.

Les cheveux aux vents, libres et longs, sont le symbole de la jeune fille, vierge, idéal féminin prétendant au mariage. À Amiens, il n'est pas de pire insulte à faire à une jeune fille qui va se marier que de lui dire « *qu'elle est indigne de se présenter à l'église en cheveux* »[63], cela revient à insinuer qu'elle n'est plus vierge.

Une bonne mise étant signe d'une bonne tenue sociale, dans la même logique, décoiffer publiquement une femme mariée revient à l'insulter en l'associant aux femmes de mauvaise conduite. C'est le cas de cet amant qui désire confondre publiquement sa maîtresse, ayant appris qu'elle avait coupé et envoyé ses cheveux en guise d'amour à un autre homme. Alors qu'ils sont avec des amis, il *fist maniere de vouloir mectre son chapperon, qui sur son espaule estoit, dessus sa teste*, et feignant la maladresse, *ly fist hurter si rudement a son atour qu'il l'envoya par terre*. L'atour, c'est-à-dire la coiffe de la dame, tombé au sol, il est aisé de constater son inconduite : *ceulx qui la estoient apperceurent bien que ses cheveulx couppez, et assez lourdement*. Il est dit qu'elle *fut bien honteuse et malcontente*, et devant l'épreuve du regard des autres, il ne resta plus à la dame que la fuite : *Elle saillit sus bien a haste, et si reprint son atour et s'en entres an une aultre chambre pour se aller ratourner* [64].

La législation venant comme souvent soutenir ces convictions, la loi interdit même, dans certaines villes, le port de la coiffe pour les prostituées. Il est bien considéré, par endroit, d'ôter les coiffures aux femmes aux mœurs légères qui auraient l'audace de se coiffer comme les femmes respectables.

Comme toujours, il convient de faire respecter l'ordre social en pouvant savoir à qui on a affaire. Le cheveu lâché est symbole de luxure, de prostitution, de désir. Suspendre les femmes par les cheveux est un châtiment de l'Enfer à destination de celles qui ont trop séduit ou ont consacré trop de temps à leur apparence. Est-il vraiment surprenant que les représentations des sorcières, au XVIᵉ siècle, nous les montrent cheveux au vent ?

Exemples de **coiffures féminines**.
(photo Bibliothèque Mazarine, Paris, Ms. 360, f.360r.)

[61] Pierre Ruelle, *L'Ornement des Dames*, p.43.

[62] Chantal Connochie-Bourgne, in *La chevelure dans la littérature et l'art du Moyen Âge* Kindle. p.2573, note 16. Nous déconseillons fortement d'essayer les soins capillaires et autres évoqués dans ce chapitre.

[63] Exemple extrait de Jean-Pierre Leguay, *La Rue au Moyen Âge*, Ouest-France, 1984. p.158.

[64] Franklin P. Sweetser, (édition critique) *Les Cent nouvelles nouvelles*, Textes littéraires français, 1966, 33ᵉ nouvelle.

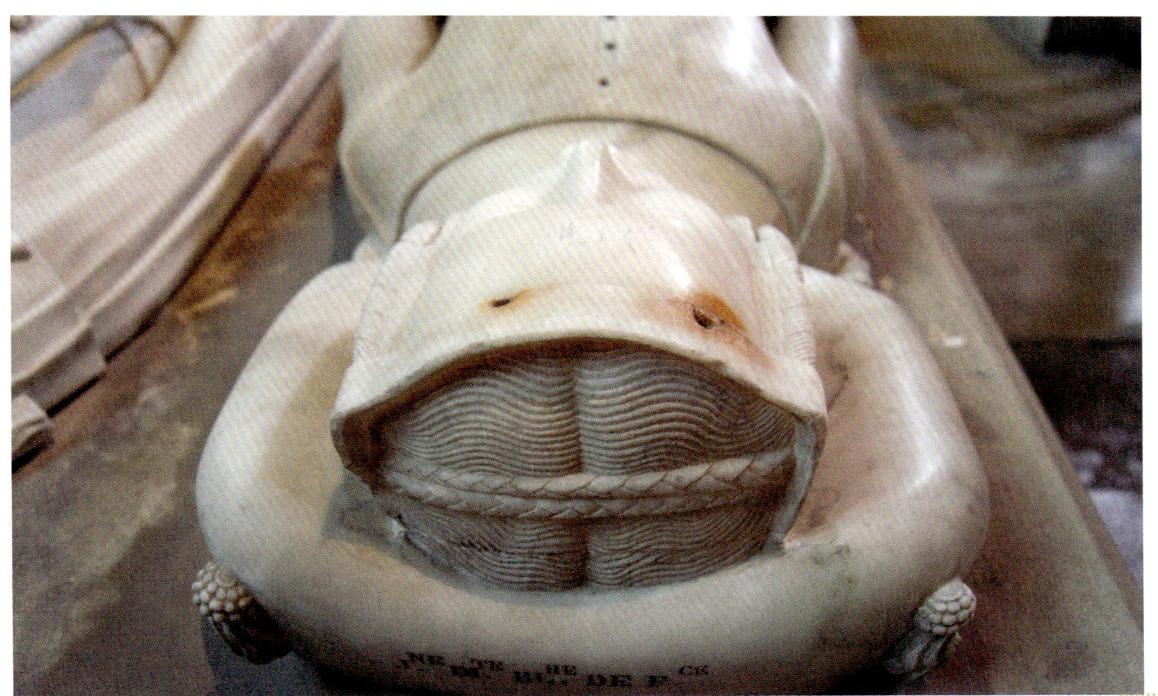

Jeanne de France (1351-1371), basilique de Saint-Denis. La fille de **Philippe VI** porte des **cornettes**. On voit que les tresses se croisent sur sa tête. Les bouts paraissent être plaqués sur les tempes.
(photo Tina Anderlini.)

Les cheveux courts sont une sorte de refus du monde et donnent en effet pour l'époque, une présentation vraiment peu attirante. C'est ainsi que de façon brutale, un mari apprenant l'infidélité de sa femme, lui coupa les cheveux après l'avoir battue à coups de pied et de poing, afin, comme il est précisé dans le texte, de l'insulter comme jamais ne le fut femme de mauvaise vie[65]. Les cheveux courts sont aussi la coiffure des nonnes, qui sacrifient leur chevelure lors de la prise de voile. Cette cérémonie importante était marquée par le port de superbes coiffures.

Tresses et préparation des cheveux à la coiffe

Il convient de savoir préparer sa coiffure afin de bien faire tenir les différents ensembles recouvrant les cheveux. Les cheveux de l'époque n'étaient pas soignés comme les nôtres. Pas de shampooing, de sèche-cheveux et autres traitement actuels qui modifient la tenue même du cheveu, et le rendent souvent impropre à la bonne tenue des coiffures anciennes.

Lorsque l'on n'a pas les cheveux libres, la base de la coiffure reste les tresses, les cheveux étant séparés par une raie médiane, au moyen d'un objet spécifique, le gravoir, celui-ci pouvant être sculpté. Ceci

est particulièrement flagrant au XIVᵉ siècle, où ces tresses sont souvent visibles et agencées. L'une des premières observations est que sur les œuvres mettant en évidence des tresses non encore attachées, on remarque que celles-ci naissent à l'arrière de la tête, sur la nuque. On peut ensuite croiser ces dernières derrière la nuque puis les placer en couronne autour de la tête, en les faisant passer derrière les oreilles, ce qui peut occasionner un magnifique effet d'oreilles décollées. Il convient ensuite de faire tenir cet échafaudage avec des épingles, ou, simplement par la méthode de recouvrement des cheveux adaptée. Ce type de tresses, naissant sur la nuque, convient parfaitement à deux objets : la crêpine et la coiffe dite de Sainte Brigitte, dont nous reparlerons.

D'autres façons de porter les tresses apparaissent. Elles sont cette fois faites sur les côtés et peuvent descendre sur les tempes, encadrant le visage. Elles descendent et remontent, passent sur l'arrière de la tête ou au dessus et sont souvent tenues en place et resserrées par de fins rubans. Une base pour maintenir cet assemblage pourrait être envisagée. On appelle cet arrangement capillaire, selon les périodes, *cornetes*, *templette* ou encore *tressons*. Nos chers esprits chagrins ont très vite comparé ces coiffures avec des cornes de béliers.

Des postiches sont possibles, malgré les réticences de nos habituels esprits chagrins. Ces postiches peuvent être de lin, de chanvre, de crin de cheval, de coton, ce qui est préférable à des cheveux de morte, ou de soie, parfois très voyante. Les *gefren*, par exemple, sont des franges portées sur la nuque, en soie rouge, à la mode dans les pays germaniques à la fin du XVᵉ siècle chez certaines femmes, qui n'étaient pas vraiment des modèles de vertu.

On peut aussi agrémenter les cheveux montrés aux yeux de tous de cerclets de métal et pierres, soie, ou de couronnes de fleurs naturelles.

Les tresses continueront d'être portées au XVᵉ siècle. De manières originales, s'emmêlant, s'enchevêtrant… Ceci est particulièrement visible en Italie où les coiffures se font œuvres d'art, en ajoutant bijoux, perles, plumes, résilles, rubans.

Au nord de l'Europe, au XVᵉ siècle, les coiffes des dames de la haute société tendent à cacher les cheveux. Ces coiffes demandent un « sacrifice » particulier : l'épilation du front, des tempes et de la nuque, afin d'augmenter l'impression de verticalité. On semble assister à une véritable phobie du poil, puisque les sourcils eux-mêmes sont réduits à leur plus simple expression. Pour ralentir la repousse, des méthodes parfois peu ragoûtantes, voire dangereuses, pouvaient être utilisées. Si nous ne parlons pas dans cet ouvrage des cosmétiques, nous pouvons néanmoins signaler la dangerosité de certains… Plomb, arsenic, ciguë, par exemple, l'arsenic pouvant être utilisé avec la chaux pour l'épilation[66]. Une dangerosité évidente de nos jours, mais qui fit des victimes pendant des siècles.

---

[65] Boccace, *Décaméron*, p.580.

[66] Là encore, nous déconseillons fortement l'utilisation de ces méthodes qui ont fait leur preuve en matière de dangerosité.

Reconstitution de filet (crêpine) bicolore. (photo Tina Anderlini, modèle et réalisation Séverine Watiez.)

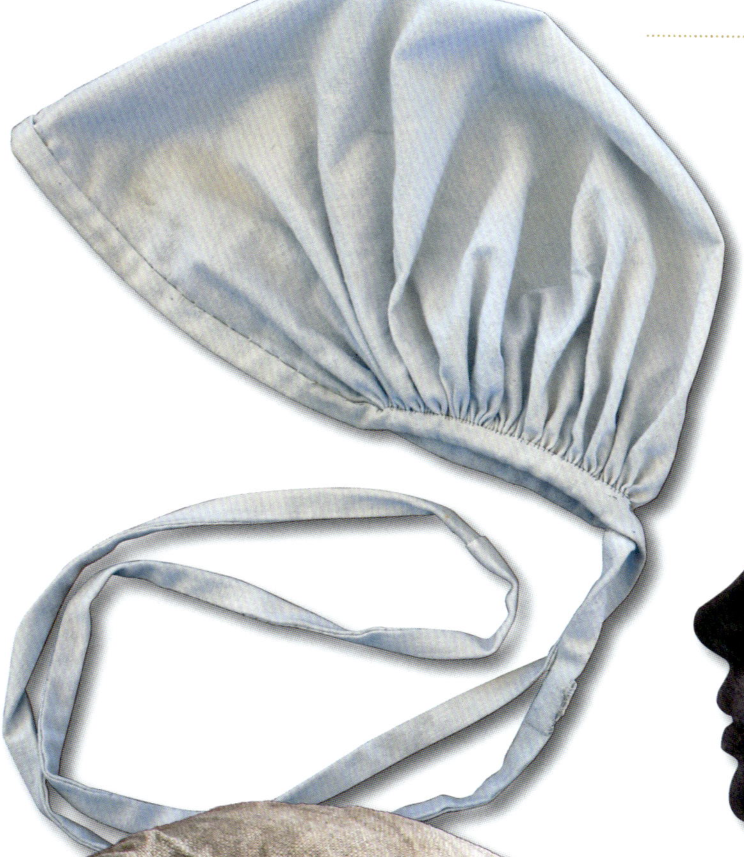

Reconstitution de coiffe dite de sainte-Brigitte.
(photo et réalisation Séverine Watiez.)

Coiffe du XVᵉ siècle, Lengberg. D'abord identifié comme un possible soutien-gorge, cet objet est maintenant considéré comme une variante de la coiffe dite de Sainte-Brigitte. Le décor à l'aiguille peut être réalisé en *sprang*. (photo Institut für Archäologie, Universität Innsbruck.)

Vue arrière de la variante de la coiffe dite de sainte-Brigitte, retrouvée à Lengberg.
(photo Institut für Archäologie, Universität Innsbrück.)

Postiches de cornetes en chanvre.
(photo et réalisation Chloé Steinier.)

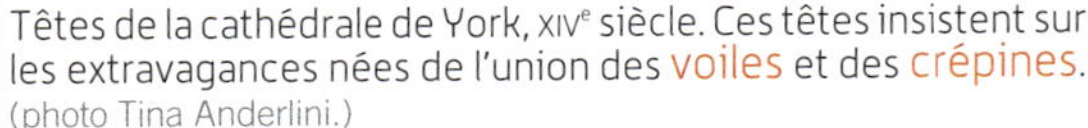

Têtes de la cathédrale de York, XIVe siècle. Ces têtes insistent sur les extravagances nées de l'union des voiles et des crépines. (photo Tina Anderlini.)

Tête de sainte femme, XVe siècle, abbatiale Saint-Martin et Saint-Séverin, Münstermaifeld. La bordure du voile à rucher prend de plus en plus de largeur. (photo Tina Anderlini.)

Sainte Cunégonde, 1315. L'impératrice du XIe siècle porte un voile au bord ondulé apparaissant à la fin du XIIIe siècle qui va aller en se complexifiant. (photo Tina Anderlini, Diözesanmuseum, Bamberg.)

Crépine et « sainte Brigitte », truffeaux

La crépine apparaît au XIIIe siècle. Il s'agit d'un filet à cheveux. Il peut être de diverses couleurs. Les pièces les plus précieuses, pouvant être réservées aux mariages, présentant des écussons et divers motifs. La crépine est un objet qui s'exporte. L'ouest de l'Allemagne et certaines parties de la Belgique étaient d'importants centres de production de ces objets luxueux, dont on trouve la trace jusqu'en Ecosse. Placée sur les tresses, et les maintenant en place par le cordon la fermant et la resserrant, la crépine peut servir de base à d'autres coiffes. Elle peut être recouverte de voiles ou de cercler.

Des agencements plus compliqués relèvent du filet. Ces truffeaux, comme on les nomme, se sont développés autour de macarons, s'ornant de perles, et finissant par partir en excroissances horizontales disproportionnées enchâssant les cheveux vers la fin du XIVe siècle. Cet avatar des truffeaux originels sont très populaires dans la bonne société anglaise. Comme la simple crépine, ces ornements peuvent s'agrémenter de voiles et de couvertures encore plus complexes. Toutes les décorations et ornementations dépendent évidemment des moyens de la porteuse.

La coiffe dite de Sainte Brigitte[67] est un objet daté du XIVe siècle, associé à la sainte suédoise, étant conservé aux Pays-Bas, au couvent de Marie Refugie à Uden. Elle correspondrait à l'appellation médiévale de « couvre-chef ». C'est une pièce de lin composée de deux morceaux reliés entre eux par une broderie de fils savamment entrelacés. Elle est également placée sur les tresses, de la même manière que la crépine, et un cordon la maintien en place.

Cette coiffe est avérée du XIIIe siècle au XIVe par les sources iconographiques. La coiffe d'Uden est un exceptionnel témoignage. Il s'agit d'une base, portée surtout par les petites classes qui se porte seule lors des travaux. Elle est en effet bien moins encombrante que les autres objets couvrant la tête.

Un autre objet archéologique est apparu récemment. Un fragment de lin trouvé au château de Lengberg. Lors de sa découverte, ce fragment fut considéré comme étant un reste de soutien-gorge noué derrière la nuque. Cette hypothèse ne dura pas. Une étude soignée menée par Beatrix Nutz a révélé qu'il s'agissait d'un type de couvre-chef dont on trouvait des représentations dans l'art germanique de la seconde moitié du XVe siècle. La configuration de la pièce est dans ses grandes lignes comparable à la « Sainte Brigitte ». Deux pièces de lin, qu'il faut cette fois nouer. L'ornementation centrale est bien plus sophistiquée. Elle a pu être reproduite en utilisant la technique du sprang, mais d'autres méthodes pourraient être envisagées pour obtenir un résultat similaire. Si l'on en croit les sources iconographiques, cette coiffure joliment décorée à peu de frais peut être portée par des petits statuts. Une coiffe encore plus simple fut aussi trouvée à Lengberg.

Enfin, les couvre-chefs peuvent aussi se porter la nuit. Plus encore que les crêpines, les couvre-chefs sont des bases sur lesquelles on va porter d'autres structures, comme le chaperon. Crêpines et couvre-chefs sont les plus indispensables des accessoires féminins.

Voiles et guimpes

Le voile de la fin du Moyen Âge est, depuis le XIIIe siècle, un voile relativement court, généralement circulaire ou en demi-cercle. On joue avec son tombé. Sa finesse, voire sa transparence, sa blancheur sont des signes de richesse. Il est généralement de lin ou de soie. Il peut prendre diverses formes, allant vers plus de sophistication. On voit, dès la fin du XIIIe siècle, de fines ondulations sur ses bords, faites par différentes techniques de tissages. Au milieu du XIVe siècle, ces ondulations ont pris plus d'importance, et deviennent un moyen de dater les œuvres. Les pays germaniques et les Pays-Bas sont en particulier friands de ces types d'ornements. Le XVe siècle voit triompher les voiles à rucher, huve, qui peuvent surmonter les coiffes à cornes. Ces voiles jouent surtout sur leur blancheur pour mettre en valeur les visages féminins. Evidemment, dans certaines régions, la masse de tissu utilisées pour les huves, ces voiles ornés de plusieurs épaisseurs de plis est impressionnante. Les pays germaniques, l'Angleterre, la Bohème, sont des zones où ces excentricités seront les plus appréciées.

Les voiles les plus fins, transparents, vont, eux, orner les gorges, mais aussi les coiffures les plus extravagantes, parfois secondés par des armatures qui permettent de les tenir en forme. L'imagination est au pouvoir dans ce qui semble une conquête spatiale, dans toutes les directions.

La *guimpe* fait partie de ces termes compliqués à cerner. Ceci entraîna beaucoup d'erreurs dans la perception des costumes féminins. On trouve le terme dès le XIIe. Au XIVe, la guimpe est une pièce particulière, et, peut-être à cause de cela, on en a déduit que la guimpe du XIIe était la même que celle du XIVe. Or, le premier sens est tout simplement synonyme de voile. Le second sens, celui qui domine aux XIVe et XVe siècles, désigne plutôt une étoffe qui encadre le bas du visage. Cette guimpe semble être une bande de tissu, variant les largeurs, et pouvant faire plusieurs tours. L'accessoire, ainsi porté, apparaît vers le milieu du XIIIe siècle, chez les femmes d'un certain âge. À la fin de ce même siècle il est déjà largement adopté aussi par les demoiselles élégantes, qui apprécient la manière dont le visage est mis en valeur. La guimpe a conquis les dames. Au XIVe siècle, on va le voir, enfin, se généraliser sur les nonnes. La guimpe continuera à être portée par les vieilles femmes, les veuves, et fera partie de la tenue religieuse pendant le XVe siècle. Elle est toujours en vigueur chez les nonnes.

Les voiles, tout comme les chaperons, peuvent être couverts de chapeaux aux formes variées et contribuent à embellir les dames.

[67] Pour une étude en détail, voir l'article d'Isis Sturtewagen et Camilla Luise Dahl, dans *Medieval Clothing and Textiles* 4, 2008, p.99-142.

Blanche de Navarre [?], vers 1350, détail, marbre, France. La reine de France porte uniquement la guimpe avec sa couronne. (photo Metropolitan Museum, New York.)

Plaque funéraire, XVe siècle, cathédrale de Meaux.
La femme porte une aumusse, un chaperon simpliste,
parfois porté par les veuves. (photo Tina Anderlini.)

Le chaperon est porté oreillettes ouvertes.
Maître de Saint-Jean de Luz, *Jeanne de Montaigu*, vers 1475.
(photo Musée des Beaux Arts, Dijon. vers 1475.)

Reconstitution de chaperon à femme
(photo et réalisation Emma Fayard.)

Chaperons

Le chaperon connaît de grandes transformations. Héritier du costume unisexe du XIIIe siècle, il continue à être porté par les femmes, y compris de la noblesse, en particulier pour la chasse, et est semblable à celui des hommes pendant les premières décennies du XIVe siècle.

Mais, vers la fin du siècle, la différence entre chaperon d'homme et de femme apparaît. Le port d'un vêtement considéré comme masculin est mal perçu. Le chaperon se ferme de boutons, une chose que l'on trouve chez les hommes, mais la femme va le porter généralement ouvert. Les boutons, parfois de superbes pièces d'orfèvreries, deviendront décoratifs pour finir par disparaître. La partie boutonnée s'ouvre, libérant la gorge. On appelle cette zone le revers, ou le rebras. La forme restera, malgré la disparition des boutons. Ce chaperon ouvert, est désigné comme « chaperon à femme ». Il semble que la noblesse s'en soit désintéressé. La cornette existe aussi dans les chaperons féminins, suivant les mêmes excentricités que la mode masculine.

Les couleurs sont généralement sombres. À Paris, le noir domine très largement, suivi par les rouges, les verts et les bruns, en très petite proportion[68]. On va surtout utiliser la laine, mais le velours et d'autres soieries sont possibles, aussi en doublure, pour les riches bourgeoises.

Particularisme régional, la partie reposant sur les épaules des chaperons portés par les femmes allemandes, c'est-à-dire le collet, plus que dans les autres pays, porte des découpes polylobées, ou en forme de créneaux ou de pointes, cela dès le XIVe siècle et durant le XVe siècle.

Le chaperon

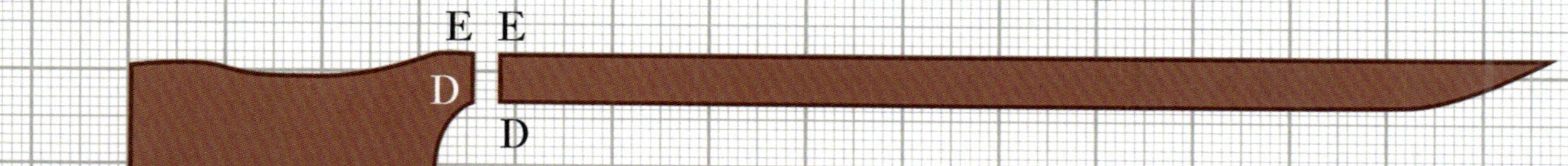

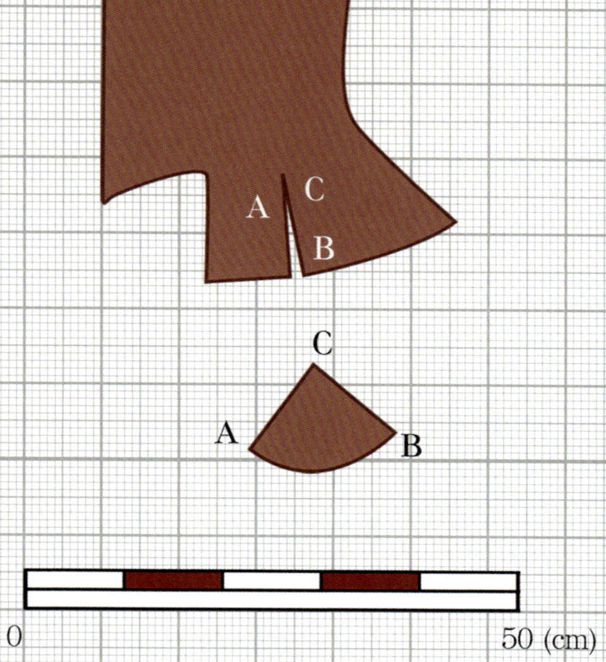

Le chaperon retrouvé lors des fouilles
de Londres, est probablement celui
d'une femme par comparaison avec les
modèles représentés sur les illustrations.
Il est daté de la fin du XIVe siècle.

Patron à découper en double.

Cette coiffe est très abîmée et le patron
restitué, notamment au niveau de la
cornette, est basé sur des rapprochements
iconographiques.
Il est porté soit ouvert, soit fermé
sous le menton grâce à des boutonnières
se prologeant sur bas du guleron
ici redessiné.

0   50 (cm)

[68] De Rasse, p.188.

Sur cette illustration,
toutes les femmes
portent le chaperon.
Boccace, *Décaméron,*
Flandre vers 1430-1440.
(photo Bnf, Paris,
Ms. 5070, F.333r.)

Jacopo della Quercia (1371-1438), gisant d'Ilaria del Carretto, 1406-1408, original : cathédrale Saint-Martin de Lucques, copie du musée Pouchkine, balzo italien typique du début du XVe siècle. La coiffe va prendre des proportions extravagantes et s'orne de différentes matières. (photo Tina Anderlini.)

Le chaperon du XVe siècle est généralement porté sur une coiffe blanche. Le fragment de Lengberg est un exemple de ces coiffes. Les images françaises nous en offrent d'autres versions, peut-être moins décorées.

L'aumusse est la version la plus simple du chaperon. Il s'agit d'un simple rectangle plié en deux sur sa largeur, et cousu sur l'un des longs côtés. Il se place ensuite sur la tête, la pliure au centre. Il est considéré surtout comme une coiffure de veuves, mais c'est en réalité une manière simple, et mixte, de se protéger.

Balzo

Le balzo est une sorte de boudin qui est à tort considéré comme représentatif du costume médiéval. On trouve certaines formes en Allemagne, où il est porté sur une autre coiffe. Mais c'est avant tout un objet italien, qui va durer jusqu'à la Renaissance. Dans son livre sur le costume à Rimini, Elisa Tosi Brandi définit ainsi le balzo : *le balzo était [...] une coiffure voyante, avec une forme arrondie formée de tissus enveloppés comme un turban, qui rassemblait la masse de cheveux ne laissant que la racine en vue*[69]. On peut ainsi en trouver de soie noire, d'autres ornés de franges, de rubans, de plumes, de joyaux. Il s'agit d'un objet luxueux qui contient les cheveux.

Coïncidence intéressante, cette coiffe apparaît à la fin du XIVe siècle, au moment où les chaperons masculins vont aussi prendre du volume sur les têtes. On peut envisager qu'il s'agit d'une réponse des élégantes italiennes aux excentricités de leurs compagnons. Le balzo connaît une éclipse, relative,

Reconstitution de coiffe visible dans les *Très Riches Heures du Duc de Berry*, début du XVe siècle. La base est couverte de plumes de paon et d'autres plumes. Posée sur les cheveux, cette coiffe n'est pas un balzo. (photo Corentin Donneaux, réalisation Corentin Donneaux.)

Robert Campin, *Annonciation du triptyque de Mérode* (1428). Un charmant petit détail de ce célèbre tableau. Une coiffe à corne s'est cachée sur la cheminée. On peut y voir une dénonciation de la coquetterie, opposée à la perfection de la Vierge. (photo Tina Anderlini, The Cloisters, New York.)

La simplification du motif permet de définir les caractéristiques de l'**atour conique** sur cette plaque funéraire du xvᵉ siècle : un grand cône recouvert d'un voile. (photo Tina Anderlini, église Saint-Aspais, Melun.)

Atelier de **Rogier Van Der Weyden**, *Portrait d'Isabelle de Portugal*, vers 1450. Les coiffes à corne portées par les nobles se distinguent par la hauteur, le luxe, et les qualités des voiles qui les parent. (photo Getty Center, Los Angeles.)

[69] Tosi Brandi, 93 (traduction de l'italien : Tina Anderlini)

[70] Durantou, p.17. *Cf.* note 17 pour Enguerrand de Monstrelet. Nous renvoyons le lecteur curieux d'en savoir plus sur les coiffes à cet ouvrage, la totalité de la question étant impossible à traiter ici.

à partir des années 1430-1440, dans certaines parties de l'Italie. On trouve alors des structures encore plus extravagantes, dignes des montgolfières, pas encore inventées, ou des boudins bien plus discrets. Sans parler des extraordinaires enchevêtrements de matières diverses mentionnés plus haut.

Certaines coiffes proches du balzo peuvent donc se voir en Allemagne, ou même en France, mais elles sont bien plus rares, et agencées différemment, faisant partie d'une structure plus complexe, ou accompagnées de cheveux pendant dans le dos.

Atours et cornes
Une distanciation sociale

Le hennin n'existe pas. Disons le directement. La coiffe portant ce nom n'a jamais existé. Il s'agit d'une insulte servant à désigner le luxe de certaines femmes. L'usage aidant, ce terme de hennin a fini par désigner, dans l'imagerie populaire, certains types de coiffes féminines du XVᵉ siècle, en forme de cône renversé. À tort. Ce terme n'apparaît qu'une fois dans un texte, la *Chronique d'Enguerrand de Monstrelet*. Alix Durantou, dans son excellent ouvrage consacré aux coiffes du XVᵉ siècle nous l'explique : *« il s'agit uniquement d'une formule péjorative inventée en 1428 par le frère Thomas Conecte, prédicateur de l'ordre des Carmes, pour huer les femmes portant de "hauts atours". Elle pourrait être mise en rapport avec l'interjection* hurte belin *(bélier, frappe des cornes) utilisée au XIIIᵉ siècle pour conspuer les femmes à base de tresses*[70]. Le terme subsistera, dans l'usage, après que la mode fut passée et se trouva en quelque sorte validé par Viollet-Le-Duc et ses suiveurs, Gay et Enlart. La légende du « hennin,

coiffe conique du XVᵉ siècle » était née. Pourtant, ce n'étaient pas les coiffes coniques qui étaient visées par Conecte, mais, les coiffes à cornes. Peut-on y voir un rapport fait avec les oreilles de juments, justifiant l'utilisation d'un terme évoquant le hennissement ?

Les choses étant, plus ou moins, clarifiées, oublions donc le hennin, et parlons de coiffes à cornes et d'atours, et de coiffes coniques.

L'atour désigne, à l'origine, tout ce qui est lié à la parure. Mais c'est à la fin du XIVᵉ siècle qu'il ne semble plus concerner que ce qui est destiné à embellir les têtes. C'est ce terme qui sera le plus utilisé pour décrire les coiffes coniques avec l'ajout d'adjectifs descriptifs évoquant leurs formes[71].

Les coiffes, nous l'avons dit, prennent de plus en plus d'espace, en largeur, d'abord, puis en hauteur. Les deux pouvant évidemment cohabiter. L'inventivité dont on fait preuve les femmes à cette époque a forcément donné lieu à des excès qui n'ont pas manqué d'attirer les foudres des divers censeurs,

Jan Van Eyck, *Margareta Van Eyck* et détail, huile sur panneau, 1439. La femme du peintre porte un rucher de lin sur une coiffe à « cornes ». Le détail montre que les cheveux sont maintenus dans un filet aux mailles très larges, rebrodé afin de donner un aspect de damier à la structure. (photo Groeningenmuseum, Bruges.)

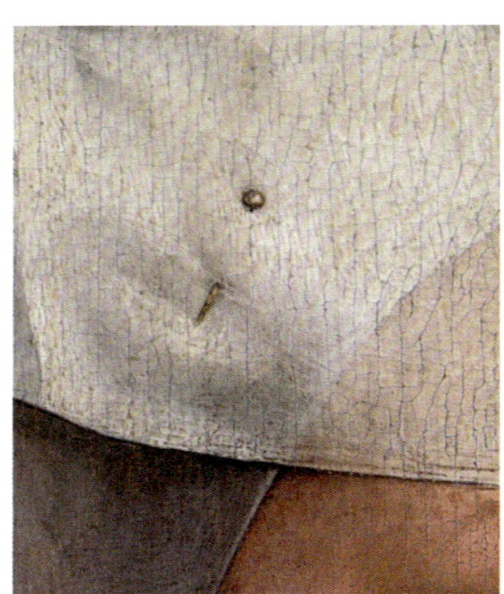

Rogier Van der Weyden, *Portrait de femme*, détails, 1435-1440. Les cornes sont cachées par le voile, mais elles sont bien là. Les épingles permettent de tenir l'ensemble en place. (photo Tina Anderlini, Gemäldegalerie, Berlin.)

d'où l'insulte évoquée plus haut. Ce besoin de hauteur et de largeur paraît répondre à la coiffe bien plus raisonnable portée par les bourgeoises et les paysannes, le chaperon. La noblesse, et la haute bourgeoisie, qui se distingue déjà par des robes à traînes, ajoute la distinction par la hauteur. Elle occupe littéralement l'espace en trois dimensions et installe une distanciation sociale. Le phénomène a son équivalent masculin, avec les poulaines, les patins aux pointes allongées, les carrures exagérées et rembourrées à l'excès aux épaules, les manches ballons, les barrettes hautes. Autant d'étalages de tissus, forcément précieux, de cuirs de qualités, de parures diverses pour afficher son appartenance à une classe privilégiée. C'est dans cette logique sociétale, propre aux deux sexes, qu'il faut comprendre les hauts atours. C'est un tout, et déranger un élément revient à briser un équilibre savamment organisé. La noblesse joue avec les autres classes en tant que détentrice du bon goût, et initiée aux arcanes de la mode. Arcanes et bon goût que le menu peuple ne peut qu'imiter, éventuellement, avec fautes de goût inévitables. Pour le plus grand amusement des nantis. En outre, les classes sociales pouvant rivaliser avec la noblesse avaient une prérogative bien éloignée des occupations de la cour : le travail. Depuis le XIe siècle, mais surtout le XIIIe siècle avec l'essor de la bourgeoisie, le costume, dans son ensemble, de la noblesse est incompatible avec le travail. Par ses excès. Même le pourpoint, pourtant court et pratique, nécessite de l'aide pour le revêtir. Dans ce même esprit, peut-on imaginer une noble dame revêtant seule sa coiffe à corne ?

Ces accessoires encombrants nécessitaient divers arrangements. La petite boucle souvent noire que l'on voit au centre du front, dépassant de la coiffe ferait partie d'une base, le frontal ou fronteau, qui est un bandeau métallique rigide pouvant être recouvert de tissu, ou un ruban. Cet objet sert à tenir l'atour bien en place[72].

Etablir une typologie des coiffes à cornes et hauts atours se révèle complexe et serait bien longue ici. Nous ne pouvons que conseiller, encore, la lecture de l'ouvrage d'Alix Durantou, qui consacre un chapitre entier, bien illustré, à cette typologie[73]. De notre côté, pour simplifier cette typologie, nous allons diviser ces atours en deux catégories, ayant des versions bourgeoises et des versions nobles.

Atours divisés

Il s'agit de structures se divisant en leur centre. Les coiffes à cornes en sont le meilleur exemple. Nous observons qu'il existe des coiffes à cornes qui peuvent être agrémentées de voiles accrochés à des épingles de 45 cm de haut[74]. Certaines de ces coiffes à cornes se montrent raisonnables, et sont plus portées par les bourgeoises. On devine, sur les tableaux de Van Eyck, une structure quadrillée servant de base. Selon qu'on soit noble ou bourgeoise, la hauteur et la qualité du voile vont changer, bien évidemment. Ces coiffes ci sont plus à la mode à la fin du XIVe siècle et dans la première moitié du XVe

Anonyme allemand, *Portrait de femme*, vers 1490-95. Cette femme au rosaire porte un atours conique. (photo Cleveland Museum of Art.)

[71] Durantou, p.18. « *grans, larges et haulx* ». On trouve parfois aussi, plus rarement, le terme « *bonnet* ».
[72] Durantou, p.37.
[73] Durantou, p.37-51.
[74] Durantou, p.42.

La reine Médusa, de ce feuillet *Des Cleres et Nobles Dames* de Boccace, réalisé dans le cercle de Maître François, vers 1470, porte les cheveux lâchés sous sa couronne, pendant que ses dames de compagnies arborent les atours coniques, cibles des censeurs. (photo Cleveland Museum of Art.)

siècle. Elles font, on s'en doute, l'objet de critiques virulentes, de la part de certains de nos esprits chagrins habitués à critiquer la mode, comme le Chevalier de la Tour Landry ou Christine de Pizan. Pour cette dernière, les cornes sont *très lait habillement et qui messiet*[75]. Les coiffes à cornes peuvent aussi être surmontées d'un boudin rembourré de diverses manières, lui-même pouvant s'orner d'un voile. La coiffe à pain fendu tient de la coiffe à cornes, mais les deux parties se sont considérablement développées verticalement. Là encore, les voiles s'organisent en hauteur. Coiffes à cornes et à pain fendu couvrent généralement les oreilles, parfois avec force décoration.

Certaines de ces coiffes sont maintenues à l'aide d'une bande passant sous le menton.

Atours coniques

Ces coiffes apparaissant plus tard, vers 1460, et vont durer jusqu'après 1480, mais cohabitent un temps avec les divers atours divisés, qui eux tendent à disparaître vers 1470. Certains cônes sont, en réalité, des coiffes à cornes dont les cornes se sont resserrées, donnant l'apparence d'un cône unique, ce qui est faux. Les coiffes coniques sont composées, comme leur nom l'indique, d'un cône, rigide. On trouve différentes hauteurs. La plupart sont des cônes tronqués dont les hauteurs varient. On peut y joindre les coiffes plus « sages », qui sont des structures plus ovoïdales, certainement destinées aux bourgeoises et plus souples. L'ajout de voiles est récurrent : en dessous, parfois, au dessus, presque toujours, ou les deux ensemble, assez souvent. Ils sont généralement épinglés. La manière dont certains sont mis en place, avec des armatures, est à l'origines d'appellations comme coiffe à papillon ou coiffe en selle de cheval. Certaines vont reposer sur une bande de velours sombre, qui va encadrer le visage et se retourner sur la base du cône. Les couleurs sombres dominent, mais on peut y ajouter des perles, des broderies. La bande de tissu posée sur la tête peut s'orner de pendants. Une autre bande de tissu peut, là aussi, passer sous le menton.

Une particularité régionale ?

Les coiffes à cornes, que ces cornes partent à l'horizontale, en biais, ou en hauteur, se trouvent dans une grande partie de l'Europe et connaissent même des versions italiennes. Les cônes, paraissent être limités au (très vaste) domaine bourguignon et aux proches voisins. Cette coiffe, qui évoque tellement le Moyen Âge, fut en réalité portée peu de temps, et dans une seule partie de l'Europe. Le talent des artistes flamands est certainement pour beaucoup dans cette popularité.

Nous ne pouvons résister à l'envie de citer ces vers d'Olivier de la Marche (1426-1502), repris dans l'ouvrage d'Alix Durantou :

Je vis atours de diverses manières

Porter aux dames pour les mieux atourner :

L'atour devant a celluy en deriere

Les haulx bonnetz couvrechiefz a banières.

Les haultes cornes pour dames triumpher

Maintenant voy simples atours porter.

Qui bien me plaist se sont les chapperons

Du temps présent parquoy en parlerons.[76]

Le poète, témoin de toutes les extravagances de son siècle paraît apprécier le prévisible retour à plus de simplicité. ∎

[75] Christine de Pizan, *Livre des trois vertus*, p.324-325.

[76] Olivier de la Marche, *Le Parement et triumphes des dames*, vers 1493-1494, fac-similé de l'édition publiée par la veuve Jehan Trepperel et Jehan Jehannot (vers 1520), Paris, Bailleu, 1870, chap. XXIII, v.144-155. *In* Durantou, p.51.

Hans Memling (?) *Jeune fille à l'œillet*, vers 1485-90. Cette jeune fille est à la quintessence de la mode de son temps : épilation, décolleté, atours. Le corsage s'est modifié. La cotte est passée sur le tassel. La robe à tassel a disparu. L'atour va disparaître, il sera remplacé par une coiffe plus simple. (photo Metropolitan Museum of Art, New York.)

Guillaume Fichet remet un exemplaire de sa *Rhétorique* à **Yolande de France**.
La duchesse de Savoie porte un atour pointu, qui ne se porterait qu'en Bourgogne.
Il faudrait y ajouter les zones voisines…
(photo *Bibliotheca Bodmeriana, Cologny, Cod. Bodmer 176, f.1.*)

Le vêtement de l'enfant diffère de la chemise d'adulte. Elle ne possède pas de gousset sous les bras et le triangle d'aisance du bas de la chemise est remplacé par une fente, laissant toute liberté de mouvement. Le col est simplement fendu pour faciliter le passage de la tête. Nous pouvons aussi remarquer la beauté simple de la coiffe de la Vierge, bordée de ruches.
Rogier Van der Weyden (?), *La Madone Duran*. (photo Musée du Prado, Madrid.)

La mortalité infantile est élevée au Moyen Âge. Cela n'empêche pas d'aimer et choyer les enfants. La manière de les habiller dépend de leur âge et de leur apprentissage de la vie. À sept ans, les enfants s'habillent comme des adultes, et jouent à les imiter.

Les enfants

[77] Joseph Morawski, *Proverbes français antérieurs au xve siècle*, Edouard Champion, Paris, 1925 p.27.

[78] Danièle Alexandre Bidon, *"Du drapeau à la cotte : vêtir l'enfant au Moyen Âge"* dans *Le vêtement histoire, archéologie et symbolique vestimentaires au Moyen Âge*, cahiers du Léopard d'Or, Paris, 1989, p.125.

Au Moyen Âge, la vie humaine est couramment divisée en quatre, voire en sept périodes : l'enfance du berceau jusqu'à sept ans, la jeunesse de sept à quatorze ans, l'âge adulte de quatorze à trente ans puis de trente à cinquante, et la vieillesse de cinquante à soixante ans et au-delà de soixante ans. L'enfant est aimé de ses parents et le proverbe qui annonce que *folle mere pour enfant*[77], montre bien que la mère est capable de tout pour son enfant.

Le maillot

Au sein de la première période, du berceau à sept ans, l'un des moyens les plus sûr pour repérer l'âge d'un enfant sur les images passe par l'étude de la façon dont il est habillé.

Le vêtement des premiers mois de la vie n'évolue que très peu de l'antiquité à l'aube du XXe siècle. Une bande ombilicale protège le nouveau né et des langes de lin, appelés *drapeaux*, sont rabattus sur le ventre et repliés.

L'enfant est perçu comme fragile. Les membres, dont on pense qu'ils sont mous, sont maintenus bien droits pour éviter les malformations qui ne manqueraient pas de survenir s'ils étaient laissés sans guide. Les bras et les jambes sont donc enserrés dans de larges bandes de toile la plus douce possible, les « tresses à enfants », qui l'enveloppent au départ jusqu'à la tête. C'est le maillot, qui emmaillote les tout petits de manière différente selon les régions, de la même façon que le vêtement se modifie selon que l'on vive au nord ou au sud.

Ainsi en Italie[78], les maillots sont à bandes spiralées serrées, ailleurs, ils sont à bandes croisées plus lâches.

Tous les deux sont noués sur les chevilles. Le maillot spiralé nécessite aussi un second nœud au niveau des aisselles, qui est parfois réalisé avec un lien de couleur rouge.

La mère est au lit avec un enfant emmailloté. Le rôle protecteur de la mère est mis en avant dans cette enluminure. (photo BnF, Paris, Ms. Fr. 3, f.118.)

Masaccio (1401-1428), *La Distribution des Biens*, détail, fresque, 1425-1427, Chapelle Brancacci, Santa Maria del Carmine, Florence. Une fois débarrassé du maillot, l'enfant est revêtu d'une chemise courte. Ceci est essentiellement lié à l'hygiène, puisque cette tenue permet de limiter les salissures. (photo Tina Anderlini.)

L'enfant est vêtu d'une robe assez ample, doublée de fourrure. Les marques de pliures ou de coutures sur le bas semblent indiquer que cette robe vient d'être allongée. **Robert Campin**, *Retable dit de Flémalle* (détail), vers 1420-1425. (photo Städelsches Kunstinstitut, Francfort-sur-Main.)

Sainte Anne est allongée dans un lit avec, à ses côtés, le berceau de Marie qui est emmaillotée. *Nativité de la Vierge*, haut-relief, pierre calcaire anciennement polychrome, H 34 cm, l 57 cm. Provient de l'église Notre-Dame d'Avranches, Manche. (photo Damien Bouet.)

Dès le berceau, des différences entre les enfants riches et les enfants pauvres apparaissent. Aux uns des draps blancs et des bandes rouges intégrées au bas du maillotage, dont la couleur est censée prémunir des maladies, des hémorragies, de la peste et même de la rougeole. Aux autres des langes plus grossiers de toile de lin, de chanvre ou d'ortie, où le confort et la protection de l'enfant sont combinés sans recherche d'apparence. Une bande de laine peut recouvrir l'ensemble lors des températures froides. L'enfant est déshabillé au moment de la tétée pour limiter les risques de salissures. La nuit ou pendant le repos, il est placé dans un berceau où des sangles de sécurité l'empêchent de tomber.

Quelques temps plus tard, vers les six mois de l'enfant, les bras et les épaules sont dégagés et le maillot s'arrête au niveau des aisselles. Une simple chemise couvre l'enfant et un bonnet complète la mise. D'autres enfants n'ont qu'un simple linge sur les épaules dont l'une des extrémités sert aussi de capuche. Ensuite, des chausses tricotées « *réalisées à l'aiguille* » remplacent les langes.

La mort est aux aguets près du nourrisson et la mère est obligée d'accepter à contre cœur la décision. Nous pouvons noter la forme particulière du berceau. (photo Bnf, Paris, Ms 1700-01.)

L'enfant est emmailloté avec un lange rouge qui lui recouvre les pieds. Signe de richesse, cette couleur est aussi censée protéger l'enfant des maladies. **Ghirlandaio**, Zacharie devenu muet écrit le nom de son fils sur une feuille (détail), fresque, Santa Maria Novella, Capella Tornabuoni, Florence, vers 1486-1490.] (photo Florent Véniel.)

Une tenue adaptée à l'âge

La tenue des enfants n'est pas soumise aux aléas de la mode et reste la même sur une très longue période.

Aux environs d'un an, lorsque l'enfant quitte le maillot au profit d'une chemise ou d'une robe longue fendue sur les côtés, il apprend la marche et, pour une meilleur stabilité, il peut être placé à l'intérieur d'un cadre de bois muni de roulettes. Lorsqu'il est plus assuré et qu'il quitte ce déambulateur, le bourrelet qui lui ceint le tête évite les chocs violents lors des chutes intempestives et, comme lorsqu'il était emmailloté, l'enfant est protégé des maladies et des cauchemars par un petit sac de tissu rouge ou noir, suspendu au cou et contenant quelques amulettes ou bijoux. Un collier de corail rouge peut aussi tenir ce rôle prophylactique

Le nombre important de pièces archéologiques retrouvées confirme l'usage généralisé de petites chaussures ou de chaussons, bien que l'enfant soit représenté nu pied dans les intérieurs des maisons. L'usage de la chaussure était-il seulement réservé à la rue ?

Ce jeune enfant est donc simplement vêtu d'une chemise, fendue devant et derrière, mais aussi sur les côtés, qui permet à la fois l'hygiène et l'aisance nécessaire au jeu. Il est difficile d'en établir un patron unique et, malgré des coutures difficilement visibles sur les images, nous savons qu'il existe plusieurs formes.

La plus simple est taillée d'une seule pièce, en forme de T, dans une laize de lin de 70 cm de largeur, ce qui réduit le nombre de coutures. Le tombé de la manche forme ainsi naturellement de multiples plis.

Les sources manuscrites ne nous permettent pas de nommer précisément les différentes pièces de vêtements portés par les enfants. Nous retrouvons certaines appellations identiques à celles des adultes comme les *robes* ou *cottes,* alors que certains termes sont propres aux enfants, comme celui de *gonelle.* Danièle Alexandre-Bidon voit, dans ce mot, les petits tabliers visibles dans les miniatures. En effet, les enfants, en cette fin du Moyen Âge commencent à porter certains accessoires spécifiques à leurs âges, comme les bonnets et calottes de couleur rouge portés l'hiver ou encore ces collerettes de toile qui semblent propres aux pays du Nord.

Au fur et à mesure que l'âge avance, la chemise se raccourcit et c'est peu avant sept ans que la distinction vestimentaire entre garçons et filles commence. Les premiers reçoivent tuniques, doublets et pourpoints semblables à ceux des adultes et les filles s'habillent de robes. Parmi les nobles certains n'hésitent pas à offrir à leur progéniture une petite armure qui marque le début de l'initiation aux métiers d'armes. Le couvre chef est rarement porté par l'enfant, à l'exception de certaines périodes de l'année comme au plus fort de l'hiver ou en été pour se protéger du soleil. C'est le privilège de la jeunesse que de se promener tête nue.

Ce n'est que vers dix ans que les jeunes filles commencent à porter la ceinture, marquant la taille et le début de la séduction, tandis que le garçon coiffe le chapeau. ■

Reste de vêtement d'enfant, fouilles de Lengberg, fin du xvᵉ siècle. Les fouilles de Lensberg ont révélé cet extraordinaire vêtement, une doublure de robe en lin, avec, encore visible par endroit, des fragments de soie rouge. Il s'agit d'un vêtement de prix, destiné à une fillette d'environ 4 ans. La coupe est intéressante et renvoie, déjà, à la tenue des adultes. Cette découverte remet en cause certaines idées reçues sur la façon dont on habille les jeunes enfants, au moins parmi les classes aisées. (photo Institut für Archäologie, Universität Innsbruck.)

La tenue reste simple. Les petites filles ne sont pas obligées de se couvrir la tête, mais l'envie d'imiter les grandes et le besoin de protéger les cheveux sont aussi importants. La tenue, modeste, commence à suivre la mode. (photo et réalisation Chloé Steinier.)

Cette jeune fille entre dans l'âge adulte. Sa robe verte, proche de celle des adultes mais ses cheveux laissés libres, témoignent de ce passage. **Hugo Van der Goes**, *Le triptyque Portinari* (détail), vers 1473-1482. (photo Galleria degli Uffizi, Florence.)

La chemise d'enfant

Modèle 1

Le schéma de cette chemise d'enfant,
trouvée au Nord-Liban, date de 1283.
Il s'agit d'une tenue pratique
et large en coton.
La fabrication de cette chemise
est à rapprocher de celles des adultes.

Modèle 2

Le patron de cette chemise,
proposé par Alexandre Bidon,
ne possède pas de couture à l'emmanchure.

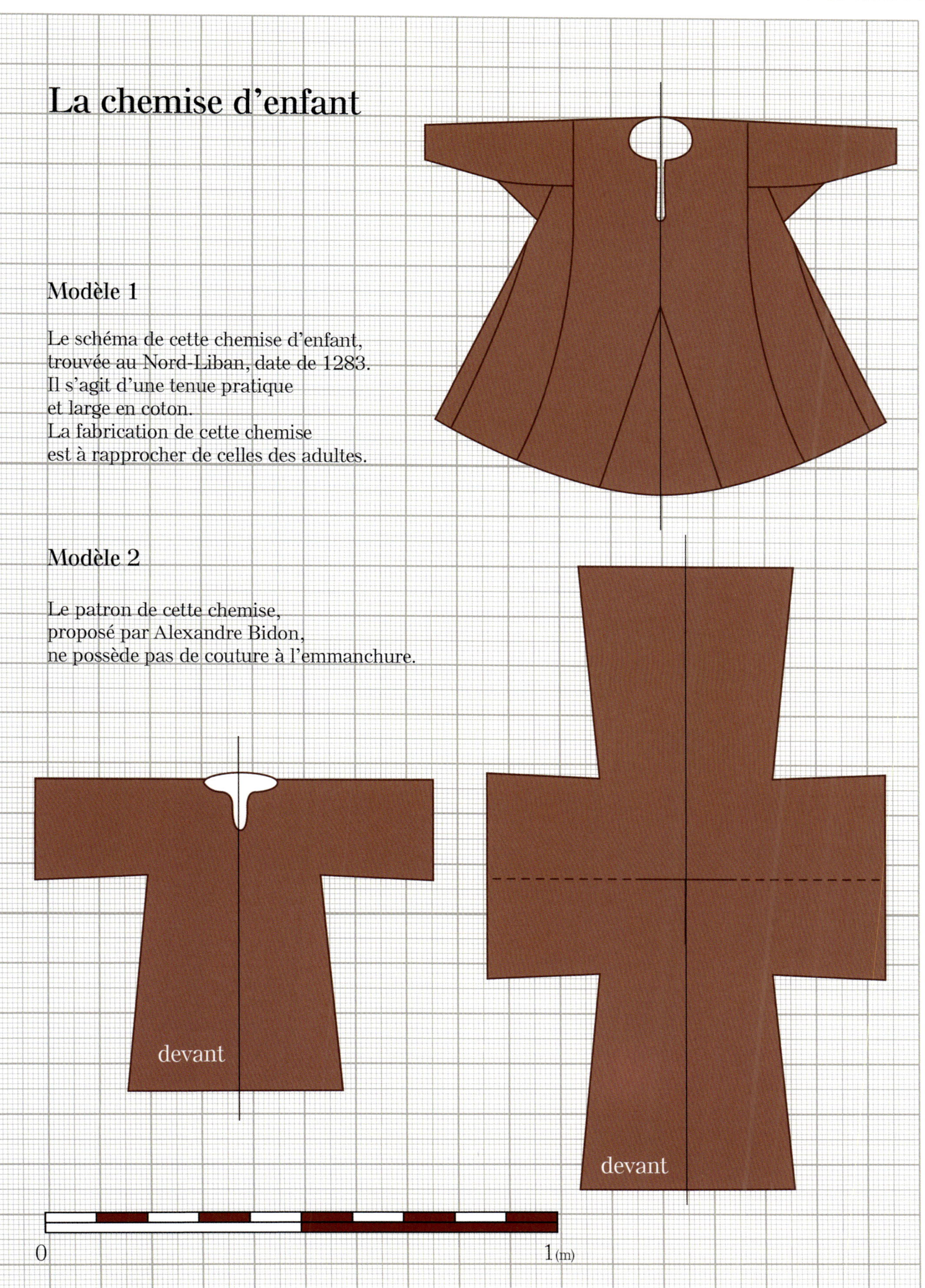

Bibliographie

Textes médiévaux
Par auteurs médiévaux, littérature
Anonymes

Les Cent nouvelles nouvelles, Franklin P. Sweetser (édition critique), Textes littéraires français, 1966.

La Chevalerie des Sots, le Roman de Fergus, suivi de *Trubert, fabliau du XIIIᵉ siècle*, Récits traduits et présentés par Romaine Wolf-Bonvin, Stock/ Moyen Age, Paris, 1990.

La Clef d'Amors, texte critique avec introduction, appendice et glossaire par Auguste Doutrepont, Max Niemeyer, Halle, 1890.

Contes pour rire ? Fabliaux des XIIIᵉ et XIVᵉ siècles, traduits par Nora Scott, 10/18, Paris, 1977.

Les Evangiles des quenouilles, Lacarrière Jacques (traduction), Albin Michel, 1998.

Fabliaux du Moyen Âge, Dufournet Jean, Flammarion, 1998.

Le Mesnagier de Paris, vers 1393. édition consultée : texte édité par Georgina E. Brereton et Janet M. Ferrier, traduction et notes par Karin Ueltschi, Le Livre de Poche, Paris, 1994.

Proverbes français antérieurs au XVᵉ siècle, Joseph Morawski, Edouard Champion, Paris, 1925.

Recueil général et complet des fabliaux du XIIIᵉ et XIVᵉ siècles, Montaiglon Anatole de, Librairie des bibliophiles, Paris, 1877.

Les XV joies de mariage, Jean Rychner, textes ittéraires français, 1967.

Auteurs identifiés

Aldebrandin de Sienne, *Le Régime du corps*, Honoré Champion, Paris, 1911.

Boccace, *Le Décaméron*, Le Livre de poche, 1994. Gallimard, Paris, 2006.

Geoffrey Chaucer, *The Canterbury Tales*, après 1397. Edition utilisée : traduction en vers en anglais moderne par David Wright, Oxford University Press, Oxford, 1985, réédition de 1990.

Chevalier de la Tour Landry, *Le Livre du Chevalier de la Tour Landry*, présenté par Montaiglon Anatole de, Paris, 1854.

Christine de Pizan, *Œuvres poétiques*, publiées par Maurice Roy, tome premier, *Ballades, virelais, rondeaux, jeux à vendre et complaintes amoureuses*, Librairie de Firmin Didot et Cie, Paris, 1886.

Christine de Pizan, *Le Livre des trois vertus*, Lore Loftfield Debower, 1979.

de la Sale Antoine, *Jehan de Saintré*, Lettres gothiques, Le Livre de poche, 1995.

Eustache Deschamps, *Le Miroir de Mariage*, publié par P. Tarbé, correspondant de l'Institut, Reims, 1865.

La Chronique d'Enguerran de Monstrelet, L. Douet d'Arcq, volume 5, Paris, 1861.

Jean Froissart, *Chroniques*, Livres I et II, Lettres gothiques, Le Livre de Poche, 2001.

Guillaume de Lorris et Jean de Meung, Pierre Marteau (annoté par), *Le Roman de la rose*, Paris, 1878.

Guillaume de Lorris, Jean de Meun, *Le Roman de la Rose*, traduction, présentation et notes d'Armand Strubel, Librairie Générale Française, Paris, 1992.

Chevalier de la Tour Landry, *Le Livre du Chevalier de la Tour Landry*, présenté par Montaiglon Anatole de, Paris, 1854.

Robert de Blois, son œuvre didactique et narrative, étude linguistique et littéraire suivie d'une édition critique avec commentaire et glossaire de *L'Enseignement des Princes* et du *Chastoiement des Dames*, par John Howard Fox, Librairie Nizet, Paris, 1950.

Ruelle Pierre, *L'Ornement des Dames (Ornatus Mulierum)*, texte anglo-normand du XIIIᵉ siècle, Presses Universitaires de Bruxelles, 1967.

Werner le Jardinier, *Helmbrecht le Fermier*, traduction française par André Moret, Aubier, Paris, 1937.

Inventaires, lois

Etienne Boileau, *Le Livre des Métiers*, publié par René de Lespinasse et François Bonnardot, Imprimerie Nationale, Paris, 1879.

Isambert, Decrusy et Taillandier, *Recueil général des anciennes lois françaises, depuis l'An 420 jusqu'à la Révolution de 1789*, Belin-Leprieur, Paris, 1833.

B. Prost, *Inventaires mobiliers et extraits des comptes des ducs de Bourgogne de la maison Valois*, Paris, volumes 1 et 2, 1902-1903.

Richard Jules-Marie, *Une petite-nièce de Saint Louis, Mahaut, Comtesse d'Artois et de Bourgogne*, Paris, Honoré Champion, 1887.

Sources secondaires

Alexander Jonathan, *"Labeur and Paresse : Ideological Representations of Medieval Peasant Labor"*, in *The Art Bulletin*, vol. 72, n°3 (sept. 1990), p.436-452.

Alexandre-Bidon Danièle et Riché Pierre, *L'Enfance au Moyen-Âge*, Seuil, Paris, 1994.

Alexandre-Bidon Danièle et Lorcin, Marie-Thérèse, *Le Quotidien au Temps des Fabliaux*, Espaces médiévaux, Picard, Paris, 2003.

Anderlini Tina, *Le Costume médiéval au XIIIᵉ siècle*, Heimdal, Bayeux, 2014.

Anderlini Tina, *« Rôles et fonction des archaïsmes dans les représentations vestimentaires au Moyen Âge »*, *Questes 40 :Obsolète, désuet, anachronique*, Paris, Université de la Sorbonne, 2019, p.55-79.

L'Art en broderie au Moyen Âge, catalogue d'exposition, Réunion des Musées Nationaux, Paris, 2019.

Le Bain et le Miroir, Soins du corps de l'Antiquité à la Renaissance, catalogue d'exposition, Gallimard, Paris, 2009.

Beaulieu Michel, Baylé Jeanne, *Le costume en Bourgogne de Philippe le Hardi à la mort de Charles le Téméraire (1364-1477)*, PUF, Paris, 1956.

Blanc Odile, *Parades et parures, l'invention du corps de mode à la fin du Moyen-Âge*, Gallimard, Paris, 1997.

Boucher François, *Histoire du costume, en Occident de l'Antiquité à nos jours*, Flammarion, Paris, 1965.

Bridgeman Jane, *« Ambrogio Lorenzetti's dancing "maidens", A case of mistaken identity »*, in *Apollo 133*, 1991, p.245-251.

Brown Clare, Davies Glyn et Michael M. A., *English Medieval Embroidery, Opus Anglicanum*, Yale University Press, New Haven and London In Association with the Victoria and Albert Museum, 2016.

Camille Michael, *L'Art de l'amour au Moyen Age, objets et sujets du désir*, Könemann, Cologne, 2000, édition originale : *The Medieval Art of Love, objects and subjects of desire*, Calmann & King, Londres, 1998.

Campbell Marian, *Medieval Jewellery in Europe 1100-1500*, V&A Publishing, Londres, 2009.

Cardon Dominique, *« Échantillons de draps de laine des Archives Datini (fin XIVᵉ siècle, début XVᵉ siècle). Analyses techniques, importance historique »*, in *Mélanges de l'Ecole française de Rome. Moyen-Âge*, année 1991, vol. 103, n°103-1, p.359-372.

Cardon Dominique, *La Draperie au Moyen Âge*, CNRS Editions, Paris, 998.

Cardon Dominique, *Le Monde des teintures naturelles*, Belin sciences, Paris, 1999.

Case Rachel, Nutz Beatrix, James Carol, *Enigmatic Beauty, The Decorative Headwear of Lengberg Castle*, PDF publié sur *Academia.edu*, 2019.

Closson Monique, Mane Perrine, Piponnier Françoise, *« Le costume paysan au Moyen Âge : sources et méthodes »* dans l'*Ethnographie*, 1984.

Coastworth Elizabeth et Owen-Crocker Gale, *Clothing the past*. Brill, Leiden, 2018.

Connochie-Bourgne Chantal *et al.*, *La chevelure dans la littérature et l'art du Moyen Âge* (Senefiance), Presses universitaires de Provence, Aix-en-Provence, Édition Kindle.

Crowfoot Elisabeth, Pritchard Frances, Staniland Kay, *Textiles and Clothing, 1150-1450, Medieval finds from excavations in London*, Boydell Press, Woodbridge et Museum of London, 1992. Réed. 2001.

Dahl Camilla Luise, Veleder Marianne, Herrero Caretero Concha, *Report of the textiles from Burgos cathedral in patrimonio nacional, palatio real Madrid, Spain, Middelaldercentret, 2008.*

D'Archimbault Demians. G, *Les fouilles de Rougiers – XIIIe-XIVe siècles*, C.N.R.S, Paris, 1980.

Delort Robert, *Le Commerce des fourrures en Occident à la fin du Moyen Âge*, 2 vol., Ecole Française de Rome, 1978.

Descatoire Christine *et al.*, *Trésors de la Peste Noire*, Erfurt et Colmar, catalogue d'exposition, Réunion des Musées Nationaux, Paris, 2007.

Desrosiers Sophie, « *Les tissus* » dans *Art et société en France au XVe siècle*, Maisonneuve et Larose, 1999, p 452-461.

Sophie Desrosiers, *Soieries et autres textiles de l'antiquité au XVIe siècle*, RMN, Paris, 2004.

Dilly G., Piton D., Trepagne C., « *Du château de Grigny au siège d'Hesdin – XIIe-XVIe siècles* » dans *Nord-ouest Archéologie* n°10, C.R.A.D.C, Musée de Berck-sur-Mer, 1999.

Durantou Alix, *Grandes cornes et hauts atours, le hennin et la mode au Moyen Âge*, Ecole du Louvre, Paris, 2019.

Egan Geoff et Pritchard Frances, *Dress Accessories 1150-1450, Medieval finds from excavations in London*, Boydell Press, Woodbridge, et Museum of London, 1991. Réed. 2002.

Enlart Camille, *Manuel d'archéologie française depuis les temps mérovingiens jusqu'à la Renaissance*, tome III, *Le Costume*, Auguste Picard, Paris, 1916.

Farmer Sharon, *The Silk Industries of Medieval Paris*, University of Pennsylvania Press, 2016

Fossier Robert, *Le Travail au Moyen Âge*, Hachette, Paris, 2000.

Gauffre-Fayolle Nadège *et al.*, *Pourpoint, mantel et chaperon, se vêtir à la cour de Savoie (1300-1450)*, catalogue d'exposition, Yvoire (74), Silvana Editoriale, Milan, 2015.

Gauvard Claude, de Libera Alain, Zink Michel, *et. al.*, *Dictionnaire du Moyen-Âge*, Quadrige/Presses Universitaires de France, Paris, 2002.

Gay Victor, *Glossaire archéologique du Moyen-Âge et de la Renaissance*, tome premier, Librairie de la Société Bibliographique, Paris, 1887.

Gay Victor et Stein Henri, *Glossaire archéologique du Moyen-Âge et de la Renaissance*, tome second, Auguste Picard, Paris, 1928.

Geijer Agnes, *Drottning Margaretas gyllene kjortel i Uppsala dom-kyrka : The golden gown of Queen Margareta in Uppsala Cathedral*, Kungl. Vitterhets Historie och Antikvitets Akademien (1994).

Geremek Bronislaw, *Les Marginaux parisiens aux XIVe et XVe siècles*, Champs-Flammarion, Paris, 1976.

Goubitz Olaf, *Stepping through time: Archaeological footwear from prehistoric times until 1800*, Stichting Promotie Archeologie, Zwolle, 2001.

Grew Frances et de Neergaard Margrethe, *Shoes and Pattens*, Boydell Press, Woodbridge, et Museum of London, Londres,1987, réédition 2001.

Harmand Adrien, *Jeanne d'Arc : Ses costumes, son armure : Essai de reconstitution*, Librairie E. Leroux, Paris,1929

Heller Sarah-Grace, *"Anxiety, Hierarchie, and Appearance in Thirteenth-Century Sumptuary Laws and the Roman de la Rose"*, in *French Historical Studies*, volume 27, n°2, printemps 2004, p.311-348.

Heller Sarah-Grace, *"Limiting Yardage and Changes of Clothes: Sumptuary legislation in Thirteenth-Century France, Languedoc, and Italy"*, in *Medieval Fabrications, Dress, textiles, cloth work, and other cultural imaginings*, ed. E. Jane Burns, Palgrave Macmillan, New York 2004, p.121-136.

Heller Sarah-Grace, *Fashion in Medieval France*, D.S. Brewer, Cambridge, 2007.

Hensch Alice A., *De la littérature didactique du Moyen Âge s'adressant spécialement aux femmes*, Cahors, 1903.

Joubery André, *Étude sur la vie privée au XVe siècle en Anjou*, Angers, 1884.

Kania Katrin, *Kleidung im Mittelalter: Materialien - Konstruktion - Nähtechnik. Ein Handbuch*, Böhlau, 2010.

Kelly Tasha Dandelion, *"The tailoring of the Pourpoint of King Charles VI of France Revealed"*, in *Waffen und Kostümkunde*, 2013, 2, p.153-180.

Köhler Carl, bearb. von Emma Sichart, *Praktische Kostümkunde*, 2 volumes, Bruckmann, München 1926. Edition utilisée : *A History of Costume*, traduction de Alexander K. Dallas, Dover Publication, New York, 1963.

Lever Maurice, *Le sceptre et la marotte*, Pluriel, 1983.

Lassure J.-M., *La Civilisation matérielle de la Gascogne aux XIIe et XIIIe siècles : le mobilier du site archéologique de Corné à l'Isle–Bouzon (Gers)*, Framespa, Utah, 1998.

Lee John S., *Medieval clothier*, Boydell Press, Woodbrigde, 2018.

Magnan. D *et al.*, *Meaux médiéval et moderne*, A.M.A, 1992.

Mazaoui Maureen Fennell, *The Italian Cotton Industry in the Later Middle-Ages, 1100-1600*, Cambridge University Press, 1981.

Milliken Roberta, Ambiguous Locks, *An Iconology of Hair in Medieval Art and Literature*, Mc Farlan and Company, Jefferson, Londres, 2012.

Mola Lucà, *The silk industry of Renaissance Venice*, John Hopkins University Press, 2000.

Muzzarelli Maria Giuseppina, *Guardaroba medievale. Vesti e società dal XIIIe al XVIe secolo*, Il Mulino, Bologne, 2008.

Muzzarelli Maria Giuseppina, *Histoire du voile, Des origines au foulard islamique*, traduit de l'italien par Martine Segonds-Bauer, Bayard, Montrouge, 2017 (édition originale *A Capo Coperto, Storie di donne e di veli*, Il Mulino, Bologne, 2016).

Newton Stella Mary, *Fashion in the Age of the Black Prince: A Study of the Years 1340-1365*, The Boydell Press, Woodbridge, 1980.

Nutz Beatrix, *"Des Braies et soutiens-gorge au XVe siècle"*, in *Histoire et images médiévales hors-série*, 30, *Les Secrets de la mode féminine*, août-septembre-octobre 2012, p.20-27.

Østergaard Else, *Woven into the Earth, Textiles from Norse Greenland*, Aarhus University Press, Aarhus, Oxford, Oakville, 2004, réédition 2009.

Owen Hughes Diane, *"Distinguishing Signs: Ear-Rings, Jews, and Franciscan Rhetoric in the Italian Renaissance City"*, in *Past and Present*, n°112, Oxford, août 1986.

Page Agnès, *Vêtir le Prince, tissus et couleurs à la cour de Savoie (1427-1447)*, Lausanne, 1993.

Pastoureau Michel, *Figures et couleurs*, Le Léopard d'or, Paris, 1986.

Pastoureau Michel, *et. al.*, *Le Vêtement, histoire, archéologie et symbolique vestimentaire au Moyen-Âge*, Cahiers du Léopard d'Or n°1, Paris, 1989.

Pastoureau Michel, *Bleu. Histoire d'une couleur*, Le Seuil, Paris, 2002.

Pastoureau Michel, *Noir. Histoire d'une couleur*, Le Seuil, Paris, 2008.

Pastoureau Michel, *Vert. Histoire d'une couleur*, Le Seuil, Paris, 2013.

Pastoureau Michel, *Rouge. Histoire d'une couleur*, Le Seuil, Paris, 2016.

Pastoureau Michel, *Jaune. Histoire d'une couleur*, Le Seuil, Paris, 2019.

Piponnier Françoise, « *À propos des textiles anciens, principalement médiévaux* », in : *Annales. Économies, Sociétés, Civilisations*, 22e année, n°4, 1967, p.864-880.

Piponnier Françoise, *Costume et vie sociale. La cour d'Anjou XIVe-XVe siècles*, Mouton, Paris, La Haye, 1970.

Piponnier Françoise, Mane Perrine, *Se vêtir au Moyen Âge*, Adam Biro, Paris, 1995.

Quicherat Jules, *Histoire du costume en France, depuis les temps les plus reculés jusqu'à la fin du XVIIIe siècle*, Hachette, Paris, 1875.

Renaudeau O., « *Gippons, doublets, pourpoints…* » in *Au temps des compagnies de Philippe le Bel à Charles VIII*, volume 1, décembre 2003.

Ribeiro Aileen, *Dress and Morality*, Batsford, Londres, 1986.

Rolland Perrin Myriam, *Blonde comme l'or, la chevelure féminine au Moyen Âge*, (Senefiance), Presses universitaires de Provence, Aix-en-Provence, 2010.

Roy Bruno, *Devinettes françaises du Moyen Age*,
Cahiers d'études Médiévales n°3, Bellarmin, 1977 .
Sarret J.-P., Czeski. A *et al.*, *Montségur : 13 ans de recherches archéologique*, G.R.A.M.E, 1980.
Scott Margaret, *Late Gothic Europe 1400-1500*,
History of Dress Series, Mills & Boon Ltd,1980.
Scott Margaret, *Visual History of Costume: Fourteenth and Fifteenth Centuries*, Hardcover Batsford Ltd, Londres, 1986.
Scott Margaret, *Medieval Dress and Fashion*,
British Library, Londres, 2009.
Soieries médiévales, Maison des sciences de l'homme,
Paris, n°34, juillet-décembre 1999.
Sulla via della seta, Antichi Sentieri tra Oriente e Occidente, catalogue d'exposition, Codice, Turin, 2012.
Staniland Kay, *Embroiderers*, The British Museum Press,
Londres, 1991, 7e édition, 2006.
Strickland Debra, *Saracens, Demons and Jews, Making Monsters in Medieval Art*, Princeton University Press, 2003 .
Sylvester Louise M., Chambers Mark C., Owen-Crocker Gale R.,
Medieval Dress and Textiles in Britain, A multilingual source book, The Boydell Press, Woodbridge, 2014.
Tosi Brandi Elisa, *Abbigliamento e società a Rimini Nel XVe Secolo*, Panozzo Editore, Rimini, 2000.
Tosi Brandi Elisa, *L'Arte del sarto nel medioevo.
Quando la moda diventa un mestiere*, Il Mulino, 2018.
Walter P., *Le vieux château de Rougemont, site médiéval (fin XIIe –fin XIVe siècles)*, Foyer rural de Rougemont-le-Château, Deval ed. Belfort, 1993.
Watiez Séverine, « *Comment fabriquer un filet* »,
in *Moyen Âge magazine* n°92, février-mars-avril 2013, p.69-73.
Wirth Jean, « *La Madone de la cathédrale de Constance* »,
in *La Vierge à l'époque romane, culte et représentations*,
Revue d'Auvergne, 1997, 542, tome 112, n°1, p.106-119.
Wirth Jean *et al.*, *Le Corps et sa parure
(The Body and its Adornment)*, Micrologus XV,
Sismel, Edizioni del Galluzzo, Florence, 2007.
Wirth Jean, *L'Image à l'époque gothique (1140-1280)*,
Editions du Cerf, Paris, 2010.
Wirth Jean, *L'Image du corps au Moyen Âge*,
Sismel, Edizioni del Galluzzo, Florence, 2013.
Wolter Gundula, *Teufelshörner und Lustäpfel*,
Jonas Verlag, Marburg, 2002.

Mémoires et thèses

De Rasse Marie, *Le Vêtement féminin à Paris chez les non-nobles, XIVe -XVe siècle*, thèse d'histoire médiévale, Université Paris I Panthéon Sorbonne, 2014.

Donneaux Corentin, « *Semez de branches de houbbelons* »,
le rôle du vêtement à la cour de Bourgogne sous le règne de Jean sans Peur (1404-1409), mémoire de maîtrise,
université de Liège, 2017.
Greenfield Kent William, *Sumptuary law of Nürnberg;
a study in paternal government*, thèse de doctorat,
John Hopkins University, 1915.
Henry Delphine, *Production et consommation textiles à Tours aux XVe et XVIe siècles : approche archéologique*,
thèse de doctorat, Université François Rabelais, Tours, 2015.
Jolivet Sophie, *Pour soi vêtir honnêtement à la cour de monseigneur le duc de Bourgogne*, thèse de doctorat,
Université de Bourgogne, 2003.
Rozoumniak Elena, *Le vêtement et la coiffure dans les romans français des XIIIe et XIVe siècles : étude de lexicologie,
de critique littéraire et d'histoire des sensibilités médiévales*,
thèse de doctorat, Université de Paris IV, Sorbonne, 2006.

Periodiques

Histoire et Images Médiévales, n'est plus édité
Medieval Clothing and Textiles : édité par Gale Owen-Crocker,
Robin Netherton et Monica Wright, Boydell Press, Woodbridge,
Rochester, Publication annuelle, depuis 2005.
Moyen Âge Magazine, bimestriel puis trimestriel.

Ressources Internet

Site internet de référence sur les termes du costume (Angleterre médiévale) : *http://lexissearch.arts.manchester.ac.uk*
Articles en ligne : *www.academia.edu / www.jstor.org / www.persée.fr*

Remerciements

Romuald Arnould et famille, Bruno Campagnolo, Nathalie Crépin, Daniela Degl'Innocenti, Marie De Rasse, Amélie et Corentin Donneaux, Céline Duchesne, Laurette Estève, Emma Fayard, Elodie Gidoin, Wolfgang Christian Huber, Tasha Dandelion Kelly, Anthony Lemoine, Hugo Mahieu, La Massenie Saint-Michel 1473, Séverine Melliez Sonja Missfeld, Anne-Béatrice Müller, Beatrix Nutz, Jérôme-Pierre Pauzet, Sébastien Passot, Chloé Steinier, Séverine Watiez et sa famille, Ygsendd et la Compagnie de l'Hermine Radieuse.

Les responsables des musées et institutions suivants :
Allemagne : Germanischesmuseum, Nuremberg, Kunstgewerbemuseum, Berlin.
Autriche : Abbaye de Klosterneuburg, Université d'Innsbrück.
France : Musée des Tissus, Lyon, Musée des Beaux-Arts, Chartres, château de Crèvecœur-en-Auge
Italie : Museo dei Tessuti, Prato. ∎

Achevé d'imprimer sur les presses de l'imprimerie Jelgavas tipogrāfija (Lettonie) en février 2021
pour le compte des Editions Heimdal à Damigny (Normandie, France).